三链融合视角下跨境电商与制造业集群的协同演化与发展

SANLIAN RONGHE SHIJIAOXIA
KUAJING DIANSHANG YU ZHIZAOYE JIQUN DE
XIETONG YANHUA YU FAZHAN

杨丽华 仇丽萍 等 / 著

中国财经出版传媒集团
经济科学出版社
Economic Science Press

U0515456

图书在版编目（CIP）数据

三链融合视角下跨境电商与制造业集群的协同演化与
发展/杨丽华，仇丽萍等著．－－北京：经济科学出版社，
2022.8

ISBN 978 - 7 - 5218 - 3956 - 2

Ⅰ.①三…　Ⅱ.①杨…②仇…　Ⅲ.①电子商务 - 关
系 - 制造工业 - 产业集群 - 协调发展 - 研究 - 中国　Ⅳ.
①F724.6②F426.4

中国版本图书馆 CIP 数据核字（2022）第 154479 号

责任编辑：刘　莎
责任校对：齐　杰
责任印制：邱　天

三链融合视角下跨境电商与制造业集群的协同演化与发展

杨丽华　仇丽萍　等著

经济科学出版社出版、发行　新华书店经销

社址：北京市海淀区阜成路甲 28 号　邮编：100142

总编部电话：010 - 88191217　发行部电话：010 - 88191522

网址：www. esp. com. cn

电子邮箱：esp@ esp. com. cn

天猫网店：经济科学出版社旗舰店

网址：http://jjkxcbs. tmall. com

北京时捷印刷有限公司印装

710×1000　16 开　29.25 印张　580000 字

2022 年 8 月第 1 版　2022 年 8 月第 1 次印刷

ISBN 978 - 7 - 5218 - 3956 - 2　定价：120.00 元

（图书出现印装问题，本社负责调换。电话：**010 - 88191510**）

（版权所有　侵权必究　打击盗版　举报热线：**010 - 88191661**

QQ：**2242791300**　营销中心电话：**010 - 88191537**

电子邮箱：**dbts@ esp. com. cn**）

国家自然科学基金项目
《基于 CAS 理论的跨境电商与制造业集群协同演化的
机制及路径研究》
（71873073）最终成果

浙江省软科学研究计划（重点项目）
《浙江省跨境电商生态圈的运行机理及培育路径研究》
（2021C25046）最终成果

前 言
PREFACE

　　我国开放型经济的典型特征之一是制造业集群式发展。在四十余年的改革开放进程中，我国依靠低成本要素优势嵌入国际生产分工体系并成功成为全球制造大国，然而在经历了快速持续发展阶段后，我国制造业不仅面临双锁定的困境（一是因技术创新能力不足而被长期锁定在全球产业链中低端，二是因制造业集群式发展带来的地域锁定），而且面临着现阶段错综复杂的逆全球化等趋势引发的"高端回流"与"低端分流"的国内外双重竞争压力，对我国对外贸易以及作为对外贸易支撑的制造业进一步融入全球产业链和供应链体系带来巨大挑战，亟需找到一条既能促进对外贸易发展，又能实现制造业集群转型升级的有效途径。

　　2020 年新冠肺炎疫情席卷全球，国际贸易受到严重冲击，基于互联网平台的电子商务需求在世界范围内井喷式增长，欧美及亚太主要地区与国家的零售额增幅达到 15% 以上，其中跨境电商对我国恢复生产与出口起到明显的促进作用①。作为外贸新业态的跨境电商在面对外部环境巨大冲击下的强势增长，已然为

---

　　① Hu Feng，Liping Qiu，Xun Xi，Haiyan Zhou，Tianyu Hu，Ning Su，Haitao Zhou et al. Has Covid – 19 Changed China's Digital Trade? —Implications for Health Economics. ［J］. Frontiers in Public Health，2022，10.

中国对外贸易发展与制造业转型升级提供了新的研究方向与实践路径。

纵观历史，传统国际贸易发展得益于三次科技革命带来的传统工业的发展和新兴工业的诞生，跨境电商则是近年来信息技术革命及"互联网＋"应用下国际贸易活动表现出的时代新业态。在我国，传统外贸转型实践来源于"互联网＋"在传统外贸与电子商务领域的跨界应用，诞生了基于平台的跨境电商新业态并得到飞速发展。这种基于互联网平台的贸易模式大幅减少了对外贸易的中间环节①、提升交易效率、拓展了企业的盈利空间②，被誉为"中国外贸新引擎"③。但我们必须意识到，一方面，跨境电商作为新业态，无论是工贸一体企业、外贸公司或是外贸代工厂，这类传统企业将面临诸如企业战略选择、资源重组、组织形式等方方面面的重大变革与动态调整，如何顺应时代潮流实现企业转型是本书尝试解决的问题之一；另一方面，跨境电商因其与生俱来的"互联网"属性，使其天然地与全球上下游产业链、供应链和价值链（以下简称"三链"）形成"你中有我、我中有你"的生态系统，因此，如何实现跨境电商与制造业集群的三链融合协同发展是本书需要解决的另一个核心问题。跨境电商与制造业集群的协同发展或许可以实现"1＋1＞2"的效果，通过推动两者的三链有效融合，进而打造基于互联网平台的跨境电商与制造业集群互联互通的跨境电商生态圈，也将是未来我国新发展格局下的主旋律。

本书不仅从理论上论证了两者协同发展的必要性和可行性，而且通过案例研究、数理模型、定性与定量结合的实证分析与仿真模拟，更好地把握了两者协同发展中产业链、供应链与价值链之间的关系。

围绕主题，本书内容共分为五篇十六章。第一篇理论篇。在对我国跨境电商发展现状以及其与制造业集群互动的现实背景与相关研究成果基础上，提出两者协同发展的必要性，对两者协同发展与演化的特征及机制进行了系统研究，以系统论与复杂适应系统为分析框架构建了两者协同演化模型。第二篇产业链篇。对第一篇所构建的理论模型分别就现

---

① OECD. Leveraging digital trade to fight the consequences of COVID – 19. 2020.

② Gomez – Herrera E，Martens B，Turlea G. The drivers and impediments for cross border e-commerce in the EU ［J］. Information Economics and Policy. 2014，28：83 – 96.

③ 国务院办公厅关于促进跨境电子商务健康快速发展的指导意见（国办发〔2015〕46 号）.

状和趋势进行了实证分析，并从宏观制度、中观集群以及微观企业三个维度分别就如何促进两者协同发展进行了路径设计。第三篇供应链篇和第四篇价值链篇。这两篇将研究重点集中到微观层次的跨境电商企业管理角度。供应链篇整合了全球供应链视角下的跨境电商企业运营模式、营销渠道整合和品牌建设等内容。价值链篇则分别从企业成本管理与绩效管理维度，研究了跨境电商企业的价值实现与价值评估的最优绩效战略。第五篇生态圈篇。从全产业链生态系统出发，融合了制造端、服务端、制度及市场环境端等影响因素，以更系统、综合的角度对跨境电商生态圈的重要性及构建进行了有益探讨。

　　总之，本书的研究从宏观、中观与微观三个维度对内容进行整体把握，研究方法上采用定性与定量研究相结合，研究领域上涵盖经济学和管理学的交叉研究。

　　在本书的写作过程中，宁波大学硕士研究生仇丽萍、李芳、梁含悦参与第一篇和第二篇的撰写，马海燕、董凌宏、刘鹏和仇丽萍参与了第三篇的撰写，王春晓、黄圆和仇丽萍参与第四篇的撰写，杜小雯、梁含悦和仇丽萍参与第五篇的撰写。另外，董楠楠副教授对本书很多部分内容的写作提供建议与帮助，在此对他们深表感谢！

　　本书的出版得到了经济科学出版社的支持，以及国家自然科学基金项目和浙江省软科学研究计划的资助，特此致谢！由于笔者水平有限，因而书中疏漏、错谬之处恐难避免，敬请广大读者和专家批评指正。

杨丽华

理 论 篇

产 业 链 篇

供 应 链 篇

价 值 链 篇

生 态 圈 篇

理　论　篇

跨境电商是"互联网＋外贸"下诞生的国际贸易新业态，直至 2012 年国务院及各部委和地方陆续出台了一系列政策法规，开始支持并规范跨境电子商务行业的发展①。跨境电商是传统外贸营销渠道的创新，既涉及经济学的虚拟经济理论、国际贸易的新兴古典贸易理论，又涉及管理学的交易成本理论、市场营销理论等，属于跨学科范畴。因此，到目前为止实践进度远远快于理论研究。考虑到制造业集群与传统外贸企业借助跨境电商的转型升级必然意味着要对各种传统国际贸易理论和产业集群理论进行重新探讨甚至提出挑战，本篇将在重新界定跨境电商内涵的基础上，构建跨境电商与产业集群协同发展的理论模型，为研究两者协同演化机制与路径奠定基础。

---

　　① 人民网财经新闻. 5 城市首批试点跨境贸易电子商务服务. http://finance. people. com. cn/n/2012/1220/c70846－19957510. html.

绪　　论

第一节　我国跨境电商发展的现状及趋势

一、跨境电商的概念及特征

（一）概念

2000 年第十届联合国贸易与发展会议（UNCTAD）的报告最早关注到电子商务与国际贸易的关系，报告指出"通过跨境（尤其是信息密集型）生产要素转移使得相对价格发生根本性变化，电子商务已经开始以一种深刻而不可逆转的方式影响国际贸易中相当一部分的性质和基本原理"[1]。2010年国际邮政组织（IPC）在《跨境电子商务报告》[2] 中具体分析了 2009 年跨境电商发展状况，虽然没有明确提出跨境电子商务的概念，但是出现了"internet shopping""online cross-border shopping""online shopping"等说法。Nielsen、eBay 等公司以及学者们也分别提出"跨境在线贸易""跨境网购""外贸电子""国际电子商务"等不同的表达。起初，跨境电商的概念界定为我国生产和贸易企业通过电子商务手段将传统贸易中的展示、洽谈和成交环节数字化、电子化，最终实现产品进出口的新型贸易方式；同时，也是扩

---

　　① Report of the United Nations Conference on Trade and Development（2000）. TD/390，page34. https：//unctad. org/system/files/official-document/ux_td390. en. pdf.
　　② IPC. IPC Cross – Border E – Commerce Report 2010［R］. IPC，2010.

大海外营销渠道，提升我国品牌竞争力，实现我国外贸转型升级的有效途径[①]。2016 年浙江省商务厅发布了《跨境电商基本术语解读》[②]，对跨境电子商务（以下简称"跨境电商"）概念进行了界定，即跨境电商是指"分属不同关境的交易主体，通过互联网信息技术在线洽谈和下单，进行跨境支付结算，并通过跨境物流送达商品、完成交易的一种国际商业活动"。笔者认为，以上界定指出了跨境电商平台开展跨境业务的市场主体，并基本涵盖了跨境电商的主要环节，故本书完全同意并采纳该界定的概念，后续研究也将在此基本概念基础之上展开论述。

（二）特征

跨境电商伴随着互联网技术的迅速发展而崛起，具备明显的互联网特征，即网络空间独特的价值标准和行为模式深刻地影响着跨境电商，使其不同于传统外贸的交易方式，呈现出自己的特点。范兰宁（2005）[③] 基于网络空间视角将跨境电商特征概括为如下几点。

（1）全球性。网络是一个没有边界的媒介体，具有全球性和非中心化的特征，跨境电商的最大特性是克服了传统外贸交易场所的地理因素，形成了无边界的全球性交易，交易双方不需要跨越国界就可以把产品提供给国际市场，因此跨境电商具有去中心化的全球性特征。

（2）无形性。数字化传输是通过不同类型的媒介将信息在全球网络环境中进行传输，具有无形性特征，跨境电商在交易匹配阶段用无形产品替代实物作为交易对象，是数字化传输活动的一种特殊形式，具有无形性特征。

（3）匿名性。由于跨境电商具有全球性的特性，因此很难识别电子商务用户的身份及其所处的地理位置，并且在线网络交易主体被允许不显示自己的真实身份与具体地理位置，使跨境电商具有匿名性特征。

（4）即时性。传统对外贸易的信息传递往往通过信函、电报、传真等在交易主体间流通且存在时间差，而网络空间中信息的传输速度与地理距离无关，跨境电商中某些数字化产品（如音乐、软件等）的交易允许即时清结，使订货、付款、交货在瞬间完成，大幅提高了交易效率，具有即时性

---

① 2013 年商务工作年终述评之十二：跨境电子商务发展取得阶段性成效. http：//www. cantonfair. org. cn/html/cantonfair/cn/info/2014 - 02/29564. shtml.

② http：//www. zcom. gov. cn/art/2016/6/14/art_870_219221. html.

③ 范兰宁. 电子商务活动对传统税收管辖权的冲突及对策 [D]. 上海：华东政法学院，2005：13 - 18.

特征。

（5）无纸化。在跨境电商模式下无纸化交易取代了一系列的纸面交易文件，例如交易主体通过电子邮件或在线即时通信软件进行磋商，整个信息发送和接收过程实现了无纸化；同时，跨境电商以数字合同、数字时间取代了传统贸易中的书面合同、结算票据，具有无纸化特征。

（6）快速演进。互联网是一个迅速崛起并不断自我更迭的网络空间，现阶段仍受到网络基础设施和相应的软件协议限制，在巨大潜力中暗含了未来发展的不确定性，因此，基于互联网的跨境电商也处在瞬息万变的过程中，短短的几十年中电子交易经历了从 EDI 到电子商务零售业的兴起，而数字化产品和服务更是花样翻新，不断地改变着人类的生活。

二、我国跨境电商的发展阶段

1999 年阿里巴巴首次实现用互联网连接中国供应商与海外买家后，互联网化的中国对外贸易就此出现，中国跨境电商自此起航。经过 20 多年的蓬勃发展，跨境电商从萌芽期的信息展示和撮合服务，到起步期的在线交易服务，再到发展期的全产业链商业模式形成，最终到成熟期的供应链环节大融合，实现了跨境电商产业转型。具体而言，可以归纳为如下四个发展阶段（见图 1－1）。

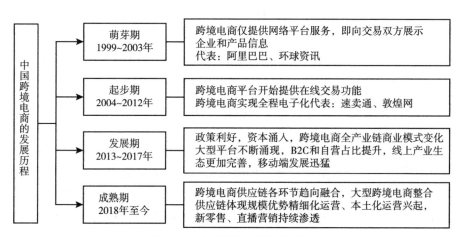

图 1－1　中国跨境电商发展历程

资料来源：笔者整理绘制.

（一）萌芽期：跨境电商 1.0 阶段（1999～2003 年）

1999～2003 年是跨境电商发展的萌芽期，主要商业模式是网上展示、线下交易。跨境电商在起步阶段仅提供第三方网络平台服务，主要为企业信息以及产品提供网络展示平台，不涉及网上交易环节。盈利模式主要是收取会员费、竞价广告以及咨询费等信息流增值服务。典型代表为阿里巴巴国际站和环球资源网，其中阿里巴巴国际站成立于 1999 年，首次实现用互联网连接中国供应商与海外买家后，互联网化的中国对外贸易就此出现。在这个阶段，跨境电商完成了产业链中信息流的整合。

（二）起步期：跨境电商 2.0 阶段（2004～2012 年）

以 2004 年敦煌网上线为新阶段的标志，开启了中国现代意义上的跨境电商新篇章。在该阶段电子商务本质得以体现，跨境电商平台不再是单纯的网络信息展示平台，而是通过融入交易、支付、物流等环节，拉开了跨境贸易交易电子化序幕并逐渐成长为在线跨境交易平台，成为一个崭新的贸易渠道。相比于萌芽期，该阶段重整了原先电子商务平台的功能，并进一步形成了基于信息整合以及交易服务的两种平台，分别是 B2B 平台模式（business-to-business，B2B，即企业与企业之间通过专用网络或 Internet，进行数据信息的交换、传递，开展交易活动的商业模式）和 B2C 平台模式（business-to-customer，B2C，即直接面向消费者销售产品和服务商业的零售模式）。其中，B2B 是主流交易模式。跨境电商的盈利模式也趋于多元化，由"会员收费"向"交易佣金"模式变化，同时随着交易、支付、物流等环节的融入获得额外增值收益。

（三）发展期：跨境电商 3.0 阶段（2013～2017 年）

2013 年对于跨境电商来说意义非凡，这一年被视为"跨境电商元年"[①]或者跨境电商重要转型年，这一年跨境电商平台承载能力增强，催生了涵盖全产业链上各环节的商业模式，即全产业链服务在线化，自此跨境电商进入高速发展期。在该阶段，跨境电商的主要特点有：跨境电商用户群体

---

① 郭四维，张明昂，王庆，朱贤强. 新常态下的"外贸新引擎"：我国跨境电子商务发展与传统外贸转型升级 [J]. 经济学家，2018（8）：42–49.

由草根创业向大型工厂、外贸公司转变，意味着平台产品由网商、二手向一手转变，产品的设计管理能力得到提升，同时，平台模式由 C2C（customer-to-customer or consumer-to-consumer，C2C；即个人与个人之间的电子商务）、B2C 开始转向 B2B、M2B（maker-to-business，M2B；即生产商直接面对经销商）模式；大型服务商上线，移动用户量爆发，特别是促进跨境电商政策的陆续出台和海外仓大规模的建设极大提升了跨境电商服务效率和质量；跨境电商买家方面，B 类买家成规模、中大额订单比例提升，批发商买家中大额交易成为平台的主要订单，跨境电商正式进入大货时代。

（四）成熟期：跨境电子商务 4.0 阶段（2018 年至今）

2018 年是转型之年，这一年我国电商领域首部综合性法律《中华人民共和国电子商务法》（以下简称《电子商务法》）审议通过，标志着跨境电商进入规范发展的成熟期。《电子商务法》不仅是跨境电商从业者应遵守进出口监管的法律法规，更是解决跨境进口消费投诉热点问题的法律依据，多角度促进跨境电商行业良好健康发展。同时，此阶段跨境电商的发展不仅依赖于价格、选品和供应链资源等，更凸显了品牌战略、人才管理、数据营销分析等方面的综合实力。

三、我国跨境电商发展的趋势判断

（一）我国跨境电商蓬勃发展的集群特征越来越显著

2008 年美国金融危机让整个世界经济陷入困境，我国的对外贸易，特别是出口贸易面临巨大挑战。数据表明，自 2010 年以来，我国进出口贸易增速明显下滑，如图 1-2 所示，2012 年、2013 年和 2014 年进出口总额分别为 24.4 万亿元、25.8 万亿元和 26.4 万亿元，年增长率分别为3.28%、5.74% 和 2.35%，相较于 2011 年的 16.8% 的增长率出现了明显的下滑，甚至在 2015 年和 2016 年连续两年出现负增长。考虑到外部市场环境的不确定性，国际贸易摩擦不断，我国传统进出口贸易的前景令人担忧。

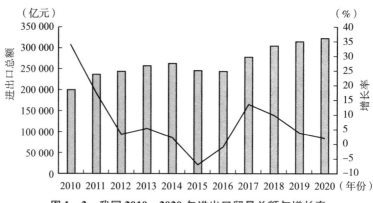

图1-2 我国2010~2020年进出口贸易总额与增长率

资料来源：进出口贸易总额数据来源：中华人民共和国国家统计局. http://data.stats.gov.cn/easyquery.htm?cn=C01. 增长率由笔者整理计算得出.

如图1-3的监测数据显示：我国跨境电商交易规模从2011年仅1.7万亿元，到2020年的12.5万亿元，特别是在2015年和2016年在进出口贸易额负增长的情况下，跨境电商交易规模却逆势上扬，增长幅度分别为28.6%和24.1%；此外，跨境电商占我国进出口交易规模的比重不断提高，从2011年仅占7.19%，到2020年的38.79%，交易规模占比逐年稳步增长，2020年在新冠肺炎疫情影响下，跨境电商凭借非接触式购物的优势得到井喷式发展。

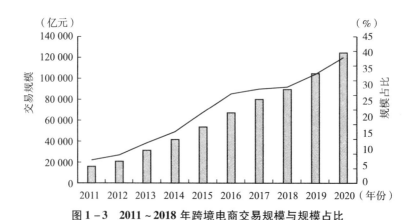

图1-3 2011~2018年跨境电商交易规模与规模占比

资料来源：网经社. http://www.100ec.cn/Index/base_kj.html.

随着越来越多的企业加入跨境电商领域，跨境电商的概念也在不断扩展延伸。如今，对跨境电商的认识不仅是界定为新型的外贸方式，从最初简单的跨境平台起步，已经逐步形成一条以数据驱动的、涵盖营销、支付、物流和金融服务的完整的服务产业链，跨境电商不仅作为对外贸易的新业态实现自身的发展，更带动了包括跨境物流、跨境支付等服务业的一系列变革，展现出服务业集群的特征，《电子商务"十三五"发展规划（2016）》正式将跨境电商界定为服务业集群并鼓励其发展①，服务类贸易最能体现跨境电子商务不同于传统对外贸易的特征。

（二）跨境电商与制造业集群的互动关系日益密切

发达国家的实践经验表明，随着经济的发展，制造业与生产性服务业之间的边界逐渐模糊，出现融合的趋势。2012 年，《电子商务"十二五"发展规划》明确提出，"鼓励面向产业集群和区域特色产业的第三方电子商务发展……实现产业链资源的优化配置和整合，全面提升产业集群竞争力"，为制造业集群转型升级提供了一条可行的方向和路径。2015 年，面对全球新一代信息技术与制造技术融合发展的趋势，李克强总理在《政府工作报告》中首次提出"中国制造 2025"和"互联网＋"行动计划。2019 年全国两会期间，李克强总理提出促进先进制造业和现代服务业融合发展②，浙江省商务厅等七部门联合印发的《浙江省大力推进产业集群跨境电商发展工作指导意见（2016 年）》③中明确指出，加强产业集群跨境电商应用培育，重点培育一批适合开展跨境电商的产业集群；多途径、多形式推进产业集群跨境电商发展，并实施了首批 25 个产业集群发展跨境电商的试点工作。2019 年8 月，浙江省出台第二批 34 个产业集群跨境电商发展试点名单，"产业集群＋跨境电商"是实现浙江跨境电商优势和块状产业集群优势相结合的典型做法④。2021 年 9 月，浙江省发展改革委和浙江省商务厅印发的《浙江省新型贸易发展"十四五"规划》中明确指出，深化跨境电子商务创新，强化产业集群联动，抓好产业集群跨境电子商务发展试点⑤，同年 11 月浙江省

---

① 商务部、中央网信办、发展改革委关于印发《电子商务"十三五"发展规划》的通知. http：//www.mofcom.gov.cn/article/b/d/201612/20161202425267.shtml.

② 李克强说：坚持创新引领发展，培育壮大新动能. http：//www.gov.cn/xinwen/2019－03/05/content_5370667.htm.

③ http：//zhejiang.mofcom.gov.cn/article/sjzhongyaozt/201604/20160401296007.shtml.

④ 浙江省第二批产业集群跨境电商发展试点名单. https：//zj.zjol.com.cn/red_boat.html?id =100138742.

⑤ http：//zcom.zj.gov.cn/art/2021/9/3/art_1229267969_4723400.html.

公布了全省第三批 16 个产业集群跨境电子商务发展试点单位。

通过上述趋势的分析，笔者推断跨境电商与产业集群存在协同发展的必要性，两者的融合发展不仅是打造世界性先进制造业集群的重要前提，也是促进我国制造业从产业链中低端迈向全球价值链中高端的实现路径。也就是说，一方面跨境电商服务业集群（以下简称"跨境电商"）是制造业集群转型升级的途径之一；另一方面制造业集群为跨境电商的发展提供产业支撑。两者不仅要成就自身发展，更要实现共同发展，因此，从理论上如何构建跨境电商与制造业集群的协同演化（以下简称"两者协同演化"）的机制？协同演化的机制如何运行？如何检验机制的科学性和合理性？基于资源禀赋和制度差异的粤浙苏三省两者协同演化的模式是怎样的？总之，归纳具有可复制、可推广的协同演化机制既是迫切需要解决的理论问题，也符合新发展理念下中国经济发展的新常态、新理念（五大发展理念之协调发展理念）。

第二节　跨境电商与制造业集群协同发展的必要性分析

一、跨境电商与制造业集群协同发展的目标

在跨境电商与制造业集群协同发展过程中，跨境电商所追求的目标是借助制造业集群内的产品、技术、设施、合作、创新、外部经济等优势，提高我国产品竞争力，增加外贸出口量，改善传统贸易逐渐下滑的现状；制造业集群则是要借助跨境电商这种新型的贸易方式，压缩产品到国外消费者的中间环节，改善生产成本上升的困境，争取更低的价格优势，扩大市场销量，创建自主品牌，提高商品售价。同时，通过与消费者的直接接触，获得不同地区消费者的不同需求，以此促进产品和技术的创新，从而更好地满足消费者的喜好。从系统论的视角看，跨境电商与制造业集群协同发展所追求的是系统内（各子系统）以及系统之间（复合系统）的资源整合和有效利用，从而实现对外贸易与制造业之间协同效应的最大化。实体经济是我国经济命脉，传统制造业不仅关乎着我国经济社会的发展，也为对外贸易提供产品保障。跨境电商与制造业集群协同发展的最终目标是有效提升我国出口产品

的国际竞争力和制造业的转型升级，使我国经济社会实现持续稳定健康发展。

二、跨境电商与制造业集群协同发展的内容

跨境电商与制造业集群是多角度、多层次、多内容的协同发展，具体表现在产品协同、目标协同、信息协同、制度协同、创新协同等方面，通过各子系统内部和子系统间的复合系统形成的统一体，最终构成跨境电商与制造业集群协同发展的内容体系，如图1-4所示。

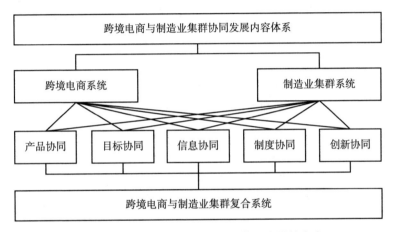

图1-4 跨境电商与制造业集群协同发展的内容

其中，产品协同是指制造业集群主要负责产品的生产，而跨境电商则负责产品的销售，两者通过功能互补来实现产品的产与销两个环节的协同。目标协同是指跨境电商和制造业集群通过相互作用实现高于独自发展的目标。在某些合作条件下资源可以有效配置，各子系统都面临更大的市场空间和更好的前景，从而实现更高层次的目标。信息协同是指通过复合系统内信息流、能量流、物质流的开发，使两个子系统信息交流更加通畅，从而最大化利用信息资源。制造业集群系统可以获得更多的客户需求、市场情况等信息；跨境电商系统也可以获得更多的产品、成本等信息。同时，两者还通过信息交流，更好地支配物流、资金、仓储等服务体系，从而构成跨境电商与制造业集群的信息协同。制度协同是指复合系统内制定统一的规则，以促进

制造业集群与跨境电商的有效融合。如政策支持制造业集群开展跨境电商，成立促进两者协同发展的行业协会，制定相应的规则和奖惩制度等。创新协同是指跨境电商与制造业集群主体要素充分利用自身优势，借助对方提供的契机促进产品的创新、研发、交易模式和其他环节的创新和改善。

三、跨境电商与制造业集群协同发展的动力

跨境电商与制造业集群协同发展的动力分析有助进一步了解跨境电商与制造业集群协同发展的本质与特征。跨境电商与制造业集群协同发展的动力因素可以概括为三个方面：利益驱动、政策推动、环境影响。

首先，在协同发展过程中，制造业集群为跨境电商提供优质低价的产品、成熟的仓储物流、金融等第三方服务，节约产品的采购费用，享受外部规模经济获得较高的销售利润。另外，跨境电商增加了制造业集群的销售渠道，拓宽了国际市场，节约了交易费用，使其获得更多的利润和市场份额。企业经营的核心目标就是利润最大化，而跨境电商与制造业集群协同发展符合主体要素追求利润最大化的目标，因此利益驱动是两者协同发展的主要动力。

其次，由于产品竞争力的降低，我国外贸行业发展不景气，众多中小型外贸公司面临诸多困难，政府出台一系列政策鼓励对外贸易转型升级，鼓励跨境电商的发展。此外，由于原材料、劳动力成本的上升，制造业集群也面临技术锁定、地域锁定等问题，政府也陆续出台政策鼓励其借助"互联网＋"平台进行转型升级。2016年，浙江省商务厅等七部门联合发布《浙江省大力推进产业集群跨境电商发展工作指导意见》，大力促进制造业集群开展跨境电商，大力支持并有效促进了跨境电商与制造业集群协同发展。因此，政策推动是两者协同发展的主要动力。

最后，随着互联网技术的不断进步，国内电子商务的发展如火如荼。成熟的国内物流配送体系、网上支付技术、各电商平台客户端的开发以及国外消费者对我国商品的需求增加等系统外部环境催生了跨境电商兴起和发展，而制造业集群迫切需要借助新的贸易方式转型升级，两者协同发展可以取长补短，合作共赢。因此，跨境电商与制造业集群协同发展是大势所趋。

四、跨境电商与制造业集群协同发展的阻力

跨境电商与制造业集群协同发展过程中也会遇到各种阻碍协同发展的因素，分析这些阻力因素可以为提高协同发展速度和效率提供方向和路径。从目前我国跨境电商和制造业集群的发展来看，阻碍其协同发展的因素主要有物流配送体系不健全、监管制度滞后、产权意识薄弱、信息交流不通畅、人才缺乏等。

首先，各类配套设施不能满足跨境电商发展的要求。通过跨境电商渠道销售商品要求有较高的物流配送体系，不仅要求速度快而且要求成本低。目前，境外部分的物流建设是一大难题，影响整体配送体验，且单个包裹邮往国外需要很高的成本。如果复合系统内主体要素信息沟通顺畅，则可以利用集货模式一起出口，分担物流成本。但是由于信息交流不顺畅，系统内主体要素还不能进行完美对接，没有合理有效地利用资源，因此，信息交流不通畅在一定程度上也影响了跨境电商与制造业集群协同发展的效率。

其次，传统的监管制度已不能满足跨境电商的通关要求。之前的海关监管方式是针对传统外贸中大批量的进出口货物设置的。而在跨境电商中，特别是针对 C 端的订单小批量、多批次，关税、商检、通关等一系列手续都要一单一单地来，较为烦琐，容易形成货物积压，不能满足跨境电商对物流时效性的要求。另外，跨境电商的支付还处于起步阶段，结汇的监管制度和模式有待提高，影响了传统制造业集群开展跨境电商的积极性。因此，监管制度的滞后一定程度上影响了跨境电商与制造业集群的协同发展。

再次，国内知识产权保护意识薄弱也影响了跨境电商与制造业集群的协同发展。长期以来我国制造业以贴牌生产或者代加工为主，对品牌构建、知识产权保护等问题考虑较少，知识产权及专利的保护意识薄弱。在跨境电商模式下，为了使消费者能够更清楚地了解产品，需要走自主品牌化道路。同时，国内外知名的第三方跨境电商平台如亚马逊、Wish 等都要求入驻的企业要有自主品牌。但有些商标或专利在国外已经被注册，国内企业却不得而知，就有可能陷入侵权事件。亚马逊、eBay 等都有较高的进入门槛，如果企业被发现有侵权行为将面临很高的罚款甚至封号的风险。而由于语言和距离等因素，国内企业对国外知识产权保护相关法律法规不是很清楚，调查国外商标专利注册情况也需要大量的人力物力和财力，甚至有可能陷入国外的

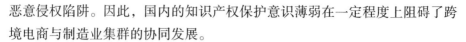
恶意侵权陷阱。因此，国内的知识产权保护意识薄弱在一定程度上阻碍了跨境电商与制造业集群的协同发展。

最后，复合型人才短缺影响跨境电商与制造业集群的深度融合。制造业集群进军跨境电商领域，所需人才的素养要突破传统贸易界限，不但要精通外贸业务知识，还要熟悉各类电商平台的运营和互联网技术。目前，制造业集群的主体要素由于缺乏跨境电商方面的专业知识，不能紧跟消费者瞬息万变的需要而设计和生产适合的产品。而跨境电商作为新业态，不仅所需人才存量不足，而且主体要素不仅要对国际贸易常识、国际营销、跨境支付、跨境物流、国外当地的社会习惯和相关的法律法规较为熟悉，还要涉猎制造业领域，了解产品的研发设计以及生产。多学科、多领域的复合型人才缺乏短期内难以解决，在一定程度上阻碍了跨境电商与制造业集群的协同发展。

产业集群协同发展的研究动态

本次研究的关键词是制造业集群、跨境电商及两者的协同发展。在文献梳理的基础上，笔者发现有关产业集群及协同发展的主题已经有了相对丰富的研究，而作为新的国际贸易方式，直接关注跨境电商与产业集群协同发展的相关研究尚属起步阶段。由于跨境电商是传统对外贸易在电子商务领域中的体现，因此，本章将从跨境电商与产业集群的互动关系和协同发展与协同演化两个维度进行相关研究的动态梳理与回顾。

第一节 跨境电商与产业集群互动关系的研究

一、对外贸易与产业集群关系的相关研究

20 世纪 90 年代，以克鲁格曼（Krugman）为代表的新经济地理学首次将产业集聚与对外贸易相联系，认为规模经济是国际贸易产生的原因[1]。藤田、克鲁格曼和维纳布尔（Fujita, Krugman & Venables, 1999）指出，对外贸易可以引起一国内部经济地理的变化，它既在总体上促使各个产业变得更加分散，也使一国某个产业变得更加集聚，贸易自由化会促进制造业空间集聚，推进产业集群的出现；同时通过对空间经济学的开放模型分析指出，对外贸易促使某些产业产生集聚并带来更多收益[2]。哈森（Hasen, 1996, 1998）在墨西哥纺织服装业贸易自由化与工业区位关系的研究中认为，贸易自由化可能使国内的产业趋向贸易更便利的地区而形成新的集聚[3][4]。皮萨、维维耶和罗索乌（Pisa, Viviers & Rossouw, 2017）对南非的西北省

份资源依赖地区展开研究，探讨了产业集群的形成与出口之间的自然协同效应，认为产业集群为经济和出口的持续增长提供了基础[5]。

自改革开放以来，我国制造业和服务业不断向经济开放程度高的东南沿海地区集中，胡（Hu，2002）指出，凭借在国际贸易中的地理优势（即内陆劣势来自国际贸易中较高的运输成本），沿海地区成为工业集聚的初始地点，随着经济开放度的增加贸易成本逐渐降低，促进制造业进一步向沿海地区集聚[6]。王辑慈（2003）认为，我国地方产业集群在出口创汇和创造财富方面有非常重要的影响，同时作为发展中国家，我国的工业化需要在全球化与本地化的张力之间寻求独立自主的发展道路，特别需要从制度层面理解自主创新能力的社会根植性[7]。杨丹萍和毛江楠（2011）通过中国 15 个制造业 1999～2008 年的数据，构建了固定影响的变系数模型，实证结果表明近 90% 的制造业中产业集聚与对外贸易的国际竞争力存在着显著的正相关关系[8]。杨立国和刘宇娜（2013）则认为，对外贸易与中国制造业集聚之间存在着相互影响、相互作用、相互促进的影响机制[9]。赵伟和王春晖（2013）从区域二重开放和产业集聚的视角构建了单一区域两部门经济模型，认为在区域开放过程中，伴随着区域交易费用的下降，产业集聚逐渐形成，并通过区域内需求扩张以及集聚规模的扩大，逐渐吸引上下游产业的布局，进而出现协同集聚[10]。俞立平（2015）指出，长三角地区是全国高技术产业集聚最为集中和外贸出口最为发达的地区，长三角高技术产业集聚与出口之间存在互动关系[11]。李波和杨先明（2018）在分析中国 2000～2007 年制造业企业数据基础上指出，推进贸易便利化会显著促进企业生产率，尤其是产业集聚程度较高行业的企业生产率的进步[12]。

二、跨境电商及其生态圈的相关研究

跨境电商作为新的对外贸易方式，补充和发展了传统国际贸易理论，特别是比较优势理论、要素禀赋理论、新兴古典贸易理论等，但也出现了现有理论无法解决的新问题。近几年，跨境电商的相关研究层出不穷，在 Elsevier 和 CNKI 数据库中对"跨境电商"关键词的搜索结果显示，约 40% 是宏观层面的相关研究，如发展现状、发展机遇和对策等（金虹，林晓伟[13]，2015；鄂立彬，黄永稳[14]，2014），约 50% 是微观层面的问题探讨，如物流、监管、支付和诚信等问题（舒莉等[15]，2015；王琴[16]，2011）。

（一）跨境电商影响因素的相关研究

国外学者的研究相对较早，最初是探讨传统企业转型开展跨境电商的关键影响因素（Kha[17]，2000；Gibbs[18]，2006）。另外，政治和环境因素是影响全球跨境电商发展的重要因素，即全球竞争推动了 B2B 模式的发展，而 B2C 模式主要受到当地市场氛围的影响。另外，还有学者通过建立模型验证并分析跨境电商流程，通过研究发现，出口商、进口商、区域单一窗口、海关和国家单一窗口是影响跨境 B2B 的显著指标（Asosheh[19]，2012），而戈尔巴尼等（Ghorbani et al.，2013）基于全球化理论及模型探讨了电子商务对全球化的影响，研究结论发现，在全球化进程中，处于上游的企业比处于下游的企业更倾向于应用电子商务，电子商务对全球化的影响很大，甚至可能改变全球化的性质[20]。

国内学者主要对跨境电商对国际贸易的影响（谢里[21]，2004；张旭[22]，2007；杨坚争，段元萍[23]，2008）和跨境电商兴起的原因（刘娟[24]，2012）等进行研究。王外连等（2013）指出跨境电商比传统对外贸易更具发展优势，并且政府的激励扶持政策为跨境电商发展提供了保障[25]。杨坚争等（2014）依据跨境电商流程，首次建立了跨境电商应用评价体系，并实证分析了我国跨境电商应用情况，发现我国跨境电商发展中存在的问题并提出相应的对策建议。跨境电商的发展受到外部环境的影响，其中既包括政府采取主导的行动，也包括市场本身所具有的作用。从政府主导的行动而言，学者建议通过政策法规、资源配置、市场监管和政策扶持等角度加强政府对其发展的推动力[26]。邱阳（2013）以义乌为例提出政府可通过供地、补助、返税等方式为小商品产业集群发展跨境电商提供保障[27]；郭海玲（2017）则提出通过政府出台政策法规，促进规范、完善跨境电商及产业集群行业[28]；严厚雁（2016）建议政府完善产业集群跨境电商发展软件条件，更好促进两者融合发展。徐锦波（2017）用钻石模型构建了政府促进产业集群跨境电商发展的机理和路径，强调政府需要厘清与市场的关系并做好相应监管；从市场的营商环境而言，学者则建议从强化经济基础、行业规模和辅助设施的角度，提升产业集群跨境电商发展的软实力。郭海玲（2017）认为，建立和完善物流体系、金融服务体系、加强品牌建设和电商信用体系等是河北省产业集群跨境电商应解决的关键点[28]；陈长英（2015）则重点从跨境电商企业对人才需求的角度出发，着重提出通过专业人才促进跨境电商发展的对策建议[29]。李梦（2018）运用2007～2016年10年间的时间序列数据开展实证研究，证明国际快件量和互联网普及率对跨境电商发展产生重要影响[30]。胡碧琴、赵亚鹏（2016）提出，通过建立移动信息平台、加快综合人才培养等方式，促进港口物流产业集群与跨境电商联动发展[31]。

（二）跨境电商生态圈的相关研究

随着研究视角的不断丰富，学者们对跨境电商的认识不仅是将其界定为新型的外贸方式，更是新型的服务型产业集群，并借用生态圈的概念展开了相关研究。跨境电商生态圈概念最早可追溯到美国学者詹姆斯·穆尔（James F. Moore，1993）[32]。穆尔（1996）将商业生态系统定义为"以组织和个人的相互作用为基础的经济联合，其成员除企业自身外，还包括利益共同体单位，通过利益共享、自组织甚至某些偶然的方式聚集在一起，获得各自的生存能力"。伴随着跨境电商的发展催生了跨境电商生态系统概念[33]。有学者基于平台视角研究跨境电商生态圈。吴敏（2015）从平台运营中的组织构建、跨境物流运作、海关通关、跨境市场运营等问题入手，提出构建跨境电商生态圈的思路和路径[34]。张薇（2016）基于平台理论构建了跨境电商生态圈的布局规划和结构[35]。张蓉（2017）研究互联网视角下跨境电商生态圈的构建[36]。王子越（2017）从全产业链入手构建了全产业链跨境电商生态系统的基本框架并阐述其独特之处[37]。有学者基于生态位的视角展开相关研究。生态位是近年生态学领域的研究热点之一，是指个体在种群或种群在群落中所占据的位置以及物种之间的功能关系和作用。王子越（2017）认为，跨境电商企业的生态位是分离还是重合，决定了它们之间的关系是互惠合作关系或是竞争关系甚至是变为捕食关系[37]。郑书莉、王心良（2017）认为，小微企业生态系统的战略分析包含了生态位选择与错位，生态位的选择要根据自身的价值创造能力选择一定容纳量且有扩展空间的生态位。有学者从地域的角度研究跨境电商生态圈[38]，如罗宁芝、刘莹、黄文丽（2017）基于长三角地区跨境电商的发展实践，研究跨境电商生态圈的构建和瓶颈，并针对性地提出生态圈发展的策略[39]。计春阳、李耀萍（2016）从提升服务平台的服务质量、降低跨境物流成本、建设专业化产业园区等方面促进中国—东盟跨境电子商务生态圈的发展[40]。林晓伟（2017）认为，福建自贸区跨境电商生态圈应以对台湾合作和连接世界为目标，根据自身的优势找准区域定位[41]。

三、跨境电商与制造业集群的相关研究

随着网络与信息技术的迅猛发展，来有为和王开前（2014）指出，虽然我国传统外贸发展速度放缓，但跨境电商却保持了快速增长的态势，已成为我国外贸的重要增长点[42]。马述忠和郭继文等（2019）指出，跨境电商的发展改变着国际贸易的现实与理论，并基于阿里巴巴发布的 ECI 跨境电商连接指数，利用 2015 年中国与 G20 国家、2016 年中国与"一带一路"沿线国家和地区组成的混合截面数据对跨境电商能否降低贸易成本这一命题进行了实证检验，实证结果证明，跨境电商能够显著降低贸易成本[43]。跨境电商作为互联网信息化时代的产物，马述忠和许光建（2019）指出，信息化、服务化是推动传统制造业企业转型升级的重要条件[44]。王缉慈（2008）指出，我国大量的沿海外向型产业集群都属于外向型集群城镇，且邻近的集群各自生产的产品之间可以配套，即制造业集群和生产性服务业集群之间相互支持[45]。蔡丽娟（2016）提出"互联网＋"跨境电商的运营策略能为传统外贸制造企业转型升级提供解决方案[46]。王子越（2017）通过涉及众多相关联上下游产业的全产业链入手，构建了全产业链跨境电商生态系统的基本框架[37]。

杨丽华和仲瑜（2018）指出，对外贸易是我国制造业走向世界的重要手段，在对产业集群及升级、跨境电商和协同演化等现有理论研究进行梳理总结后指出，我国跨境电商和制造业集群存在协同发展的必要性[47]。刘鹤（2019）认为，产业集群与跨境电商的深度融合，既为产业集群找到了网络销售的新出口、促成了销售的全渠道化，又为跨境电商提供了独特的产品和发展方向，并通过宏观环境分析法（PEST），对产业集群跨境电商在政治（P）、经济（E）、社会（S）和技术（T）四个角度分析了我国产业集群与跨境电商融合发展的机遇与挑战[48]。李芳、杨丽华和梁含悦（2019）通过构建影响跨境电商和产业集群两个子系统的 8 个潜变量指标，对 272 家产业集群内跨境电商企业开展问卷调查，运用结构方程模型实证分析了跨境电商与产业集群之间的协同关系，实证结果表明跨境电商与产业集群两个子系统存在正向相关性，两者协同发展促进产业集群与对外贸易的转型升级是可行的[49]。

第二节 协同发展与演化的研究综述

一、协同发展的相关研究

协同发展以协同学为理论基础，是协同和发展两个概念的综合。协同学由德国物理学家赫尔曼·哈肯创立于 20 世纪 70 年代，研究系统从无序到有序的转变规律和特征，普遍适用在不同领域，包括物理学、化学、生物学、经济学等领域。杜志平（2005）指出，协同发展是在外界环境提供信息、物质、能量等条件下，协同系统内各要素、各子系统为实现共同发展目标而相互协作、相互促进、相互适应的一种动态发展过程[50]。张景秀（2012）结合系统论、协同学和博弈论等理论与方法，分析了广州汽车产业集群与物流业协同发展的模式，构建了两者的协同度模型，分析了两者协同度不高的原因[51]。孙鹏（2012）分析了现代物流业主体与制造业主体特征、动态协调关系和两者协同演化内在机理，借助复合系统协调模型与协同学理论，构建了两者协同度评价模型及协同发展机制[52]。刘丹（2014）基于协同学理论，构建了电子商务与快递业两个系统协同度测量模型以及评价两系统有序度的指标体系，并据此测度两个子系统的有序度及复合系统的协同度[53]。

二、协同演化在经管领域的相关研究

协同演化①（co - evolution）概念源于生物学领域。埃利希和雷文（1964）在《蝴蝶和植物：协同演化的研究》一文中首次使用"coevolution"一词，在对蝴蝶和它们食用的植物的关系研究基础上，指出生态上紧密联系的物种在一定程度上是持续相互影响并协同演化的，这种物种间互相选择的重要性往往因为物种多样性起源而被大大低估，即人们忽略了协同演化的存在[54]。詹曾（1980）将协同演化定义为一个物种的个体行为受另一个物种的个体行为影响而产生的两个物种在演化过程中发生的关系，是两种（或

---

① 生物学上多翻译为协同进化、共同进化等。

多种）具有密切生态关系但不交换基因的生物的联合进化[55]。诺加德（1984）第一个比较系统地在社会经济领域分析中引入协同演化的概念，他认为在社会和自然界的许多重要系统中，如制度、技术、信仰、价值观、基因、人类和动物行为，影响着彼此的进化[56]。随后，协同演化概念由生物学领域向经济社会发展、企业组织战略等领域扩展，学术界关于协同演化的研究文献激增。协同演化概念发展至今，借助于复杂性理论、突现理论、计算机组织理论等，已逐步成为分析解释复杂现象的科学研究方法[57]（Volberda & Lewin，2003）。

（一）基于演化经济学的协同演化研究

经济学关于演化的思想经历了马克思、凡勃伦、熊彼特和阿尔奇安等，直到1982年理查德·R·纳尔逊和悉尼·G·温特合著出版了一部将经济演化思想由零散到系统的标志性文献——《经济变迁的演化理论》，标志着演化经济学的诞生。演化经济学发展至今，力求以动态视角分析经济社会发展过程，探索经济社会发展过程中的复杂经济现象及其规律。演化经济学视角下的协同演化相关研究主要集中在以下几个视角。

1. 产业之间的协同演化

耶茨和乔安妮（Yates & Joanne，1993）分析了产业与产业之间的协同演化机理，认为制表业与人寿保险业之间存在着协同演化，一方面穿孔卡片制表机对人寿保险业的形成具有重要的促进作用，另一方面人寿保险业的发展和完善也为制表技术的持续发展提供了保障和动力[58]。科皮洛克和塔什曼（1994）通过对无线电技术和无线电产业之间的协同演化过程研究分析了产业和技术的协同演化机理[59]。彭本红（2009）分析了现代物流业与先进制造业的互动关系[60]。曹东坡等（2014）从空间分布上的协同定位、发展模式上的协同演化、升级动力上的协同创新三个维度，探讨了上海高端服务业和长三角地区先进制造业的协同机制，并基于系统协同理论实证分析指出上海高端服务业和长三角先进制造业正处于协同发展状态，且在2006年之后的趋势更为明显，但先进制造业子系统有序度较低成为制约复合系统协同度提升的重要原因[61]。吴晓研等（2018）以我国东北三省为研究对象指出，物流业发展有序度与产业间协同水平高度相关[62]。黄启斌等（2019）认为湖南省互联网发展与制造业转型的协同演化关系呈现较强的相关性[63]。

2. 产业与环境要素的协同演化

鲍姆和辛格（1994）分析了加拿大多伦多地区生态环境是儿童医疗服务业的需求变量，而这一事业所需的财政预算与该地区的儿童医疗服务中心规模和医护人员数量有着密切的关系[64]。赵玉林、叶翠红（2013）对中国及其省域近十年来产业系统经济与生态的协调状态和协同演化趋势进行了实证分析，指出经济的快速发展是实现产业系统协调发展的基础，经济与生态的协同提升是产业系统实现可持续协调的关键[65]。王举颖、赵全超（2014）进行了数据环境下以数据驱动为主导的商业生态系统研究[66]。马永强、华志芹（2019）根据江苏省 2012~2015 年城镇化数据，分析了生态城镇化的人口—产业与生态协同演化的机理[67]。

3. 产业制度、组织和技术的协同演化

哈夫曼（1997）研究了早期储蓄业的组织和制度之间的共同演化问题[68]。金雪军、杨晓兰（2005）基于演化范式的技术创新政策理论从有限理性出发，强调政策制定者的学习过程，并在更宽泛的含义上提出了技术创新政策、技术以及产业结构的协同演化[69]。许庆瑞等（2006）通过考察海尔集团 20 年创新与发展历程，从理论和实证角度分析了企业技术与制度创新协同的动态性，认为创新协同体现出技术创新主导型、制度创新主导型、技术创新与制度创新共同主导型等三种模式[70]。孙晓华、秦川（2011）以中国水电行业的发展历程为例考察了技术与制度的互动性及其在产业发展中的协同作用，强调产业演进是产业在发展中结构和内容不断更新及变化的过程，是技术和制度协同演化的结果[71]。蔡乌赶（2012）指出技术创新、制度创新是产业系统演进的基础，产业系统演进为技术创新和制度创新提供条件，且三者呈现螺旋协同演化趋势[72]。眭纪刚（2013）认为技术与制度的关系，两者既不是单向决定关系，也不是简单的相互决定关系，而是一种协同演化[73]。陈嘉文、姚小涛（2015）认为，组织与制度之间的互动是围绕着组织合法性所展开的一种共同演化的关系，组织既受到制度的约束，同时通过行动改变制度的安排[74]。眭纪刚、陈芳（2016）指出，虽然主流经济理论对两者的关系还未达成共识，但技术与制度是产业发展的重要驱动力量[75]。黄凯南、乔元波（2018）通过仿真模拟分析考察不同关键参数下产业技术和制度的共同演化，并剖析共同演化过程的创新效应、模仿效应和规模效应及其对产业总体绩效的影响[76]。

（二）基于复杂性科学的协同演化研究

复杂性科学兴起于 20 世纪 80 年代，经历了三个阶段：埃德加·莫兰的学说、普利高津的布鲁塞尔学派、圣塔菲研究所的理论，不仅引发了自然科学界的变革，而且日益渗透到哲学、人文社会科学领域。查阅相关文献资料发现，从复杂性科学角度研究协同演化的文献主要集中在三个方面。

1. 商业生态系统的协同演化

商业生态系统[77]（business ecosystem，BE）概念由穆尔（1993）首次提出，随后将其定义为一种由消费者社团、供应商、生产者以及其他利益相关者、金融机构、劳工联合会、政府等类似的组织机构，这些组织由于某种目的而联合在一起，具有高度的自组织力的动态结构系统[78]（Moore，1998）。不同于生物生态系统，伊恩希提和莱维恩（2004）指出，商业生态系统中的"物种"有能力预测未来、并存在合作竞争关系[79]。黑奇拉和库伊瓦涅米（Heikkila & Kuivaniemi，2011）指出商业生态系统代表了多个成功的商业网络的集合体，这些商业网络的参与者相互关联[80]，加拉提努和阿瓦希采（2014）提出，商业生态系统就是一个复杂系统[81]。李志坚等（2008）在研究商业生态系统的概念和特征、复杂适应系统的基本特征基础上指出，商业生态系统是典型的复杂适应系统，具有适应性、协同进化、自组织、涌现、反馈和有意识选择的复杂适应性特征[82]。

田秀华等（2006）将商业生态系统中企业之间的互动关系分为企业共生、企业共栖、企业偏害、企业互利共生、企业竞争、企业捕食，并构建企业间互动关系的 Logistic 模型、时变模型、相互竞争模型、共生模型、食饵—捕食模型和企业竞合模型进行经济学分析[83]。胡岗岚（2009）把电子商务生态系统的演化归纳为开拓、扩展、协调、进化四个阶段[84]。周芳（2016）基于商业生态系统视角分析商业生态系统中技术创新、商业模式创新和品牌创新三个创新的融合互动机理[85]。骆温平等（2019）从商业生态视角分析了电商平台企业与物流企业合作演化的过程需要经历挑战识别、对接匹配、磨合共生三个阶段，才能够形成生态适应优势、生态创新优势和生态延伸优势，且朝着互信互利、共享共赢的生态方向持续动态演化[86]。

2. 企业、产业和环境间的协同演化

马奇（1991）基于选择理论提出了经济组织—环境之间协同演化的模型，并阐述了开发企业适应性以促使组织演化的观点[87]。卢因（1999）继承并发展了马奇的观点，研究了新组织与其他组织及其环境的协同演化问题[88]。麦凯维（1999）指出，作为组织适应能力影响变量的持续竞争优势是企业复杂系统多重协同演化的产物[89]。潘安成（2006）在理论上解释了协同演化是企业持续成长的内在动力，以组织的知识系统活动为基础分析了企业持续成长的非线性规律，研究了组织适应力与战略选择协同演化对企业持续成长的影响与作用[90]。孙鹏（2012）分析认为，现代物流服务业与制造业的协同发展是由现代物流服务业与制造业两大系统耦合而成的复杂系统，自组织特性是其演化的内在动力；作为协同主体的现代物流服务业与制造业之间的相互作用机制决定了两大产业的协同结构、状态、功能[91]。纪慧生、姚树香（2019）分析制造企业演化过程中技术创新和商业模式创新的匹配模式、协同演化关系，指出技术创新和商业模式创新动态演化存在简单线性模式、反馈控制模式和复杂系统模式三种模式[92]。

第三节　相关研究的文献评述

在对跨境电商与制造业集群互动研究以及协同演化在经管领域应用的相关文献进行梳理后，可见国内外学者的研究极大地丰富了相关理论与方法。然而，随着跨境电商内涵不断丰富及其与制造业积极有效的互动，对现有的理论研究提出了新的挑战。因此，笔者认为目前跨境电商与制造业集群协同演化研究仍存在几点不足。

（一）跨境电商自身的理论研究不足

随着近几年跨境电商的飞速发展，跨境电商概念的内涵不断丰富，外延也不断拓展，从传统外贸营销渠道的创新、新型对外贸易商业模式到跨境电商服务业集群。涉及的学科范畴也不断丰富，既涉及经济学的虚拟经济理论、国际贸易的新兴古典贸易理论，又涉及管理学的交易成本理论、市场营销理论等，属于跨学科范畴。因此，有必要以跨学科的理念和思维研究跨境电商的相关问题。相较于跨境电商内涵的丰富程度，其学科理论研究却远远滞后于实践发展。

（二）跨境电商研究思路存在局限性

跨境电商与制造业集群互动的研究，本质上可以看作是新时代制造业集群与对外贸易互动的创新。如前文所述，跨境电商的概念不断被赋予新的内涵和外延，现有文献大多研究跨境电商作为对外贸易模式创新对我国进出口贸易的影响，而缺乏对其概念演变后的研究；随着跨境电商生态圈的提出，跨境电商展现出其作为生产性服务业的一面，生产性服务业层面的研究思路也有待进一步的拓展。

（三）缺乏跨境电商与产业集群的协同发展研究

在"互联网＋"时代背景下，跨境电商可能会打破产业集群面临的地域锁定和技术锁定等问题，不仅能实现跨境电商和产业集群的自身发展，还可能实现跨境电商与产业集群的协同发展。但从跨境电商的角度研究产业集群的升级以及两者的协同发展的研究尚属空白。因此，研究如何实现产业集群与跨境电商的协同发展，推动我国传统产业转型升级，对抢占全球供应链的核心环节具有极强的理论意义和现实意义。

（四）跨境电商与制造业集群协同演化的研究方法有待补充

有关跨境电商的权威统计数据不足导致研究过程的规范性和结果的可信性受到质疑，因此有必要重新探讨以往的制造业集群与对外贸易互动研究的研究方法在跨境电商研究中的适用性。从跨境电商与制造业集群互动的相关研究来看，以往的研究方法并不适用于跨境电商，特别是数据缺失导致跨境电商的相关研究更多的是定性研究而不是定量研究；从协同演化在经管领域研究的文献来看，协同演化研究大多是从行业间、制度、组织和技术角度出发，在制造业集群已有涉及复杂适应性系统的研究情况下，几乎没有学者涉及跨境电商领域。

综上所述，跨境电商与制造业集群互动关系研究尚处于起步阶段，揭示两者互动关系的形成及发展的动态演变规律的研究尚不多见。因此，研究如何将跨境电商与制造业集群渗透和融合，探索出一条信息含量高、经济效益好的制造业集群与跨境电商协同发展之路，并总结提炼出对策建议具有理论创新和现实指导意义。

跨境电商与制造业集群协同发展与演化的理论分析

系统的协同发展与演化是多系统、综合性、整体性、内生性同步发展的聚合，是若干子系统相互促进、相互作用关系程度的综合反映。系统论视角下跨境电商与制造业集群的协同是两个具有不同特征和功能的子系统形成的新型复合系统；复杂适应系统角度下两者协同演化过程是两个子系统相互适应、相互协调的动态过程。

第一节　系统论视角下协同发展的自组织特征初探

跨境电商与制造业集群协同发展是两者通过诸多要素的一系列相互作用而形成的良性循环复合系统。两者协同发展的目标是复合系统可持续运行的前提条件，协同发展的内容是复合系统有效运行的必要条件，两个子系统之间的非线性作用和内外部涨落机制是复合系统的驱动力，协同发展过程中的阻碍因素则影响着复合系统运行的效率和质量。对复合系统自组织特征[①]的判断有利于分析影响跨境电商与产业集群协同发展的因素。

一、协同发展系统的要素分析

协同发展系统中的要素主要包括主体要素和客体要素，主体要素是目标活动的承担者，客体要素是主体要素实践的作用对象。各要素的相互作用可

---

① 自组织区别于他组织，是指系统内部按照相互默契的规则，各尽其责而又协调地、自动地形成有序结构。

以归纳为各要素之间的竞争与分工协作两个方面。

（一）跨境电商子系统的主体要素

在跨境电商子系统中，充当两者协同发展的主体要素包括跨境电商产业链上的相关企业，主要有：①经营主体，包括自建跨境电商网站或应用软件的主体、经营自行生产或自有品牌产品的主体，负责产品的经营和销售；②服务主体，为跨境电商提供信息处理、跨境支付结算、跨境物流仓储配送、报关通关代理等服务的主体，包括第三方跨境电商平台企业（负责建立商品展示与交易空间，为其他主体提供开立账户、信息发布、撮合交易等服务的平台）、物流企业（负责产业集群内产品的投递与运输）、支付企业（负责国内外的网上支付，保障交易款项的高效流通）、第三方综合服务企业（负责产品的报关、报检等一系列海关监管活动）。

（二）制造业集群子系统的主体要素

在制造业集群子系统中，充当两者协同发展的主体要素包括生产型企业（相互之间分工协作负责产品的生产与销售）、经销型企业（负责产品的推广与销售）、提供生产要素的企业（负责员工的招募、原材料和资金的提供，保障生产环节的有序进行）、辅助机构（负责人员培训、产品的设计研发、市场调研、经济预测等活动）。

（三）跨境电商与制造业集群系统的客体要素

在跨境电商与制造业集群协同发展过程中，跨境电商子系统和制造业集群子系统主要围绕集群内的产品、资金、信息、技术等资源相互作用。因此产品、资金、信息、技术等是跨境电商与制造业集群系统共同作用的客体，也是复合系统的客体要素（见图3-1）。

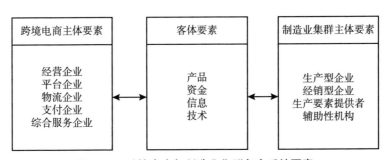

图3-1　跨境电商与制造业集群复合系统要素

（四）跨境电商与制造业集群复合系统的外部环境

系统的外部环境一般有广义和狭义之分。广义的外部环境是指所研究的目标系统以外的所有其他事物；狭义的外部环境是指与所研究的目标系统有紧密联系的、影响目标系统的重要事物集合。外部环境是系统赖以生存和改变的外部推动力和主要因素。系统内要素的形成、结构以及整个系统的演化方向在一定程度上受外部环境影响。跨境电商与制造业集群系统作为开放的动态复合系统，将不断地与其外部环境进行物质和能量的交换，复合系统的外部环境主要有政治环境、经济环境、自然环境、社会环境等。

二、跨境电商与制造业集群协同发展系统的结构分析

跨境电商与制造业集群协同发展过程中，各要素分工协作，构成和谐统一的整体。从跨境电商与制造业集群复合系统的构成要素来看，首先，协同发展覆盖了制造业集群核心产业链的四个环节，即产品的设计与研发、生产要素的获取、产品的生产、产品的推广与销售。另外，还包括支撑制造业集群发展的其他因素，如相关政府部门、行业协会及金融机构等组织。其次，协同发展覆盖了跨境电商的各个环节，包括产品通过互联网平台的展示及交易、货款的收付与结汇、货物的报关报检及国际运输等。最后，协同发展覆盖了影响跨境电商或制造业集群的外部环境因素，比如自然环境、经济环境、政治环境以及社会环境，是直接或间接影响跨境电商与制造业集群协同发展的外部因素总和。跨境电商与制造业集群协同发展系统的结构示意图如图 3 - 2 所示。

跨境电商与制造业集群协同发展过程中，要素之间具有相互作用的关系。各要素之间的相互关系不仅影响自身的发展，也共同决定着整个复合系统发展的方向及其稳定性。跨境电商与制造业集群协同发展是在一定的环境条件下两者相互协调共同演化。跨境电商发展的基础是产品，而制造业集群又能借助于跨境电商的发展打开更广阔的市场。

从上述跨境电商与制造业集群协同发展的要素分析与结构分析中可以看出，跨境电商与制造业集群协同发展是伴随着一系列要素相互作用的过程，主要有如下特征：①复杂性。跨境电商与制造业集群协同发展过程中参与要

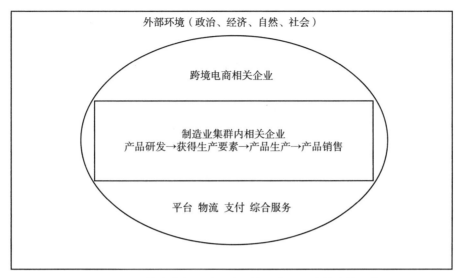

图 3 - 2　跨境电商与制造业集群协同发展系统的结构示意

素丰富，要素之间相互关系种类多，各主体要素可选择的路径多样。参与要素的多样性以及相互作用关系的不确定性决定了跨境电商与制造业集群协同发展的复杂性。②动态性。在跨境电商与制造业集群协同发展过程中，两者将不断地相互协作、相互竞争、相互融合。子系统自身的行为特性或内部结构将随着两者的相互作用和周边环境的影响进行调整，进而实现从无序到有序再到高级有序的动态演变过程。③开放性。跨境电商与制造业集群的协同发展不仅是两个子系统相互作用，还将与外部环境进行物质与能量的交换，与外部环境相互影响，相互作用。

三、跨境电商与制造业集群复合系统的自组织分析

组织是指系统内的有序结构或者这种有序结构的形成过程，一般分为他组织和自组织。如果一个系统不存在外部指令，而是按照某种规则自动地形成有序结构，就是系统自组织过程。自组织过程一般需要以下几个条件：一是系统必须是动态开放的，要不断与外界进行物质与能量的交换；二是系统处于非平衡状态；三是系统内部要素之间存在非线性作用；四是系统会通过涨落而产生突变。

（1）从系统的要素和结构分析来看，跨境电商与制造业集群系统是一

个非平衡状态的开放性系统。跨境电商与制造业集群系统通过产品的设计、生产、销售与客户反馈等方式与外界进行物质与能量的交换，因此该系统也是开放的系统。跨境电商作为新生事物，制造业集群内企业对其存在尚未适应，企业家对跨境电商的重视程度还不够，还存在之前"大批量生产＋传统贸易出口"的路径依赖。因此，跨境电商与制造业集群协同发展过程中存在着制造业集群生产技术和传统营销模式不能适应跨境电商小批量订单要求、集群内供应链各环节衔接不紧密等问题。这些问题都是系统内部的要素相互作用不平衡和不匹配的表现，因而跨境电商与制造业集群复合系统还处于一种非平衡状态。

（2）跨境电商与制造业集群系统要素之间存在非线性的相互作用关系。一方面是制造业集群生产的产品可以通过跨境电商渠道拓展市场，增加市场占有率，但是跨境电商散而小的特点在一定程度上冲击了制造业集群的规模效应，使其在管理、物流、运输等方面的成本有所提升。另一方面，通过跨境电商销售产品的品牌效应有助于提升产品和企业在国际市场上的影响力。而我国制造业集群大多以贴牌代加工为主，自主品牌较少，因此大部分企业的产品在海外市场的推广有一定难度。此外，其习惯了贴牌和代加工，我国制造业集群内企业的品牌意识和知识产权保护意识较为薄弱，而且对于国外的知识产权保护等相关法律法规较为生疏，容易陷入无意识侵权纠纷。而跨境电商的主体是多样化的，如各国的监管程序多、目标市场复杂、需要符合较多国家的法律法规等，因此给企业带来较多不确定性因素。

（3）涨落对于跨境电商与制造业集群复合系统具有关键性触发作用，是两个子系统协同发展的诱发条件，在很大程度上决定了两者协同发展的路径。跨境电商与制造业集群是一个动态开放的复合系统，系统内部要素之间不停地进行相互作用，不断地选择发展模式和自我优化，导致整个系统不断进行调整和改变，从而产生多种形式的随机涨落，如组织管理、发展模式、合作深度等方面。跨境电商与制造业集群系统的涨落有来自系统自身的内涨落和来自外部环境的外涨落。系统内各要素之间进行非线性相互作用导致系统偏离原来状态的随机波动统称为"内涨落"。跨境电商与制造业集群系统的内涨落因素主要有生产企业能否通过近距离甚至零距离接触用户以设计更加合理的产品、跨境电商能否给企业带来高效精准的国际市场定位、主体之间的信息和技术对接是否高效、资金能否在两个系统间有序流通等。相关法律法规的制定、海关监管措施的改革、互联网信息技术的发展、国内外经济市场的变化等则属于外涨落范畴。外涨落进入跨境电商与制造业集群系统内部将影响内涨落过程，即外部环境的能量流、物质流及信息流进入系统内部参与内涨落，反之系统内部信息流、能量流、物质流也会输出参与外涨落过程。内外涨落过程中同时存在促进和阻碍跨境电商与制造业集群协同发展的因素，两者的增强或减弱影响着系统的涨落，当达到一定临界点时将实现系统的有序演化。

第二节　CAS 视角下协同演化的特征与机制再探

上节从系统论视角对跨境电商与制造业集群协同发展进行了自组织特征判断，提出了跨境电商与制造业集群协同发展的复合系统。在此基础上，为进一步明确两者协同动态演化进程的交互机制，本节基于演化经济学和系统论前沿理论——复杂适应系统理论，构建跨境电商与制造业集群协同演化的理论模型，并提出本研究的四大核心假设机制。

一、复杂性科学与复杂适应系统（CAS）理论

（一）复杂性科学与 CAS 理论的提出

复杂性科学研究涵盖自然、社会、经济、组织等领域，其思想继承了现代科学老三论（系统论、控制论和信息论）、新三论（耗散结构理论、突变论和协同论）以及超循环理论、混沌理论、分形理论等新兴学科理论，是一门备受关注的新兴交叉学科理论。

1994 年，美国桑塔费研究所（Santa Fe Institute，SFI）的约翰·H. 霍兰教授发表了主题为"复杂创造简单"的演讲，正式提出了较为完整的关于复杂适应系统（complex adaptive system，CAS）理论，随后其所著的《隐秩序——适应性造就复杂性》是复杂系统科学研究中里程碑式的著作，也是复杂适应系统理论诞生的主要标志。

CAS 理论的基本思想是"适应产生复杂性"[①]。霍兰将 CAS 看成由规则

[①] 关于复杂适应系统理论内容节选自：约翰·H. 霍兰. 隐秩序——适应性造就复杂性 [M]. 周晓牧，韩晖，译. 上海：上海世纪出版集团，2016.

描述的、相互作用的主体（agent）组成的系统，组成系统的主体是具有适应性的主体（adaptive agent），它们能够与其他主体以及环境进行交互，随着经验的积累，靠不断变换其自身的规则来适应。霍兰把个体与个体、个体与环境之间主动的、反复的交互作用称为"适应"，他认为任何主体在适应性上所做的努力就是要去适应别的适应性主体，这个特征是基于 CAS 生成复杂动态模式的主要根源，由此来体现 CAS 的基本思想。

（二）CAS 理论的特性与交互机制

复杂适应系统的七个基本点包括对所有 CAS 都通用的四个特性和三个机制：聚集（aggregation）、非线性（non-linearity）、流（flows）和多样性（diversity）等特性，标识（tag）、内部模型（internal models）和积木（building blocks）等机制。霍兰（1995）认为，同时具有这七种性质的，没有哪个系统不是复杂适应系统[①]。

（1）聚集特性。个体通过"黏着"（adhesion）形成较大的多主体的聚集体（aggregation agent），简单主体的聚集作用必然会涌现出复杂的大尺度行为。

（2）非线性特性。通常使用的从一般观察归纳出理论的工具，如趋势分析、均衡测定、样本均值等都失效了，非线性作用使聚集行为更加复杂。

（3）流特性。有着众多节点与连接者的某个网络上的某种资源的流动。CAS 中流随时间变化，随时间的流逝和经验的积累反映出变异适应性（changing adaptation）模式。流在经济学上具有乘数效应和再循环效应两大特性。

（4）多样性特性。CAS 多样性是一种动态模式，主体蔓延开辟新的生态位，多样性的产生来源于被其他主体通过调整加以利用新的相互作用的机会。

（5）标识交互机制。标识能够促进选择性相互作用，允许主体在一些不易分辨的主体或目标中进行选择。设置良好的、基于标识的相互作用为筛选、特化和合作提供合理的基础，使介主体和组织结构得以涌现。

（6）内部模型。对主体而言，主体必须先在它所收到的大量涌入的输

---

① Holland, John H. Hidden Order: How Adaptation Builds Complexity [J]. Leonardo, 1995, 29 (3).

入中挑选模式，再将这些模式转化为内部模型。内部模型必须使主体能够预知该模式再次遇见时的后果。

（7）积木交互机制。较高层次的规律是从低层次的积木规律推导出来的，每遇到新的情况都会采取适当的行动，将相关的经过检验的积木组合得到满意的结果。

二、基于 CAS 的跨境电商与制造业集群协同演化特征分析

学术界已有学者将 CAS 理论应用于产业集群的相关研究，产业集群被普遍认知为一个复杂适应系统（李健和金占明，2007[①]；牟绍波和王成璋，2007[②]；张志勇等，2009[③]）。跨境电商（跨境电商服务业集群）是本研究的另一个系统对象，但目前较少有研究明确指出跨境电商的复杂适应性特征。在正式提出跨境电商与制造业集群协同演化的机制之前，有必要对两者协同的 CAS 可行性进行分析，论证两者的协同演化在理论上是否具备 CAS 基本属性特征，是否符合复杂适应系统研究的范畴。

（一）集聚特征分析

一个成熟的制造业产业集群是与制造业相关的生产型企业（原材料供应商、产品加工企业等主体）、经销型企业（专业的市场采购企业、市场销售企业等主体）、服务型机构（各类专业化培训机构、大学和研究院等研发机构、金融机构等机构主体）、工会团体（行业工会、民间团体等主体）等主体在一定地理空间上的聚集，如图 3-3 所示。

区别于以地理集聚为特征的传统制造业集群，跨境电商服务业集群的形成是跨产业、跨地区的虚拟聚集，更多地体现出对已有系统的分化重组，不断涌现出包括服务对象企业（制造业生产类企业、服务代理类企业等）、跨地区市场营销企业（海外批发商、零售商等）、第三方服务企业（金融支付类企业、物流仓储类企业等）等主体，它们以虚拟网络平台为纽带，涵盖

---

①　李健，金占明. 复杂性理论与产业集群发展［J］. 科学学研究，2007（S2）：188-195.
②　牟绍波，王成璋. 产业集群持续成长的自组织机制研究［J］. 科技进步与对策，2007（7）：73-75.
③　张智勇，何景师，桂寿平，陆丽芳. 物流产业集群服务创新研究——基于复杂系统涌现性机理［J］. 科技进步与对策，2009，26（3）：75-77.

了上游环节的原材料供应、中游环节的生产加工、下游环节的市场营销等，具有全产业链集聚特征，如图3-4所示。

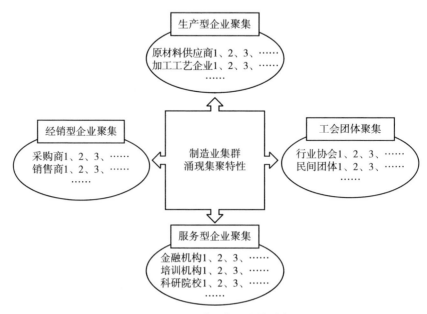

图3-3 制造业集群集聚特征

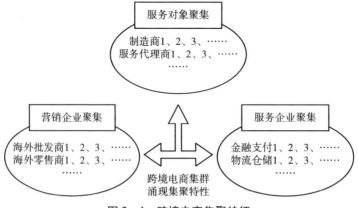

图3-4 跨境电商集聚特征

综上所述，跨境电商与制造业集群的集聚主体存在部分生态位的重叠，制造业集群内生产型主体占据大量集群资源，辅以固定的生产服务型主体实现资源的流动运转；而跨境电商集群内以生产服务型主体集聚为特征，通过跨地区的虚拟形式集聚生产型主体以便实现资源的高效配置。

（二）流特征分析

无论是制造业集群，还是跨境电商服务业集群，集群内部各主体之间均可以通过商品流、资金流、信息流和技术流的关系网络产生联系，如图 3-5 和图 3-6 所示。这种相似的流特征为两者协同演化的交互提供了特性基础。其中，商品流是商品的生产流通；资金流是资金的创造和流通分配；技术流包括研发设计与创新应用；信息流是信息的挖掘和共享。在流的基础上，通过乘数效应和再循环效应能够不断提升主体的适应性，推进复杂适应系统的演化。

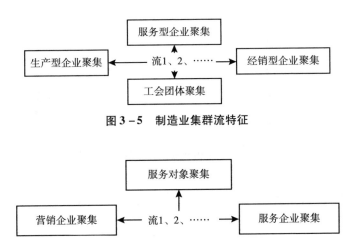

图 3-5 制造业集群流特征

图 3-6 跨境电商集流特征

（三）多样性特征分析

CAS 多样性是一种动态模式，每个主体都被安置在以该主体为核心的生态位上。若某个主体不能适应环境而被淘汰将产生一个空的生态位，系统会做出一系列适应行为产生新的主体填补空的生态位。通常这个新的主体会异于淘汰的主体，进而产生了主体的多样性。

外向型制造业为开拓国际市场采取 OEM 大单模式，更多地依赖于劳动力红利和生产资料优势，用低价与薄利多销的方式参与国际竞争，这类企业主体聚集形成了劳动密集型的生产主体。随着系统的演化以及国内国际环境

（如人口红利的消失、贸易保护主义抬头等环境因素）的改变，劳动密集型的生产主体不得不适应新环境，虽然这些主体都处于同一系统中，但由于主体本身所处的生态位不同，造就了部分劳动密集型生产主体退出系统，由通过技术创新产生的新型高技术生产主体取而代之，如图3-7左图所示。

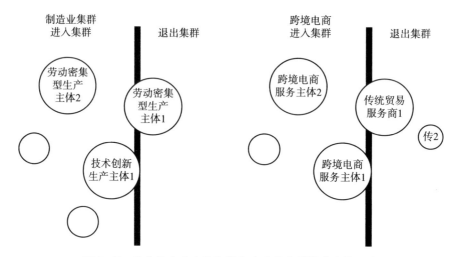

图3-7　生产性企业主体和服务商主体多样性产生的示意

如图3-7右图所示，面临环境因素挑战时，一部分传统贸易服务商主体无法适应而不得不退出集群，产生空白生态位，作为竞争优势方的跨境电商服务商主体将不断开辟出新的生态位替代不断退出系统的原主体，进而体现动态演化系统的多样性特征。

（四）非线性特征分析

CAS的整体行为不是其各部分主体行为的简单相加，也无法根据特定的数理公式进行发展。在分析跨境电商与制造业集群协同演化的集聚特性时，新的主体的涌现并不是绝对的。制造业集群内的企业、机构等主体会受到来自其他主体的合作与竞争、外部环境（如政府的政策和法律法规）的变化、国际市场供需波动等随机因素的影响。不同的主体对随机因素的适应性存在差异，特定的主体会对某些因素表现出强大的自适应性，使其在交互过程中不断积累经验，进而改变自身行为规则以适应随机因素可能带来的结果，其他的主体则不然。

根据跨境电商服务业集群与制造业集群的部分生态位重叠的集聚特性、相似的流特性以及集群多样性分析，图3-8描绘了跨境电商集群与制造业集群协同演化的一种可能的非线性特性组合。现实经济运行过程中，跨境电商的快速发展得益于我国高速发展的互联网产业。发展初期，许多国内电商公司发展跨境电商业务，与跨境电商展开合作的制造业企业往往是中小型企业，对于集聚在集群内的中小型制造企业而言，对跨境电商新业态的反应往往快于大型制造企业，部分中小企业率先断开与原集群内服务商主体的流特性关系，并与跨境电商服务商主体建立新的流关系，这类传统服务商主体在与跨境电商主体竞争过程中被淘汰，原本的生态位被跨境电商主体取代。

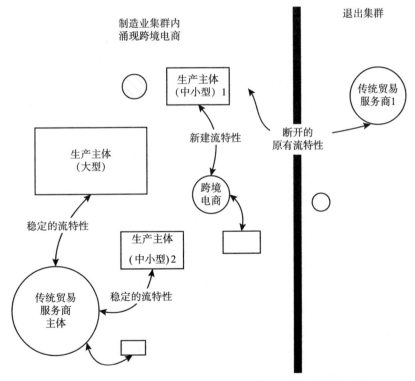

图3-8 一种可能的跨境电商与制造业集群协同演化的非线性特性组合

另外，对于政府法律法规的变化，大型制造业企业更加敏锐，相应的反应和合规措施会快于中小型企业。正是这种适应性的差异导致各个主体下一步演化的差异是无法预料的，即无法通过特定的公式演绎对系统做出准确的预测，这个正是 CAS 理论的基本思想，即适应产生复杂性，适应性使得 CAS 呈现出非线性。

三、基于 CAS 的跨境电商与制造业集群协同演化机制分析

前一节通过对跨境电商和制造业集群协同演化的 CAS 可行性分析，论证了两者均属于复杂适应系统的研究范畴，可以应用 CAS 作为理论分析的工具，因此可以进一步分析跨境电商与制造业集群协同演化的机制。

CAS 理论认为，流是众多节点与连接者在某个网络上的某种资源的流动。这种资源的流动意味着主体与主体间、主体与环境间的交互，是适应性主体行为产生的必要条件。因此，本节从流特性出发，结合 CAS 理论三大交互机制，提出以下四点跨境电商与制造业集群的协同演化机制。

（1）基于商品流的机制：跨境电商通过变革商品属性、创新制造业集群生产组织模式，进而促进自身品牌建设。

跨境电商与制造业集群协同模式下，商品属性最直接的变革体现为一项海外交易的商品被分为两种状态：一种是虚拟商品状态，即交易双方在跨境电商交易平台上对某项商品达成交易，其间没有实体商品的流通；另一种是实体商品状态，制造商即卖家直接通过第三方物流企业对买家发货（小包直邮）或卖家有足够的资本建立海外仓对买家发货。

此外，在虚拟商品状态下，生产端直接面向消费者，获得即时的市场需求与消费反馈，这种由跨境电商带来的商品属性改变促使制造商不得不创新生产模式，改变组织架构，例如制造商主体由传统 OEM 大单模式转向小批量、多批次的商品生产模式。跨境电商将充分利用制造业集群内制造商强大的生产能力和严格的质量把控，更好地满足自身品牌化建设的需求，同时打造集群品牌和跨境电商平台品牌。

（2）基于资金流的机制：跨境电商与制造业集群共同整合优化资金链，降低成本提升收益。

资金流是指完成一笔跨境交易后资金自消费者终端向制造商回流的流通机制。跨境电商与制造业集群协同模式下，全新的第三方支付平台在复杂适应系统中产生。有别于传统对外贸易定价法与资金链，协同模式下资金链得到简化，企业资金管理模式创新体现在虚拟商品交易达成后，第三方支付平

台获得买家支付款，待实体商品交易完成后向卖家支付货款并收取平台运营费用。

跨境电商将传统外贸供应链扁平化，优化了传统外贸出口流程的繁杂环节，降低成本费用支出，不断压缩中间成本，一部分转换为生产商利润，另一部分使消费者获得了更优惠的价格，使国际贸易的交易成本在产品价格中所占的比重大幅降低，进而重新定义了制造业主体的利益与服务商的利益分配。

（3）基于信息流的机制：跨境电商实时共享信息，为制造业集群提供升级动力，进而增进自身发展动能。

在复杂适应性系统中，某主体必须与其他主体以及环境不断交换信息才能得以生存、发展和演化，信息流则是主体与主体、主体与环境沟通交互的传递者。

制造业集群发展的后期，传统 OEM 大单模式导致大多数的传统外贸制造业缺乏核心技术和品牌意识，拥有知识产权的企业对自身知识产权和技术的保护倾向严重，导致集群内技术锁定约束了集群的可持续发展，造成主体与主体之间信息交互堵塞。两者协同发展模式下通过跨境电商平台构建综合服务平台创立大数据网络，给予制造商主体数据分析并更新决策的能力，赋予制造业集群转型升级的动力。

在跨境电商与制造业集群协同模式中，每个主体都将接收系统环境信息并作出决策调整。系统环境分为市场环境和政策环境。市场环境是指制造业集群中国内采购商主体及跨境电商服务平台主体对国际市场需求的感知；政策环境涵盖政府对制造业集群和跨境电商的各类治理以及配套措施，包括海关监管力度、通关效率、基础设施建设等。

（4）基于技术流的机制：跨境电商的技术交互开辟制造业集群新生态位，协同各集群构建全产业链健康生态圈。

在跨境电商与制造业集群协同模式下，制造业集群内的国内采购商、国外代理商等主体将开辟新的生态位形成跨境电商交易服务平台，部分仓储物流企业主体开辟第三方支付平台生态位，使协同系统呈现多样性。一方面，制造业集群具备较成熟的产业链，产业链上的服务型企业存在技术创新可能性，部分服务型企业转型为跨境电商服务型企业，并将为其余企业提供技术支持，同时跨境电商生态圈在集群内部开始构建。另一方面，制造业集群内往往面临技术锁定，企业引进技术亦缺乏自主创新能力。制造业集群与跨境电商协同发展时，跨境电商交易服务平台直面国际市场的需求端，实时动态感应国际市场的变化，这也要求制造商主体能对动态市场作出及时响应，迫使制造商主体对自身技术能力进行升级，增强个体在集群中的竞争力，进而提升集群在国际市场的竞争力。

第一节　协同演化模型的构建方法概述

一、基于主体建模与仿真（ABMS）方法的简述

不同于传统数量经济学模型自上而下的研究方法，CAS 理论的最大贡献在于它提供了一种自底向上建模的研究方法[93][94]。基于主体的建模与仿真方法（agent – based modeling and simulation，ABMS）将复杂适应系统的概念应用于仿真模型的基本结构中，这种自下而上的性质是 ABMS 的最重要特征（Epstein，2007）[95]。ABMS 特别适用于分析社会科学中的复杂自适应系统和涌现现象，因为此类涌现现象是"不可预见的"模式或全局行为，无法从其自身的属性中得出（Klügl & Bazzan，2012）[96]。

ABMS 的核心思想不只是描述现象，更关注多主体系统中主体的行为与交互是如何产生现象的。建立 ABMS 必须明确处理以下三个要素：主体、规则和环境。其中，主体为研究的对象，每个主体相对于模拟环境中的其他主体必须是自主的，具备 CAS 主体的自适应属性。主体之间以及它们与环境之间交互的规则制定尤为重要，这些规则将决定主体与主体、主体与环境之间相互作用最终产生的宏观涌现结果，交互不一定要明确表示出来，例如自组织性，这种自组织性可能是隐式地发生或者发生不明显，但在建立 ABMS 过程中交互是必不可少的。第三个要素是模拟的环境，环境包含所有其他元素，比如资源、其他没有活动行为的对象以及全局属性等。

与传统的建模和仿真模型相比，ABMS 具有特有的优势。它允许研究人员至少在两个层次上观察和分析模型的系统动力学原理，即局部主体和宏观层次，其中后者是由前者的作用和相互作用产生的。因此，建模者可以对研究主体进行复杂的设计，这意味着对主体行为复杂性、内部结构复杂性或交互规则没有任何设计上的限制，这种无限制的设计还体现在集群或环境的异质性上。此外，ABMS 还允许建模者集成优化、重组和进化过程等多种多主体学习方法。如今，ABMS 已经广泛应用于建模和仿真领域，并成功开发了偏微分方程、元胞自动机、Petri 网、面向对象的模拟、计量经济模型等宏观和微观模型。

二、Repast Simphony 仿真平台简介与应用

Repast（recursive porous agent simulation toolkit）是一个免费的基于开源代理的建模工具包，发展至今已经支持包括 ReLogo、"即点即到"（point-and-click）流程图、Groovy、Java 等建模方式。

Repast 开发团队将原主体、关系和行为分解为独立的组件，意图通过提供工具来创建更加模块化和表现化的模型，这个标准模型结构基于 Context 和 Projections 两个部分，Context 是 Repast S 的核心数据结构，是基于集合语义的简单容器。从建模的角度来看，Context 中包含的对象是模型中的主体，但其本身并不提供任何机制用于主体之间的交互。Projections 被设计用于定义和执行给定 Context 中主体之间关系的数据结构。在 Repast S 中共有 5 种 Projections，分别为 Continuous Space（连续空间）、Grid（网格）、Network（网络）、Geography（地理）和 Scalar Field（纯量场）。从建模的角度来看，Projection 添加到 Context 中后实现了主体之间、主体与环境之间的相互交互，由此形成了 Repast Simphony（Repast S）的主干框架。

Repast S 作为一个通用型的仿真平台，自身集成了许多社会科学领域实例供学者学习研究，例如经济学家托马斯·C. 谢林就微观个体行为如何演变为宏观居住隔离问题的 Schelling 模型、美国布鲁金斯学会（Brookings Institution）的爱泼斯坦和阿克斯特尔模拟开发的社会财富积累模型"Sugarscape"（研究包括环境变迁、遗传继承、贸易往来、市场机制、财富积累等广泛的社会现象）。

系统集成的模型大多广泛用于研究社会系统仿真，对经济系统仿真的模

型较为缺乏，不少国内外学者已经对系统模型进行经济学领域的应用拓展。

（一）社会经济系统与区域系统研究的应用

施永仁（2007）将 CAS 理论应用于社会经济系统并提供三个实例应用，一是人工经济模型，在虚拟世界中构造一个由适应性 Agent 组成的经济系统，Agent 之间进行着交易与学习，交易网络和资源传播网络以"无标度"的拓扑形式涌现出来，在市场中少数交易者控制着大部分的交易；二是广义 Lotka - Volterra 模型，解释自私的企业为何会自发地涌现出对社会的责任；三是传播现象，分别研究了小世界的简单传播、复杂传播和多元文化传播[97]。刘汶荣（2009）提出技术创新机制系统（TISSM），在 Repast 平台上构建了基于主体的技术创新动力机制模型、技术创新扩散机制模型、技术创新共生机制模型[98]。赵剑冬（2010）将基于 Agent 的建模与仿真应用于产业集群研究，在建模观点、生命周期、适应性算法、Agent 仿真适用性以及通用程序架构等方面完善和规范了基于 Agent 的经济社会系统仿真方法，应用 Repast 为通用程序构建了产业集群内企业生产营销竞争仿真模型和技术创新竞争仿真模型[99]。汪世志（2014）把区域产业集群作为复杂系统进行研究，通过 Repast 仿真得出相关效果图，动态分析区域产业集群在竞合机制作用下的实现过程[100]。王淑芳等（2019）基于 Repast 建立了地缘经济策略评估框架，并以中国—印度尼西亚和中国—越南的海关通关时间调整为案例，以期引入地缘经济定量化、动态化研究的新方法和新工具，提供一套地缘经济策略评估的研究范式[101]。

（二）供应链研究的相关应用

薛霄（2011，2013，2014）将计算实验应用于集群式供应链研究，在 Repast S 平台上对集群式供应链进行协同采购、企业服务组合、企业协作联盟、服务支持系统等相关计算实验，试图解决集群式供应链理论研究难以应用于实际的难点[102][103][104][105]。辛玉红等（2011）把供应链内部成员的进化模型归纳为四个子模型：学习子模型、创新子模型、反馈子模型以及战略子模型，通过 Repast S 仿真实验验证了上述进化模型可以使供应链系统更优，具有更强的鲁棒性，很好地反映了供应链复杂系统的演化规律[106]。刘东华（2016）认为互联网将传统供应链节点上某个点砍掉或者颠倒供应链中前后两个节点的顺序，并应用 Repast Simphony 仿真平台，从微观上观察互联网对不同行业的供应链系统的动态演化，研究互联网对传统供应链的影响力[107]。孙浩等（2016）根据电子商务生态系统特点，使用多主体（A-gent）建模技术在 Repast 平台上构建电子商务生态系统模型以直观展现演化的关系，并通过修改系统模型的运行参数模拟不同的系统环境，为相关企业制订相应的调整战略、实现系统的可控演化提供了依据[108]。王纪才等（2019）针对如何准确评估各种服务匹配策略、选择出最优的服务策略以实现集群协同制造过程中动态环境下的服务供需匹配，提出了集群协同制造服务匹配策略的计算实验方法[109]。

第二节　协同演化模型的构建

一、协同演化模型构建的概述

我国制造业集群与跨境电商的协同演化处于探索阶段，演化进程中的演化环境和协同主体均缺少具体研究数据，存在极大的不确定性，因此对现实环境的相应匹配研究十分困难。为了对两者的协同演化机制进行定量研究，以期模拟两者在过去几年间的协同演化进程，建立贴近发展现状的可控演化系统，有必要首先提出跨境电商与制造业集群协同演化概念模型的构建框架，如图 4 - 1 所示。

该概念模型分为三个层面，分别是微观主体层面、中观集群层面和宏观环境层面。微观主体分为制造商主体和服务商主体（服务商主体细分为传统贸易服务商主体和跨境电商服务商主体），微观主体之间、微观主体与环境之间的交互由协同演化机制决定，因此主体具备产品、资金、信息、技术等属性；中观集群分为跨境电商服务业集群与制造业集群，属于集聚、涌现下的高级层次组织，层次组织水平由组成该组织的主体决定，因此集群层面指标包括：来自特定微观主体的单向指标和经过交叉计算的协同指标；宏观环境分为海外市场需求与国内跨境电商政策演变，本次计算实验概念模型着重考察国内跨境电商政策演变对协同演化模型的影响，以期针对性地探索积极有效的政策措施。

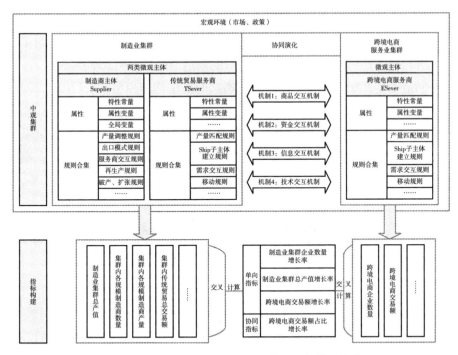

图 4 - 1　跨境电商与制造业集群协同演化模型构建

二、微观主体内部模型与交互机制的构建

郑春勇（2011）归纳了协同演化的本质是两个或两个以上的主体持续地互动与演变，且演化路径互相纠结的现象①。在本章中，跨境电商与制造业集群协同演化则是两类集群中不同类别的主体之间持续的互动演变，结合本篇第三章第二节提出的跨境电商与制造业集群协同演化机制，两者协同演化主要通过商品、资金、信息和技术等四个维度展开，协同演化概念模型的微观主体层面分析将紧扣协同演化机制进行阐述。

（1）跨境电商通过变革商品属性、创新集群生产组织模式，进而促进自身品牌建设。

协同演化概念模型将商品的流动方式简化为"Supplier - Sever - Customer"模式，制造商与不同类型服务商的商品交互行为是推动模型演化的根本

---

① 郑春勇．西方学术界关于协同演化理论的研究进展及其评价［J］．河北经贸大学学报，2011，32（5）：14 - 19.

原因。概念模型认为，与跨境电商服务商交互的制造商的生产模式将发生改变，即企业生产周期缩短，产品在转向小批量多批次的过程中，总产量呈现出上升趋势，而继续通过传统外贸出口的制造商的生产模式维持不变。

制造商生产模式借鉴了集群成本递减的古诺均衡模型，魏后凯（2003）指出集群维持市场竞争力的途径之一是降低成本，成熟的制造业集群内企业按照古诺模型的均衡解给定自身的产量与出厂的市场价格[①]，根据敬采云（2011）提出的基于产业集群成本递减的古诺均衡模型的计算方法[②]，制造商生产模式模型如表4-1所示。

表4-1　　　　　　集群边际成本递减的古诺均衡模型解

制造商规模	产量	价格	总产量
大型 S_1	$\dfrac{S_1}{S_3} \times \dfrac{a - \dfrac{c_0}{\sqrt[3]{n}}}{b(n+1)}$		
中型 S_2	$\dfrac{S_2}{S_3} \times \dfrac{a - \dfrac{c_0}{\sqrt[3]{n}}}{b(n+1)}$	$\dfrac{a + n\dfrac{c_0}{\sqrt[3]{n}}}{n+1}$	$\dfrac{n\left(a - \dfrac{c_0}{\sqrt[3]{n}}\right)}{b(n+1)}$
小型 S_3	$\dfrac{a - \dfrac{c_0}{\sqrt[3]{n}}}{b(n+1)}$		

注：S_1、S_2、S_3 分别代表制造商规模（大中小型）；n 代表按最小规模统一处理的制造商数量；a、b 为计算参数；c_0 代表集群内制造商边际成本。

为表征协同演化动态过程，本书研究在制造商主体行为模型中加入了生产周期变量，此时，制造商主体产量可以表示为：

$$Output_i = f_1(f_{cournot}, \ reprod_i) \tag{4-1}$$

式（4-1）中：

$Output_i$ 代表制造商主体 i 当前产量；

$f_{cournot}$ 代表古诺均衡模型解；

$reprod_i$ 代表制造商主体 i 的生产周期；

f_1 代表制造商主体的生产规则。

① 魏后凯. 对产业集群与竞争力关系的考察 [J]. 经济管理, 2003 (6)：4-11.
② 敬采云，陈刚. 成本递减：产业集群的一种解释 [J]. 会计研究, 2011 (10)：79-83, 99.

（2）跨境电商与制造业集群共同整合优化资金链，降低成本提升收益。

在协同演化机制分析中，跨境电商与制造业集群的资金链出现重整，服务商主体与制造业制造商主体交互时的差异体现在两类贸易方式上；服务商当前交互有无资金流动，即跨境电商服务商主体与供应商主体交互过程中并无资金流产生，直至货交客户主体，服务商主体对利润进行分配，这种资金流动方式对于小型制造商主体和服务商均存在较大的潜在风险；传统贸易服务商主体与制造商主体交互过程体现为制造商主体获得即时利润，该利润由传统贸易服务商主体预支付，制造商不参与后续交易活动，传统贸易服务商获得后续所有利润。

协同演化概念模型的资金包括主体的资金储备量与利润，制造商主体资金储备量取决于主体自身规模，利润取决于是否协同跨境电商、自身技术能力等；跨境电商服务商主体资金储备量取决于自身模式，利润取决于自身信息能力、交易的制造商主体规模等，故资金定义为：

$$Money_i = f_{2i}(scale_i, \ mode_i, \ Tech_i) \qquad (4-2)$$

$$Money_j = f_{2j}(mode_j, \ Info_j, \ scale_i) \qquad (4-3)$$

式（4-2）、式（4-3）中：

$Money$ 代表资金，i 代表制造商主体，j 代表服务商主体；

$scale_i$ 代表制造商主体 i 的规模；

$mode_i$ 代表制造商主体 i 选择的出口模式；

$Tech_i$ 代表制造商主体 i 当前技术水平；

$mode_j$ 代表服务商主体 j 选择的出口模式；

$Info_j$ 代表服务商主体 j 当前信息水平；

f_{2i} 代表制造商主体 i 的资金规则；

f_{2j} 代表服务商主体 j 的资金规则。

（3）跨境电商实时共享信息，为集群提供升级动力，进而增强自身发展动能。

跨境电商具备强大的实时信息共享能力，意味着其具备灵活的制造商主体与海外客户群体，而传统外贸出口服务商的制造商主体和海外客户群体相对固定。协同演化模型中，跨境电商服务商的海外客户搜索更加灵活、视野更加广阔，也更容易搜索到集中的海外客户需求和适合制造商主体产能的最优匹配对象；传统外贸服务商海外视野相对固定（取决于海外客户的订单），视野较为狭小，一般不会根据制造商主体产量变化主动变换视野观察点。信息定义为：

$$Info_j = f_3(vision_j, \ spot_j, \ f_{match}) \tag{4-4}$$

式（4-4）中：

$Info_j$ 代表服务商主体 j 当前的信息水平；

$vision_j$ 代表服务商主体 j 的视野范围；

$spot_j$ 代表服务商主体 j 的视野观察点；

f_{match} 代表服务商主体的匹配规则；

f_3 代表服务商主体的信息规则。

（4）跨境电商技术交互开辟集群新生态位，集群内构建全产业链健康生态圈。

协同演化的概念模型中，不同出口模式下的制造商主体接收服务商主体的反馈不同，跨境电商模式下的制造商主体受服务商主体信息能力影响，对自身技术能力进行快速反馈，进而引起生产模式快速更替，这种源于技术交互的结果将体现在制造商主体的古诺均衡模型的解中，技术进步带来企业经济效益的增长，带来规模的扩张，不断有新的企业加入集群，促使集群重新进入新一轮增长模式。技术定义为：

$$Tech_i = f_4(Info_j, \ mode_i) \tag{4-5}$$

式（4-5）中：

$Tech_i$ 代表制造商主体 i 当前的技术水平；

$Info_j$ 代表服务商主体 j 当前的信息水平；

$mode_i$ 代表制造商主体 i 选择的出口模式；

f_4 代表制造商主体的技术规则。

三、中观集群特性指标的构建

根据产业集群演化的生命周期模型[①]，将产业集群演化的动态过程分为三个阶段：起源和出现（origination and emergence）、增长和趋同（growth and convergence）、成熟和调整（maturity and reorientation）。概念模型初始集群设定为处于集群第三阶段成熟和调整期的传统外向型制造业集群，模拟跨

---

① Ahokangas P, Hyry M, Rasanen P. Small Technology-based Firms in a Fast-growing Regional Cluster [J]. New England Journal of Entrepreneurship, 1999, 2.

境电商服务业集群在传统外向型制造业集群内起源和出现、增长和趋同等不同阶段的动态协同演化过程，观察原本处于成熟和调整期的成熟集群的新阶段特征。

描述制造业从集聚到集群存在一定的判断标准，主要依据集群内企业数量、集群的总产值等①。协同演化模型的中观集群层面将以指标输出判断两大集群协同演化的动态特征，分别从单向指标考察独立集群的发展情况和从协同指标考察两大系统的协同情况。

（一）单向指标

单向指标主要用于判断协同演化系统中将某集群主体引入另一集群后对各自集群的影响程度。集群可输出单向指标包括：传统外向型制造业集群内制造商数量、传统服务商数量、集群总产值和跨境电商（服务型集群）中服务商数量、跨境交易额等。为直观显示单向指标的变化趋势，模型以制造业集群制造商数量增长率、集群产值增长率、跨境电商交易额增长率作为最终的单向评价指标。

（二）协同指标

协同指标考察主体的协同程度，即两大主体在已有机制下协同演化的结果，以跨境电商交易额占总出口额比重的增长率加以考察。此外，仿真模拟过程中为进一步说明当前演化结果的可能原因，增加了验证性指标，包括逃漏税概率发生率、企业出口倾向度变化率等。

四、宏观环境层面的影响因素

在跨境电商与制造业集群协同演化的过程中，政府发挥市场不可替代也无法实现的引导和扶持作用。跨境电商发展初期，我国现行管理体制、政策、法规及商业环境等条件远远无法满足发展需求，特别是效率问题、基础设施建设和市场监管三大问题突出。从 2012 年 3 月商务部颁布《商务部关于利用电子商务平台开展对外贸易的若干意见》到 2018 年 7 月国务院颁布

---

① 评判标准借鉴：浙江省第一次经济普查系列课题之二十六——浙江制造业产业集聚的实证研究. http://tjj. zj. gov. cn/ztzl/lcpc/jjpc/dyc_1983/ktxb_1985/201408/t20140827_143799. html.

《国务院关于同意在北京等 22 个城市设立跨境电子商务综合试验区的批复》，国务院、商务部、海关总署等各部门相继颁布系列政策支持跨境电商的发展。国务院颁布的政策文件具有统领性和引导性；海关总署则负责制定跨境电商流程层面的方案，特别体现在通关便利化方面；商务部、发改委等根据国务院的指导意见就自身职能分别制定相应的政策和法规。为方便协同演化模型政策因素设定，协同演化的概念模型将政策内容分为如下部分。

（一）监管力度

监管力度主要来自海关对跨境电商出口行为的监测和管理程度。与传统贸易模式下完善的监管体系不同，跨境电商发展初期相应的监管制度并不健全，对跨境电商出口管理较为困难，偷漏税等不法行为时有发生。监管力度主要影响跨境电商服务商主体的运输效率和利润，进而间接影响制造商主体对出口模式的选择。

（二）基础设施建设

基础设施建设是政府主导的促进跨境电商发展的相关举措，例如公共海外仓建设、跨境电商园区建设等。基础设施建设的程度将直接影响跨境电商的利润、交易匹配的效率等，同时影响制造业集群内制造商主体的利润、生产周期更迭等。

（三）效率建设

效率建设是跨境电商模式下加速交易速率的举措，例如智慧海关等措施。效率建设在作用于跨境电商快速清关、通关的同时，也改善了传统贸易的通关效率，对两类出口模式均带来正向作用。

第三节　协同演化的仿真设计

本章前两节完成了由真实世界到概念模型的建模过程，本节将完成概念模型向仿真实现的转化，基本思想是面向对象的程序设计（object oriented programming，OOP）。

一、Repast 仿真模型的设计

Repast 模型的元素分为：环境对象（context object）、空间对象（space object）和主体对象（agent object）。结合对 OOP 的理解，一个 Repast 模型内包括了一个实例化的环境对象、至少一个实例化的空间对象和许多不尽相同的主体对象。在 OOP 设计过程中，对描述每一个对象的属性以及其行为的程序代码进行封装（encapsulation）形成类，将接口与实现分离。

（一）Repast 仿真模型结构

结合 Repast 模型的元素分类，将仿真模型结构分为三类模块：环境类、空间类和主体类，本次计算实验的仿真模型的三类模块九个源代码结构如表 4-2 所示。

表 4-2　　　　　　　　　　　**Repast 仿真模型结构**

跨境电商与制造业集群 协同演化仿真模型	源代码 （详见　附录 1：仿真程序段）
Context 类模块	环境定义程序：WorldScape. java
	环境定义程序：WorldSpace. java
Space 类模块	空间类（需求）定义程序：CustMat. java
	空间类显示调用程序：CustStyle2D. java
Agent 类模块	供应商主体类定义程序：Supplier. java
	传统外贸服务商主体类定义程序：TSever. java
	跨境电商主体类定义程序：ESever. java
	交互主体类定义程序：Ship. java
	全局变量观察统计类定义程序：AllAgent. java

（二）Context 类模块构建

Context 类用于仿真模型框架的搭建与主体的填充，是仿真模型运行的基础工程，主要方法的介绍见表 4-3。

表4-3　　　　　　　　　　　Context 类模块主要方法介绍

WorldSpace	变量	解释
方法	add（supplier） add（allAgent）	添加方法，将制造商、观察主体放入 WorldSpace 环境中
	addValueLayer（cust） addValueLayer（match）	价值层添加方法，将需求和匹配标识放入 WorldSpace 环境中
	getDemandAt（）	从环境中获取需求的数值
	getMatchedAt（）	从环境中获得需求匹配标识
	ifSupplierExist（）	从环境中检测网格内是否存在供应商

（三）Space 类模块构建

Space 模块构建了两类价值层，分别是海外客户需求层和需求匹配标识层，用于存储需求以及标识需求是否已经被服务商匹配。方法实现由 Context 模块进行调用，具体参数设置与主要方法如表4-4所示。

表4-4　　　　　　　　　　　Space 类模块主要方法介绍

CustMat	变量	解释
参数设置	demand	海外客户需求量，最值范围（500，8 000）内随机赋予
	avail	可用标识，当前需求没有被匹配为1，否则为0
	match	匹配标识，供求匹配成功为1，否则为0
方法	updateValueLayerOfCust（）	客户层更新规则：avail 为真，添加需求，否则为0
	updateValueLayerOfMatch（）	匹配层更新规则：match 为真，置1 使该客户不可用
	consume（）	客户主体与服务商主体交互规则，客户主体的方法

（四）Agent 类模块构建

Agent 类模块可以分为三个类型，分别是制造商主体、服务商主体和观察主体。观察主体属于参数输出需要，不再赘述其参数设置与方法，源程序可查看附录1.3。制造商主体和服务商主体是仿真模型进行动态交互、演化的主要参与者，制造商主体的参数设计与主要方法见表4-5，该主体的行为主要包括生产行为规则、出口行为规则和企业扩张或退出市场的规则。

表 4 - 5　　　　　　　　　**Supplier 类参数与主要方法介绍**

Supplier		变量	解释
参数	特性常量	id	企业编号：区别每个实例化对象
		initialReproduceTime reproduceTime	生产周期：每个实例化对象存在初始生产周期，随仿真运行生产周期发生改变
		……	其他
	属性变量	money	资金：企业经济状况
		output	企业产能：分为大中小三个规模 产能比设定为：40:5:1*
		NumScale	不同规模数量比：1:5:25**
		profit	利润：企业盈利能力
		cost	成本：集群成本递减
		expInCrosE	研发经验：企业技术水平
	全局变量	numType	不同规模企业数量
		ArrayList tran	传统模式收入统计表：初始空链表
		ArrayList ecros	跨境电商模式收入统计表：初始空链表
		……	其他
方法		CournotModel（ ）	产量调整规则：基于集群成本递减的古诺均衡模型
		selectMode（ ）	出口模式规则：企业根据往期不同出口模式收入、市场政策调整出口模式选择的概率模型
		interWithTSever（ ） interWithTSever（ ）	客户主体与服务商主体交互规则的客户主体方法段
		reproduce（ ）	再生产行为：受企业规模、生产周期等影响，代表企业的动态生产能力
		ifExpande（ ） die（ ）	再生产行为：企业自身资金、生存消耗等行为的产物；若资金到达某一水平可进行扩张，资金为零则退出集群

注：*根据 2011 年《统计上中小微型企业划分办法的通知》，按批发业营业收入最低限额比例设定。

**根据 2013 年《中国统计年鉴》中数据 9445（大型企业数量）、5386（中型企业数量）、280455（小型企业数量）作归一化近似处理得到。

服务商主体类的参数设计与方法见表4-6。

表4-6 Sever 类参数与主要方法介绍

Sever	变量		解释
参数	匹配量	vision	匹配视野范围
		hostOutput	代理制造商产量：由匹配制造商赋值
		aimX，aimY	匹配位置：由匹配的海外客户位置决定
		……	其他
	价格量	factoryPrice	出厂价
		priceCIF	CIF 价
	环境变量	eff	效率水平
		foundSet	基建水平
		checkStrength	监管力度
方法	match（）		产量匹配规则：根据服务商自身能力（视野范围、资金量等）所获得的所有需求量与合作厂商的产量进行匹配，获得最优合作产量，确定客户位置等策略
	newShip（） move（） interShipAndCustomer（） returnProfit（）		Ship 子主体方法集：作为可视化模型的子主体，相当于现实中的跨境物流功能，实现包括实例化、移动、交互、利润分配等方法规则
	calculateCIFprice（）		CIF 计价规则：企业实际收益计算规则
	thePolicyChange（）		现实环境中跨境电商受政策影响很大，实验中的政策指标均以跨境电商政策量化，同时部分指标影响传统贸易

二、Repast 仿真模型的源程序

概念模型计算机程序化后，程序段烦琐冗长，故本部分仅分类对三类模块九个源代码的逻辑进行梳理，可视化仿真模型总览图如图4-2所示。

源代码编写均使用 Pure - Java 语言完成，具体源代码见附录1。计算试验运行环境为 Mac OS X El Capitan，开发平台 Eclipse Ganymede SDK 3.4.0，搭载 Repast Simphony 1.0 仿真平台，JRE 系统库版本 JVM 1.5.0（MacOS X Default），Groovy 库版本 groovy-all - 1.5.5. java。

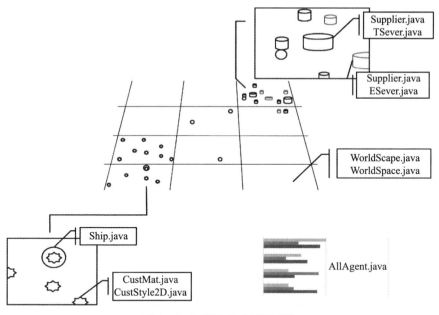

图 4 - 2　可视化仿真模型总览

（一）Context 模块

由 WorldScape. java、WorldSpace. java 和 CustMat. java、CustStyle2D. java 组成，可以通俗地理解为 Context 模块从宏观层面构建了一个世界的初步框架。

1. WorldScape. java

继承 Repast 自带库中的 ContextBuilder < Object >，ContextBuilder < Object > 是 Repast 构建 Context 的标准程序段，是每个 Repast 仿真模型运行的必备程序段，每个模型的基本框架都是在该程序段上实现扩展，本次计算实验应用 WorldScape. java 控制程序运行总步数。

2. WorldSpace. java

它是 WorldScape. java 的超类（super），对小世界的各类组成进行规定：读取外部变量控制小世界的范围；规定 Grid Projection 中存储海外客户的需求信息（Simple Grid）、Scalar Field Projection 记录需求量（Customer Field）与需求匹配情况（Match Field）、Continuous Space Projection 存储主体的信息以及提供主体移动与交互行为（Continuous Space），该标准模型在 model. score 上创建；导入 Agent 模块的行为主体到 WorldSpace 中，完成程序初始化设定。

3. CustMat. java、CustStyle2D. java

CustMat. java 用于封装海外客户群体这一具有普遍特征的类（class），定义了客户群属性和方法，方法段初始化海外客户需求状态，并规定需求更新规则；CustStyle2D. java 由可视化程序段调用，用于仿真过程的动态 2D 显示。

（二）Agent 模块

由 Supplier. java、TSever. java、ESever. java 和 Ship. java 组成。该模块定义了一系列具体的类（class），每个类会实例化一系列对象（object），构成小世界内具有不同自我学习、自适应能力的微观主体。

1. Supplier. java

该程序段定义了制造商主体类。制造业集群内制造商主体（Supplier）代表现实外向型制造业集群中的制造商，是整个协同演化模型的重要组成主体之一，也是整个交互过程的发起点。

2. TSever. java、ESever. java 和 Ship. java

服务商主体类（Sever）可分为制造业集群本身存在的传统外贸服务商子类（TSever）和跨境电商服务商子类（ESever），在模型中两者均继承服务商主体类的属性和规则。Ship. java 同样属于服务商主体，但区别于上述两类，仅作为服务商主体类的对象与海外需求对象的交互媒介，作为制造商主体（Supplier）进行完整交易的关键实现主体，由制造商主体的模式选择行为调用。

（三）Observer 模块

由 AllAgent. java 组成，用于对小世界全局变量数据的统计。为避免与局部变量统计混淆，本次计算实验选择以编写类程序的方法统计全局变量参数。与 Agent 类不同的是，AllAgent 类的实例化对象只有一个，且仅用于每个时间节点的参数统计，不参与实际小世界流程，亦不在小世界模型可视化中出现。AllAgent. java 一方面在程序段中编写输出语句实时观测具体数值变动，检验程序是否正确运行；另一方面用于以图形方式输出各类参数便于后续分析，完成所有程序编写并确认系统无报错情况下，对 AllAgent. java 中的唯一对象的数组数据进行提取，建立不同类型的 Data Sets，对 Data Sets

的数据根据不同时间间隔输出，例如 Line Chart、Bar Chart 等不同类型的图形，直接观察协同演化的动态演变规律。

本 篇 小 结

本篇结合系统论与复杂适应系统构建了跨境电商与制造业集群协同发展与演化的理论模型。首先对研究对象进行了概念及范围界定。其次从协同发展的目标、内容、动力和阻力因素方面，明确了研究跨境电商与制造业集群协同发展的必要性。最后分别从系统自组织特征及复杂适应系统特征出发，构建了两者协同发展与演化的理论框架。具体而言，从系统论视角构建跨境电商与制造业集群协同发展复合系统，以 CAS 理论为协同演化核心指导理论，构建两者协同演化的动态框架，进一步提出四个关于跨境电商与制造业集群协同演化的机制（见图4－3）。最后根据理论框架搭建了两者协同演化仿真模型，为产业链篇研究奠定理论基础。

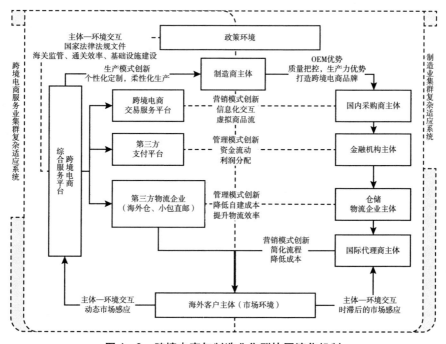

图4－3　跨境电商与制造业集群协同演化机制

产业链篇

伴随国内生产成本上升、国外逆全球化思潮抬头，以及突然暴发的新冠肺炎疫情，全球产业链面临重组危机，致使我国原本已经陷入发展瓶颈的制造业集群和对外贸易再次遭受极大的冲击。近年来，我国跨境电商的逆势发展被认为极有可能是两者突破瓶颈的可行途径之一。

我国积极参加国际分工融入全球生产体系的同时，也在不断打造相对完整的国内、国际产业链。跨境电商服务业融入制造业体系，改变了传统外贸企业运转模式，当企业面对全球供应链中断等一系列危机时，跨境电商模式能迅速匹配发现新的合作伙伴，大大减轻了动荡的国际背景对我国国际贸易的负面影响，这不仅增加了国际产业链韧性，还有利于国内产业链的精准升级。

考虑到跨境电商与产业集群的协同发展是实现产业集群和对外贸易转型升级的系统工程，关乎我国产业链升级。所以两者不仅要成就自身的升级发展，更要实现"1+1>2"的共同发展。因此，本篇将视角聚焦于产业链背景下的制造业集群与跨境电商协同发展研究。具体而言，对两者协同发展分别展开协同现状分析、协同发展趋势分析及发展路径设计研究，为打造新时代下具有中国特色的全球产业链新模式提供借鉴与参考。

跨境电商与制造业集群协同发展的现状

　　跨境电商和制造业集群不仅要实现自身发展，还要在资源整合和最优效益条件下实现两者的协同发展。用定量分析方法从跨境电商角度分析制造业集群升级的路径尚属空白，缺乏对两者协同发展现状的科学判断，难以形成关于制造业集群和跨境电商的深度融合、协同发展的理论支撑。因此，为保证科学、合理考察两者协同的必要性，本章将通过两者协同发展的路径研究对协同发展现状展开剖析，以期寻找到证明两者协同发展的必要性与可行性。

第一节　协同发展的路径假设

　　跨境电商与制造业集群之间的协同机理是两个子系统协同发展的内在动力，决定了跨境电商与制造业集群系统协同发展的模式和路径。因此，本节在分析跨境电商与制造业集群相互作用的基础上提出两者协同发展的路径假设。

一、跨境电商对制造业集群的作用及路径假设

（一）跨境电商有利于制造业集群内的资源整合

　　由于制造业集群的聚集效应，集群内生产要素、资源相对较为集中，相互之间的关联性较强，产品的相似度极高，但集群内现有的资源整合、协作程度尚不能满足精益化、柔性化生产要求。只有提高集群资源的整合程度，

提高资源的利用效率，完善产业链布局才能进一步提高产业集群的生产率，进而获得更大的规模经济。而我国制造业集群在专业化分工程度、资源的利用效率、产品的创新能力等方面都面临着有待突破的瓶颈。毛园芳（2010）提出电子商务有助于产业集群优化生产要素，整合区域资源①。而跨境电商作为互联网时代的产物，是一种范围更广阔的电子商务。一方面它能够作为集群内信息交流、资源整合的平台，通过接轨国际市场，直接与消费者接触，获得一手的顾客需求信息，根据各地顾客需求差异化设计产品，减少库存积压，提高资源利用效率。另一方面跨境电商通过缩短交易流程，节约交易费用，可以有效缓解生产要素成本上升带来的价格优势丧失的问题，进而促进整个集群向高效的生产、销售和服务体系演变。

路径假设 1：制造业集群通过跨境电商平台了解客户需求，掌握市场动态，创新产品生产和流通系统，柔性化生产符合国外地区客户需求的产品。

（二）跨境电商有利于完善集群内产业链布局

产业链是集群内的企业之间基于一定的技术经济关系形成以上游、中游、下游环节构成的"链"式关联形态。制造业集群内除了分工生产的制造业企业还有其他一些辅助性机构，如确保集群内资金正常运转的金融机构、为企业提供人才技术的培训机构、打开国内外市场的营销公司、提供第三方对接的行业协会等。完善产业集群内产业链布局，需要实现产业链各环节上企业的信息交流和资源共享以及业务协同的高效衔接。借助于互联网和经济全球化的发展，跨境电商打破了制造业集群企业与消费者之间的时间和地域限制，改变了传统的交易方式，为集群内的中小企业打入国际市场创造了快捷通道。制造业集群融合"互联网＋"，有助于集群内产业链上下游形成叠加效应、聚合效应、倍增效应，从而加快新旧发展动能和生产体系转换。随着互联网的快速发展，我国制造业"上网触电"融合的步伐也逐渐加快。目前，在激发"双创"活力、培育新模式新业态、推进供给侧结构性改革等方面已初显成效。但制造业集群内仍存在平台支撑不足、核心技术薄弱、信息交流不充分、产业链上企业衔接不紧密、体制机制亟须完善等问题。制造业集群借助跨境电商的发展，可以搭建集群内互联网交流平台，充

---

① 毛园芳. 电子商务提升产业集群竞争优势机制案例研究 [J]. 经济地理，2010（10）：1681－1687.

分汇聚整合制造企业、销售企业、辅助性机构等产业链上的资源和力量，推动制造业集群与跨境电商在生产模式、发展理念、产业体系和业务模式等全面融合发展，发挥互联网聚集优化各类要素资源的优势，构建开放式生产组织体系，进而带动技术、产品、组织管理、经营机制、销售理念和模式等创新，提高供给质量和效率，激发制造业转型升级新动能。

路径假设2：制造业集群借助跨境电商构建企业信息展示平台，充分打通集群产业链上下游的连接，促进产业链和跨境电商生态圈的融合。

（三）跨境电商有利于增强制造业集群竞争力

知识溢出是制造业集群竞争优势的一个重要特点。我国制造业集群发展到今天，同质化产品的恶性竞争以及企业对知识产权和技术信息的保护意识逐渐增强，导致集群内知识溢出效应面临瓶颈。而跨境电商通过互联网信息技术的使用可以减少由于集聚规模扩大而带来的恶性竞争影响，并通过接轨全球市场提供更加便利的溢出环境和条件。因此，跨境电商可以促进各类知识在集群内的溢出，增强集群的整体知识水平和技术创新能力。跨境电商所依赖的信息化途径，有助于增加集群内知识的传递速度和扩散效率，从而促进国际市场上新思想、技术和知识的融合，形成更好的集群知识溢出效应。

此外，跨境电商作为一种新的营销方式，会促进集群内企业原有管理方法和经营模式的转变，也会改变集群内企业之间原有的竞合关系。首先，跨境电商为企业间业务联系提供了新的交流渠道，可以有效促进集群内企业的信息共享和交流，从而提升集群内专业化分工水平，促进技术转移和集群公共设施共享，强化集群竞争优势。其次，跨境电商通过直接接触全球各地的消费者，有利于企业掌握消费者需求和各地不同的文化习俗进而有针对性地设计产品，增加企业产品的有效性和顾客满意度。最后，跨境电商为集群内企业带来了信息共享和技术交流，但也加剧了集群内同业者之间的竞争，一方面企业会在激烈的竞争环境下寻求各种形式进行创新，另一方面由于国外较强的知识产权保护和打击假冒伪劣行为，也会促进集群内企业的个性化设计，建立自身独特优势，进而增强集群本身在国际市场中的竞争力。

路径假设3：制造业集群与跨境电商共建大数据中心，增加集群内创新动能。

（四）跨境电商有利于提高制造业集群的品牌效应

我国制造业集群中以中小企业居多，主要进行仿制和贴牌，依靠低成本生产要素获取价格优势，缺乏技术创新动力以及品牌效应，这也正是目前制造业集群发展存在困境的主要原因。跨境电商作为新的贸易渠道和营销方式，可以让集群内产品直接到达终端消费者手中。但是国外对知识产权的保护以及对假冒伪劣产品的打击导致我国产品进入国际市场面临巨大的风险。一方面，目前主流的跨境电商平台亚马逊、Wish、eBay 等对产品的质量和品牌都有一定的要求，如果达不到标准，企业难以在这些平台上生存，这就迫使企业不得不进行技术创新和品牌化管理。另一方面，我国很多企业进行贴牌生产，相同的商品贴上国外知名品牌价格就能提升 5～10 倍以上，可见我国企业利润空间非常低。企业可以借助跨境电商打造自己的品牌，提高定价，有效提升利润空间。国内电子商务已经开启了先例，目前淘宝、天猫已经产生不少电商知名品牌。因此，跨境电商对提升产业集群内企业的品牌效应具有重要作用。

路径假设 4：制造业集群借助跨境电商创造自主品牌。

二、制造业集群对跨境电商的作用及路径假设

（一）有助于跨境电商生态圈的建设

跨境电商产业链主要包括制造商、平台企业、营销商、支付企业、仓储物流企业、高等院校及政府等，具有产业链长、参与主体多、地域文化差异大等特点。单独建设专门的跨境电商产业链或者生态圈将耗费大量的人力物力财力，目前的普遍做法是建立跨境电商园区或者保税区。然而，由于企业的分工合作，产业集群内已有布局比较完善的产业链，覆盖产业内的各个环节，从产品的研发设计、原材料采购、产品生产和销售、物流配送和其他服务等。产业集群的集聚效应使集群内企业可以共享集群内的基础设施，共担集群内的外部经济成本。跨境电商与制造业集群协同发展，可以借助集群内的供应链布局，快速有效融合跨境电商产业链上的其他节点，如平台企业、营销企业、支付企业和仓储物流企业等。因此，制造业集群有利于跨境电商生态圈的建设。

目前，跨境电商的支付方式主要有信用卡、银行转账、第三方支付以及线下结算等，大部分跨境电商 B2B 企业主要采取线下结算或者与 PayPal 合作，而支付宝、微信等国内支付企业的国际业务尚未达到预定规模，在一定程度上限制了跨境电商企业的进一步发展。由于结汇时手续繁多、导致结汇成本较高、周期较长，出口跨境电商领域就出现了灰色支付链条，有些企业通过地下钱庄进行结汇，这不仅违反法律法规且具有较高的风险。另外，PayPal 在支付方面的垄断导致的高手续费也制约了出口企业的行为。因此，跨境电商企业在支付结汇方面具较高风险。而制造业集群可以凭借其集聚优势和资金基础，在政府部门的领导下合力打造一个专业化的支付平台，提供专业化集中服务，致力于解决跨境电商企业小额支付、结汇等较为烦琐的手续问题。

路径假设 5：制造业集群内构建综合服务平台，加强各部门之间信息交流与融合，完善支付、收付汇、退税手续。

（二）有利于降低物流成本，完善物流配送体系

物流是电子商务体系中非常重要的一部分，是电子商务发展的基石。物流的速度、价格和可靠性直接影响消费者的购物体验。目前，在国内的电商发展中，物流体系已经相当完善，大部分的网上购物都能在一周之内到达，江浙沪三天之内，农村及其他偏远地区可能会在一周左右。而在跨境电商体系中，物流仍然是一个很大的难题，存在选择性小、价格高、速度慢、国外追踪难及不可操控性强等问题。而对于单个的跨境电商企业，在国外修建物流基础设施几乎不可能实现。而在制造业集群内聚集了大量同类企业和产业链上相关企业，可以齐心协力共同解决物流难题，共建物流配送体系。比如海外仓建设，一个企业可能没有那么多资金或者是建成后利用率较低，那么集群内企业共同建立以及共同使用就会大大减小企业压力以及提高海外仓的利用率。

路径假设 6：制造业集群内企业合力构建物流基础设施，打造完善的跨境物流体系。

（三）有利于提升跨境电商的通关和监管效率

2013 年以来，我国跨境电商迅猛发展，但相应的市场监管体系建设相对滞后，缺乏相关法律法规对消费者权益进行保障，税收、虚假宣传、非法交易及知识产权保护等内容没有明确的规定。相较于传统对外贸易，跨境电

商模式下买卖双方通过平台之间进行交易，交易额减少、频率增加，商品要以小包裹的形式一单一单地报关、检验，给海关增加了很大工作量。大批量的包裹导致海关监管程序时间延长，而跨境电商则要求货物要快速到达消费者手中以获取更好的客户体验。因此，烦琐的通关手续满足不了跨境电商高时效性的要求。此外，电子商务高退换货率也在一定程度上制约着跨境电商的发展，给海关也带来不少压力。而跨境电商与制造业集群协同发展过程中则可以借助制造业集群发展相对成熟的体系，与海关联合，建立集群公共服务平台，信息化管理集群内货物包裹，进行集中报关与检验。在货物退换过程中，充分利用互联网信息，采取集中报关模式，网上整合国外同一地区需要退换货的信息，集中收取货物再进行海关检验，可以在很大程度上提升海关监管效率。同时，集群内企业还可以共同建立海外售后服务体系，为跨境电商产品提供售后咨询、维修保养、退换货等服务。

路径假设7：政府在产业集群内构建跨境电商监管平台，提升集群内产品通关效率。

（四）有利于跨境电商企业海外品牌推广，提升其在国际市场上的影响力

多数研究指明，我国制造业一直处于全球价值链的低端，缺乏自主品牌。随着互联网的发展，我国制造业逐渐意识到品牌效应的重要性，已经开始沿着从"中国制造"向"中国名牌"的思路转变。目前，像华为、小米等品牌在国际市场的影响力逐渐增大。而在开展跨境电商的企业中，大多为中小企业，打入国际市场所需营销费用较高，单个企业难以承担，且国际市场品牌推广计划单个中小企业很难实施。而我国众多制造业集群在国际市场有很大的影响力和占有率，如金华义乌的小商品产业集群、宁波慈溪的小家电产业集群、绍兴嵊州的领带产业集群和杭州的纺织产业集群在国际市场都颇为有名。跨境电商企业借助制造业集群的影响力建设自主品牌，或者是集群内制造业企业自主开展跨境电商，容易提升企业在国际市场的影响力。另外，集群内的企业可以合作进行海外品牌推广或者连带营销，这将会减轻单个企业所承担的营销费用及沉没成本。因此，制造业集群有利于跨境电商企业进行海外品牌推广，提升其在国际市场的影响力。

路径假设8：借助制造业集群优势打造知名电商品牌，提升我国跨境电商在国际市场的影响力。

第二节　研究方法选择与实施

为确保上节提出的跨境电商与制造业集群协同发展路径假设的科学性，需要对假设进行科学合理的检验。因此，本节将选择合适的研究方法开展实证分析，在定量研究的基础上验证发展路径假设的科学性。

一、研究方法的选择

以往研究两个系统协同发展的文献中，多采用协同度测量模型。但本研究由于无法采集跨境电商的相关数据以及仅用客观数据不能有效分析和描述跨境电商与制造业集群之间的协同发展的特征和内涵，所以本章研究没有选用协同发展研究常用模型即协调度计算模型。虽然灰色关联分析法是分析事物关联性常用的方法，但是需要数据的统计口径保持一致，并且具有动态特征。跨境电商与制造业集群之间的一些数据并不是出自相同部门，统计口径也有所不同。而本章所选用的结构方程分析法与其他方法相比具有诸多优点，如可同时处理多个因变量、允许自变量及因变量项含测量误差、允许同时估计因子结构和因子关系、可以将主观数据与客观数据结合起来等，这些正是本章研究内容所需要的。因此，本章拟采用结构方程模型分析跨境电商与制造业集群协同发展的因素及路径，结构方程模型分析流程如图 5-1 所示。

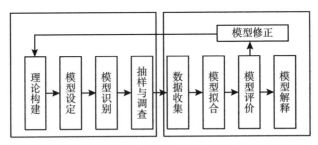

图 5-1　结构方程模型分析流程

结构方程模型是应用线性方程系统表示观测变量（可以观测到的变量）与潜变量（难以观测到的抽象概念）之间，以及各潜变量之间关系的一种统计方法。其包含两个基本模型，即测量模型和结构模型。测量模型用于分析观测变量与潜变量之间的关系；结构模型则用来说明潜变量之间的关系，两者的方程式如下所示。

$$x = \Lambda_x \xi + \delta \tag{5-1}$$

$$y = \Lambda_y \eta + \varepsilon \tag{5-2}$$

$$\eta = B\eta + \Gamma\xi + \zeta \tag{5-3}$$

其中，x 是外生观测变量，ξ 为外生潜变量，Λ_x 为外生观测变量与外生潜变量之间的关系（即观测变量在潜变量上的因子载荷），δ 为外生观测变量的残差；y 是内生观测变量，η 是内生潜变量，Λ_y 为内生观测变量与内生潜变量之间的关系（即内生观测变量在内生潜变量上的因子载荷），ε 是内生观测变量的残差；B 和 Γ 是潜变量之间的路径系数，B 表示内生潜变量之间的关系，Γ 表示外生潜变量对内生潜变量的影响，即一单位的外生潜变量会引起多少个单位内生潜变量的变化，ζ 为结构方程的误差项。用图形表示结构方程模型如图 5 - 2 所示。

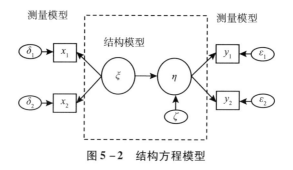

图 5 - 2　结构方程模型

二、模型设计

在进行跨境电商与制造业集群协同发展的实证检验之前要先对可能影响跨境电商与制造业集群协同发展的因素以及它们之间的内在逻辑关系进行分析。结合理论分析，概括出影响跨境电商与制造业集群协同发展的 8 个潜变量：制造业集群内辅助机构服务能力、制造业集群内企业间关系与政府行为、制造业集群内生产要素获得难易程度、跨境物流与国际市场推广体系发展情况、跨境电商制度建设与港口环境、跨境支付与结汇发展情况、制造业集群发展程度、跨境电商发展水平。其中，制造业集群内企业间关系与政府行为、制造业集群内生产要素获得难易程度、制造业集群内辅助机构服务能力这3个因素是制造业集群发展的要素与动力，它们在一定程度上影响着制造业集群的发展水平。而影响跨境电商发展的要素主要是跨境物流与国际市场推广体系发展情况、跨境电商制度建设与港口环境、跨境支付与结汇发展情况，这3个因素在一定程度上影响着跨境电商的发展水平。基于上述因素的选取与关系论证，结合相关潜变量的内涵，设计了影响跨境电商与制造业集群协同发展的关联因素模型，如图5-3所示。

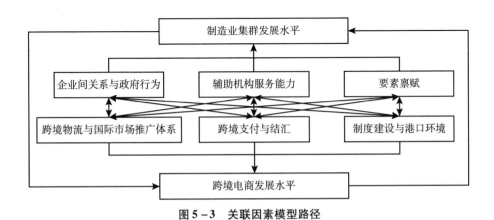

图5-3　关联因素模型路径

三、模型变量选择

在两者协同发展机理分析的基础上提出影响跨境电商与制造业集群发展的观测变量并进行了专家访谈，最终选取29个观测变量，同时对观测变量作出相应的解释，如表5-1和表5-2所示。

表5-1　　　　　　　　制造业集群子系统变量选择与解释

潜变量	观测变量	变量解释
F1：制造业集群内辅助机构服务能力	Q1：教育培训机构提供人才及技术培训的能力	E1：集群所在教育培训机构根据企业具体需求提供优质的人才及技术培训，是企业实现低成本创新的有效渠道
	Q2：金融机构服务效率	E2：金融机构支持力度越大，企业资金越充足，企业融资越灵活，从而越有利于企业的诞生、成长和持续发展

潜变量	观测变量	变量解释
F1：制造业集群内辅助机构服务能力	Q3：行业协会等第三方机构的服务能力	E3：行业协会等第三方服务机构可以为企业提供专业的市场信息、经济预测、品牌设计等服务，有利于解决中小企业的资金和能力短缺等问题
	Q4：研发机构提供知识、技术、产品创新的能力	E4：研发机构通过向企业提供知识和技术，促进集群内知识、信息以及技术的扩散，从而提升集群的创新能力
F2：制造业集群内企业间关系和政府行为	Q5：制造业集群内同类企业间分工情况	E5：制造业集群内分工越明确，生产效率就会越高，容易形成较大规模的产业，加快制造业集群的发展
	Q6：制造业集群内企业之间的竞争程度	E6：竞争可以激励企业进行技术创新和提高产品异质化能力，提升制造业集群整体优势
	Q7：上下游企业间合作情况	E7：集群内不同环节的企业间衔接越紧密，合作能力越强，衍生产业与主导产业间的配套协作能力越强，越有利于企业高效运作，从而提高制造业集群的整体发展
	Q8：集群所在地基础设施建设完善程度	E8：政府提供良好的生活、交通、网络等基础设施可有效降低企业成本，减少人才流动，提高企业的经济效率
	Q9：相关优惠政策	E9：政府对制造业集群和跨境电商的政策支持力度越大，所制定的政策越合理，越能在市场配置资源的同时进行合理调控，引导集群内企业快速有效发展
	Q10：政府管理水平	E10：政府较高的管理水平和执行能力有利于提高企业的办事效率和资源配置
F3：制造业集群内要素禀赋	Q11：劳动力获得难易程度	E11：劳动力获得成本越低，越有利于增加集群内企业的盈利空间，从而吸引群外企业迁入集群，促进集群发展
	Q12：资金获得难易程度	E12：越容易获得资本的地区，越有利于集群形成与发展
	Q13：生产材料获得难易程度	E13：衡量集群所在地的自然资源和非自然资源的丰富程度，资源越丰富，成本越低，集群优势越明显
T7：制造业集群发展水平	Q26：集群内企业密集度	E26：在一定程度上，企业密集度高有利于集群内企业专业化分工，提高劳动生产率，从而提高集群质量
	Q27：集群内经济效益	E27：制造业集群内企业经济效益直观地表明产业集群目前的发展程度，集群效益越好，集群发展越好

资料来源：笔者根据相关文献、理论整理。

表 5 – 2　　　　　　　　　　　跨境电商子系统变量选择与解释

潜变量	观测变量	变量解释
F4：国际市场情况和物流体系	Q14：产品在国外市场的需求潜力	E14：产品在国际市场需求潜力越大，企业经营出口该产品的意愿越强烈，越能促进企业开展跨境电商业务
	Q15：产品在国外市场推广的难易程度	E15：产品品牌在海外推广的难易程度对企业开展跨境电商影响很大，多样化的推广途径有利于产品的宣传和海外市场的开拓
	Q16：国际市场占有率	E16：产品在国外市场的占有率越高，市场规模越大，说明产品发展越成熟，未来的发展越有保障
	Q17：跨境物流效率	E17：物流速度越快，物流企业服务越高效，客户满意度越高，越有利于企业开展跨境电商
	Q18：跨境物流成本	E18：目前存在 5 种方式的跨境物流，各有优劣，物流费用越低，企业成本就越低，产品的价格优势越明显
F5：跨境电商制度建设与港口环境	Q19：跨境电商法律法规	E19：跨境电商的发展受到各国法律法规约束，跨境电商相关法律越完善，其发展越有保障
	Q20：跨境电商通关效率	E20：货物经报关、查验、征收税费等通关手续越简便，客户体验越好，有利于企业开展跨境电商
	Q21：所在地区有无国际航线或国际港口	E21：企业所在地国际航线和港口越多，跨境制度建设越好，报关清关越便利，企业的积极性越高
	Q22：所在地是否为跨境电商试点城市或综试区	E22：政府批准设立跨境电商试点城市或综试区会有配套的基础设施建设和政策支持，为该地企业发展跨境电商提供很多便利，有利于跨境电商的发展
F6：跨境支付与结汇	Q23：跨境支付安全高效度	E23：跨境支付越简便、越安全，企业收取货款越方便，越有利于企业资金回款
	Q24：跨境支付方式多样性	E24：跨境支付工具的选择性越多，越不容易造成支付企业的垄断，支付手段多样化，有利于满足企业间跨境交易的差异化需求
	Q25：结汇的便捷程度	E25：企业通过合法途径进行结汇越便捷，企业资金流动越灵活，风险就越低，越有利于参与跨境业务
T8：跨境电商发展水平	Q28：跨境电商企业数目	E28：跨境电商经营主体数越多，经营规模越大，跨境电商发展水平越高
	Q29：跨境电商企业交易额	E29：跨境电商企业交易额越大，企业效益越好，跨境电商发展水平越高

资料来源：笔者根据相关文献、理论整理。

四、研究假设

根据上述潜变量的选择及说明对其之间的关系作出以下假设，旨在研究关联因素对跨境电商与制造业集群协同发展的影响以及不同子系统之间潜变量的路径关联。

H1：辅助机构服务能力对制造业集群发展有正向影响；

H2：要素禀赋对制造业集群发展有正向影响；

H3：企业间关系与政府行为对制造业集群发展有正向影响；

H4：跨境物流与国际市场推广体系对跨境电商发展有正向影响；

H5：跨境支付与结汇对跨境电商发展有正向影响；

H6：制度建设与港口环境对跨境电商发展有正向影响；

H7：制造业集群内辅助机构与跨境物流和国际市场推广体系有正相关关系；

H8：集群内辅助机构与跨境支付和结汇有正相关关系；

H9：制造业集群内辅助机构和制度建设与港口环境有正相关关系；

H10：制造业集群内要素禀赋和跨境物流与国际市场推广体系有正相关关系；

H11：制造业集群内要素禀赋和跨境支付与结汇有正相关关系；

H12：制造业集群内要素禀赋和制度建设与港口环境有正相关关系；

H13：制造业集群内企业间关系与政府行为和跨境物流与国际市场推广体系有正相关关系；

H14：制造业集群内企业间关系与政府行为和跨境支付与结汇有正相关关系；

H15：制造业集群内企业间关系与政府行为和制度建设与港口环境有正相关关系；

H16：跨境电商子系统与制造业集群子系统有正相关关系。

五、问卷设计与数据收集

在前述构建理论框架的基础上，基于系统论的视角，要进一步明确反映跨境电商与制造业集群两个子系统和外部环境的相关潜变量。潜变量要充分反映系统的规模特征和结构特征，结合相关潜变量的内涵，考虑问卷设计的科学性、合理性和可操作性，将各潜变量细分成可以观测的变量，并设计成被调查者容易理解的语句，以李克特五级量表的形式体现在调查问卷中，最终选定 8 个潜变量以及对应的 29 个观测变量。用分数的高低代表被调查者的看法，即 5 代表非常符合，4 代表比较符合，3 代表符合，2 代表不太符合，1 代表非常不符合。详见附录 2：调研问卷 A。

问卷调查过程中，考虑到问卷设计的科学性和有效性，本研究首先在宁波某次跨境电商企业双选会上发放 50 份纸质问卷进行了试调研，对被调查者有疑问的语句进行了修改并最终确定问卷后正式进行发放。考虑到问卷调查的效度和信度以及地区发展的差异性，本研究利用全球贸易通（英文名 BOSSGOO，是国内著名的 B2B 跨境电子商务平台，为出口企业提供海外市场网络营销解决方案及跨境电子商务服务，被国家商务部及各地区政府重点推荐，目前已在国内几十个沿海城市及外贸发达地区成立 75 个本地化服务中心）进行问卷调查。跨境电商平台资源向全国制造业比较集中、集群特征明显的地区进行问卷发放。对于相关的调研对象，课题组选择了制造业企业、跨境电商企业、专家学者以及行业协会工作人员，被调查者对跨境电商或者相关产业有一定的了解，以确保数据的可信性。

调研问卷采用纸质发放和微信电子问卷发放，共发放 300 份，其中纸质问卷 50 份，回收 35 份，电子问卷 250 份，剔除漏答、错答以及大量相同选项的问卷，最终有效问卷数为 272 份，有效问卷率达到 90%。从问卷的数据收集情况来看，样本主要来自浙江的杭州、宁波、金华、温州以及广东的中山、东莞和江苏的戴南等产业集聚明显的地区，从经营品类看，这些企业覆盖了这几个地区典型的产业集群，包括杭州的纺织产业集群、宁波的小家电产业集群、金华义乌的小饰品产业集群、温州的鞋类产业集群，中山的灯具、东莞的服装产业集群，戴南的不锈钢产业集群等。

六、数据信度和效度检验

结构方程模型一般在大样本情况下才能确保分析结果的正确性。但对于大样本的具体数目目前有不同看法，安德森和戈宾（Anderson & Gerbing，

1988）认为样本数至少在 100～150 之间[1]，洛赫林（Loehlin，2004）指出对于有 2～4 个因子的模型至少需要 100 个样本[2]，布斯马（Boomsma，1988）认为 400 个样本是最为恰当的数目[3]，邱皓政（2009）指出要追求结构方程模型稳定的分析结果，样本数不能低于 200 份[4]。从有效样本情况来看，本次调研问卷共 272 份，大于 200 份，调研较为成功。

问卷收集后要对其效度和信度进行检验，研究运用 SPSS 22.0 对所得样本数据进行效度和信度的检验，这个检验先进行探索性因素分析，根据提取的因子结构来判断量表的效度并最终筛选出度量潜变量最合适的题项；再对筛选之后的题项运用一般信度检验方法，即 Cronbach's Alpha 系数法对所得数据进行信度检验。

（一）制造业集群子系统效度和信度检验

首先，对数据进行 KMO（Kaiser Meyer - Olykin）和巴特利特（Bartlett）检验，得出 KMO 为 0.874。根据凯撒（Kaiser，1974）的观点[5]，KMO 值小于 0.5，不适合做因子分析，此处 KMO 大于 0.8，Bartlett's 球形检验的卡方值为 1 147.043，显著性概率 P 值为 0.000，说明此量表适合进行因子分析。

在上述 KMO 和巴特利特检验验证量表适合做因子分析后，对制造业集群子系统内数据进行因子提取分析。萃取的共同因子与原先编制的差异较小时说明量表效度较好（吴明隆，2010[6]）。本部分对制造业集群系统内 13 个观测变量进行因子提取，运用主成分分析法限定 3 个提取因子，并且经方差极大值旋转以后，累积方差贡献率达到 61.645%，对因子载荷阵进行方差最大化正交旋转后的因子载荷矩阵如表 5－3 所示。

① David W，James C. An Updated Paradigm for Scale Development Incorporating Uni. 1988.
② Loehlin J C. Latent variable models：An introduction to factor，path，and structural equation analysis：Fourth edition [J]. Journal of Educational Statistics，2004，12（4）.
③ Anne B. Book Review：Latent Variable Models：An Introduction to Factor，Path，and Structural Analysis. 1988.
④ 邱皓政. 结构方程模型的原理与应用 [M]. 北京：中国轻工业出版社，2009.
⑤ Kaiser，H F & Rice，J. Little Jiffy，Mark IV. Educational and Psychological Measurement，1974，34（1）：111－117.
⑥ 吴明隆. 结构方程模型：AMOS 的操作与应用 [M]. 重庆：重庆大学出版社，2010.

表5－3　　　　　　　　制造业集群子系统旋转后成分矩阵（1）

变量	组件		
	1	2	3
研发	0.891		
培训	0.858		
协会	0.818		
金融	0.612		
合作		0.763	
竞争		0.756	
分工		0.720	
管理		0.585	
设施		0.573	
政策		0.538	
材料			
资本			0.781
人员			0.729

注：①提取方法：主成分分析。
　　②旋转方法：Kaiser 标准化最大方差法。
资料来源：SPSS 软件因子提取。

其次，研究保留因子载荷大于0.5的题项标准（未达到0.5的因子载荷表中未显示）提取的第一个因子中包含研发机构、培训机构、行业协会和金融机构，与之前编制的辅助机构服务能力潜变量相一致。第二个因子包含制造业集群内企业间合作关系、竞争关系、专业化分工程度、政府管理水平、集群内基础设施以及优惠政策，与之前预设的集群内企业间关系和政府行为相符。第三个因子包含了预设潜变量要素禀赋的两个观测变量，即人员和资本，另一个观测变量生产材料在3个因子上的载荷均未达到0.5，因此需要删除。

量表删除题项后结构效度会有所改变，因此需要重新进行因子提取。重新提取后得到 KMO 为 0.875，大于 0.8，Bartlett's 球形检验的卡方值为1 077.162，显著性概率 P 值为0.000，说明删除题项后的制造业集群分量表适合进行因子分析。提取的 3 个因子累计解释变异量为 64.658%，旋转后成分矩阵如表5-4所示。

表5-4　　　　　　　制造业集群子系统旋转后成分矩阵（2）

变量	组件		
	1	2	3
研发	0.888		
培训	0.856		
协会	0.822		
金融	0.619		
竞争		0.768	
合作		0.759	
分工		0.706	
管理		0.587	
设施		0.583	
政策		0.529	
人员			0.769
资本			0.738

注：①提取方法：主成分分析。
　　②旋转方法：Kaiser标准化最大方差法。
资料来源：SPSS软件因子提取。

再次，提取的3个因子中，第一个因子包含了研发机构、培训机构、行业协会和金融机构；第二个因子包含了企业间合作关系、竞争关系、专业化分工程度、政府管理水平、集群内基础设施以及优惠政策；第三个因子包含了人员和资本。与预设潜变量辅助机构服务能力、集群内企业间关系和政府行为、集群内要素禀赋相吻合。

最后，在对制造业集群子系统进行探索性因子分析后，接下来检验所提取的3个共同因子的信度。制造业集群子系统层面量表标准化之后的Cronbach's Alpha系数为0.877，除了制造业集群内要素禀赋Cronbach's Alpha系数为0.552之外，另外3个潜变量的Cronbach's Alpha系数都大于0.7，说明本次调研所得数据信度较好，具体结果如表5-5所示。

表 5-5　　　　　　　　制造业集群子系统潜变量信度检验

潜变量	观测变量个数	Cronbach's Alpha
L1：制造业集群内辅助机构服务能力	4	0.874
L2：制造业集群内企业间关系和政府行为	6	0.824
L3：制造业集群内要素禀赋	2	0.748

资料来源：SPSS 软件可靠性分析。

（二）跨境电商子系统效度和信度检验

首先对跨境电商子系统样本数据进行 KMO 和巴特利特检验，得出 KMO 为 0.861，大于 0.8，Bartlett's 的球形检验的卡方值为 1119.806，显著性概率 P 值为 0.000，说明跨境电商分量表适合进行因子分析。

在 KMO 和巴特利特检验验证量表适合做因子分析后，对跨境电商子系统内数据进行因子提取分析。同样是运用主成分分析法限定 3 个提取因子，并且经方差极大值旋转以后，累积方差贡献率达到 64.053%，对因子载荷阵进行方差最大化正交旋转后的因子载荷矩阵如表 5-6 所示。

表 5-6　　　　　　　跨境电商子系统旋转后成分矩阵（1）

变量	组件		
	1	2	3
国际市场品牌推广	0.795		
跨境物流成本	0.756		
跨境物流周期	0.719		
国际市场占有率	0.681		
综试区		0.746	
港口航线		0.689	
跨境电商通关效率		0.660	
支付种类		0.624	
法律法规		0.511	
国际市场需求潜力		0.502	

变量	组件		
	1	2	3
结汇			0.867
跨境支付			0.837

注：①提取方法：主成分分析。
②旋转方法：Kaiser 标准化最大方差法。
资料来源：SPSS 软件因子提取。

经过旋转后的成分矩阵来看，提取的 3 个因子中，第一个因子包含了国际市场情况和跨境物流潜变量的 4 个观测变量，即国际市场品牌推广、跨境物流成本和跨境物流周期以及国际市场占有率。第二个因子包括综试区、港口航线、跨境电商通关效率、跨境支付种类、跨境电商相关法律法规、国际市场需求潜力 6 个题项，其中包含了法律法规潜变量的 4 个题项，但跨境支付种类和国际市场需求潜力不属于这一潜变量，与预设不符，因此删除跨境支付种类和国际市场需求潜力 2 个题项。第三个因子包含了结汇和跨境支付 2 个题项，与预设的跨境支付结汇这一潜变量相符。

此分量表删除跨境支付种类和国际市场需求潜力 2 个题项，变动较大，需再次进行探索性因子分析。再次分析结果 KMO 为 0.835，大于 0.8，Bartlett's 的球形检验的卡方值为 808.411，显著性概率 P 值为 0.000，说明表适合进行因子分析。提取的 3 个因子累计解释变异量为 79.645%，旋转后成分矩阵如表 5 - 7 所示。

表 5 - 7　　　　　　跨境电商子系统旋转后成分矩阵（2）

变量	组件		
	1	2	3
国际市场品牌推广	0.794		
跨境物流成本	0.769		
跨境物流周期	0.727		
国际市场占有率	0.689		
综试区		0.786	
港口航线		0.706	

续表

变量	组件		
	1	2	3
跨境电商通关效率		0.680	
法律法规		0.537	
结汇			0.865
跨境支付安全性和效率			0.835

注：①提取方法：主成分分析。
　　②旋转方法：Kaiser 标准化最大方差法。
资料来源：SPSS 软件因子提取。

再次进行探索性因子分析，提取的 3 个因子与预设潜变量基本吻合，如表 5－7 所示。第一个因子包含国际市场情况和跨境物流潜变量的 4 个观测变量；第二个因子包含潜变量法律法规的 4 个观测变量；第三个因子包含潜变量跨境支付结汇的 2 个观测变量。

接下来对跨境电商子系统 3 个因子进行信度分析，此分量表标准化之后的 Cronbach's Alpha 系数为 0.872，其中 3 个潜变量的 Cronbach's Alpha 系数都大于 0.7，说明本次调研所得数据信度较好，具体结果如表 5－8 所示。

表 5－8　　　　　　　　　　跨境电商子系统潜变量信度检验

潜变量	观测变量个数	Cronbach's Alpha
L4：国际市场情况和跨境物流	4	0.763
L5：法律法规	4	0.765
L6：跨境支付与结汇	2	0.849

资料来源：SPSS 软件可靠性分析。

（三）外生潜变量效度和信度检验

制造业集群发展基本情况与跨境电商发展基本情况作为两个外生潜变量用来衡量当地制造业集群和跨境电商两个子系统目前的发展水平，受子系统内生潜变量的影响。首先，还是对分量表样本数据进行 KMO 和巴特利特检验，得出 KMO 为 0.722，Bartlett's 的球形检验的卡方值为 262.182，显著性概率 P 值为 0.000，表明可以进行因子分析。然后，在 KMO 和巴特利特检验验证量表适合做因子分析后，对其数据进行因子提取分析。运用主成分分析法选定 2 个提取因子，经方差极大值转轴以后，累积方差贡献率达到 79.223%。对因子载荷阵进行方差最大化正交旋转后的因子载荷矩阵如表 5 – 9 所示。

表 5 – 9　　　　　　　　　　　外生潜变量旋转后成分矩阵

变量	组件	
	1	2
跨境电商交易额	0.894	
跨境电商企业数	0.866	
制造业集群集聚度		0.928
制造业集群内企业效益		0.627

注：①提取方法：主成分分析。
　　②旋转方法：Kaiser 标准化最大方差法。
资料来源：SPSS 软件因子提取。

经过旋转后的成分矩阵来看，提取的 2 个因子中，第一个因子包含了跨境电商发展情况的 2 个观测变量，第二个包含了产业集群发展情况的 2 个观测变量，与题设相符。

接下来对 2 个外生潜变量进行信度分析，标准化之后的 Cronbach's Alpha 系数为 0.789，其中 2 个外生潜变量的 Cronbach's Alpha 系数都大于 0.7，说明本调研所得数据信度较好，具体结果如表 5 – 10 所示。

表 5 – 10　　　　　　　　　　　外生潜变量信度检验

潜变量	观测变量个数	Cronbach's Alpha
T7：制造业集群发展情况	2	0.718
T8：跨境电商发展情况	2	0.820

资料来源：SPSS 软件可靠性分析。

第三节 两者协同发展的实证分析

一、模型的适配度检验

在对样本进行效度和信度的检验后，根据前文构建的理论模型，在 A-MOS22.0 中绘制理论模型图，如图 5 - 4 所示。

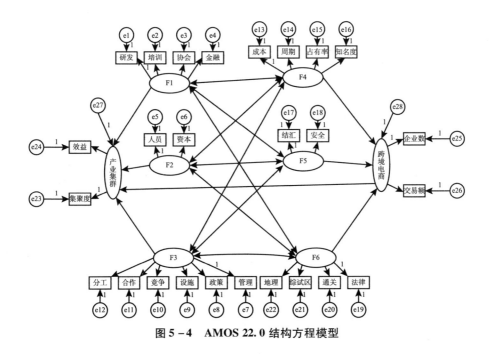

图 5 - 4　AMOS 22.0 结构方程模型

适配度指标是评价理论模型与收集数据是否适配的标准，要根据结构方程模型与数据的拟合情况来判断理论模型与样本数据的一致程度。在进行模型整体适配度判断之前，需要检验模型中是否有违反估计的情况以及各参数估计值是否合理。违反估计常见有以下 5 种情形（Byrne，2001[①]；Hair

---

① Byrne B M. Structural Equation Modeling with AMOS: Basic Concepts, Applications, and Programming (1st Ed.). "Book Review" Sage Publications, Inc, 2001.

et al. , 1998[①]) : ①出现负的误差方差 : 本研究没有出现负的误差方差 ; ②协方差之间标准化估计值的相关系数大于 1 ; 本研究协方差相关系数为 −0.367 ~ 0.561 之间, 都小于 1 ; ③协方差矩阵或相关矩阵非正定矩阵 : 本研究未出现非正定矩阵 ; ④标准化系数超过或非常接近于 1 : 本研究标准化估计值均超过 0.9 ; ⑤出现非常大或极端小的标准误 : 本研究未出现极端标准误。由以上检验情况来看, 本研究设计的模型没有违反估计现象。因此可以对模型整体适配度进行检验。

从表 5 – 11 结构方程模型拟合结果可以看出, 除了 χ^2/df 和 PGFI 达到参照标准, 其他拟合指标均未达到参照标准, 因此模型需要进一步修正。根据 AMOS 修正指标的建议, e15 和 e16 间的修正指数最大, 应进行优先修正。同时也说明企业在国际市场上品牌推广难度与占有率没有关系的假设是不正确的, 从理论上来讲, 企业在国际市场上越容易进行品牌推广, 其占有率越容易提高, 所以这里将 e15 和 e16 建立关系后重新拟合模型。根据修正指数对 e19 和 e20 进行修正, 从理论上来看, 跨境电商相关法律法规的完善对包裹有序高效通关具有影响, 因此对 e19 和 e20 建立关系后重新拟合。同时, 对 e10 和 e23 建立关系, 理论上看, 制造业集群集聚度越高, 企业间竞争越激烈, 因此需要修正。然后, 依次对 e11 和 e12、e19 和 e25 进行了两次修正。最终修正后的模型基本接近参考标准, 具体结果如表 5 – 12 所示。

表 5 – 11　　　　　　　　　　结构方程模型拟合结果

拟合指标	参照标准	检验结果	模型适配判断
χ^2/df	<5 (Wheaton et al. , 1987)	3.184	可接受
GFI	>0.9 (Bentler, 1983)	0.764	否
RMSEA	<0.1 (Browne & Cudeck, 1993)	0.070	是
CFI	>0.9 (Bentler, 1988)	0.778	否
NFI	>0.9 (Bentler & Bonett, 1980)	0.710	否
IFI	>0.9 (Bollen, 1989)	0.896	否
PGFI	>0.5 (Mulaik, 1989)	0.616	是

资料来源 : AMOS 软件整理。

---

① Hair, Anderson, Tatham, et al. Multivariate data analysis fifth edition. 1998.

表 5 - 12　　　　　　　　　　　修正后模型拟合结果

拟合指标	参照标准	检验结果	模型适配判断
χ^2/df	<5（Wheaton et al.，1987）	1.994	是
GFI	>0.9（Bentler，1983）	0.845	可接受
RMSEA	<0.1（Browne & Cudeck，1993）	0.070	是
CFI	>0.9（Bentler，1988）	0.904	是
NFI	>0.9（Bentler & Bonett，1980）	0.828	可接受
IFI	>0.9（Bollen，1989）	0.906	是
PGFI	>0.5（Mulaik，1989）	0.645	是

资料来源：AMOS 软件整理。

模型最终修正结果基本达到适配标准或临界值，虽仍有部分如 GFI 和 NFI 指标没有达到临界值，但已达到可接受水平。造成这种结果可能有以下两个原因：一是跨境电商作为一个新生事物，虽然发展迅速，但基数较小，尚未形成与制造业集群相匹配的规模；二是取样地区都是制造业集聚度高的地区，虽然生产的产品不同，但集群内的组成结构都有很大的相似性，因此问卷得出的数据有较大的同质性，这反而导致数据结果与理论模型有出入。由于结构方程模型适配指标较多，所以难以达到每个指标都符合参考标准的情况。整体而言，研究提出的理论模型与所得数据可以进行适配。

二、测量模型的路径分析

回归路径系数以及标准化回归路径系数是表示潜变量之间相关关系和潜变量与观测变量之间的相关关系大小的值，是结构方程模型分析的重要组成部分，也是研究利用此模型的意义所在。模型评价首先需要对路径系数进行统计显著性检验，从而考察模型结果中估计出的参数是否具有统计意义，这类似于回归分析中的参数显著性检验，原假设为系数等于 0。AMOS 软件中主要看临界比 CR（Critical Ratio）。CR 值相当于 t 值，由参数估计值与其标准误之比构成，当绝对值分别大于 1.96、2.58 和 3.29 时，参数估计值分别达到 0.05、0.01 以及 0.001 的显著水平，拒绝路径系数为 0 的原假设。显著性若是小于 0.001，AMOS 软件中会在 P 值栏显示"＊＊＊"。如表 5 - 12 修正后模型拟合结果中"培训"对"F1"的路径系数（第二行）为 0.815，其 CR 值为 14.363，相应的 P 值小于 0.001，则这个路径系数在 99% 的置信度下显著不等于 0，即"培训机构服务能力"与潜变量"产业链布局"之间是有路径依赖存在的。

在 SEM 模型中，测量方程主要描述潜变量与观测变量之间的关系，检验所选观测变量是否科学准确。如果 t 值大于 0.5，说明此变量的作用机制是存在的，所选取的变量是科学合理的。从模型估计结果来看，除了参照指标值设为 1 的变量不需要估计，其余变量都是通过检验的。此外，测量模型中的标准化路径系数表明共同因子对观测变量的影响。以"研发 <--- F1"为例，表示 F1 潜变量对观测变量研发机构服务能力的直接效果为 0.873。从标准化路径系数可以看出观测变量在潜变量上的重要性。标准化路径系数越大，表示观测变量越能解释潜变量；标准化路径系数都介于 0.50 ~ 0.95 之间，表示模型的基本适配度较好。从研究的标准化路径系数来看，除了"竞争 <--- F3""占有率 <--- F4"的路径系数分别为 0.450 和 0.499，其余均在 0.50 ~ 0.95 之间，表明模型的适配度可以接受，具体如表 5 - 13 所示。

表 5 - 13　　　　　　　　　　　　测量模型路径估计值

路径	标准化路径系数	路径系数	S. E.	CR	P	结论
研发 <--- F1	0.873	1.000				支持
培训 <--- F1	0.815	0.905	0.063	14.363	***	支持
协会 <--- F1	0.832	0.957	0.064	14.889	***	支持
金融 <--- F1	0.687	0.795	0.072	11.106	***	支持
人员 <--- F2	0.594	1.000				支持
资本 <--- F2	0.654	1.106	0.164	6.728	***	支持
管理 <--- F3	0.745	1.000				支持
政策 <--- F3	0.745	1.062	0.101	10.467	***	支持
设施 <--- F3	0.594	0.785	0.094	8.345	***	支持
竞争 <--- F3	0.450	0.602	0.097	6.181	***	支持
合作 <--- F3	0.683	0.952	0.100	9.538	***	支持
分工 <--- F3	0.606	0.864	0.103	8.381	***	支持

路径	标准化路径系数	路径系数	S. E.	CR	P	结论
成本 <--- F4	0.824	1.000				支持
周期 <--- F4	0.897	1.055	0.080	13.196	***	支持
占有率 <--- F4	0.499	0.575	0.079	7.274	***	支持
知名度 <--- F4	0.569	0.702	0.085	8.251	***	支持
结汇 <--- F5	0.878	1.000				支持
安全 <--- F5	0.840	0.967	0.078	12.452	***	支持
法律 <--- F6	0.566	1.000				支持
通关 <--- F6	0.720	1.325	0.139	9.560	***	支持
综试区 <--- F6	0.631	1.123	0.161	6.977	***	支持
地理 <--- F6	0.688	1.300	0.176	7.373	***	支持
集聚度 <--- T1	0.618	1.000				支持
效益 <--- T1	0.749	1.180	0.154	7.648	***	支持
企业数 <--- T2	0.823	1.000				支持
交易额 <--- T2	0.834	1.002	0.087	11.553	***	支持

注: *** 代表显著性水平 $P < 0.001$。

资料来源：AMOS 软件分析。

由表 5-13 可知。

（1）研发（标准化路径系数 0.873）是辅助机构服务能力潜变量中最为显著的因素，主要因为研发设计新产品是企业创新和发展的关键，但研发往往需要投入大量的资本和技术人员。制造业集群内以中小企业居多，单个企业很难承担设立研发部门的费用。因此，研发机构越是能为企业提供合适的技术研发，越能体现服务机构的服务能力。

（2）资本（标准化路径系数 0.654）是要素禀赋中最为显著的因素。不难理解，近几年因为劳动力成本的上升以及自动化技术的发展，集群内工厂逐渐用资本代替劳动，用机器代替人工。因此，资本在制造业集群内的影响力越来越大，资本越是丰富，产业集群的要素越是充足。

（3）政府的管理水平（标准化路径系数 0.745）和政策支持（标准化路径系数 0.745）是制造业集群企业间关系与政府行为潜变量中最显著的因素。在制造业集群的发展中，政府特别是地方政府具有非常重要的作用，由于地方政府对当地集群非常了解，产业与政府之间的信息不对称程度较低，较高的政府管理水平和适当的政策制度会引导出较为和谐的集群主体间要素关系。

（4）物流周期（标准化路径系数 0.897）是跨境物流与国际市场推广体系发展情况中最显著的因素，物流成本（标准化路径系数 0.824）次之。由于跨境电商产品目前所面临的主要困境就是物流成本高和物流周期长，如果物流体系发达，产品在国际市场的占有率以及推广难度也将会有很大提高和改善。

（5）结汇便捷度（标准化路径系数 0.878）和跨境支付的安全性（标准化路径系数 0.84）两个可测变量反映跨境支付与结汇潜变量的程度几乎相当。

（6）通关效率（标准化路径系数 0.72）是跨境电商法律法规潜变量中最为显著的因素。不难理解，跨境电商的小批量多批次特点给海关带来很大压力，原来的通关方式无法适应跨境电商的发展，因此海关需要改革创新。海关的通关效率越高，说明跨境电商相关法律政策越成熟，越能适应当今跨境电商的发展。

（7）企业效益（标准化路径系数 0.749）是制造业集群发展潜变量中最为显著的因素，集群内企业效益越高，说明集群的经济水平越高，集群的发展越好。

（8）跨境电商交易额（标准化路径系数 0.834）和跨境电商企业数（标准化路径系数 0.823）两个潜变量对跨境电商发展这一潜变量的衡量程度几乎相当，即跨境电商企业的交易额越大，说明即将进入或者想要进入跨境电商的企业就越多，跨境电商的发展水平就越高。

三、结构方程模型的路径分析

结构方程模型的路径分析主要是分析潜变量之间的相互关系，其中 CR 值和 P 值参照意义同上。第一，"跨境电商 <-- 制造业集群"的路径系数为 0.348，表示一个单位的制造业集群会引起 0.348 单位的跨境电商的变动，且达到 0.05 的显著性水平，由此可以看出制造业集群与跨境电商有显著正向关系，这与之前的假设 H16 是一致的。第二，结构方程模型路径分析分为两部分：一部分是每个子系统内的回归路径系数，表明子系统影响因素对该子系统整体发展水平的影响；另一部分是复合系统内潜变量之间的相关系

数，说明两个子系统之间的相互影响。

（一）子系统内部回归路径系数

（1）制造业集群系统内路径系数分析。制造业集群子系统内，三个影响因素对制造业集群发展水平的路径系数都在 0.05 的显著性水平下达到了显著，具体路径系数如表 5－14 所示，证明了假设 H1、假设 H2 和假设 H3 是通过的。其中，对制造业集群影响最大的因素是 F3，路径系数达到 0.692，即一个单位的 F3 变动会引起 0.692 单位的制造业集群变动，即制造业集群内的企业间关系和政府行为对制造业集群整体发展水平有较大影响，且在三个因素中对制造业集群的影响最大，原因主要在于制造业集聚带来的企业分工和知识溢出对提高集群生产效率和降低生产成本具有很大影响，以及政府行为对地方制造业集群的规划和发展具有较强的引导和支持作用。其次是 F2 制造业集群内的要素禀赋和 F1 辅助机构服务能力对制造业集群的路径系数较小，都小于 0.5，但都达到 0.05 的显著性水平。对制造业集群的影响小于 F1，主要原因可能是制造业集群在发展过程中原材料和劳动力成本逐渐上升，导致企业不得不寻求新的方法和途径来降低要素禀赋对生产的制约。此外，企业目前还都是有问题自己想办法解决的思维，没有想到去找专业的辅助机构来解决自身所遇到的困难。比如产品的研发，一般企业很少去找专门的研发公司设计或者创新产品，而是自己投入时间和精力来研发，因而导致了这些辅助机构的存在感不是特别高。但就目前制造业集群的发展来看，一方面不可能完全摆脱要素禀赋的制约，另一方面辅助性机构的作用在制造业集群中逐渐加强，有不少企业已经意识到专业问题找专业公司解决所带来的便利。因此，要素禀赋和辅助机构对制造业集群的整体发展水平还是显著不等于 0。

表 5－14　　　　　　　　制造业集群子系统路径系数

路径	标准化路径系数	路径系数	S. E.	CR	P	结论
T1 <--- F1	0.191	0.099	0.042	2.338	0.019	支持
T1 <--- F2	0.290	0.253	0.085	2.964	0.003	支持
T1 <--- F3	0.692	0.548	0.101	5.445	***	支持

注：*** 代表显著性水平 P < 0.001。

资料来源：AMOS 软件分析。

（2）跨境电商子系统内的路径系数分析（见表 5 – 15）。跨境电商子系统内 F6 跨境电商的政策与监管对跨境电商整体发展水平影响较为显著，标准化路径系数达到 0.428，表明 F6 变动一个单位会引起 0.428 单位的跨境电商变动，假设 H6 通过检验，说明跨境电商相关法律法规以及包裹通关的便利化对跨境电商的发展有较大影响；跨境电商子系统的另外两个因素 F4 和 F5 路径系数未达显著性水平，假设 H4 和假设 H5 未通过，但是在实际的跨境电商交易以及众多卖家的反映中可知，跨境物流和国际市场情况以及跨境支付和结汇对目前的跨境电商有较大影响。主要原因可能是跨境物流和国际市场情况以及跨境支付和结汇是所有跨境电商企业目前所遇到的难题，而且这些困难单靠一个企业短时间内是无法解决的，所以在衡量的时候存在严重的同质性，样本数据难以区分，因此其对跨境电商的回归路径系数未达到 0.05 的显著性水平。

表 5 – 15　　　　　　　　　　跨境电商子系统路径系数

路径	标准化路径系数	路径系数	S. E.	CR	P	结论
T2 <--- F4	0.079	0.066	0.062	1.076	0.282	不支持
T2 <--- F5	0.154	0.129	0.077	1.670	0.095	不支持
T2 <--- F6	0.428	0.613	0.178	3.438	***	支持

注：*** 代表显著性水平 P < 0.001。
资料来源：AMOS 软件分析。

（二）复合系统内回归路径系数

复合系统内路径系数即潜变量之间的相关系数表示结构模型中潜在因变量之间的互相影响，具体数值如表 5 – 16 所示。可以看出，复合系统内潜变量之间的相关系数均在 0.3 以上，且都达到 0.01 的显著性水平，说明两个系统有显著的正相关关系，复合系统内的 10 条相关路径分别为：

（1）"F1 <--> F4"制造业集群内辅助机构和跨境物流与国际市场推广有显著正相关；

（2）"F1 <--> F5"制造业集群内辅助机构和跨境支付与结汇呈显著正相关；

（3）"F1 <--> F6"制造业集群内辅助机构和跨境电商政策与监管呈显

著正相关；

（4）"F2 <--> F4"制造业集群内要素禀赋和跨境物流与国际市场推广呈显著正相关；

（5）"F2 <--> F5"制造业集群内要素禀赋和跨境支付与结汇呈显著正相关；

（6）"F2 <--> F6"制造业集群内要素禀赋和跨境电商政策与监管呈显著正相关；

（7）"F3 <--> F4"制造业集群内企业间关系与政府行为和跨境物流与国际市场推广呈显著正相关；

（8）"F3 <--> F5"制造业集群内企业间关系与政府行为和跨境支付与结汇呈显著正相关；

（9）"F3 <--> F6"制造业集群内企业间关系与政府行为和跨境电商政策与监管呈显著正相关；

（10）"T2 <-- T1"制造业集群对跨境电商有显著正向影响。

表 5 - 16　　　　　　　　　　结构模型路径估计值

路径	标准化路径系数	路径系数	S. E.	CR	P	结论
T2 <-- T1	0.348	0.467	0.193	2.415	0.016	支持
F1 <--> F4	0.517	0.326	0.058	5.597	***	支持
F1 <--> F5	0.305	0.184	0.051	3.632	***	支持
F1 <--> F6	0.658	0.273	0.050	5.506	***	支持
F2 <--> F4	0.695	0.274	0.051	5.330	***	支持
F2 <--> F5	0.686	0.259	0.048	5.356	***	支持
F2 <--> F6	0.513	0.133	0.034	3.882	***	支持
F3 <--> F4	0.578	0.279	0.049	5.693	***	支持
F3 <--> F5	0.648	0.299	0.048	6.231	***	支持
F3 <--> F6	0.915	0.290	0.048	6.010	***	支持

注：*** 代表显著性水平 P < 0.001。
资料来源：AMOS 软件分析

四、两者协同发展路径

上述实证分析中，通过测量模型检验了本章研究所选观测变量的合理性，并通过结构方程模型验证了各个潜变量之间的关系假设以及跨境电商子系统与制造业集群子系统之间的关联关系。由此得出，跨境电商子系统潜变量与制造业集群子系统潜变量之间的路径关联如下。

（1）"F1 <--> F4"，制造业集群内辅助机构与跨境物流和国际市场推广之间的相关系数为0.517，达到显著正相关，与假设H7一致。一方面，它包括研发机构、金融服务机构、教育机构、相关行业协会等在内的集群辅助机构可以为跨境物流的发展提供先进的技术、全面的物流和国际营销专业人才及多样化的融资渠道，以强化国外部分的物流配套设施建设和国外市场拓展能力，这是单个跨境电商企业难以办到的事情。另一方面，跨境物流和国际市场拓展在发展中逐渐暴露出的配送时效长、退换货难度大、国际市场难以进入和开拓等问题也将倒逼集群辅助机构服务能力的强化。

（2）"F1 <--> F5"，集群内辅助机构与跨境支付和结汇有着显著正相关，与假设H8一致。制造业集群内的金融机构、行业协会可以与政府加强沟通与合作，通过支付、结汇等方面的创新，帮助改善跨境电商系统内的结汇、支付、退税等手续烦琐、监管不到位的问题。辅助机构可以联合集群内企业共建信息共享平台，金融机构与第三方支付机构合作，创新收付汇监管模式，让跨境电商卖家能够通过正规途径快速结汇。

（3）"F1 <--> F6"，制造业集群内辅助机构和跨境电商政策与监管呈显著正相关，与假设H9一致。一方面，由于跨境电商是"互联网＋外贸"的新兴产物，具有全球化、虚拟化等特点，面临假货、侵犯知识产权、消费者维权等多方面的挑战，发展并不成熟，配套的法律监管难免存在漏洞。因此，政府相关部门应加大打击力度，提高监管效率。制造业集群内的辅助机构也可以帮助政府部门建立信息共享机制。行业协会可以给跨境电商企业提供本行业的详细信息，供监管部门制定政策时参考。研发机构可以帮助企业进行产品研发和设计，避免侵犯国外知识产权。另一方面，跨境电商完善的监管与政策，可以促进制造业集群内辅助机构自身的进步、提高专业人员的技术培训、促进研发机构的创新、使行业协会进一步全面了解国际市场情况等。

（4）"F2 <--> F4"制造业集群内要素禀赋和跨境物流与国际市场推广呈显著正相关，与假设H10一致。首先，制造业集群内丰富的劳动力要素可以保持产品的低成本优势，通过跨境电商销往国外具有比较明显的竞争力优势，可以有效提高产品在国际市场的占有率。其次，在国际市场上的品牌推广也需要大量的广告费、调研费等，集群内丰富的资本要素可以为跨境物流体系的建设提供资金保障。最后，跨境物流体系的完善以及国际市场影响力的提高可以促进集群内销量的增长，从而增强集群内资本和劳动力要素的优势。

（5）"F2 <--> F5"制造业集群内要素禀赋和跨境支付与结汇呈显著正相关，与假设 H11 一致。一方面，安全、高效和低手续费的跨境支付与结汇可以提高企业开展跨境电商的信心，增加对跨境电商渠道的资本和人员投入，从而促进集群内跨境电商整体向好的方向发展。另一方面，跨境电商渠道本身就是为了企业扩大销售量，拓展国际市场的渠道，从而可以进一步增强集群的要素禀赋优势。

（6）"F2 <--> F6"制造业集群内要素禀赋和跨境电商政策与监管呈显著正相关，与假设 H12 一致。一方面，不同于传统外贸，跨境电商的相关法律法规以及通关程序尚未与之匹配，导致跨境电商通关效率低，造成货物积压、人员占用、资本不流动，从而影响企业的正常运转。高效的通关可以提高企业的发货以及退换货速度，完善的法律法规体系可以更好地保障企业的权益，减少侵犯产权、欺诈等现象的发生，从而减少集群内企业物力、人力的占用。另一方面，集群内丰富的要素禀赋可以为跨境电商政策与监管的建设提供丰富的人才与资金保障，运用集群内高端相关专业人才以及集群内丰富的资金，建立一体化信息共享平台，提高通关速度和监管效率。

（7）"F3 <--> F4"制造业集群内企业间关系与政府行为和跨境物流与国际市场推广呈显著正相关，与假设 H13 一致。企业间基于分工、资源使用、市场需求的竞合关系是产业集群系统运转的核心，集群企业良好的竞合关系有利于加强跨境电商生态圈的完善，同时加上政府的优惠政策以及科学合理的管理，可以打造集群信息共享和智能物流体系，实现跨境物流体系的建设以及管理模式的创新。而跨境物流规模扩大以及模式的创新，也将催化集群内企业间在研发、生产、配送等方面的合作，进而达到不断完善产业生态圈的目的。此外，集群内不同生产环节的企业可以联合起来，借助跨境电商渠道，进行海外市场信息数据的搜寻，了解不同国外地区客户的风俗、消费习惯、经济发展水平差异等，一方面促进集群内企业在设计、研发、生产上互联互通；另一方面可以根据各个国家地区的情况，分别制定行之有效的推广方案，增加企业产品在国际市场的占有率。

（8）"F3 <--> F5"制造业集群内企业间关系与政府行为和跨境支付与

结汇呈显著正相关，与假设 H14 一致。一方面，针对跨境支付与结汇长期缺乏监管和相关政策的现象，集群内政府可以出台相关政策，促进跨境电商结汇的合法化和支付手续费的降低，减少企业开展跨境电商的后顾之忧，集群内企业也可以互相合作，建立信息共享机制，协助政府部门进行监管模式的创新。另一方面，跨境支付与结汇问题的出现，可以倒逼集群内企业和政府相互帮助，改善集群内企业间关系，促进资源的高效利用以及政府决策水平的提高。

（9）"F3 <--> F6"制造业集群内企业间关系与政府行为和跨境电商政策与监管呈显著正相关，与假设 H15 一致。首先，制造业集群与跨境电商的协同发展，需要政府对两个子系统的政策与管理的协同，也需要企业之间的相互协调。其次，完善的法律法规可以为集群内跨境电商创造健康的发展环境；高效率的通关将有效减少企业人力、物力的大量占用；政府综试区的政策也将为所在地企业带来较多的优惠政策，增加企业开展跨境电商的积极性。

根据结构方程模型估计结果，除了假设 H4、假设 H5，其他假设均通过了显著性检验，并与理论分析及预期一致。结果表明，跨境电商整体发展与制造业集群的整体发展具有显著的正向关系，两个子系统的影响因素之间也有较强的路径依赖，上述机理分析部分所作出的路径假设也都经过了验证。因此，可以从子系统影响因素的关联路径着手，制定政策以促进跨境电商与制造业集群的协同发展。

第四节　研究结论

结构方程模型实证检验结果表明，跨境电商子系统与制造业集群子系统之间有显著的正向影响，标准化路径系数为 0.348，且两个子系统的影响因素之间有较强的关联性，标准化路径系数都在 0.05 的显著性水平下不等于 0。

从宏观层面来看，跨境电商和制造业集群可以通过两个子系统的各自发展和互动发展，促进两者的深度融合和协同发展，进而促进制造业集群的转型升级和跨境电商的全面建设。

从微观层面来看，跨境电商和制造业集群子系统的影响因素也具有较强的相互作用，是两者协同发展的具体作用路径。其中，F3 <--> F6，F2 <--> F4，F2 <--> F5，F1 <--> F6，F3 <--> F5 有较强的路径关联，标准化路径系数都大于 0.6，是跨境电商与制造业集群协同发展的主要实现路径，F1 <--> F4，F1 <--> F5，F2 <--> F6，F3 <--> F4 也有显著的路径关联，路径系数相对较小，小于 0.6，但也是跨境电商与制造业集群协同发展的实现路径，这个路径主要起辅助作用。

因此，根据实证结果得出结论，跨境电商与制造业集群两个子系统相互影响，协同发展，具体实现路径要从两者的影响因素中着手。

第
六
章

两者协同发展的趋势研究

第五章对跨境电商与制造业集群协同发展路径与现状进行了科学研判，这也引发了笔者进一步的思考：两者协同演化过程的机制是什么？那么，在现有交互机制与发展路径的基础上，未来两者协同演化的进展又将如何？因此，本章将在动态协同发展现状的基础上，进一步展开两者协同演化的机制分析及趋势研究。

第一节　两者协同演化的仿真结果

根据仿真设计实现小节中的（第四章第三节）规定，协同演化模型内每个主体在每个系统 tick 检查自身属性，集群层面在每个系统 month 进行集群属性更新，政策量化指标以 year 为单位进行更新。协同演化模型影响因素量化对应时间点为 2012 年到 2018 年，初始化参数设定已在第四章第二节中展示。根据协同演化概念模型设计中集群协同演化评价指标，在 Repast Simphony 1.0 仿真平台设计相关输出结果如图 6-1 所示。

图 6-1 是由仿真软件根据程序按年度数据输出测绘的跨境电商与制造业集群协同演化的动态趋势图。为了方便分析，根据图 6-1 的数据，在表 6-1 中分别对单一指标和协同指标的折线图作具体说明。

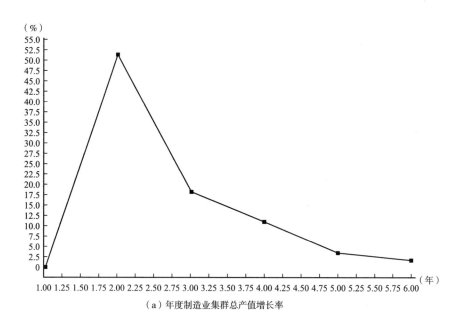

（a）年度制造业集群总产值增长率

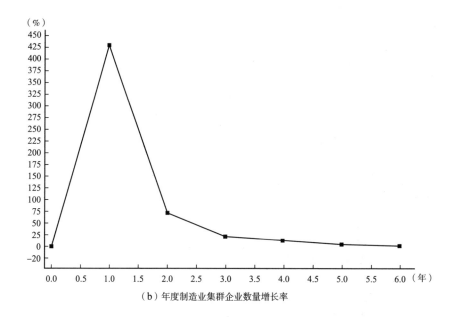

（b）年度制造业集群企业数量增长率

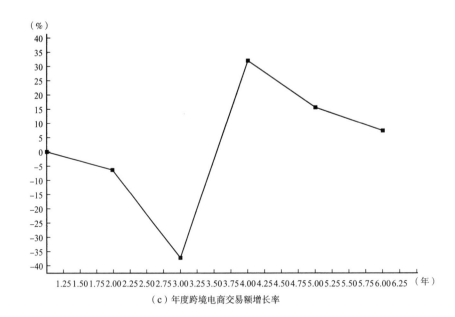

（c）年度跨境电商交易额增长率

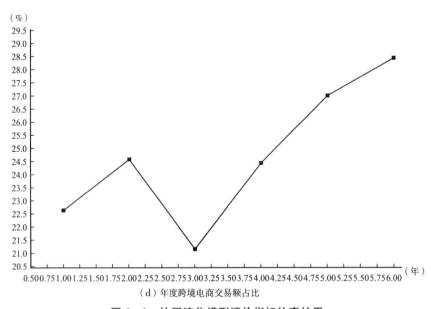

（d）年度跨境电商交易额占比

图6－1　协同演化模型评价指标仿真结果

注：年度制造业集群总产值增长率从节点2起统计。

表6－1　协同演化模型评价指标仿真结果（图6－1）的具体说明

节点	说明
0	仿真模型初始化节点：当前模型构建为成熟的传统外向型制造业集群模型，集群内所有制造商企业及其出口方式均为传统外贸模式 单一指标和协同指标均为初始零状态
1	仿真模型无序运行阶段：当前宏观环境因素尚未影响模型演化，传统外向型制造业集群模型开始涌现跨境电商服务商主体，两者协同演化模型初步形成 单一指标显示，当期集群内所有企业数量增幅为430.0％；协同指标显示，当期跨境电商交易额占集群总交易额的22.7％
2	仿真模型引入环境因素：当前宏观环境影响因素引入模型，以政府的探索性决策为主，两者协同演化正式开始 单一指标显示，当期集群总产值增幅为51.3％，集群内所有企业数量增幅为75.0％，跨境电商交易额增幅为－6.2％；协同指标显示，当期跨境电商交易额占集群总交易额的24.6％
3	仿真模型非线性特征显著：宏观环境影响因素开始显著影响协同演化模型，两者协同演化特征表现既不同于无序运行，也不同于上期环境因素作用结果 单一指标显示，当期集群总产值增幅为18.1％，集群内所有企业数量增幅为22.5％，跨境电商交易额增幅为－33.2％；协同指标显示，当期跨境电商交易额占集群总交易额的21.1％
4	仿真模型进入增长阶段：宏观环境稳定运行，当期两者协同演化的各项指标表现出正向增长趋势，协同演化进入新阶段 单一指标显示，当期集群总产值增幅为11.4％，集群内所有企业数量增幅为18.3％，跨境电商交易额增幅为32.6％；协同指标显示，当期跨境电商交易额占集群总交易额的24.4％
5	仿真模型持续增长阶段：宏观环境因素继续稳定推进，当期两者协同演化的各项指标显示集群继续处于增长阶段 单一指标显示，当期集群总产值增幅为3.0％，集群内所有企业数量增幅为2.6％，跨境电商交易额增幅为15.5％；协同指标显示，当期跨境电商交易额占集群总交易额的27.1％
6	仿真模型趋于稳态发展阶段：随着协同模型继续演化，两者协同演化的各项指标显示集群虽继续处于增长阶段，但增长趋势大幅放缓，有趋于稳态发展态势 单一指标显示，当期集群总产值增幅为1.3％，集群内所有企业数量增幅为1.8％，跨境电商交易额增幅为7.5％；协同指标显示，当期跨境电商交易额占集群总交易额的28.2％

第二节　两者协同演化的仿真结果分析

我国跨境电商的发展受到政府行为的影响，根据政策环境演化推进的时

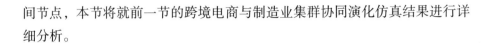

间节点，本节将就前一节的跨境电商与制造业集群协同演化仿真结果进行详细分析。

一、仿真模型无序运行阶段的分析

在本阶段，主要是宏观环境因素，尤其是法律政策指标尚未影响模型演化，模型内部演化呈现出无序的涌现现象。此时，传统外向型制造业集群模型不断涌现跨境电商服务商主体和专门从事跨境电商的小微制造商主体，与集群内原先存在的传统外贸服务商主体形成竞争关系，使集群内占据大多数生态位的部分中小型制造商主体的内部模型逐步发生变异，打破了原本的集群稳态。

在分析当期集群内所有企业数量增幅时，仿真结果给出了高达430.0%的企业数量增幅，考虑到系统此时处于无序运行状态，因此数据的参考价值不大。为了考察集群内的涌现与分化现象，调取了当前年度不同类型制造商主体的经济运行情况，集群内制造商主体的个体资金年度变化如图6-2所示。

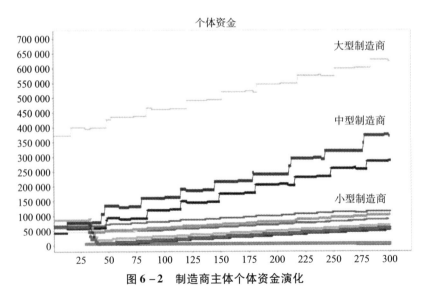

图6-2　制造商主体个体资金演化

注：横坐标为仿真tick，纵坐标为主体资金量，不同折线代表不同的制造商主体。主体资金量决定企业规模，表4-5 Supplier类参数与主要方法介绍中给出相关判定。

如图 6 - 2 所示，图中折线呈现出明显的分层现象，分别代表大中小型企业的资金变化。仿真模型无序运行阶段，集群内唯一的大型制造商主体资金量稳步提升，与其类似的还有两个中小型制造商主体，图 6 - 2 中显示也有部分中小型制造商主体创新失败导致自身规模骤减甚至退出集群系统；随着演化不断进行，处于中下层的中小型企业也不断涌现在集群内，产生新的集聚使图 6 - 2 中下层呈现出多色叠加的效果。这些主体可能参与跨境电商活动，也可能继续从事传统贸易活动，这些大量涌入的新主体必然促使该集群当期总产值增加。

二、仿真模型协同初期的演化结果与发展趋势分析

2013 年是我国跨境电商发展元年，8 月 21 日，商务部颁布《关于实施支持跨境电子商务零售出口有关政策的意见》，首次从国家层面对我国跨境电子商务零售出口做出了明确的定义，解决了以往界定不清、监管困难的困局，并对跨境出口电商各监管主体的职责做出了明确的划分，解决了以往监管职责不明确，监管存在漏洞的问题，从而进一步从监管层面推动了跨境出口电商有序发展；11 月底，商务部发布《关于促进电子商务应用的实施意见》，明确鼓励中小企业电商化。该年出台的跨境电商新政策基本属于对我国跨境电商的规范性政策，在鼓励企业发展跨境电商的同时更加注重监管层面的建设，也为后续探索相关便利化措施奠定基础。

在协同演化仿真时间第二年，同步现实情境，引入宏观环境层面影响因素之一的监管力度量化指标，又考虑到相关配套措施及法律法规仍处于探索阶段，因此暂时不予量化基础设施建设和效率建设指标。综合仿真结果与理论机制构建来看，这种政策的不稳定性可能是造成跨境电商在制造业集群内发展出现负增长的原因。

协同演化模型由无序向有序过渡的过程中，最具影响力的便是监管力度量化指标，直接作用在微观主体内部机制改变和集群积木机制作用下的规律重组。微观主体层面，新政策颁布实行后，跨境电商灰色市场规模明显下降，有明显的向好发展趋势，如图 6 - 3 所示，第 11 ~ 第 20 个月的企业逃税率与前 10 个月相比出现了明显的下降，说明监管力度的增强确实规范了市场秩序，但同样由于扶持性政策力度不大，降低了部分正在转型的企业对跨境电商模式的选择，进而使它们在未来放弃跨境电商模式出口，转而面向

更为成熟、安全的传统外贸模式，监管力度的加强或是对合规的跨境电商服务商主体产生了负面影响，这类主体在内部机制作用下会对自身行为结果进行重新评估，对自身出口模式的概率模型进行调整，为避免通关检查时增加不必要的损失与时间的浪费，就选择与传统贸易相同的路径进行报关、检验检疫等一系列通关工作，这样导致企业在跨境电商模式下规模减小、增长率下跌，最终使得大部分制造业企业重新选择传统出口贸易。

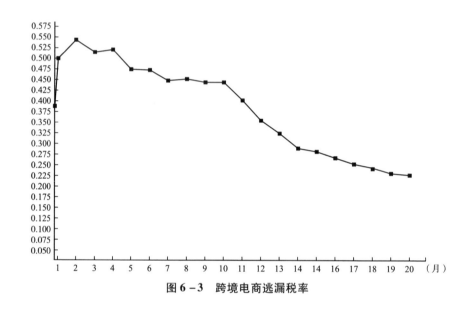

图 6 - 3　跨境电商逃漏税率

除此之外，跨境电商的快速发展也带来了一系列可能的问题。滞后的基础设施建设，比如缺乏公共海外仓等，使跨境电商服务商企业在面临集群内中小企业大批量出口的情况下，增加了海外仓租借的成本，最终体现为成本上升收益下降，影响了利润的分配；另外，跨境电商本身具备更快速地匹配响应，提升交易效率的同时给集群内资金流动带来压力，跨境电商快速发展初期，尚未与制造业集群内其他的服务类机构形成联动，新供应链尚未形成，金融服务存在跟不上的可能性。综上所述，集群特性指标最终在积木机制作用下显示出跨境电商交易额负增长效应。

三、仿真模型非线性特征显著的可能性分析

（一）集群内主体对上期宏观环境因素的时滞性响应

上一期的分析指出监管力度的持续增强会影响企业选择跨境电商出口模式的信心。制造业集群内大型制造商主体贡献了大部分的集群总产值，这类主体与跨境电商的协同将决定两大集群协同演化的方向。考虑到大型龙头制造商主体在自身稳定发展的情况下不会随意拓展自身的商业方式，即其内部模型受外界环境因素影响很小，更多取决于自身发展要素的变化，因而跨境电商服务商主体在制造业集群内部涌现的初期，大型制造商主体更多选择观察集群演变的情况与宏观政策福利程度。此时跨境电商与制造业集群的协同处于规范化的阵痛期，大型制造商主体的内部模型发生的决策调整不足以触发其商业模式的变更或拓展。

制造业集群内集聚了众多中小型企业，这类企业可能是原制造业集群中的传统型制造商主体，也有涌现来自大型企业分化的创新型从事跨境电商业务的制造商主体。对于选择跨境电商出口的中小型制造商主体，其内部模型作出决策时会统计上期跨境电商模式收益与传统模式收益，当两者基本无差别时及时调整自身出口模式概率模型参数，并在下一期继续选择传统模式。在这个阶段，跨境电商主体的交互对象开始由之前的以中小制造商主体为主转向大型制造商企业。大型制造商主体开始涉及跨境电商业务时，往往处于两种业务模式并行的时期，即以传统业务为主，跨境电商业务为辅。

每个协同演化模型内部主体的随机非线性选择最终在集群积木机制层面引发了集群特性指标的降低。即便如此，大型龙头制造商主体的稳定发展依旧带动集群总产值的稳定增长，进而不断有新的主体进入集群开辟新的生态位为集群注入活力。

（二）集群内主体对当期宏观环境因素尚未完全响应

2014 年，海关总署继续加强管控力度，首先推出增列海关监管方式代码 "9610" 等①措施，采用 "清单核放、汇总申报" 模式办理通关手续，一

---

① 海关总署公告 2014 年第 12 号（关于增列海关监管方式代码的公告）. http：//www. customs. gov. cn/customs/302249/302266/302267/356052/index. html.

方面方便企业通关，解决跨境电商的出口退税问题；另一方面，规范海关管理，实现贸易数据统计。同年，关注到互联网带动小额跨境电商的蓬勃发展，跨境电商产业大有可为，政府相关部门开始鼓励企业在海外设立批发展示中心、商品市场、专卖店、"海外仓"等各类国际营销网络①，大力推进基础设施建设，提升中国制造在海外的影响力。该年年初海关总署出台的跨境电商新政策首先在上年年末的基础上继续增强跨境电商规范性方面的建设，年中推出新政指导基础设施建设，在协同演化仿真时间第三年，模型中就将现实情境引入宏观环境层面影响因素之一的基础设施建设指标，并继续加强监管力度指标。

根据第一点的分析，宏观环境因素中监管力度在当期演化的开始阶段是唯一环境因素，宏观涌现结果表现出对协同演化不利的一面；随着当期演化的继续进行，宏观环境因素之一的基础设施建设指标的加入对制造业企业的内部模型产生有利的影响，基础设施建设开始落地，良好的环境因素使新的中小型制造商主体在集群中开始涌现。虽然环境因素对跨境电商与制造业集群协同发展不断展现出向好的一面，但考虑到可能存在时滞性效应，当期跨境电商交易额占比出现了回落，跨境电商交易额继续处于负向增长。

四、仿真模型协同效应初显的可能性分析

2015 年，国务院开始出台大量政策文件支持跨境电商的发展。例如，3 月在杭州设立首个跨境电子商务综合试验区，出台《关于促进跨境电子商务健康快速发展的指导意见》等一系列文件，从国家层面支持鼓励跨境电商发展，政策扶持跨境电商的基础设施建设开始完善，政策红利驱动制造业集群内企业积极发展跨境电商出口模式。海关总署方面的监管措施开始转向加强对保税进口的监管，在出口层面则积极开展效率建设，出台《海关总署关于调整跨境贸易电子商务监管海关作业时间和通关时限要求有关事宜的通知》。

协同演化仿真第四年，模型就上述措施以指标形式量化并反映到仿真中，一是从主体资金流交互机制的角度，促使制造业企业主体在跨境电商模式下的收益迅速高于传统模式下的收益，制造商主体检查自身收益并更新内

---

① 国务院办公厅关于支持外贸稳定增长的若干意见（国办发〔2014〕19 号）. http：//www. gov. cn/zhengce/content/2014 – 05/15/content_8812. htm.

部模型规则，极大促进了主体对协同模式的认可度，进而影响跨境电商出口交易额的快速上升；二是信息流交互机制的角度，新政策出台的扶持力度和吸引力度迅速引导大型制造商主体以及处于探索期的主体完成出口调整，选择倾向跨境电商模式，跨境电商服务商主体受到政策红利，在自身信息汲取、服务响应能力上迅速赶超传统外贸，重新获得竞争新优势，使当期跨境电商交易额占比进一步得到提升。

五、仿真模型的持续增长和稳态发展趋势的分析

协同演化进行到第五个仿真年份时，当期协同演化模型中制造业集群内制造商主体数量增长率约为 2.6%，集群中企业主体的快速涌现现象减缓，集群在协同演化模型中表现出稳态发展的趋势。为了进一步显示出集群的趋于稳态式发展，笔者选择以月度集群总产值增长率指标给出相关佐证。

如图 6 - 4 所示，在 20 ~ 30 个月内，制造业集群总产值增长率波动平缓，且处于较低增长水平，年增长率在 2.6% 左右。与此同时，跨境电商继续享受政府的政策红利，上期带来的政策红利促使跨境电商出口占比出现了提升。当期跨境电商交易额增长率较上期有所下滑，可能的原因在于仿真模型量化了 2016 年海关总署出台的《关于跨境电子商务零售进出口商品有关监管事宜的公告》，为进一步规范跨境电商灰色市场而重新加强监管力度，对协同演化模型内跨境电商主体产生了消极影响。

协同演化进行到第六个仿真年份，仿真模型内增值税税率变量发生变化。2018 年 5 月 1 日以后，国家税务总局将增值税税率由 17% 下调为 16%[①]，从当期集群特性指标输出的结果来看，征税率的降低在当期对协同演化单一指标积极影响并不明显，集群发展依旧趋于稳态发展，跨境电商年度交易额的增长幅度则出现较大幅度下滑，其中协同指标是唯一正向增长的指标。笔者分析认为，税改政策以法律政策角度规范了跨境电商的税收行为，虽然促使跨境电商服务商主体规范化运营，却增加了自身运营成本，而随着政策扶持力度减小，自身利润出现下滑，使交易额增长幅度趋于平缓；考虑到征税率的降低，无论对跨境电商抑或对传统外贸出口均有相当的影响，而对于非线性系统不能单方面考量征税率及其他外部因素在当期的影响。

---

① 资料来源：http://www.tax.sh.gov.cn/sjtax/ssxc/dyjh/zzs/201805/t20180509_439102.html.

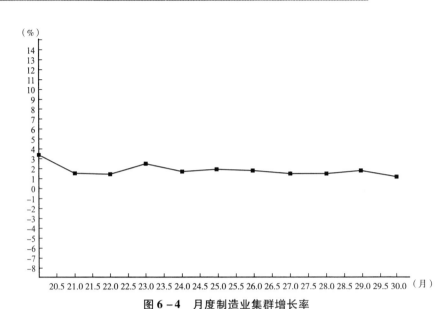

图 6 - 4　月度制造业集群增长率

第三节　研　究　结　论

借鉴复杂适应系统（CAS）理论，尤其是流特性与标识交互机制在主体与主体、主体与环境交互间的重要作用，结合研究对象跨境电商与制造业集群的特征，提出了两者协同演化的 4 个机制。4 个机制分别从商品属性、资金整合、信息共享和技术交互 4 个维度探讨了跨境电商服务业集群如何影响传统外向型制造业集群，进一步由制造业集群的转型影响自身的发展水平，最终实现两者协同演化"1 + 1 > 2"的协同演化效应。研究重点构建了跨境电商与制造业集群协同演化的概念模型与基于 Repast Simphony 的仿真模型，对协同演化仿真模型结果进行经济学分析后得出以下几点结论。

（1）基于商品属性、资金整合、信息共享和技术交互 4 个维度的跨境电商与制造业集群协同演化机制是科学合理的。对跨境电商与制造业集群协同演化模型的仿真结果分析表明，制造业集群先于跨境电商获得协同效益，亦先于跨境电商趋于稳态发展，两者协同演化机制是科学合理的。仿真参数显示，以仿真时间节点 Year = 3 为分界点，Year = 3 之前，制造业集群首先获得协同演化带来的效益提升，据此认为跨境电商是制造业集群转型升级的可行手段之一；Year = 3 之后，跨境电商与制造业集群同时出现正向效应，协同演化"1 + 1 > 2"的协同效益得以体现。

（2）跨境电商与制造业集群协同演化仿真动态过程具备复杂适应系统特征，符合产业集群生命周期规律。从 ABMS 仿真实验的演化过程来看，跨境电商与制造业集群协同发展的过程是一个动态非线性演变的过程。动态演变过程呈现出产业集群生命周期的基本特征：仿真节点 1 ~ 节点 3 属于起源和出现阶段，该阶段协同演化发展处于无序阶段，协同模型内充满了非线性特征，无论是制造商主体抑或跨境电商主体均不断学习适应系统中开辟的新生态位以及不断变化的系统环境，构建自身内部模型机制；仿真节点 4 之后为增长和趋同阶段，该阶段协同演化出现协同收益，协同模型内各主体基本适应当前系统环境，继续优化执行系统，积木机制开始起作用。积木机制往往是适应性主体对经过检验的积木的重新组合，以适应环境的变化促进系统的继续演化发展。协同演化仿真模型的动态参数显示，当前协同演化模型尚未达到成熟和调整阶段，该阶段各个企业主体的内部模型基本建立，积木机制起主导作用。此时，协同模型中存在一系列问题。例如跨境电商易受国内外政策影响的弊端等都有可能造成集群的衰退，对构建集群健康可持续发展提出了相应的挑战。

（3）跨境电商与制造业集群协同演化中环境因素对演化起引导作用。跨境电商与产业集群协同演化模型中，政府行为量化为效率问题、基础设施建设和市场监管三个环境指标，环境在模型中的作用等同于现实经济社会发展中政府发挥的引导和扶持作用。仿真分析中发现，政策指标演变引导了协同演化模型的演化趋势，同时，模型内环境演变对模型演化的具体影响往往具有时滞性，政策预期引导效果需要模型内主体经过自适应行为调整后涌现。

以上仿真结论在一定程度上有助于为政府协助跨境电商与制造业集群协同发展提供科学的依据，为制造业集群内企业发展跨境电商提供可借鉴的发展经验。

复杂适应系统的核心是微观主体自适应行为，主体的微观决策受宏观环境的影响与制约，能影响中观集群的状态，反过来又作用于环境。由此可见，跨境电商与制造业集群协同的良性发展得益于微观主体、中观集群与宏观环境间的有效因果效应。考虑到现阶段我国跨境电商与制造业集群协同发展可能正处于增长与趋同阶段，因此，本章将尝试"自下而上"给出三个维度的路径选择与建议。

第一节 微观维度的企业路径选择

跨境电商"小批量，多批次"、订单碎片化的特点，导致信息以及各项服务零散，如果不集中处理会需要较多的人力、物力和财力。由表 5 – 16 可知，制造业集群内辅助机构服务能力、企业间关系和政府行为对跨境电商的物流、支付、收付汇以及通关等都有较为显著的正向影响。作为新生事物的跨境电商，其与制造业集群的协同发展仍处于初级阶段，各环节配合、衔接尚不紧密，因此要想办法解决两者之间信息不能有效整合的问题。而由于制造业集群的长期发展，集群内已有相对完整的产业链覆盖各个环节，因此制造业集群内辅助机构、各生产企业可以融合跨境电商产业链上的节点，如平台企业、营商企业、支付企业和仓储物流企业，构建产业集群跨境电商综合服务平台，汇聚集群内跨境电商的物流、推广、支付、结汇、通关等信息，及时发布，集中处理，增加企业的协作能力，提高资源的利用效率。

由仿真分析可知，跨境电商与制造业集群协同演化在起源和出现阶段，大型龙头制造业企业存在对新生事物不敏感的情况。在协同演化模式下，传统制造业企业作为跨境电商全产业链的一个重要环节，弥补了自身原供应链断裂的不足。同时，作为产业链闭环的一端，来自消费者的多样化、个性化需求不断要求制造商企业完善、创新已有的生产模式和生产工艺等。中小制造商企业应向灵活的小批量、多批次的柔性化生产模式进行创新，借助跨境电商客户及时反馈的信息改进生产工艺；大型龙头企业更应积极创新、变革原有根深蒂固的产业链管理思想，积极尝试探索发展跨境电商模式。考虑到我国外向型经济发展的特征，建议传统制造企业创新发展"传统贸易出口＋跨境电商销售"的组合模式，这样既能充分发挥较传统外贸成熟的出口体系的优势、又能利用跨境电商的高度信息化的优势。

一、升级集群内物流体系，降低物流成本，缩短物流周期

传统大宗跨境物流存在运输效率慢、成本高及协调性差等问题，难以满足快速发展的跨境电商需求，跨境物流问题是阻碍企业发展的一个重要问题。考虑到单个企业难以在国外进行基础设施建设，目前很多跨境电商企业都利用第三方平台提供的仓储物流，这种仓储物流费用极高。因此有必要开展例如"快捷多式联运＋跨境电商＋海外仓"模式，积极构建国际物流服务能力评估体系，定制合理有效的快捷多式联运等运输模式以降低物流运输成本，提升物流服务管控能力，改变以往的直邮模式为海外仓模式，构建海外智能仓储系统实现智能监控与实时协调，大幅提高海外配送效率以及解决售后问题的速度，进一步完善跨境电商服务体系。

二、跨境电商企业应积极协同制造业集群内资金、物流渠道，降低支付、结汇手续费，提高资金周转效率，进一步提升自身服务水平

在我国跨境电商的发展中，目前的支付方式主要有信用卡、银行转账、第三方支付以及线下结算等。一些支付方式具有手续繁多、结汇成本高、周期长、国外支付企业垄断、风险大等问题。因此，跨境电商子系统应加快国内第三方支付的建设，降低支付结汇风险和成本，提高货款回收效率，建议在集群内发展多元跨境支付业务。目前，我国出口型跨境支付业务市场主要以海外第三方支付机构 PayPal 支付为主，这种支付方式存在交易安全性、

跨境支付监管等问题，因此需要探索打破传统国外支付公司对我国跨境电商支付业务的垄断，可以采取如通过鼓励培育本土第三方跨境支付平台，平台内搭建实名认证体系有效解决交易安全性问题；多机构监管部门联合完善跨境支付监管体系，实现信息流、资金流和商品流的匹配和统一，保障跨境支付的合法性；对集群内金融业务整合，利用信息技术打造互联网金融，有效解决中小企业融资难等问题。

三、提高海外品牌推广效应

跨境电商综合服务平台应当建立大数据中心，为集群提供市场动态和产品信息，分析哪个产品在哪个时间段、哪个国家或地区受欢迎，以供企业参考。此外，由于国外知识产权保护较为严格，国内企业品牌意识薄弱还可能陷入侵权纠纷或无意识产权纠纷，导致企业蒙受巨大损失。数据中心可以提供国外法律法规解读，为集群内企业提供国外产权的具体信息。精准的市场分析可以使企业精准定位国际市场，根据不同情况投放品牌推广，节约推广费用，增加推广效应。

四、提高通关效率

跨境电商"小批量，多批次"的特点，增加了海关监管的工作量，也造成货物通关慢、到达消费者手中时间长以及企业资金占用等问题。因此，综合服务平台要联合海关，及时发布报关报检信息，对集群内货物进行集中处理、集中报关，提高海关监管效率，节约通过时间，进而提升客户体验。

第二节　中观维度的产业集群路径选择

制造业集群应快速对接跨境电子商务产业园，积极探索、加强与集群内上下游企业的关系网络布局，实现产业链节点企业的互联互通。从结构方程模型可以看出，制造业集群与跨境电商有显著的正向关联性。跨境电商与制造业集群协同发展的根本动力来源是两个子系统的自身行为。从制造业集群子系统来看，辅助机构的服务能力、要素禀赋以及企业间关系与跨境电商系统都有较强的正向关联性。因此，可以从以下三点进行创新为跨境电商与产业集群的协同发展作支撑。

一、加快研发和生产运作系统创新

从测量模型结果来看，辅助机构中研发机构标准化路径系数最大，达到0.873，说明研发在产业集群系统中占重要地位，对产业集群的发展具有较大的影响。国内外众多学者也都从不同角度证明了创新是集群可持续发展的重要条件，只有创新才能发展。在与跨境电商协同发展过程中，制造业集群不能根据国外贴牌厂家的要求进行复制生产，而是要进行产品设计的创新。跨境电商可以帮助集群企业深入接触国外客户收集需求信息，根据顾客需求差异化设计生产产品，减少库存积压，提高资源利用效率。因此，制造业集群要适应跨境电商模式的要求，也要利用跨境电商带来的便利，进行产品生产系统的创新。

二、加快流通系统创新

跨境电商模式下，交易环节缩短，制造商直接面向消费者，但一般都是小批量、多批次的订单，并且有自己品牌的产品更好卖。因此，一方面制造业集群要改变传统模式下大批量贴牌生产的思维，创造自主品牌并拥有自己的产权专利，接受客户的小批量定制，进行柔性专业化生产，并且适应小批量多批次的需求，以此增强产品的使用体验。另一方面，制造业集群要根据跨境电商的发展特点，改善整个销售和服务体系，通过各跨境电商平台的大数据分析确定产品的热度以及库存量的需求，避免库存积压或者供不应求的现象，提高资本流动率。

三、加快信息交流系统创新

信息交流是产业集群知识溢出的主要途径，也是集群内企业分析市场动态，进行分工和合作的参考依据。目前我国集群信息交流系统较为落后、途径单一，需要进行创新升级。在与跨境电商协同发展的过程中，由于柔性化小批量生产、包裹的碎而散等特点，产业集群更需要通畅的信息交流以此来促进集中运输、集中报关、集中售后、人员的调度以及订单的分配等，进而有效达到降低成本的作用。集群内企业间通过信息交流系统，合理安排需要的劳动力和资本，避免旺季时生产要素紧缺，淡季时生产要素闲置，提高资源利用效率。此外还可以发挥互联网聚集优化各类要素资源的优势，促进制造业集群与跨境电商在发展理念、产业体系、生产方式和业务模式等方面全面融合。信息平台的交流可以促进同类企业间的良性竞争以及不同节点上企业间的有效合作，带动技术、产品、组织管理、销售理念和服务模式等创新，提高供给质量和效率，激发企业转型升级新动能。

第三节 宏观维度的政府制度安排

从宏观层面来看，跨境电商与制造业集群协同发展离不开政府政策的支持。表 5 - 14 显示，制造业集群内政府行为对制造业集群具有显著正向影响，路径系数为 0.692。影响制造业集群发展的三个因素包括制造业集群内辅助机构服务能力、制造业集群内企业间关系和政府行为、制造业集群内要素禀赋。其中，制造业集群内企业间关系和政府行为对制造业集群发展水平的影响最为显著，可见政府部门在制造业集群发展中的重要地位。此外，表 5 - 16 也显示了政府行为与跨境电商子系统内的三个影响因素都具有显著的正向关联性，其对跨境电商的发展也有明显的促进作用。如表 5 - 13 所示，政府管理水平和相关优惠政策对制造业集群发展的效应最大，分别为 0.745，0.745；基础设施建设次之，路径系数为 0.594，对制造业集群的发展也有较为显著的影响。结合仿真结果分析与现实发展状况，政府政策作为环境层面的影响因素在两者协同演化中起到巨大作用。考虑到现阶段两者协同发展尚未完全成熟，相关政策决定部门应对历年跨境电商、制造业集群相关政策效应加以分析，提升政策制定的针对性，为两者协同提供政策保障。具体表现在以下几个方面。

一、加快出台相关利好政策

在"一带一路"倡议和"中国制造 2025"的背景下，制造业集群开展跨境电商是制造业与互联网融合创新的具体实践，将有效促进制造业集群的转型升级。目前，政府部门已经出台相关政策促进制造业集群跨境电商的开展，根据国务院"跨境电商要把促进产业发展作为重点"的指示精神，浙江省商务厅等七部门出台《浙江省大力推进产业集群跨境电商发展工作指导意见》并评选产业集群开展跨境电商试点。但是，作为新生事物的跨境电商，其发展尚未达到成熟阶段，相关政府部门应出台更多的利好政策鼓励制造业集群开展跨境电商并保持政策的稳定性，增加企业的信心和积极性，推进新型工贸一体化建设。此外，不同地方的集群具有不同特征，跨境电商的发展水平也各有差异，政府部门在政策的制定过程中要结合当地的实际情况，确保政策的精准性。各部门在实施过程中要加强对上级政策的解读和重视，出台具体化和操作性强的配套政策，确保政策的时效性和有效性。

二、提高相关部门管理水平

高效的政府管理和服务水平有助于提高资源的配置效率，增加企业转型升级的积极性。在制造业集群内企业开展跨境电商的过程中，跨境电商的监管不适应、结汇困难、无法正常退税是阻碍跨境电商发展的重要因素。政府部门应加强宣传和引导，强化企业转型升级的观念，加强产业规划，完善跨境电商与制造业集群协同发展的顶层设计，科学解决两者协同发展的阻力。首先，应结合当地实际情况，创新跨境电商监管的措施，促进通关便利化、结汇阳光化、退税正常化。加快无纸化通关的实现脚步，信息化监管集群内货物包裹，提升海关监管效率。其次，跨境电商作为新生事物，其健康快速发展需要以完善的法律法规体系作支撑。我国制造业集群在传统贸易中习惯了大批量的贴牌生产，没有品牌意识，对国外的知识产权保护法律也不是特别了解，容易陷入国外产权纠纷事件，给企业带来麻烦。而跨境电商进入国外市场，需要自主品牌。因此，鼓励高校培养面向跨境电商运营的综合型人才，特别是面向跨境电商的知识产权保护等相关法律人才，确保实施品牌化发展的法律基础，同时政府部门应完善相应的法律体系，增加产业集群对知识产权重要性的认知，并帮助集群企业解读国外法律法规，避免在国外注册商标时无意识侵权案件的发生。最后，政府部门应在税收上减轻企业初期开展跨境电商的负担，设立专项项目给予一定的资金扶持，增加企业对跨境电商业务的积极性。此外，政府可设立研发技术扶持机构，根据企业需求研发设计新产品，使中小企业在创新时摆脱心有余而力不足的困境，从而提高集群的创新能力。

三、改善基础设施建设

经过多年的发展，制造业集群内基础设施建设以及国内物流设施都已经较为完善，这为制造业集群的发展提供了较大的便利。而制造业集群开展跨境电商，其所面对的还有与海外相关的基础设施建设。集群中大多是中小企业，物流则是其需要面对的一大难关，然而单个企业难以改善国外物流体系。政府部门可以加强与国外政府的合作，在"一带一路"倡议下增加国际班列和航线，加大国际邮件互换局的试点范围，避免产品来回中转，降低物流成本，提高物流时效。同时，通过政策鼓励、资金、税收支持等促进海外公共仓的建立，解决企业在海外的物流仓储等基础设施问题。

本 篇 小 结

本篇从产业链视角出发，通过"现状分析—趋势研判—路径设计"逐层递进来剖析我国跨境电商与制造业集群协同发展与演化的路径、机制与实现途径。本篇认为，跨境电商与制造业集群的协同是服务业与制造业协同在外向型经济发展中的具体体现，研究结论证明通过跨境电商与制造业集群的协同发展对促进制造业集群与对外贸易的转型升级是可行的，同时，笔者遵循复杂适应系统的分析要求，自下而上分别从微观企业、中观集群及宏观制度就如何促进两者协同发展与演化提出潜在可行路径。

本篇对我国跨境电商与制造业集群协同发展路径与协同演化机制进行了初步探索，考虑到两者协同演化是一个极其复杂的适应过程，研究过程中难免对某些更为细致的影响因素有所疏漏，进而使现实经济状况映射到概念模型时产生偏差。接下来，本书将对跨境电商企业展开微观层次的全方面研究，更为全面地考虑如何通过跨境电商自身发展以最终促进全产业链转型升级。

供应链篇

理论篇与产业链篇的研究指出，跨境电商的发展不仅改变了传统外贸模式，更深刻地影响了我国进出口贸易的产业链布局。跨境电商作为新型服务业集群，其与制造业集群协同发展既能促进对外贸易，也能加速产业转型升级。作为复合系统中的新生事物，跨境电商不仅要与制造业（产业链）进行良性互动，也要借助制造业加速自身发展，最终形成良性循环以促进两者的协同发展。因此，有必要就如何促进跨境电商企业自身发展进行更加详细的研究。

本篇将考察供应链视角下跨境电商的模式、渠道与策略等研究。跨境电商企业包括跨境电商运营企业、跨境电商平台企业、跨境支付企业、跨境物流企业和跨境业务通关企业等，本研究所指的跨境电商企业是指从事跨境电商进出口的运营企业。受新冠肺炎疫情影响，首先，越来越多的传统外贸企业纷纷开展跨境电商业务，而探索跨境电商模式将有助于传统外贸企业实现数字化转型；其次，疫情加速了传统制造业互联网转型并成为跨境电商供应链的有机组成部分，制造业企业参与跨境电商营销渠道整合或成为解决当下供应链难题的重要途径；最后，传统线下国际展会的线上化或将成为驱动跨境电商品牌推广的新一轮发展机遇，品牌建设已成为促进跨境电商发展的核心策略。

因此，本篇将以发展的眼光分别对跨境电商企业的运营模式、营销渠道整合和品牌建设进行实证研究与系统分析，以期从跨境电商企业的视角，丰富相关理论的研究，为实践发展提供理论支撑和指导。研究成果将推广给政府相关部门、从事跨境电商的企业和即将从事跨境电商的企业作为参考，同时，为政府相关部门、外贸企业提供借鉴及参考。

跨境电商企业的运营模式

世界经济的持续低迷以及贸易保护主义的不断抬头，高端制造回流与低端制造分流的双重竞争压力迫使大量外贸导向的中小企业纷纷关停，贸易形势不容乐观，反观由电子商务和跨境交易双引擎拉动下的跨境电商却逆势增长。因跨境电商具备中间环节少、利润率高等特点，所以越来越多的传统外贸企业正在考虑如何抓住中国跨境电商的巨大商机。但针对我国迅速崛起的跨境电商微观层面的运营模式研究还鲜见，企业在实际运营模式方面还处在探索过程。本章基于供应链视角，开展企业发展跨境电商运营模式案例探索与优化设计，以期为中国传统外贸企业的跨境电商转型提供借鉴。

第一节　跨境电商企业运营模式的理论基础

一、运营模式的内涵及类型

运营模式，又称"商业模式""盈利模式"或"企业设计"等（刘立，2006）①。随着 20 世纪 90 年代互联网技术的发展，信息管理领域的"运营模式"逐渐在企业界流行起来，引起了学术界的关注，并扩展到企业管理的各个领域。但是，学术界目前还没有形成企业运营模式的统一定义和通用的一般模型，学者们尝试通过一系列的企业案例，运用管理学工具对企业运

---

①　刘立. 我国电信业价值链与电信企业运营模式演进的实证研究［J］. 管理世界，2006（6）：85－91.

营模式进行描述性统计，其中最具代表性的是美国学者加里·哈墨尔等的整合模式和亚德里安·斯莱沃斯基等的四要素模式。

（一）加里·哈墨尔等的整合模式

美国学者加里·哈墨尔（Gary Hamel）的《领导企业改革》一书中对企业运营模式进行了全面分析，建立了分析企业运营模式的框架。他认为，企业的运营模式有4个组成部分：客户界面、核心战略、战略资源和价值网络。其中，客户界面是公司与客户之间所有关系的总和；核心战略是企业选择竞争方式的基础；战略资源是公司获取独特竞争优势的特有支持资源；价值网络是以公司为中心，补充和扩大企业的网络资源。客户界面、核心战略、战略资源和价值网络之间相互联系、相互影响。加里·哈墨尔还指出，客户利益、资源配置和公司边界等要素作为媒介将企业运营模式的4个组成部分连在一起。另外，利润、效率、一致性和独特性决定了企业运营模式的盈利能力。这四大组成部分，三个媒介要素和四个支持要素一起构成了企业运营模式的框架，如图8-1所示。

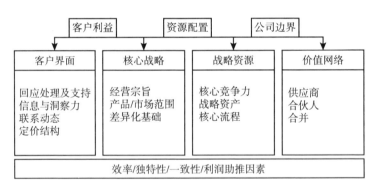

图 8-1　加里·哈墨尔等的整合模式 *

资料来源：加里·哈墨尔，曲昭光，赖溟溟. 领导企业变革［M］. 北京：人民邮电出版社，2002.

（二）亚德里安·J. 斯莱沃斯基等的四要素模式

亚德里安·J. 斯莱沃斯基（Adrian J. Slywotzky）等在1999年《利润模式》一书中通过了解各行业竞争变化，先后提出了30多种改变企业竞争的模式，如"中间陷落""无利润"等模型，及与之对应的"价值链""利润复归"模型。亚德里安·J. 斯莱沃斯基等通过对当时最成功的12家企业的运营模式进行探讨后，在《发现利润区》一书中认为，定义运营模式应包含四个战略方面的要素：战略控制、客户选择、业务范围和价值获取，这四个要素之间相互联系、相互影响。他们认为企业运营模式能否获得成功关键在于能否满足客户最重要的偏好，通过一致性检验，形成增强回路。四要素模式如表8-1所示。

表8-1　　　　　　亚德里安·J. 斯莱沃斯基等的四要素模式

要素构成	解决问题	内容
战略控制	如何保护利润流	价值判断与竞争对手有何不同？哪些战略方式能够抵消对手的力量？客户购买诱因如何？
客户选择	对哪些客户提供服务	能为哪些客户提供价值？哪些客户能够带来利润？
业务范围	从事何种经营活动	从事何种经营？向客户提供何种产品、服务及解决方案？将哪些业务进行外包或协作生产？
价值获取	如何获得盈利	如何为客户创造价值并获取一部分作为利润？采用哪一种盈利方式？

国内外学者对运营模式的定义表明，企业运营模式的本质是创造价值和获取价值的商业活动。笔者认为，运营模式是企业创造价值并获取自身价值的内在机制架构，是企业商业活动的概括性描述。在互联网背景下，运营模式还要充分考虑物流、资金、货源、国家政策等保障措施来支撑公司正常业务活动。笔者根据学者们对运营模式要素的研究，结合跨境电商的运营实际，从价值创造、价值传递、价值获取三方面对企业运营模式的构成要素重新进行表述，具体见图8-2。

（1）核心竞争力是企业在运营过程中不易被竞争对手效仿，可以保持企业在一定时期内具有持续竞争优势的内在资源能力。核心竞争力主要包括三个方面：核心资源、关键业务和重要合作。核心资源是对企业运营模式正常运行所需关键资源的描述，包括企业渠道通路、核心价值等核心资源；关键业务是确保企业运营模式正常运行，对核心价值、渠道通路等关键业务的描述；重要合作是通过合作伙伴、供应商等相关利益者可以获取的核心资源及业务。核心竞争力的三个子要素在企业运营模式有效运行下，为企业价值创造、价值传递及价值获取提供良好的保障。

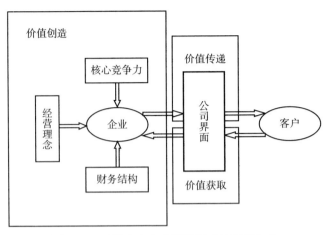

图 8 - 2　跨境电商企业运营模式的要素构成

（2）经营理念是企业价值创造的起点，经营理念决定了企业为顾客解决何种问题或困扰，提供什么样的产品或服务，以满足客户特定需求。经营理念是描述企业运营模式价值创造和价值传递系列的集合。

（3）财务结构包括运营过程的成本结构和主要收入来源两个部分。成本结构是企业为了运营模式正常运行所需要的所有财务成本投入以及成本来源构成的描述，收入来源是企业在运营过程中从每个细分客户获得的营业收入。

（4）公司界面是公司与客户之间衔接的临界面，包括渠道通路、客户细分和客户关系三个方面。渠道通路是公司通过何种渠道接触、沟通并将公司创造的价值传递给特定顾客的描述，主要包括公司与客户接触的有效渠道、能够获取最大收益的渠道和可以整合的渠道；客户细分是描述企业想为哪些客户创造、传递价值的群体；客户关系是公司运营过程中与顾客建立起来的关系描述，主要是描述不同顾客群体与企业之间建立起来的客户类型。

二、跨境电商运营模式的理论基础

（一）价值链理论

哈佛大学的波特教授在 1985 年的《竞争优势》一书中最早提出"价值链"的概念，波特认为任何一个企业的经营活动都可以用价值链来表明，他将企业价值链分为三个方面：企业内部价值链、竞争对手价值链和行业价值链。企业的活动包括基本活动和辅助活动，企业系列活动的集合就构成了价值链（见图8-3）。

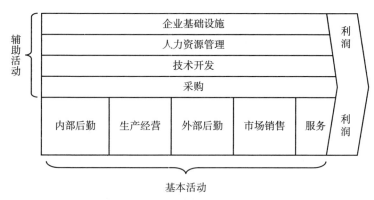

图8-3 企业价值链

资料来源：迈克尔·波特. 陈小悦译. 竞争优势［M］. 北京：华夏出版社，1997：37.

波特的企业价值链模型是针对传统企业的模型。电子商务企业的内部活动与传统企业有很大差别，其价值链也与传统企业的价值链有很大不同。一是，企业内部基本活动更加虚拟化；二是，在企业的支持活动中，信息流是支撑电子商务企业价值链运行的重要因素。电子商务企业的价值链中信息流占主导地位。哈佛商学院教授杰弗里·F. 雷鲍特（Jeffrey·F·Rayport）和约翰·J. 斯维奥克拉（John·J·Sviokla）在波特传统企业价值链模型基础上，提出信息化时代企业的虚拟价值链模型，见图8-4。

图8-4 虚拟价值链模型

资料来源：张孟才，李永鹏. 企业虚拟价值链模型分析［J］. 商业时代，2008，（6）：25.

虚拟价值链理论在电子商务企业中具体应用的核心就是信息增值，主要包括信息收集、信息组织、信息挑选、信息合成、信息发布等五个过程，信息收集包括市场信息、政策信息、企业内部信息、技术信息及供应商信息的收集；信息组织是利用一定的科学方法将杂乱无序的信息流转换成有序的信息流，从而方便顾客对信息的获取；在信息被组织以后，企业需要挑选出有价值的信息，这是电子商务企业经营活动的基本要求；企业挑选出有价值的信息以后，对其进行合成，然后通过不同的营销推广策略将信息对外发布。

（二）体验经济理论

"体验经济"是 1998 年美国教授约瑟夫·派恩和詹姆斯·H. 吉尔摩在《哈佛商业评论》撰文"体验经济时代来临"中正式提出的，他们指出继农业经济、商品经济和服务经济之后，越来越多的消费者渴望得到体验，体验经济已经成为经济发展的第四个阶段。

随即，这两位作者在 1999 年合著了《体验经济》一书，该书出版后在经济实践中和理论界产生巨大影响。他们提出的体验是产品、商品和服务之后的第四种经济提供物品，是开启未来经济增长的"钥匙"。我国著名经济学家汪丁丁教授指出，体验经济给关注"新经济"的人们留下了深刻影响。

体验经济理论提出后，为了了解顾客行为、开发新的体验以满足顾客体验的需求，很多理论学家和实践学家从不同角度提出体验营销的方法和技巧。伯恩·H. 施密德在其《体验式营销》一书中提出包括情感体验、感觉体验、身体体验、创造性认知和全部生活方式的五大战略体验模块；中国体验营销的开拓者周岩和江远提出建立体验中心的方式是实施体验营销理论，他们的团队将这一方法应用于实践，取得了很好的效果。专家学者们一致认为，企业通过建立产品和服务的平台，让消费者在购买之前对产品和服务进行全方位体验，可以有效拉近顾客与产品的距离，对提升顾客满意度和刺激顾客重复购买欲具有重要作用。

在互联网发展狂潮中，体验经济理论的价值才真正显现出来（周岩，2002）[①]，而 O2O 模式是体验营销在电子商务行业的具体诠释。O2O（online to offline）就是企业把线上的消费者带到线下，电子商务企业通过 O2O 提供

[①] 周岩，远江. 体验营销 [M]. 北京：当代世界出版社，2002.

信息、打折、服务预订等，把线下商店的消息推送给互联网用户，从而将他们转换成自己的线下客户。

O2O 模式的核心是打通虚拟和实体的通道，让消费者将自己的消费需求提供到线上，电子商务企业则把信息传递给线下的实体店面，如此通过O2O 运营模式，以满足消费者线上的体验需求，具体如图 8-5 所示。

图 8-5　O2O 模式

资料来源：百度百科 . https：//baike. baidu. com/item/O2O% E8% 90% A5% E9% 94% 80% E6% A8% A1% E5% BC% 8F/639034？fr = aladdin.

第二节　H 企业跨境电商运营模式概述

一、H 企业发展概况

（一）H 企业简介

H 企业是宁波市一家集开发、采购、销售、售后于一体、以电子商务为经营模式的综合型进口贸易企业，是国家跨境贸易电子商务首批试点企业之一。H 公司自成立以来，充分利用国家政策优势和国内跨境电商的良好发展势头，主要采用跨境 B2C 进口的运营模式，在跨境电商行业处于领先地位，年销售额保持快速增长，2015 年前半年销售额 8 000 多万元，在宁波同行业中位于前三之列。H 企业当前主要经营的业务范围是奶粉、纸尿裤、洗护用品、日用品等母婴系列产品跨境进口，之所以选择母婴产品，主要基于以下几个方面的原因。

（1）我国母婴市场刚性需求大。据国家人口统计局有关资料显示，受益于 2015 年二胎政策的放开，2016 年全年新生儿人数达到五年来的峰值，约 1 786 万人，2017 年之后新生儿增长不及预期，尽管新生儿出生率逐渐放缓，但仍维持在 10% 以上，2019 年中国新生婴儿规模达到 1 465 万人。婴幼儿的平均消费在整个家庭总支出中已经超过 30%。另外，作为网购的消费主力军，"85 后""90 后"甚至"95 后"女性逐渐进入到孕育期，这将进一步加大线上母婴产品的消费热潮。艾瑞中国母婴行业研究报告指出，2021 年中国母婴消费规模达 34 591 亿元，预计到 2025 年中国母婴市场规模将达到 46 797 亿元。

（2）母婴跨境电商快速发展。随着移动互联网高速发展、消费者消费习惯改变，线上母婴消费规模持续增长，据艾瑞统计，2021 年母婴线上消费占比为 33.8%，预计 2025 年中国母婴线上消费规模占比将达到 39.0%。品类方面，根据第一财经发布的《2021 年天猫国际母婴小童市场趋势报告》，婴童食品、洗浴护肤、玩具和跨境童装、童鞋是国际母婴市场的主要品类。

（3）国家政策支持，跨境进口免税政策的出台。从 2014 年 11 月跨境政策实施以来，50 元以下的行邮税减免政策给了跨境进口企业最大的成本支持。2015 年 4 月 28 日，为吸引消费回流，中国又开始放出降税大招，对国内消费者需求大的国外日用消费品部分，开展降低进口关税试点，逐步扩大降税商品范围。

（二）H 企业跨境进口电子商务平台

H 企业主要的电子商务平台包括三个：依托于第三方的 B2C 平台、B2B 业务平台和 H 企业自营平台。

依托于第三方的 B2C 平台是公司目前最主要的电子商务平台，大约占 H 企业整个销售市场份额的 70%。截至目前，H 企业已在天猫国际、京东全球购、1 号店、顺丰优选等国内主流第三方电商平台入驻，开设有公司独立运营的专营店等十多家店铺。借助于第三方平台的大流量，消费者很容易搜索到公司在售产品。消费者在线上下单以后，系统会自动从宁波保税区仓库直接下单发货，通过快递等物流形式，在规定的时间内将产品送达消费者手中。

B2B 平台主要是为保税区内其他合作企业提供仓储物流服务。B2B 电子商务平台主要是充分利用自身的供应链优势和自营仓库优势，提供仓储或者一键代发服务，通过货源优势互补，将质优价廉的海外母婴产品带到当地市场。

构建和做强自己的官网平台是 H 企业现在和未来几年努力的方向。随着母婴市场竞争越来越激烈，依托于第三方平台的 B2C 模式成本越来越高，如何将第三方平台流量转移到自建平台，让消费者直接在自建平台下单购买产品，是 H 企业降低运营成本和进一步强化自身竞争力的关键。

无论是通过依托第三方的 B2C 平台，还是借助合作企业的 B2B 分销平台及企业自建平台，当客户在线上购买产品产生订单以后，都需要依托 H 企业强大的 ERP 系统实现与海关系统的无缝对接。当客户下单后，订单会很快推送到海关系统审核，海关系统审核通过之后单证放行，仓库及时打印面单，配货出库，海关货物放行。整个流程大概只需 3 个工作日的时间便可通过国内快递把货物运送给消费者，整个流程方便快捷，大大缩短了国内消费者购买国外产品的周期。

H 企业系统前端实现与官网、天猫、淘宝、京东、苏宁易购、顺丰、口袋通、独立官方商城、1 号店等所有网络平台的无缝衔接，后端支持对接海关的跨境贸易电子商务服务平台，可以高效管理多平台多店铺（含自建平台），通过 API 接口实现多网店订单统一处理，使线上库存与 ERP 库存同步；通过海关接口实现多网店的订单经审核后快速发送至海关系统，实现订单状态的实时跟踪。H 企业的 ERP 系统强大的报表分析功能（如销售报表、物流对账、利润报表等）让其真正从细碎的管理工作中解放出来，专注核心业务。ERP 系统跨境电子商务平台如图 8 - 6 所示。

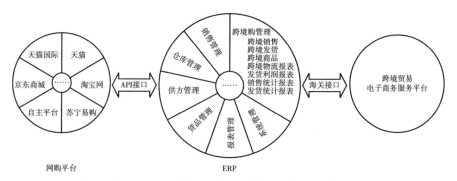

图 8 - 6 H 企业 ERP 系统跨境电子商务平台

公司日常工作的各个模块，如仓库管理、财务管理、订单管理、店铺管理、客户管理及员工管理，全部实现网络化信息管理，各个模块工作统一在ERP系统中完成，如图8-7所示。

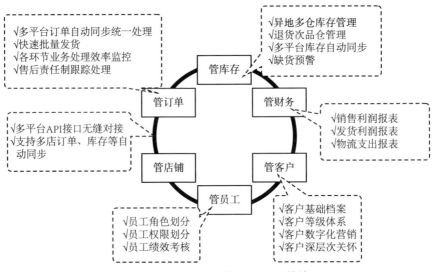

图8-7　H企业跨境ERP工程模块

资料来源：笔者调研整理。

H企业ERP系统通过API接口实现多平台网店订单合一并统一处理，通过海关接口实现多网店的订单经审核后快速发送至海关系统，实现订单状态的实时跟踪，海关审单流程见图8-8。

H企业依托于强大的ERP系统与海关系统的顺畅对接，不管是以B2C为主的线上平台业务还是以其他平台为导向的B2B业务的顺利开展，都提供了强大的技术支持。从前端订单的产生到后续订单的追溯、管理、审核、货物发出一系列紧密的流程都严格把关，为H企业进口业务的顺利开展提供了强大的技术保障，大幅增强了平台消费者的购物体验。

（三）H企业跨境进口电子商务平台推广策略

不同的电子商务平台适用不同的推广策略，如何能将推广做到低成本、高效率，就需要根据不同的电子商务平台特点制定相对应的推广策略。

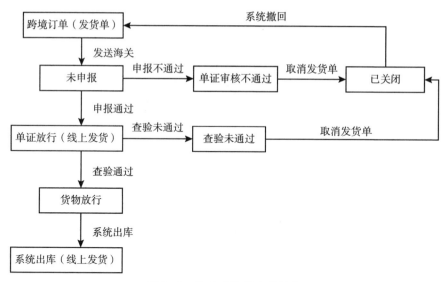

图8-8　H企业海关审单流程

资料来源：笔者调研整理。

　　H企业的官网平台推广侧重于品牌推广，即H企业的名称、企业实力、行业地位、供应链能力、网站链接等，其中方向性的推广策略包括H企业商标注册、百度关键词推广、微信推广、网络广告、行业活动社交、媒体报道、企业口碑宣传、供应链优化等形式，扩大企业知名度，提升企业信任度，从而吸引更多的官方平台流量。

　　对于企业入驻第三方B2C平台，即天猫国际、京东全球购、1号店等平台店铺的推广，则更侧重于产品本身的推广。例如产品详情页的优化、爆款产品的打造、店铺DRR的优化、售后服务的提升等。针对各个平台，还有一些平台主导的站内活动推广方式，每个平台各有不同。例如天猫国际有钻展、CRM短信营销、淘宝客、会员管理营销、站内活动推广、聚划算、U站、QQ群营销、直通车等平台推广方案；顺丰嘿客平台利用线下门店自助推广、海报墙、上门宣传、社区关系推广加提成的方式等刺激门店销售额；1号店则主要通过站内和站外两个平台获取流量，见图8-9。

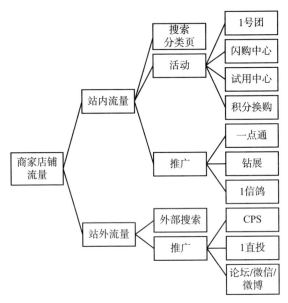

图 8-9 1 号店流量来源

资料来源：笔者调研整理。

另外，H 企业也采用站外通用的推广方案，例如通过电子邮件进行推广，定期向业务联系密切的用户发送公司的新产品、新动态等信息，与客户建立长期联系和信任；通过资源合作进行推广，通过 H 企业电子商务网络平台与其他网站进行合作，通过互联网交换链接、交换广告、用户资源合作、活动内容资源等方式，在具有类似客户的目标网站之间进行互相推广，以实现资源合作的目的；社交论坛、贴吧等也是很好的推广平台，例如百度贴吧、母婴吧、奶粉吧等相关贴吧，根据活动产品和内容，写出相关读者感兴趣的营销方案，浏览过帖子的潜在消费者会通过帖子搜索到店内产品，增加店铺流量和产品销量。

相对 B2C 业务来说，B2B 业务的推广方式稍显简单。首先，在 B2C 业务的推广基础之上，一定会吸引很多类似产品的平台主动与 H 企业进行合作；其次，在保税区中的行业的各种活动必须积极参加，打造 H 企业的知名度与信任度，利用口碑相传的方式打造好的合作企业的形象；最后，也要通过各种网络资源寻找合适的平台型企业，宣传自己供应链、系统与仓储的优势，吸引更多的企业前来合作。

二、H 企业跨境进口电子商务运营模式分析

运营模式评估是对企业现有运营模式的各个组织维度及权重进行"诊断",从而找出问题,为企业运营模式创新优化设计提供坚实的依据。企业运营模式评估需要两个步骤:第一步,对企业现有运营模式进行科学详尽的系统描述;第二步,在第一步的基础上,对运营模式各模块要素进行评估。

（一）H 企业跨境电商进口运营模式的画布描述

首先进行第一步:运营模式描述。笔者在对 H 企业跨境电商进口运营模式进行描述时,引用亚历山大·奥斯特瓦德（Alexander Osterwalder）和瑞士学者伊夫·皮哥诺（Yves Pigneur）的商业模式画布（business model canvas）作为主要的描述工具,该工具不但在创业型小公司中广泛应用,而且已经用来描述例如 GE、P&G 等知名企业的运营模式。商业模式画布主要涵盖了 9 个构造块,涉及公司运营过程中经营理念、财务结构、核心竞争力和公司界面四个方面。H 企业跨境电商进口运营模式具体商业模式画布描述如图 8 – 10 所示。

重要合作（KP）公司界面第三方电商平台支付平台物流平台	关键业务（KA）产品采购网店的设计、推广产品销售	价值主张（VP）优质产品优质服务高效、便捷"一站式"	客户关系（CR）客服助手	客户细分（CS）产品细分渠道细分
	核心资源（KR）保税区仓储固定资产		渠道通路（CH）电商渠道分销渠道	
成本结构（C＄）固定成本第三方支付		收入来源（R＄）销售收入		

图 8 – 10　H 企业跨境电子商务运营模式画布描述

1. 核心竞争力

H 企业是宁波保税区第一批高风险产品能力的认证企业，该企业拥有进口奶粉、化妆品、保健品、3C 电子产品等特殊产品的经营资质。为了给广大消费者提供质优价廉的海外品牌母婴产品，H 企业不断扩充自己的海外供货渠道，其中涵盖了美国、德国、澳大利亚、日本、韩国等国家的知名品牌产品。该企业将货物存放在宁波保税区跨境销售，这样不仅免增值税、消费税，而且当消费者的订单行邮税额小于 50 元时，则海关免征。保税区货物全部经过海关监管、国检查验，并且贴有海关防伪二维码，大幅增加了消费者的信任度，占有得天独厚的价格优势和信任优势。

H 企业目前的关键业务主要是产品采购、网店设计、推广和产品销售。H 企业拥有负责网店设计、推广、销售的专业团队，能独立进行网店的日常工作。该团队通过公司官网、线上推广和第三方平台等，全天候向消费者传达公司最新产品信息，同时及时掌握消费者动态，从而保持企业与消费市场的黏度；H 企业目前主要借助天猫国际、京东全球购、1 号店等第三方平台进行 B2C 自营销售，也采用 B2B 和 B2B2C 分销的渠道进行产品销售和代发货服务。B2B 流程主要是把进口产品销售给网易的考拉海购和聚美优品等平台，各平台生成订单之后，在 H 企业保税仓库内发出。

H 企业在发展过程中，与海外知名母婴系列产品厂家建立合作伙伴关系，获得个别品牌商家产品的中国独家代理权，从而确保优质货源的稳定性和差异性。另外，H 企业还入驻国内知名第三方电商平台，借助第三方平台打开国内市场。同时，H 企业也有意识地建立自己的分销网络，利用 B2B 渠道扩大自有产品销售。

2. 经营理念

H 企业自成立之初，就秉承"客户为先，服务为本"的价值主张，致力于为国内消费者提供最优质最有保障的海外母婴系列产品，立志打造中国最专业的"一站式"跨境特卖平台。为了满足顾客的消费需求，H 企业深入海外供应商的生产工厂，加强垂直管理，取得更多差异化知名母婴品牌的全国代理权。另外，H 企业还建立一家美国的海外仓库，与其他欧洲、日本等供应链国家采取第三方海外仓库合作的方式，开启海外备货模式。H 企业立志通过最高效、最便捷的方式为顾客提供国外最优质的正品，让中国消费者足不出户，就能拥有购买海外正品的体验。

3. 财务结构

H 企业收入来源跟大多数企业一样，主要依靠产品销售和提供服务获得营业收入。其成本的资金主要来源于三位创始人的个人投资，用于资金周转和备货。其中，产品销售收入，包括网店和分销所得，是公司最主要的收入来源；另外，从提供服务的层面来讲，公司为分销商提供产品仓储和物流输送的价值，从中收取服务费和差价，这是 H 企业另一个收入来源。

成本结构主要包括公司正常运营的固定成本和因业务发展壮大的非固定成本。固定成本在 H 企业整体成本中占据了绝大部分，比如办公楼、仓库、薪资、备货成本等，该部分成本具有规模经济效应，会随着公司发展规模的壮大而逐渐降低；因公司业务拓展和发展而带来的成本是公司另一部分成本结构，该部分成本会随着公司发展规模扩张而逐渐增大，比如加盟新的第三方平台，增加产品 SKU 数量等。

4. 公司界面

H 企业现有跨境电商运营模式的渠道通路包括线上电商的 B2C 主体自营渠道和针对中间渠道商的 B2B 分销渠道。B2C 渠道主要是通过借助第三方平台增加销售量，争取提高在行业中的营销力和地位，增加客户数量；B2B 渠道客户下订单后，公司运营进行 ERP 系统分拨库存，经客户审核确认并将货款支付后，由公司专门人员进行产品分拨发送。

客户根据产品和渠道的不同进行细分，从产品角度来讲，将客户分为宝宝奶粉客户、宝宝尿不湿客户、宝宝洗护用品客户、妈妈用品客户、家具生活客户等；从渠道角度来讲，公司客户分为线上直接客户和加盟分销客户。

公司与客户之间建立客服助手的客户关系，为客户提供产品知识、健康生活和顾客个性化需求的私人订制方案。一方面顾客可以直接跟客服联系，询问相关产品情况；另一方面，顾客也可以将自己的实际需求提供给公司，公司根据客户实际，量身订制满足客户需求的解决方案。总体来看，H 企业跨境电商运营模式是通过建立客服助手来联系和维持客户。

（二）H 企业跨境电商进口运营模式构成要素分析

运营模式构成要素包括企业核心竞争力、经营理念、财务结构和公司界面等四个组成部分，运用 SWOT 分析法分别对各部分进行评估分析。核心竞争力主要是评估公司运营的核心资源、关键业务、重要合作是否合理有效；经营理念主要是评估公司的价值创造与顾客需求及客户满意度之间的情况；财务结构是评估判断企业运营收入的持续性和成本结构是否合理；公司界面是对渠道通路、客户关系、客户类型等方面进行评估，找出公司与客户之间存在的问题及不足。

笔者针对运营模式构成要素及子要素分别设计了对应的问题及评价标准，评价标准是结合公司运营的普遍实际，在公司负责人和公司内各部门负责人的指导下设置。根据评价标准从高到低获得对应的分数 5 分、4 分、3 分、2 分、1 分，如果该模块得分很高，则说明该模块是肯定的；相反，如果依照标准得分很低，则说明该模块需要改进优化。为了保证最终评价结果的准确性，笔者在对运营模式各要素进行定量评价后，再对每一项评分进行加权平均，以获得更加精确的评价结果。

根据 H 企业现有的跨境电商运营模式构建了包括核心竞争力、经营理念、财务结构和公司界面的 4 个一级指标和重要合作、关键业务、价值主张、客户关系、客户细分、核心资源、渠道通路、成本结构和收入来源 9 个二级指标的指标体系得分表。然后，将该指标体系得分表设计成调研问卷（附录 3），在 2014 年 11 月至 2015 年 4 月开展内部调研。基于 H 企业跨境电商进口运营模式，调研内容的设置都是针对 H 企业内部，所以调研范围限为 H 企业内部，包括公司高层管理者、中层管理者和一线员工等各个层级。本次调研共发出 150 份问卷，实际收回问卷 123 份，通过筛选剔除无效问卷 11 份，最后本次调研实际共获得有效问卷 112 份。公司不同层级人员对同一问题认知准确度不同，一般越是高层对公司存在的问题把握越全面深入，为了使最终评分结果更有代表性，对收集的 112 份有效数据按高层∶中层∶基层 5∶3∶2 进行加权平均处理，得到评分结果如表 8 - 2 所示。

表 8 - 2　　　　H 企业跨境电子商务运营模式评价平均得分

一级指标（得分）	二级指标（得分）	三级指标（得分）
核心竞争力 （3.4367）	核心资源 （3.43）	核心资源很难被竞争对手效仿（4.11）
		公司在恰当时间可以合理调配资源（3.06）
		公司的资源需求是可以预测的（3.12）
	关键业务 （2.88）	公司的关键业务很难被竞争对手效仿（1.93）
		公司高效执行了关键业务（2.76）
		关键业务的执行质量很高（3.65）
		公司很好地平衡了内部自主业务和外部承包业务（3.18）

续表

一级指标（得分）	二级指标（得分）	三级指标（得分）
核心竞争力 （3.4367）	重要合作 （4.0）	公司与重要合作伙伴工作关系融洽（4.02）
		公司专注，必要时候会与关键合作伙伴进行合作（3.98）
经营理念 （3.6075）	价值主张 （3.6075）	公司经营理念与客户需求一致（4.07）
		公司价值创造有很强的网络效应（2.66）
		客户对公司提供的产品或服务非常满意（3.96）
		公司提供的产品与服务之间有很好的协同效应（3.74）
财务结构 （3.6331）	收入来源 （3.8236）	公司发展得益于高利润率（4.27）
		公司的收入来源是多样化的（2.62）
		公司有频繁的销售和重复的营业收入（4.19）
		公司的收入来源是可持续的（4.77）
		公司的收入是可以预测的（3.82）
		公司先取得营业收入，再支付各种费用（2.50）
		客户完全接受公司的定价机制（3.99）
		我们卖的都是客户愿意支付的产品或服务（4.43）
	成本结构 （3.4425）	公司的成本结构与运营模式是完全匹配的（2.78）
		公司的运营成本低、效率高（4.26）
		公司的成本是可以预测的（3.13）
		公司发展得益于规模效益（3.60）
公司界面 （3.4247）	渠道通路 （3.07）	公司的渠道通路运营高效（3.86）
		渠道通路与细分的客户群体完全匹配（3.05）
		客户很容易接触到公司的渠道通路（4.17）
		公司的渠道通路设置非常合理（2.77）
		渠道通路创造了网络效应（2.82）
		公司的渠道通路整合得非常好（2.03）
		渠道通路与客户是强接触（2.79）
	客户细分 （3.6767）	客户细分群体很合理（3.09）
		客户流失率很低（3.93）
		公司可以赢得持续不断的新客户（4.01）

续表

一级指标（得分）	二级指标（得分）	三级指标（得分）
公司界面 （3.4247）	客户关系 （3.5275）	公司拥有良好的客户关系（4.39）
		客户关系质量与客户群体类型相匹配（3.78）
		公司拥有很强的品牌力（3.91）
		公司与客户转移的成本很高（2.03）

另外，笔者将处理后的评分结果构建判断矩阵，运用层次分析法计算出各个指标的权重，如表8-3所示。

表8-3   **H企业跨境电商运营模式评价指标权重**

一级指标（权重）	二级指标（权重）	三级指标（权重）
核心竞争力 （31.27%）	核心资源 （17.44%）	核心资源很难被竞争对手效仿（10.17%）
		公司在恰当时间可以合理调配资源（5.22%）
		公司的资源需求是可以预测的（2.05%）
	关键业务 （9.07%）	公司的关键业务很难被竞争对手效仿（5.29%）
		公司高效执行了关键业务（1.33%）
		关键业务的执行质量很高（1.2%）
		公司很好地平衡了内部自主业务和外部承包业务（1.25%）
	重要合作 （4.76%）	公司与重要合作伙伴工作关系融洽（3.4%）
		公司专注，必要时候会与关键合作伙伴进行合作（1.36%）
经营理念 （7.49%）	价值主张 （7.49%）	公司经营理念与客户需求一致（4.51%）
		公司价值创造有很强的网络效应（1.14%）
		客户对公司提供的产品或服务非常满意（1.22%）
		公司提供的产品与服务之间有很好的协同效应（0.62%）
财务结构 （40.23%）	收入来源 （26.19%）	公司发展得益于高利润率（4.97%）
		公司的收入来源是多样化的（2.37%）
		公司有频繁的销售和重复的营业收入（4.89%）
		公司的收入来源是可持续的（1.58%）
		公司的收入是可以预测的（2.61%）
		公司先取得营业收入，再支付各种费用（2.37%）

续表

一级指标（权重）	二级指标（权重）	三级指标（权重）
财务结构 （40.23%）	收入来源 （26.19%）	客户完全接受公司的定价机制（1.52%）
		我们卖的都是客户愿意支付的产品或服务（5.88%）
	成本结构 （14.04%）	公司的成本结构与运营模式是完全匹配的（8.77%）
		公司的运营成本低、效率高（2.94%）
		公司的成本是可以预测的（1.08%）
		公司发展得益于规模效益（1.25%）
公司界面 （21.01%）	渠道通路 （11.28%）	公司的渠道通路运营高效（2.27%）
		渠道通路与细分的客户群体完全匹配（2.04%）
		客户很容易接触到公司的渠道通路（1.41%）
		公司的渠道通路设置非常合理（2.49%）
		渠道通路创造了网络效应（1.05%）
		公司的渠道通路整合得非常好（1.13%）
		渠道通路与客户是强接触（0.89%）
	客户细分 （4.29%）	客户细分群体很合理（1.01%）
		客户流失率很低（1.45%）
		公司可以赢得持续不断的新客户（1.83%）
	客户关系 （5.44%）	公司拥有良好的客户关系（2.07%）
		客户关系质量与客户群体类型相匹配（1.8%）
		公司拥有很强的品牌力（1%）
		公司与客户转移的成本很高（0.57%）

　　将处理后的评分结果（见表8-2）和计算出的指标权重（见表8-3）相乘，得出H企业跨境电商进口运营模式最终的评估得分，如表8-4所示。

表8-4　　　　　　　H企业跨境电商运营模式加权评价得分

一级指标（得分）	二级指标（得分）	三级指标（得分）
核心竞争力 （1.07）	核心资源 （0.60）	核心资源很难被竞争对手效仿（0.42）
		公司在恰当时间可以合理调配资源（0.16）
		公司的资源需求是可以预测的（0.06）

续表

一级指标（得分）	二级指标（得分）	三级指标（得分）
核心竞争力 （1.07）	关键业务 （0.26）	公司的关键业务很难被竞争对手效仿（0.10）
		公司高效执行了关键业务（0.04）
		关键业务的执行质量很高（0.04）
		公司很好地平衡了内部自主业务和外部承包业务（0.04）
	重要合作 （0.19）	公司与重要合作伙伴工作关系融洽（0.14）
		公司专注，必要时候会与关键合作伙伴进行合作（0.05）
经营理念 （0.27）	价值主张 （0.27）	公司经营理念与客户需求一致（0.18）
		公司价值创造有很强的网络效应（0.03）
		客户对公司提供的产品或服务非常满意（0.05）
		公司提供的产品与服务之间有很好的协同效应（0.02）
财务结构 （1.46）	收入来源 （1.00）	公司发展得益于高利润率（0.21）
		公司的收入来源是多样化的（0.06）
		公司有频繁的销售和重复的营业收入（0.20）
		公司的收入来源是可持续的（0.08）
		公司的收入是可以预测的（0.10）
		公司先取得营业收入，再支付各种费用（0.06）
		客户完全接受公司的定价机制（0.06）
		我们卖的都是客户愿意支付的产品或服务（0.26）
	成本结构 （0.48）	公司的成本结构与运营模式是完全匹配的（0.24）
		公司的运营成本低、效率高（0.13）
		公司的成本是可以预测的（0.03）
		公司发展得益于规模效益（0.05）
公司界面 （0.72）	渠道通路 （0.35）	公司的渠道通路运营高效（0.09）
		渠道通路与细分的客户群体完全匹配（0.06）
		客户很容易接触到公司的渠道通路（0.06）
		公司的渠道通路设置非常合理（0.07）
		渠道通路创造了网络效应（0.03）
		公司的渠道通路整合得非常好（0.02）
		渠道通路与客户是强接触（0.02）

续表

一级指标（得分）	二级指标（得分）	三级指标（得分）
公司界面（0.72）	客户细分（0.16）	客户细分群体很合理（0.03）
		客户流失率很低（0.06）
		公司可以赢得持续不断的新客户（0.07）
	客户关系（0.19）	公司拥有良好的客户关系（0.09）
		客户关系质量与客户群体类型相匹配（0.07）
		公司拥有很强的品牌力（0.04）
		公司与客户转移的成本很高（0.01）

1. 核心竞争力分析

表 8-4 中一级指标"核心竞争力"加权后得分为 1.07 分，说明 H 企业核心资源优势明显。H 企业自主研发的物流仓储配送 ERP 全网系统，为保障产品高效配送起到关键作用，此系统也是推动公司快速发展的重要因素。H 企业现有的资源优势因为政策屏障，短期内使竞争对手很难效仿，但是由于跨境保税仓库商家较多，一旦其他商家有促销活动，还是会严重影响到 H 企业的打包出库速度。H 企业与现有客户保持了相对良好的关系，这可以促进顾客的重复购买，提高公司收入。但是核心竞争力中二级指标"关键业务"加权最后得分为 0.26 分，得分偏低，这是因为 H 企业关键业务是母婴系列产品，虽然销售额增速明显，但由于产品进货渠道不封闭，被竞争对手效仿和替代程度严重；另外，由于公司目前发展规模的限制，主要客户还是分散的消费个体，还没有建立较稳定的合作伙伴关系网络。

2. 经营理念分析

H 企业秉承"客户为先，服务为本"理念，致力于为国内消费者提供物美价廉的海外母婴系列产品，打造中国最专业的"一站式"跨境特卖平台。这种经营理念与国内消费者对国外婴幼儿奶粉、纸尿裤等母婴系列产品的需求日益增大相一致，但是目前 H 企业的系列产品还较单一，公司的价值主张还没有形成很好的网络效应，提供的产品与服务之间协同效应弱，对客户提供的服务水平也非常有限。

3. 财务结构分析

表 8-4 中财务结构界面，三级指标中"公司发展得益于高利润率"、

"公司有频繁的销售和重复的营业收入"和"我们卖的都是客户愿意支付的产品或服务"得分分别为 0.21 分、0.20 分和 0.26 分，说明 H 企业目前跨境电商运营模式的营业收入主要得益于满足消费者强烈的产品需求和产品的高利润率。顾客愿意为所购买的有质量保障的进口产品支付对应费用并持续购买，这也就给公司带来频繁的销售和重复的营业收入。但是，由于目前 H 企业销售的母婴系列同类产品在市场上销售的很多，H 公司如果在价格上没有竞争优势，很容易丧失现有的顾客，从而对公司持续性收入来源带来不确定性。母婴产品客户源更新换代很快，新兴企业也许三年就能够完全拥有一批新的客户群体，加之各大平台陆续打出的价格战，也给企业的销售利润带来极大的威胁。

成本结构三级指标中"公司的成本结构与运营模式是完全匹配的""公司的运营成本低、效率高"得分分别为 0.24 分和 0.21 分，得分良好，说明 H 企业目前的成本结构与现有跨境电商进口运营模式的匹配程度良好，公司的运营效率较高。但是三级指标"公司的成本是可以预测的"及"公司发展得益于规模效益"得分仅为 0.03 分和 0.05 分，说明 H 企业规模效应不明显，随着公司未来的持续发展，现有运营模式的成本可控性差。公司现有资金占用较多，流动资金不足，随着公司发展壮大，企业三位创始人的个人资金已经完全不能够满足企业壮大的需要，资金问题是 H 企业需要解决的一大问题。

4. 公司界面分析

H 企业现有的渠道形式主要是线上 B2C 的自营渠道和 B2B 的分销渠道，表 8-4 中二级指标"渠道通路"得分为 0.35 分，但各三级指标得分均低于 0.1 分，说明 H 企业现有跨境电商运营模式的渠道通路虽然运行良好，但存在不小的问题，主要表现在渠道通路与细分的客户群体匹配程度较差，现有渠道没有形成良好的网络效应，与客户的接触强度差。

"客户细分"加权最后得分为 0.16 分，说明 H 公司客户细分群体不是特别合理，企业虽然能够持续吸引新的客户，但客户流失率较高。

"客户关系"二级指标得分为 0.19 分，说明 H 公司与现有客户保持较良好的关系，这与 H 公司注重服务客户的理念有直接关系。但是好的客户关系并不能保障持续稳定的合作，三级指标"公司与客户转移的成本很高"得分为 0.01，得分较低，主要原因是现有客户转移成本低，这也是客户流失率较高的因素之一。另外，"公司拥有很强的品牌力"得分为

0.04 分，说明 H 企业目前还没建立起来品牌效应，品牌的知名度还有待提高。

三、H 企业跨境进口电子商务运营模式机会/威胁分析

进行第二步：运营模式评估。商业模式画布提供了一个对企业运营模式进行系统评估的平台，在此基础上，利用经典的 SWOT 分析法可以从四个不同的视角，通过逐个分析运营模式要素和每个构造块，从而明确现有运营模式的优势、劣势以及存在的机会和威胁，为运营模式创新优化设计提供科学有效的依据。

（一）H 企业跨境进口电子商务运营模式机会分析

运营模式机会评估是运营模式评估理论中的重要组成部分，利用 SWOT 分析法对核心竞争力、经营理念、财务结构、公司界面 4 个方面隐藏在运营模式中的机会进行评估，有助于在运营模式创新优化设计中利用每个构造模块中的机会，在该评分中根据机会程度得分为 5~1 分，得分越高说明机会存在程度越大。

H 企业在跨境电商运营过程中形成了一套自己的运营模式。对隐藏在运营模式中的机会进行评估，有助于发现运营过程各环节潜在的机会，为 H 企业跨境电商运营模式有针对性的创新优化设计提供了突破点。基于前文中提及的运营模式机会评估的评价标准，在与 H 企业各层级人员多次进行访谈的基础上，得出 H 企业跨境电商运营模式机会评估得分如表 8-5 所示。

表 8-5　　　　H 企业跨境电子商务运营模式机会评估得分

构成要素	模块	评价标准	得分（分） 5~1
核心竞争 力机会	核心资源	公司能否保持相同结果下利用成本更低的资源	2.37
		公司是否有核心资源没有得到充分利用	3.89
		公司是否有些核心资源从伙伴那里获取更好	3.02

续表

构成要素	模块	评价标准	得分（分） 5~1
核心竞争 力机会	关键业务	公司能否对某些关键业务流程标准化	4.11
		IT技术支持能否提供高效率	3.58
		是否存在一些业务外包的可能	3.35
		能否从整体上提高运营效率	4.62
	重要合作	与合作伙伴更深入合作能否使公司更专注核心业务	4.07
		合作伙伴能否补充公司的价值创造	3.92
		公司与合作伙伴有交叉销售的机会吗	3.67
平均得分			3.66
经营理念 机会	经营理念	在服务客户的过程中，公司还能为客户做其他工作吗	4.73
		可以将提供产品转化为服务来获得重复增加的收入吗	4.16
		还存在与公司经营理念互补或延伸的东西吗	4.02
		公司是否还能满足顾客的其他需求	4.92
		公司能否更好地整合产品和服务	4.96
平均得分			4.56
财务结构 机会	收入来源	公司还能提供其他顾客愿意支付的产品或服务吗	4.29
		公司能否提高价格	1.27
		公司能否创造或增加其他收入来源	3.98
		可以将一次性交易收入转化成经常性收入吗	4.23
	成本结构	是否还有环节可以节减成本	2.53
平均得分			3.26
公司界面 机会	渠道通路	能否更好地整合渠道通路	4.56
		能否改善渠道通路的效率和效能	4.17
		能否直接服务客户增加利润率	1.78
		能否更好地平衡渠道通路与客户细分群体的关系	4.30
		合作伙伴那里是否有与现有渠道通路具有互补性的渠道通路	4.61
	客户细分	能否更好地利用日益壮大的市场	4.85
		能否通过更细的客户划分更好地服务客户	3.74
		公司能否服务新的客户细分	3.92

续表

构成要素	模块	评价标准	得分（分）
			5～1
公司界面机会	客户关系	是否还有加强与客户关系的机会	4.42
		在售后服务上是否还有改进的空间	4.70
		公司能否在个性化服务上进一步完善	4.19
		公司是否发现并放弃了不能带来收入的客户	2.53
		是否有增加客户转移成本的措施	3.47
平均得分			3.94

通过对 H 企业现有跨境电商运营模式机会进行评估，可以发现 H 企业现有跨境电商运营模式还存在很大的机会。

1. 核心竞争力存在机会

在"关键业务"模块中，"能否从整体上提高运营效率"指标得分为 4.62 分，在"对某些关键业务流程标准化"方面得分为 4.11 分，另外"重要合作"模块指标"与合作伙伴更深入合作能否使公司更专注核心业务"得分也高于 4.0 分，说明 H 企业在核心竞争力的关键业务和重要合作方面还存在很大机会，具体表现为扩大核心资源优势，提高自有平台建设。H 企业现将货物存放在海关保税区仓库，不能自己主导发货进程，严重影响了发货速度。H 企业可以利用自己企业的发展优势，申请自营海关保税区仓库，将货物与其他企业分离，这样可以减少打包错误率，提高发货速度。依据海关发布的最新政策，海关全年无休，那么公司就可以提高客户体验度，实现一周 7 天随时发货。同时，继续提高和完善仓储物流服务，可以确保客户体验度持续增加。另外，借助天猫国际、京东、1 号店等第三方平台客户引流的作用，增加 H 企业 PC 端平台的客户流量和移动端的客户流量，增加自有平台的销售额。提高 H 企业的品牌价值和 H 企业在母婴市场的客户知名度，逐步将其他第三方平台的客户流量引流到自有官方平台上。

2. 收入来源存在机会

在"收入来源"模块中，"公司还能提供其他顾客愿意支付的产品或服务吗"和"可以将一次性交易收入转化成经常性收入吗"两项指标评估得分分别为 4.29 分和 4.23 分，说明 H 企业在销售产品线方面机会很大。H 企业现有母婴产品 SKU 数量 1 000 多个，这还远远不能满足顾客母婴系列产品"一站式"需求。H 企业应借助现在的平台优势，逐步增加产品 SKU 数量，满足客户"一站式"需求。另外，深入海外供应商工厂，加强垂直管理，取得更多差异化知名母婴品牌的全国独家代理权。

3. 经营理念存在机会

在"经营理念"模块中，各项指标均高于 4 分，平均得分为 4.56 分，说明 H 企业在公司经营结构方面机会巨大。针对 H 企业目前经营现状，扩大融资，整体提高公司经营结构是关键。H 企业目前的资金来源主要是企业合伙人自有资金，已经完全不能够满足跨境进口电商企业的发展速度和资金周转需求。企业要想做大做强，必须引进资金。引进资金有两种方法，一是引进风投，出让小部分股份。此种方法切实可行，不过要做出完善的融资商业计划书，找到合适的风投公司。二是企业被收购并表。此种方法也是可行的，只是取决于企业的价值评估和企业董事会的决策意见。

4. 渠道通路存在机会

"渠道通路"模块除了单项指标"能否直接服务客户增加利润率"得分为 1.78 分，其他各项指标得分均高于 4.0 分，"合作伙伴那里是否有与现有渠道通路具有互补性的渠道通路"指标得分为 4.61 分，说明在渠道通路方面机会明显。H 企业现有渠道通路与客户接触界面比较窄，造成公司产品供给与消费者消费需求不对称。H 企业应完善渠道通路，注重客户体验，建立 O2O 的渠道模式。通过加盟店的形式，将更多的线下实体店的客户引流到 H 公司平台。逐步开启"一站式"跨境母婴特卖 O2O 平台，将自有线上平台与线下实体加盟店联动起来，专注于提高自有客户平台数量，加大 O2O 门店体验，更好地做好服务、售后工作，从而真正将 H 企业"一站式"跨境母婴网络科技平台做大做强。

（二）H 企业跨境电商进口运营模式威胁分析

运营模式评估包括运营模式的机会评估和威胁评估。同机会评估一样，威胁评估也利用 SWOT 层次分析法对公司现有运营模式面临的威胁进行评估。通过对运营模式核心竞争力、经营理念、财务结构和公司界面威胁评估，有助于企业发现运营模式存在的问题，并在创新优化运营模式时避免对应要素的威胁，在该评分中根据威胁程度得分为 5~1 分，得分越高说明威胁存在的程度越大。

通过对运营模式核心竞争力、经营理念、财务结构和公司界面威胁进行评估，有助于企业发现运营模式存在的潜在威胁。在对 H 企业跨境电商运营模式进行创新优化设计时，可以有效消除对应的威胁存在。基于前文运营模式威胁评估的评价标准，在与 H 企业各层级人员多次进行访谈的基础上，得出 H 企业跨境电商运营模式的威胁评估得分，如表 8 - 6 所示。

表 8 - 6　　　　　　　H 企业跨境电商运营模式威胁评估得分

构成要素	模块	评价标准	得分（分）5~1
核心竞争力威胁	核心资源	公司资源的质量是否在某种程度上受到威胁	2.17
		公司是否会遇到某些资源供应中断	1.39
	关键业务	是否存在某些关键业务会中断的可能	1.28
		公司业务质量是否在某种程度上受到威胁	3.21
	重要合作	是否有失去合作伙伴的风险	2.40
		是否过于依赖某个合作伙伴	3.55
		公司合作伙伴是否会与竞争对手合作	3.92
平均得分			2.56
经营理念威胁	经营理念	市场上是否存在公司提供产品和服务的替代品	4.76
		竞争对手是否正在试图提供比公司价格更低的同类产品和服务	4.88
平均得分			4.82
财务结构威胁	收入来源	公司是否过度依赖一种或几种收入来源	4.03
		公司的利润率是否受到来自竞争对手的威胁	3.97
		是否存在某项收入来源在未来消失的可能	2.76
	成本结构	是否存在某项成本在未来不可预测	3.69
		未来是否存在某种成本快速增加的可能，而公司收入无法承担	2.52
平均得分			3.39
公司界面威胁	渠道通路	竞争对手是否威胁到公司的渠道通路	4.10
		渠道通路是否有被边缘化的风险	4.69

续表

构成要素	模块	评价标准	得分（分）5～1
公司界面威胁	客户细分	竞争对手是否威胁到公司的市场份额	4.26
		市场竞争是否会愈演愈烈	4.85
		行业市场份额是否会快速饱和	2.07
		客户是否会放弃公司产品和服务	3.16
	客户关系	某些客户关系是否在恶化	2.87
平均得分			3.71

"经营理念"模块中"市场上是否存在公司提供产品和服务的替代品"评估威胁得分为4.76分，"竞争对手是否正在试图提供比公司价格更低的同类产品和服务"指标得分为4.88分，说明H企业在同类产品替代、收入利润方面存在明显威胁，究其原因主要表现在以下两个方面。

一方面，面临同类产品替代，收入利润降低的威胁。由于国内跨境电商刚刚起步，国外母婴厂家对国内供货渠道都不提供独家代理的权限。因此国内销量较好的产品，每个商家都去进口，这就造成现有跨境母婴市场中同品类母婴产品在市场上迅速扎堆的局面，类似母婴品牌也逐渐涌入国内市场，逐渐为广大消费者所熟知，导致H企业的产品被同类产品替代的威胁加大；而H企业能够取得独家代理的产品品牌，包括Mybee等，都是在国内市场知名度较低的产品。另外，除了电商巨头资金雄厚外，宁波以蜜芽、洋码头、蜜淘等为代表的同行企业先后获得了融资，在资金优势情况下，个别企业以压低价格的方法扩大市场份额，这对暂时还没有获得融资的H企业来说，会面临利润降低的威胁。

另一方面，市场竞争加剧，H企业面临着被同类企业边缘化的威胁。国内跨境母婴市场发展迅速，吸引了大批企业来争抢这块蛋糕。伴随着天猫国际、京东全球购、聚美优品、考拉海购等电商巨头的入场，国内跨境母婴市场企业之间的正面较量态势逐渐形成。没有平台、产品、资金、企业营销模式优势的情况下，H企业作为一个新兴的、没有背景的小企业，现有的渠道模式面临着被逐渐边缘化的威胁。

第三节 H企业跨境电商运营模式的优化设计

一、H企业跨境电商进口运营模式的改进策略

(一) 构建自营供应链服务平台

跨境母婴市场具有高利润、高增长的特点，但是现在的B2C电商模式很容易复制，因此在跨境母婴市场上充斥着各种规模、形式的店铺，这就导致大量的同质产品出现。在营销手段和销售对象趋同的情况下，商家纷纷采取降低价格的"价格战"策略，这就导致H企业客户数量和利润降低。对H企业来说，打破恶性低价竞争的怪圈，确保差异化产品供应来源是关键。H企业可以充分利用两位创始人的国际背景，建立全球采购团队。一方面，在全球选择合适的采购商，同时引进多个独家代理的进口品牌，充分扩大现有产品系列，保证顾客对母婴"一站式"产品的需求；另一方面，在不断引进国外品牌的同时，应该逐步建立自有品牌，这有助于H企业未来发展的规模化。

在保证不断丰富差异化产品的前提下，H企业应将更多精力放在自营网络平台的建设上，在充分引流现有客户基础上逐步退出第三方平台。H企业现在的主要业务依赖于天猫国际、京东商城、1号店等第三方平台，H企业每月销售额按一定比例以佣金的形式交给第三方平台，还需要交店铺活动等其他的服务费。这种方式不但增加了H企业成本，降低了利润，而过多依赖第三方平台也将会限制自身的发展。同时，第三方平台的公共性使竞争对手轻易获取产品的价格信息而不断调整价格，这对H公司自己的产品价格管控很不利。H企业通过构建自有的供应链服务平台，还有助于更好地做好客户服务管理工作。独立的品牌网站拥有更大网络空间，可以向消费者提供更全面的商品信息和个性化服务。另外，自有网站平台可以更详细地记录客户信息，方便H企业分类分析。

(二) 搭建"B2C+O2O+B2B"的渠道通路模式

H企业虽然成立时间不久，却发展迅速，在中国跨境母婴行业已经有了

一定的知名度和市场影响力。但是，H 企业现有 B2C 渠道模式没有形成很好的网络效应，与客户的接触强度差。B2B 模式虽然也是 H 公司重要的分销渠道，但是实际操作过于简单，只是将货源转给其他网商，中间收取一定的成本费用和服务费。另外，随着假冒伪劣产品①、恶性低价竞争②、信用支付等问题在天猫、京东等第三方平台不断出现，传统电商的 B2C 模式的弊端也越来越明显。加之，越来越多的消费者注重产品体验，H 企业现有的 B2C 及 B2B 传统渠道模式面临被逐渐边缘化的威胁，这已经严重阻碍 H 企业想要迅速扩大发展的步伐。

基于价值链理论和体验经济理论，通过加盟的形式在线下建立实体店，利用 O2O 渠道模式和 H 企业现有的 B2C、B2B 结合在一起，实现线上线下联体互动，搭建"B2C + O2O + B2B"的渠道通路模式，可以很好地解决 H 企业现有渠道通路瓶颈。这里的 O2O 不是简单传统意义上的将线上客户引流到线下，而是通过线下实体加盟店拉近企业与客户的距离，扩大公司与消费者的接触面积，实现线上线下互动效应，既能满足线上顾客线下购物体验的需求，又能使线下顾客到线上进行挑选、支付，为企业自建网站引流的同时，能够更好地做好顾客的服务工作。

H 企业之所以采用以加盟的形式建立线下 O2O 体验店，而不是 H 企业自己直接建店，主要是 H 企业基于规避风险因素的考虑和目前的发展还不具备在全国各地独立建店的条件。通过线下体验店加盟的形式，签订甲乙双方加盟合同，加盟商提供经营的营业场所，根据业绩自负盈亏，H 企业则向加盟商提供进口的母婴系列产品和相关的服务。线下实体体验店和 H 企业线上独立运作，形成"B2C + O2O + B2B"闭环，这样既能充分发挥合作伙伴的优势，也能满足 H 企业的战略发展需求。通过"B2C + O2O + B2B"闭环，不断新增用户和重复购买，随着 H 企业跨境电商规模不断扩大，官网的流量越来越多，就能够增加 H 企业的自身价值。对互联网企业来说，重要的不是利润，而是品牌和流量。只有牢牢地掌握了终端消费者，才能够更好地做好销售，实现企业价值；还可以在规模化基础上降低运营成本，确保现金流持续流入，从而实现企业运营的良性循环。

---

① 国家市场监管总局. 2020 年儿童及婴幼儿服装等 34 种产品质量国家监督抽查情况通报. https：//gkml. samr. gov. cn/nsjg/zljdj/202102/t20210209_326020. html.
② 国家市场监管总局. 市场监管总局依法对京东、天猫、唯品会三家平台不正当价格行为案作出行政处罚决定. https：//www. samr. gov. cn/xw/zj/202012/t20201230_324826. html.

（三）构建智能化跨境电商保税物流仓储系统

跨境物流与跨境电商发展通过相互作用与反作用而息息相关，在跨境电商 B2C 交易模式中，由于国外产品到国内需要报关、通关、报检等环节，还要考虑节假日和天气等因素，一般到客户手上需要 1~2 个月的时间。因此，安全和便捷的物流组织方式对用户的购物体验来说就显得非常重要，很多跨境企业因为货物配送周期长或送货过程造成购买的产品损害而失去了一个长期的顾客。目前，采用国际快递和国际外贸小包装方式进行 B2C 跨境物流配送是比较常见的方式，这致使单件商品的运输成本很高。而对 H 企业来说，拥有宁波保税区独立仓储的天然优势，可以大幅提高企业自身的竞争力。

对跨境电商企业来说，寸土寸金的保税仓储是每个商家做大做强的必争之地，H 企业需要租赁自营的保税区仓库，通过构建智能化跨境电商保税物流仓储系统，提高现有运营效率，对提升消费者满意度也非常关键。智能化的保税物流仓储系统与 H 企业所有的订单和物流信息结合起来，根据订单、物流信息需求进行物流流程、路线的精准配置，通过自动分拣机等标准化设备，达到高效、低运营成本的目的。

另外，随着消费者对于进口商品体验度要求的提高，H 企业还可以在广州、重庆、郑州等城市租赁保税仓库，将仓储中心分散开来，就近订单就近发送，真正实现 24 小时送达，提高消费者的满意度。

未来，随着 H 企业的进一步发展，单日产品销量的增多，建立海外仓是必然选择。通过建立海外仓，可以避免大量货物积压国内保税仓的风险。公司可以将一些畅销品提前在海外仓集中备货，然后由海外仓通过国际物流直接发送到消费者手中，实现更快的物流配送和更好的用户购物体验。

二、H 企业跨境电商进口运营模式的优化设计

对跨境电商企业来说，企业与企业之间的竞争归根结底是供应链的竞争，信息流、物流、资金流是跨境电商运营的 3 条主线，也是电子商务企业运营的核心。跨境电商企业的发展无论采取什么样的措施，其本质都是对信息流、物流、资金流的关键节点进行优化，通过对"三流"的逐步完善优化，从而建立企业自身的核心竞争优势。在上文对 H 企业现有运营模式研

究的基础上，本部分从信息流、物流、资金流等 3 个方面对 H 企业跨境电商进口运营模式进行优化设计。

（一）信息流优化设计

信息流是跨境电商企业要让广大消费者知道企业的存在，熟知企业卖的是什么产品以及企业产品价格、服务等如何，这是跨境电商企业最基本的任务。换句话说，信息流就是企业产生订单的源头。所以，如何构建高效、便捷、低成本的信息流平台是跨境电商企业能否赢在起跑线上的关键。对我国跨境电商企业来说，外部入口和大数据是信息流争夺竞争最激烈的地方，因为海量的用户消费数据可以为企业掌握客户消费需求和其他消费行为提供最有价值的数据支持，也为企业下一步在销售、产品、流量和推广等方面提供更精准的服务。阿里巴巴、京东等国内知名电商平台因早期在信息流方面拔得头筹，也为其今天的发展奠定了基础。我国大多数电商企业规模较小，在发展初期大都依托第三方平台获取信息流量，但是随着流量获取成本日益提高，加之企业自身无法对其自主掌控，构建自营平台从而自行控制入口端成为跨境电商企业的重要趋势。

H 企业现在的信息流量获取依赖于天猫国际、京东商城、1 号店等第三方平台，H 企业每月销售额按一定比例以佣金的形式交给第三方平台，还需要交店铺活动等其他的服务费。这种方式不但增加了 H 企业成本，降低了利润，且因过多依赖第三方平台限制了公司的发展。同时，第三方平台的公共性，使竞争对手轻易获取产品的价格信息而不断调整价格，这对 H 企业自己的产品价格管控很不利。所以，对 H 企业来说，有计划循序渐进地将第三方流量逐渐引渡到 H 企业自建平台，实现流量自营平台布局，是未来几年的重要战略选择。H 企业一旦控制了流量，也就掌控了未来的销售。

信息流平台系统构建应包含四大平台体系：营销网站体系、供应链体系、物流体系和财务体系。营销网站体系就是 H 企业自营网站首页、搜索、商品详细页、促销、价格、支付等；供应链体系是将供应商到客户的各个环节都串起来，包括最开始的订单预测、采购、清关、仓储、发货、配送及到货；物流体系是订单生成以后的配送系统，H 企业有 WMS 保税通系统和海关监管的进口申报系统，配合公司内部的 ERP 系统，实现订单状态的实时监测并且知晓库存的结余；财务体系是实现财务指标与业务融合、财务体系驱动精细化管理的信息系统。具体如图 8 - 11 所示。

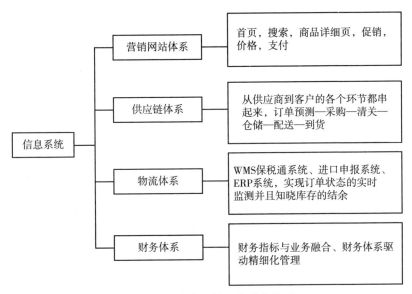

图 8 – 11 信息系统四大平台体系

跨境电商信息系统的核心是数据处理能力，包括对通过流量获取的大数据处理能力及对数据处理的深度。自营网站平台搭建好后，要对网站的运营指标进行实时监测，以达到对大数据的处理分析功能。运营监测指标（见图 8 – 12）包括流量指标、商品类目指标和供应链指标。

（二）物流优化设计

随着跨境电商的发展，物流环节的布局从最初的被动选择逐渐演变成了企业竞争力的关键领域，甚至国内一些电商巨头将物流设为独立的业务版块。与信息流不同，信息流是通过计算机技术虚拟化的，而物流则是真实物品的流通，所以必须要考虑到成本和实效性。目前，从我国跨境电商进口的发展来看，大多数企业由于自身规模等限制，主要还是选择第三方物流配送。但是，第三方物流大幅增加了单件商品的运输成本，使本来从国外进口的物流成本就很高的跨境产品的价格优势进一步被削弱。另外，借助第三方物流也使产品在配送的很多环节不可控，造成客户物流配送环节体验差的结果。所以，有条件的跨境电商企业会谋求建立自由仓实现物品的自行配送。

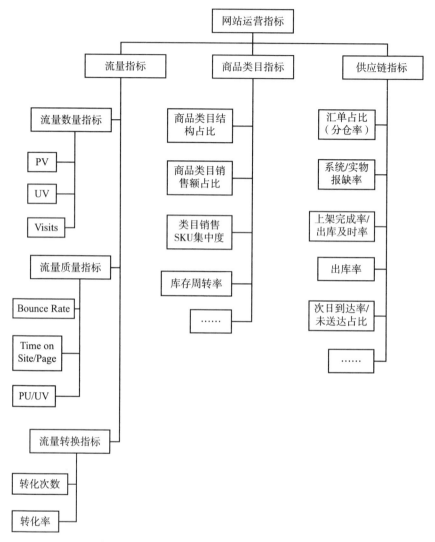

图 8-12　H 企业自营网站平台运营监测指标

　　H 企业拥有宁波保税区的独立仓储，这是 H 企业与其他同行跨境电商企业相比所拥有的巨大优势。如何发挥保税区自有仓的优势，建立智能化独立物流是关键。物流主要是由仓储、运输、配送三个环节构成，而自建物流并不是企业打造自己的物流干线，对 H 企业目前的发展阶段来说，打造自己的物流干线还不太现实。自建物流主要是仓储环节和配送环节由 H 企业自己控制管理，而干线运输还是借助第三方物流实现。因为，对跨境物流来说，仓储环节和配送环节占据了整个物流成本的70%以上，也是整个物流链中最核心的环节。H企业可以依托宁波保税区独立仓的优势建立智能化仓储和独立配送队伍，从而降低物流成本，提高配送效率，提升顾客配送满意度。

物流的货物流转主要发生在仓储环节，仓储的重要性也显得尤为重要。智能化仓储就是从获取订单开始到收件人拿到货，整个过程由H企业独立信息系统全程智能标准化自动操作，所有环节信息共享。仓库作业管理是H企业建立智能化独立仓最重要的环节，涉及标准规范性，即上架规范、下架规范、收货规范、打包分拣规范、签入签出规范等，所有作业都围绕准确和高效开展。对跨境电商企业来说，寸土寸金的保税仓储是每个商家做大做强的必争之地，H企业要充分利用保税独立仓的面积，发挥其最大功效，独立仓设计如图8-13所示。

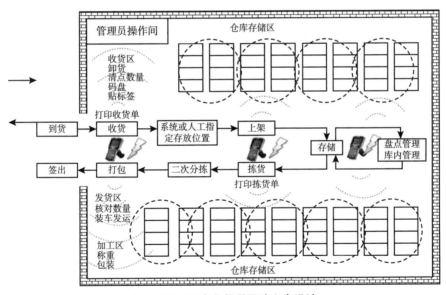

图8-13　H企业保税区独立仓设计

（三）资金流优化设计

资金流作为跨境电商的构成要素之一，是实现跨境交易的必要手段。由于国家政策等方面的限制，传统的资金交易主要通过银行进行，在跨境电商交易中顾客确定需要购买的商品后，需要将自己的资金通过电子支付的方式转移给商家，从而完成交易。目前我国中小跨境电商企业主要是借助第三方支付平台（支付宝、网银等）进行网上的资金流交易和支付结算两个环节。H企业目前主要依靠第三方支付平台，在未来发展到一定规模后，可以考虑建立自由网站支付平台。而目前对 H 企业来说，在运营环节中最要紧的是解决企业发展融资的问题。

H企业现有运营资金主要来自公司董事自筹和银行贷款，随着 H 企业日益发展，对资金的需求越来越大。目前，H 企业固定资产（备货）占整个公司资产比例较大，回收周期长，流动资金所占比例及规模都较小，资金问题已经成为制约 H 企业发展的重要因素之一。随着跨境电商企业洋码头、蜜芽宝贝和蜜淘等 H 企业的直接竞争对手先后获得融资，对 H 企业来说，解决资金的压力越来越大。

H企业虽已经着手与多家风投资金企业谈合作，争取风投资金的支持，但是由于 H 企业目前缺乏规模效应、融资成本高等问题，融资效果不是很理想。本研究认为，基于 H 企业发展实际，建立多种外部渠道融资方式是较好的选择。一方面，H 企业进一步充分整合现有资源，理清下一步发展思路，强化竞争优势，从而吸引更多风险投资；另一方面，H 企业要更好地利用政府资源，利用政府鼓励跨境电商发展等机会协助融资；同时，H 企业还可以建立公司内部员工融资渠道，通过建立科学合理的利润分红机制，调动公司内部员工的资源，这样不但可以调动员工工作积极性，还能建立起公司与员工的命运共同体，为 H 企业做大做强奠定坚实的基础。

三、H 企业跨境电商进口运营模式优化设计的实施保障

（一）组建适应发展需求的组织结构

企业的组织结构应随着企业发展战略的调整而变化，公司只有构建与其发展经营战略相匹配的组织结构，才能确保各项战略的有效实施。H 企业由于成立发展时间不长，现有组织结构不完善，部门设置不规范，导致应履行的部门职能没有对应部门对接执行。比如，H 企业现有的行政部门既负责公司日常行政工作又承担新晋人员的招聘，这就造成行政、人事工作混乱，往往因行政事情繁多而疏忽了人员的招聘，这对正处于成长期的 H 企业来说，人员不能及时补充会对公司发展造成很大影响；随着 H 企业线下加盟店的

逐渐增多，应成立 O2O 事业部，该部门可以与公司现有的 B2C 事业部很好地衔接。另外，H 企业总裁与副总裁现有的管理幅度过宽，应适当调整部分工作权责。

为了满足 H 企业发展需求，保障各项战略的有效实施，本着"前瞻设计，规范管理"的原则，对 H 企业的组织结构进行调整设计，做到"职能完善，权责对等"。具体如下：①继续发展壮大 B2C 事业部，对于 H 企业的定位来说，B2C 事业部，即 H 企业网站的建设始终为重中之重；②成立 O2O 事业部，下设招商部、客服部、培训部、策划部，主要负责全国不同区域的线下加盟店建设和大客户管理；③强化技术部，为公司的网络和系统运营提供可靠保障；④供应链事业部，应深入开发 H 企业具有中国总代理的进口商品、掌握市场走向，从而创造更多的利润。调整后的 H 企业组织结构如图 8 - 14 所示。

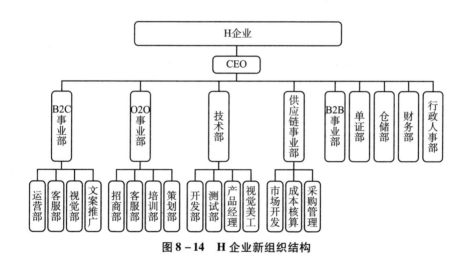

图 8 - 14　H 企业新组织结构

（二）O2O 连锁加盟门店建设

连锁加盟 O2O 门店发展，除了要依靠公司品牌支撑，更重要的是要有规范化的整套流程和管理体系。对连锁加盟店来讲主要包括两点：一是加盟店的审核确定；二是加盟店的标准化管理。

加盟店审核方面，首先，要有科学的选址策略，因为对于加盟店来讲，门店的选址至关重要，因为门店位置的好坏很大程度上决定了这家门店的未来发展。如果门店所选位置不合适，即使公司后续拥有很好的经营管理团队，也很难改变在市场竞争中的先天劣势。对于 H 企业，可以当地居民数量、人均消费水平、竞争对手情况、店前人员流量等为自变量，以销售额为因变量进行回归分析，确定一个标准化加盟连锁店的选址模型。其次，要明确加盟店申请流程，任何一家新的加盟店，从最开始的谈判到最终合同签订，必须在公开透明的基础上，严格按照流程程序进行，严令禁止通过关系、走后门等方式盲目审批加盟店进入。另外，在加盟店实际运作过程中，要确保货物配送、货款结算流程畅通，使物流、资金流处在良性循环状态，以保障公司业务正常运作。

在加盟店标准化管理方面，签订合同要明确甲乙双方的权利和义务，如 H 企业作为甲方应该提供的支持政策、人员培训、门店装修设计等，以及对加盟商的奖惩。乙方加盟商则要按照甲方的条文要求，严格履行自己的责任。另外，乙方必须严格遵守国家跨境电商的相关政策，加盟店商品只能摆放样品，用户购买需在网上下单，确保真正做到线下体验、线上销售，或者清关后销售。甲方负责为乙方提供进口的母婴系列产品，有权对乙方就加盟店的经营行为进行指导和监督。门店形象标准化设计是加盟店标准化管理的另一重要环节，可以引进 CIS 系统（形象识别系统）的标准化管理，包括理念识别系统、视觉识别系统和行为识别系统，如在服务理念和行为动作方面要规范，店内装修、颜色等要给顾客舒服的感觉等。

（三）加强人力资源建设

企业的人力资源对公司战略的实施与达成具有至关重要的作用。H 企业目前的人力资源结构，无论是在员工数量、综合素质，还是在人才引进和培养方面，都与 H 企业的业务规模和发展需求有很大差距。为了配合公司运营战略的实施，H 企业需要加强对人力资源的重视和优化，因为企业与企业之间的竞争归根结底是人才的竞争。良好的人力资源管理能够有效地起到对员工的约束、激励和凝聚作用，可以很好地调动员工的工作热情和积极性，从而向着公司战略发展的共同目标努力。H 企业要加强与员工的沟通，及时掌握员工的思想动态，这样既能避免员工心积不满而带来的人员流失，又有助于企业整体运营效益的提高。

在人力资源建设方面，H 企业应本着"内部员工加强培养，专业人才重点引进"的原则，有计划地储备人才和引进人才。对于公司内部现有的员工，应加强培养力度，重视对员工个人职业发展的培训。一方面，根据各个职能部门的人员素质需求，结合员工个人能力，开展内部有针对性的培训，从而使员工综合素质能够满足公司各项发展需要；另一方面，H 企业可从情感、薪水、职位三个方面建立完善的员工激励考核体系，让有能力的员工可以通过自己的努力获得物质和精神的满足。专业人才引进主要是指高级营销管理人才、研发设计人才、O2O 加盟事业部管理人才等核心人才的引进，避免出于节约成本等方面的"小企业"思维格局而不重视关键人才的引进储备。H 企业根据公司发展需要，逐步建立人力资源工作规划体系，通过对公司现有员工的现状及未来发展需求，对关键人才进行预测，有计划地储备和引进。通过加强人力资源建设，打造具有强大战斗力的团队，为 H 企业快速发展提供坚实有力的支撑。

第四节　研究结论

本章研究 H 企业跨境电商进口的运营模式，首先通过商业模式画布的方法构建 H 企业核心竞争力、企业理念、财务结构和公司界面 4 个部分及 9 个构成要素的描述体系；其次利用层次分析法对 H 企业跨境电商进口的运营模式指标进行量化分析；最后利用 SWOT 分析法对 H 企业跨境进口电子商务运营模式的机会/威胁进行评估得出如下结论。

（1）在核心竞争力方面，H 企业核心资源优势明显，其自主研发的物流仓储配送 ERP 全网系统，为保障产品高效物流配送起到关键作用，也是推动公司快速发展的重要因素，现有资源优势因为政策屏障，短期内竞争对手很难效仿；H 公司的关键业务是母婴系列产品，虽然销售额增速明显，但由于产品进货渠道不封闭，被竞争对手效仿和替代程度严重；另外，由于公司目前发展规模的限制，主要客户还是分散的消费个体，还没有建立起较稳定的合作伙伴关系网络。

（2）在经营理念方面，H 企业致力于为国内消费者提供物美价廉的海外母婴系列产品，打造中国最专业的"一站式"跨境特卖平台。这种经营理念与国内消费者对国外婴幼儿奶粉、纸尿裤等母婴系列产品的需求日益增大相一致。但是目前 H 企业的产品系列还较单一，公司的价值主张还没有形成很好的网络效应，对客户提供的服务水平也非常有限，提供的产品与服

务之间协同效应弱。

（3）在财务结构方面，H 企业跨境电商运营模式的营业收入主要得益于满足消费者强烈的产品需求和产品的高利润率。但是，由于目前 H 企业销售的母婴系列同类产品市场上很多，H 企业如果在价格上没有竞争优势，很容易会丧失现有顾客，从而给公司持续性收入来源带来不确定性。随着公司未来的持续发展，现有运营模式的成本可控性差。公司现有资金占用较多，流动资金不足，随着公司发展，资金问题是 H 企业需要解决的一大问题。

（4）在公司界面方面，H 企业跨境电商运营模式的渠道通路虽然运行良好，但存在不小问题，主要表现在渠道通路与细分的客户群体匹配程度较差，现有渠道没有形成很好的网络效应，与客户的接触强度差。H 企业客户细分群体不合理，企业虽然能够持续吸引新的客户，但客户流失率较高。

通过对 H 企业现有跨境电商进口运营模式的机会进行评估分析后发现，H 企业现有跨境电商进口运营模式在核心竞争力、收入来源、融资渠道和渠道通路四个方面存在机会。目前面临的主要威胁：一是存在同类产品替代，收入利润降低的威胁；二是市场竞争加剧，现有渠道有被同类企业边缘化的威胁。

基于以上结论，笔者提出 H 企业跨境电商进口运营模式的改进方向：

（1）构建自营供应链服务平台，在保障丰富差异化产品的情况下，H 企业应将更多精力放在自营网络平台建设上，在充分引流现有客户基础上逐步退出第三方平台；

（2）搭建"B2C + O2O + B2B"渠道通路模式，通过连锁加盟店的形式在线下建立实体店，利用 O2O 渠道模式与 H 企业现有的 B2C、B2B 结合在一起，实现线上线下联体互动；

（3）构建智能化跨境进口电商保税仓储物流系统，充分发挥宁波保税区独立仓储的最大优势。

最后，本章研究从"信息流、物流、资金流"3 个方面对 H 企业现有运营模式进行了具体优化设计，并提出了确保有效落实的保障措施，本着"前瞻设计，规范管理"的原则，对 H 企业的组织结构进行调整设计，做到"职能完善，权责对等"。然后，在加盟店的审核和加盟店标准化管理方面给出指导意见，并明确提出 H 企业应重视加强人力资源建设，坚持"内部员工加强培养，专业人才重点引进"，有计划地储备人才和引进外部人才，打造具有强大战斗力的团队，为 H 企业快速发展提供坚实有力的支撑。

第九章

跨境电商企业的营销渠道整合

营销渠道是控制商品流通的唯一途径，不但能实现商品的价值和使用价值，还可以帮助企业提高交易效率、降低交易成本，是名副其实的供应链"血管"。目前，我国外贸企业的传统营销渠道已不适应跨境电商的发展，跨境电商不仅改变了我国外贸行业的发展格局，而且对传统外贸的营销渠道提出了挑战，以往轻营销渠道、重订单生产的外贸模式已远远不能满足企业的发展。

跨境电商为我国中小外贸企业开辟了广阔的全球市场，它将倒逼传统营销渠道利用"互联网＋"实现渠道整合。对外向型企业而言，营销渠道整合是必然趋势，与企业发展的方向、全球消费者心理变化及消费需求相契合。从更深的意义上来说，营销渠道整合不仅能提升外贸企业独立开展电子商务跨境营销的能力，还能摆脱对第三方平台的过度依赖，有利于打造自有品牌，增强企业竞争力。因此，我国中小外贸企业在迎合跨境电商新形势、从事跨境电商新业务时，应适时转变传统营销渠道，进一步完善或升级其营销渠道，以期通过营销渠道整合有效对接庞大的海外新兴市场，扩大市场覆盖率和提高企业利润率。

第一节 跨境电商营销渠道整合的概述

跨境电商企业依赖多样化的网络营销渠道布局海外市场，传统的网络营销渠道间的整合研究难以再为跨境电商出口企业提供有效科学的指导。因此，有必要从理论角度深度剖析营销渠道整合研究，同时探究跨境电商出口企业实施网络营销渠道整合将受哪些因素的影响，为相关研究建立合理可靠的研究假设。

一、营销渠道整合模式的类型

基于研究内容视角，营销渠道可以分为传统渠道和网络渠道，相对应的有三种营销渠道整合模式即传统营销渠道内整合、网络营销渠道内整合、传统与网络营销渠道间整合（实虚渠道整合）。我国学者张庚森、陈宝胜、陈金贤（2002）从渠道构建的战略角度出发指出，营销渠道整合有两种基本类型，营销渠道内整合（即传统营销渠道内整合、网络营销渠道内整合）与营销渠道间整合（即传统与网络营销渠道间整合）①。郭利平（2011）根据电子商务的发展，具体研究了国际营销渠道内的整合策略以及国际营销渠道间的整合策略，并对两者进行了对比研究②。

（一）营销渠道内整合

张沙沙（2011）介绍了传统营销渠道整合的新模式，如直销模式、区域总经销商模式、网络营销渠道整合等三种模式，即以网络直销渠道为主、以网络间接营销渠道为辅、两种渠道并存的双渠道模式③。鲁平俊、唐小飞（2015）结合定量分析和比较分析，提出了渠道模式与混合渠道、渠道选择、渠道关系、线上渠道和渠道治理等几个在未来具有显著研究潜力和价值的研究议题④。杜岩松（2016）认为国际营销渠道内的整合需要明确每个渠道的销售潜力和能力，从而将不同的产品投放到最合适的销售渠道中，最大限度地满足不同消费群体的需求⑤。包晗（2016）分析了旅游企业网络营销渠道的类型，即网络直接营销渠道和网络间接营销渠道，阐述了不同渠道的优缺点，并提出了双渠道的整合模式⑥。

---

① 张庚森，陈宝胜，陈金贤. 营销渠道整合研究 [J]. 西安交通大学学报（社会科学版），2002（4）：45－48，57.
② 郭利平. 电子商务模式下国际营销渠道的变迁与整合 [C] //2011 年基于互联网的商业管理学术会议.
③ 张沙沙. 营销渠道整合的影响因素研究 [D]. 杭州：浙江工业大学，2011.
④ 鲁平俊，唐小飞. 营销渠道研究综述与展望——基于"协同引证矩阵"和"时间异质性LOG 模型"的分析 [J]. 预测，2015（3）：74－80.
⑤ 杜岩松. 电子商务形式下实现国际营销渠道的整合 [J]. 中国市场，2016（27）：16－17.
⑥ 包晗. 旅游企业网络营销渠道的整合分析 [J]. 旅游纵览（下半月），2016（2）：51.

（二）营销渠道间整合

申科尔、温特（2005）将网络营销渠道与传统营销渠道的融合问题作为切入点，进行多渠道整合的最优化研究①。熊雅涵（2007）提出了渠道间整合有传统渠道与电子中间商结合以及传统渠道与网络自销渠道结合两种基本模式②。赵娟（2007）③，张鹏利（2008）④认为经营者应根据产品或服务特性，结合其现有资源与原有渠道，再选择以实现电子营销与传统营销的整合，在不断变化的条件下适时做出调整。李克芳、张堂松（2009）认为渠道间整合设计是以各细分市场为基础进行的，可以分为以传统渠道为主的渠道整合战略和以电子营销渠道为主的渠道整合战略⑤。刘亚娟（2009）研究得出国际营销渠道呈现扁平化趋势、电子化趋势及多样化趋势，但网络营销渠道的开辟并非对传统中间商渠道一定不利，应将具有各自优势的两种渠道整合起来⑥。马千里（2010）认为，企业多渠道整合一方面要对传统渠道进行扁平化改造、建立多渠道系统，另一方面要把网络营销渠道和传统营销渠道进行整合⑦。张宇洁（2015）通过相关归纳和总结得出，实现网络营销模式与传统营销模式的整合，必须从内部营销、信息提供、营销宣传、主动营销和信息反馈五个层次入手⑧。李燕（2016）认为，并非所有的产品营销都适用于电子商务渠道，传统的中间商渠道仍然具有很强的生命力，因此将两者结合，重新整合国际营销渠道，才能将各渠道的优势充分利用起来⑨。胡晓涯（2016）提到渠道整合主要包含同渠道整合和不同渠道整合，不同渠道整合包含了不同市场区域的渠道整合和新旧市场渠道整合，主要是指电商

①　Shankar V, Winer R S. Interactive marketing goes multichannel [J]. Journal of Interactive Marketing, 2005, 19 (2): 2 – 3.
②　熊雅涵. 基于网络营销的制造企业渠道整合问题研究 [J]. 商业文化（学术版），2007 (8): 194 – 195.
③　赵娟. 试论分销渠道在电子商务浪潮下的整合 [J]. 价值工程，2007 (8): 68 – 69.
④　张鹏利，吴园一. 电子商务条件下营销渠道选择问题的思考 [J]. 商场现代化，2008 (12): 139 – 140.
⑤　李克芳，张堂松. 网络营销环境下多渠道冲突的管理战略 [J]. 云南财经大学学报（社会科学版），2009 (5): 122 – 123.
⑥　刘亚娟. 国际营销渠道在电子商务环境下的变迁与整合 [D]. 沈阳：沈阳工业大学，2009.
⑦　马千里. 数字时代下客户体验驱动的企业营销多渠道整合研究 [D]. 兰州：兰州大学，2010.
⑧　张宇洁. 网络营销渠道与传统营销渠道的整合策略探讨 [J]. 经营管理者，2015 (34): 313.
⑨　李燕. 国际营销渠道在"互联网＋电商"模式下的变迁与整合 [J]. 商业经济研究，2016 (15): 88 – 90.

渠道和传统营销渠道之间的整合①。

二、网络营销渠道整合的影响因素

(一) 技术视角

对于网络营销渠道的研究最初是从技术视角出发的（Mick & Fournier, 1998②），主要研究新技术的采纳效果，即是否被企业所接受。研究普遍认为，企业是否使用网络营销渠道，受制于其对互联网技术的了解、网络营销渠道的认识以及对网络营销渠道的态度等因素。根据劳伦斯·G.弗里德曼（2000）观点，决定渠道选择的因素有三个：细分市场、产品和利润③。吴等（2003）将企业内不同领域应用互联网和网络营销渠道的情况作为研究对象，研究得出不同领域的企业选择互联网和网络营销渠道具有不同的表现，造成这种不同选择的原因主要是企业因素④。李和格里沃（Lee & Grewal, 2004）认为，传统零售企业在营销过程中，选择互联网亦如选择新技术，选择互联网作为信息渠道、交易渠道或与互联网技术企业形成电子化的联盟，会出现不同的战略反应⑤。上述研究为此次网络营销渠道整合的影响因素研究提供了很好的研究思路，即不同企业选择各自匹配的网络营销渠道，不同网络营销渠道的应用程度对企业绩效产生不同的影响。

(二) 内部组织视角

鉴于互联网应用的逐步深入，其簇生的新销售理念、新消费环境和模式，改变着消费者购买习惯，开始影响企业的组织结构和战略选择。因此，基于组织视角的网络营销渠道研究，立足企业发展战略高度，更切合企业应用的实际。李元旭、黄义志（2000）在跨国公司开拓新兴市场时，提到了

---

① 胡晓涯. 电商环境下的企业市场营销渠道整合研究 [D]. 武汉：武汉纺织大学，2016.

② Mick D G, Fournier S. Paradoxes of Technology: Consumer Cognizance, Emotions, and Coping Strategies [J]. Journal of Consumer Research, 1998, 25 (2): 123 - 143.

③ 劳伦斯·G. 弗里德曼, 蒂莫西·R. 弗瑞. 创建销售渠道优势 [M]. 重庆：科文出版有限公司，2000.

④ Wu F, Mahajan V, Balasubramanian S. An analysis of e-business adoption and its impact on business performance [J]. Journal of the Academy of Marketing Science, 2003, 31 (4): 425 - 447.

⑤ Lee R P, Grewal R. Strategic Responses to New Technologies and Their Impact on Firm Performance [J]. Journal of Marketing, 2004, 68 (4): 157 - 171.

渠道功能整合强化服务以适应顾客驱动需求这一必然趋势①。绍恩巴希勒和高顿（Danise D. Schonebachler & Geoffrey L. Gordon，2002）强调了消费者渠道偏好的作用，认为消费者在购买过程中经历信息搜索、评估选择和购买三个核心阶段，网络营销渠道对消费者而言也不是单一的②。古普塔（Gupta，2004）的研究表明，购物的不同阶段会影响消费者渠道选择意愿，且渠道选择的影响因素也会表现出差异③。高维和、黄沛、王震国（2006）认为，渠道规模、渠道控制力也是渠道整合的前提因素，这些交易特征可以解释渠道控制协调机制差异④。在此基础上，龚振、陆巍、钟爱群（2006）把渠道规模、控制力作为调节因素来研究交易特征对渠道协调整合的影响。根据渠道权力建立了营销渠道结构整合模型指出，生产者为了拥有更多的渠道权力，建立自身的营销渠道网络，形成一种渠道领袖的地位，以便抵制某些渠道成员的无礼要求和挑衅⑤。杨立钒（2010）从企业管理战略视角展开分析，运用因子分析、Logistic 回归模型、多元回归分析等实证研究工具，对影响网络营销渠道选择的因素和效果问题进行了深入分析，得出企业应采纳多渠道整合的发展战略和积极挖掘可被企业利用的电子商务资源⑥。陈卫华（2010）以客户关系管理为背景，分析了多渠道整合战略在客户关系管理中的应用，他认为良好的客户体验成为渠道整合的诱因，互联网和大数据成为渠道整合的创新因素⑦。殷红（2013）利用因子分析、回归分析和 Logistic 判别分析，得到了影响渠道整合水平的因素，如独立平台的运营能力、融资能力、股东权益比例、运营经验和技术创新觉察力等⑧。付忠航（2017）分别从营销渠道结构和顾客体验两个方面出发，提出了企业营销渠道的整合途

---

① 李元旭，黄义志. 跨国公司在新兴市场的营销渠道的策略创新 [J]. 国际商务研究，2000（5）：10－13，31.

② Schoenbachler D D，Gordon G L. Multi－Channel Shopping：Understanding What Drives Channel Choice [J]. Journal of Consumer Marketing，2002，19（1）：42－53.

③ Gupta A，Su B C，Walter Z. An empirical study of consumer switching from traditional to electronic channels：A purchase-decision process perspective [J]. International Journal of Electronic Commerce，2004，8（3）：131－161.

④ 高维和，黄沛，王震国. 资产专用性、渠道异质性与渠道投机行为：基于中国汽车企业的实证 [J]. 财贸研究，2006（4）：102－109.

⑤ 龚振，陆巍，钟爱群. 基于渠道权力的营销渠道结构整合 [J]. 商业时代，2006（11）：43－44.

⑥ 杨立钒. 互联网环境下企业网络营销渠道选择研究 [D]. 上海：东华大学，2010.

⑦ 陈卫华. 多渠道整合战略在客户关系管理中的应用研究 [J]. 商业研究，2010（7）：68－71.

⑧ 殷红. 我国零售业上市公司线上线下渠道整合水平及其影响因素研究 [D]. 重庆：重庆大学，2013.

径，并认为网络营销渠道在收集客户的需求和消费行为方面做得很好①。

（三）外部环境视角

庄贵军、周筱莲（2006）②，梁·H. G.（2007）③ 从外部环境视角发现了外部互联网环境产品、市场变化以及竞争对手在快速变化环境下的反应都是信息时代企业选择网络营销渠道的重要影响因素。吴长顺、王勇、郭豫婷（2006）认为营销渠道整合是企业为了降低可能来自供应商、竞争对手、顾客等机构或个体的变动，以及来自营销策略、行业规则、技术等环境变化带来的不确定性，使自己能够在这种变动的环境中稳定地生存和发展④。张沙沙（2011）以旅行社为对象研究渠道环境不确定性、渠道资源和渠道关系等三个影响因素和渠道整合的关系，通过建模和实证分析指出渠道环境不确定性、渠道资源和渠道关系都对企业实施渠道整合的意愿及行为有显著的正效应。郑胜华、张沙沙（2011）对近年来国内外渠道整合方面的研究成果进行了总结，指出目前对营销渠道整合研究还不够深入化和系统化，主要表现在运用单一理论从单一角度研究渠道整合，且缺乏对渠道影响因素的完整的研究体系⑤。章俊杰（2012）构建了理论假设模型并用定量方法进行了论证，得出渠道整合的四方面关键因素：传播环境、消费者需求、渠道关系、渠道价值。夏先良（2013）认为，影响渠道选择的因素有很多：既有各国的宏观经济制度、经贸政策、市场环境、社会文化因素，也有企业自身资源、能力、成本控制、战略目标、产品及产业结构以及中间商、消费者行为取向等因素⑥。高贺（2016）认为，零售企业在多渠道营销的整合和优化过程中，应特别注重多种媒体营销实践和策略的一致性，以及随市场变化而通过创建数据库和网络通信来提高效率⑦。

---

① 付忠航. 营销渠道整合与企业管理创新 [J]. 企业改革与管理，2017（1）：107，127.

② 庄贵军，周筱莲. 电子网络环境下的营销渠道管理 [J]. 管理学报，2006（4）：443－449.

③ Liang H, Saraf N, Hu Q, et al. Assimilation of Enterprise Systems: The Effect of Institutional Pressures and the Mediating Role of Top Management [J]. Mis Quarterly, 2007, 31（1）: 59－87.

④ 吴长顺，王勇，郭豫婷. 环境与渠道内冲突、合作关系研究 [J]. 管理科学，2006（6）：33－41.

⑤ 郑胜华，张沙沙. 营销渠道整合研究综述及启示 [J]. 现代物业（中旬刊），2011（11）：50－52.

⑥ 夏先良. 论国际贸易产业组织体系发展：聚焦国际贸易渠道和网络建设 [J]. 财贸经济，2013（11）：68－81.

⑦ 高贺. 浅析零售业多渠道营销的整合优化与管理 [J]. 吉林省经济管理干部学院学报，2016（1）：12－14，180.

三、理论基础的构建与研究假设

（一）企业战略反促营销渠道整合

跨境电商企业的战略目标包括构建品牌战略、建立渠道自主性优势、提高利润率等。根据《整合营销传播》第一作者唐·E.舒尔茨教授给整合营销传播下的新定义"整合营销传播是一个业务战略过程，是指品牌传播计划，这些活动的受众包括消费者、顾客、潜在顾客、内部和外部受众及其他目标"，研究认为品牌战略对企业营销渠道整合有极其重要的影响。品牌战略决定着企业在未来发展的前景，对于每个企业的长期发展都是必要的，跨境电商企业也不例外。部分跨境电商企业原先是为国外品牌商做贴牌加工，只是按要求安排订单生产，没有品牌意识和品牌定位。随着我国传统出口竞争优势的弱化，我国外向型企业逐渐打破传统的营销方式，开始利用跨境电商的方式走品牌化路线。然而，快速实施品牌战略也将遭遇各种困难，例如国内外品牌的重叠或国外商家的恶意侵权等问题，因此品牌化道路任重道远。品牌战略包括产品品牌和渠道品牌的定位，产品品牌取决于性能、质量、安全及理念内涵，而渠道品牌看重的是营销渠道在特定市场（这里指的是海外市场）的知名度、覆盖率和适用性，只有通过合适的、受欢迎的营销渠道，才能有效地提高品牌知名度进而打造专属品牌。因此，跨境电商企业应立足于自身的品牌战略，并结合各个网络营销渠道的特点，有针对性地进行营销渠道整合。

在电子商务领域，资源基础理论被用于探究技术资源、渠道资源对企业竞争力的影响，表明企业通过规模效应等独有的资源、其他企业不可复制的经验及难以超越的技术资源来实现渠道整合的优化，从而提高企业利润率。营销渠道也是稀缺的市场资源，在竞争日益激烈的市场环境下，渠道自主性优势是跨境电商企业长远发展的傍身之技，是扩大市场覆盖率进而对接庞大海外市场的利器。目前，跨境电商企业可依赖的网络营销渠道种类繁多，而不同的网络营销渠道在不同的海外市场有其不同的适用性，因此要想获得独特的渠道资源以期建立自主性优势，跨境电商企业应先分析包括自营平台、第三方电商平台及网络营销推广渠道在内的优劣势，然后立足于自身的发展目标去整合现有的网络营销渠道，从而获取高于行业内其他企业盈利水平的经济利润。此外，追逐利润是企业的首要目标，为了实现利润最大化，企业势必会选择最为合适的营销策略，单渠道营销抑或多渠道营销。对跨境电商企业而言，多渠道营销涉及了网络营销渠道整合，在渠道选择的时候不仅考虑企业自身的营销能力，还看重渠道对产品的推广度和曝光度，例如企业想通过爆款的形式进入市场，不仅要充分利用现有营销平台，同时还要整合网络推广渠道，以期在短期内增加销量、提高利润率。

故提出假设1：企业战略对网络营销渠道整合有促进作用。

（二）渠道特性影响营销渠道整合

六度分隔理论强调了人与人之间的"弱纽带"会因社会化网络媒体的产生而呈几何速度增长和加强，由于社会化媒体平台的开放性与不受时空限制的特性，加强这种"纽带"的交流成本更小，方式更加多元化。因此，笔者认为网络营销渠道的特性很大程度上影响着企业营销渠道的选择。对跨境电商企业而言，依赖跨境电商平台进行海外营销是普遍的做法。目前，跨境电商平台主要有亚马逊、速卖通、Wish、eBay等。这些主流的跨境电商平台各有特点：亚马逊主要面向中、高端客户，选品更加注重精细和优质，对产品创新和原创的需求度较高；速卖通、Wish主要以初级客户居多，看中产品的性价比；而eBay更注重选品，如潜力产品、热销产品。可见，平台特性的差异导致对应的选品策略也应有所差异，这就要求企业在寻找产品和供应商时需制定不同的方案。鉴于跨境电商企业经营品类的多样性，单一跨境电商平台已难以满足其营销需求，因此企业有必要根据所经营的品类选择合适的平台进行整合营销。

网络营销渠道不仅包括跨境电商平台（第三方或自营），还包括互联网的新方法和新技术，如搜索引擎优化、社会媒体营销、网络分析、数据库营销等。为了实现精准化营销，企业势必会重视营销渠道特性的最大化体现，例如搜索引擎最大的特性在于其为用户搜索信息提供的便捷性，尤其是经过优化的垂直搜索更是提供了专业化的简便搜索模式；博客渠道最大的特性在于其内容的丰富性，长期沉淀的各类内容以及用户的评论，组成了庞大的信息库；微信渠道最大的特性在于其基于信任的人际关系网络，用户之间的信息更容易被接受；而微博渠道最大的特性是其高效的传播方式和开放的平台。这些网络营销渠道不仅可以快速传播产品信息、促进交易，还加强了与境外客户的在线联系和互动、改善客户服务。因此，企业应根据不同的渠道特性对各种网络营销渠道进行功能互补和重新组合，或以平台营销为主、推广渠道为辅，或以推广渠道为主、平台营销为辅，或双管齐下、共同推进。

故提出假设2：渠道特性影响网络营销渠道整合的选择。

（三）营销能力决定营销渠道整合

在动态能力理论中，动态能力是指企业为了适应快速变化的外部环境，改变运营操作，并建立、整合和重组内部胜任力的能力。它强调两个关键因素：一是动态，即为适应变化的市场环境而不断更新竞争能力；二是能力，即企业整合、提升组织内外部技能和资源的有效运用能力。因此，基于市场环境的动态变化以及企业核心能力本身所存在的缺陷，笔者认为跨境电商企业的营销能力决定了渠道整合的选择。一般而言，跨境电商企业的营销能力取决于营销团队的营销策划能力、电商运营能力和多语言营销能力等。营销能力的强弱决定了企业营销渠道的选择，如策划运营能力强的企业除了部分依赖第三方跨境电商平台外，更重要的是拥有自营平台，建立渠道自主性优势；策划运营能力较弱的企业通常以第三方跨境电商平台为主，整合部分营销推广渠道，以弥补企业营销能力的不足。在亚马逊、速卖通等知名的跨境电商平台中，不同平台的模式、针对性和操作性都有所差异，从而对营销团队的要求也有所不同，因此企业营销团队的规模及营销岗位人员的安排在一定程度上也反映了营销能力的强弱，决定着企业营销渠道的整合抉择。

根据 Google Trends 对买家搜索习惯的分析，在外贸采购行为中，60%采购商使用的是英语，但仍然有40%的采购商使用母语获取信息，可见多语言营销能力在扩展海外市场的过程中是必不可少的。这与跨境电商企业的发展阶段也有关系，例如当企业初期的市场以英语国家为主的时候，主要用英语营销；当企业扩展期的市场以拉美国家为主的时候，主要用西班牙语营销；当企业后期全球化布局进程加速时，多语言本地化营销可以有效帮助企业将产品推广到英语无法覆盖的国家和区域，全面深入覆盖本地化买家。随着网络营销技术的深入，越来越多的跨境电商企业重视多语言营销渠道整合，如多语言网络营销、本土化网络推广、母语搜索引擎等，不断优化产品描述、活动页面、产品详情页的文字翻译。为了适应不断变化的市场环境，跨境电商企业正充分利用互联网的技术资源、组织资源和管理资源来获得并提高企业营销能力，从而在不同的时期制定不同的营销渠道整合策略。

故提出假设3：营销能力决定企业营销渠道整合的选择。

（四）消费者行为助力营销渠道整合

关系营销理论提倡的是企业与顾客策略，其核心是留住顾客，提供产品和服务，在与顾客保持长期关系基础上开展营销活动，实现企业的营销目标。笔者认为消费者行为包括消费者的个性化需求、对跨境网购的认知与信任、消费者的搜索习惯等，由于消费者行为总是处于不断变化之中，笔者认为掌握消费者行为对企业的营销渠道整合有较大的帮助。随着人们消费理念的转变，如今市场环境已从原来的大众化消费时代进入了小众化消费时代，包括部分海外市场，海外消费者对于个性化的消费需求正在日益升级，在一定程度上影响着未来市场的供需模式。然而，较多的跨境电商企业以生产产品为主，其开展海外营销的模式仍然停留在入住第三方跨境电商平台上，目前仅凭流量来获取询盘、互动消息的方式已远远不能满足国际需求。小众化消费时代是产品经济和服务经济的时代，产品是基础设施，服务才是贯穿整个产业链的价值体系，这就要求我国跨境电商企业必须不断吸引并保持海外顾客的注意力，通过不同的营销渠道不断与海外顾客进行信息交流，以更好地了解其个性化需求。面对文化各异的海外市场，跨境电商企业不仅要针对细分市场进行选品分析，选择符合当地市场的潜力产品和热销产品，还需在现有的平台营销基础上整合适宜的网络推广渠道，力求快速扩大产品的知名度，打开小众文化的市场。

整合营销传播是从消费者的角度出发，决定哪种渠道能最有效地到达目标受众，这基于消费者的搜索习惯及其对跨境网购的认知与信任。消费者的搜索习惯与年龄段、市场环境、个人爱好等多种因素有关，例如年轻人倾向于在亚马逊、速卖通等知名的电商平台上购物，因为这些电商平台的可靠性高，产品品类丰富，页面布局完善，搜索起来更便捷，而中年人可能对目前的主流电商平台缺乏了解，倾向于在 Google 浏览器上直接搜索所需商品。尽管跨境网购人群愈发年轻化，但年轻化的消费者也有各自偏爱的搜索方式，有些是带有目的性的购物，直接进入产品类目或者搜索关键词，也有很多购物狂热者喜欢漫无目的地浏览商品，如 Wish 平台的推送方式恰巧满足这类消费者的需求。此外，海外市场的跨境电商环境发展不一，发展较快的海外市场已经融入跨境电商的洪流，各国家或地区的跨境电商政策制度完善，消费者乐于接受并且积极开展跨境购物，其跨境网购愈发普及并且常态化。反之，发展较慢的海外市场开展跨境电商较为艰难，其消费者对跨境网购的认知不全、信任不高。因此，跨境电商企业欲想选择最有效的营销渠道，必须根据不同国家消费者的特点而定，了解消费者的搜索习惯和购买渠道，分析哪些营销渠道与当地消费者的关系最佳，要充分考虑消费者行为的变化、迎合消费者的口味、满足消费者的兴趣，不断改善与调整企业的营销渠道整合策略。

故提出假设4：消费者行为有助于企业营销渠道整合的选择。

第二节 研究方法的选择与实施

鉴于本章属于调查研究类，较为注重问卷设计部分，因此本节就问卷设计与实施进行了详细介绍。问卷设计包括了设计原则、设计过程与修正、试调研以及项目描述，随后对问卷调研的对象、问卷调研的地区和数据收集情况做了说明。

一、问卷设计

本章的研究内容是跨境电商企业网络营销渠道整合的影响因素，因此首先要了解跨境电商企业的网络营销渠道整合现状及企业对目前运营渠道的评价情况。由于网络营销渠道整合是企业行为，具有个性化特征，因此有必要对企业进行调查研究。此外，鉴于研究对象是近几年新兴的企业，现有网络资源难以直接获得研究所需的相关数据。同时考虑到调研的科学性和操作的便捷性，笔者采用了问卷调查法，以期间接获得较为全面、广泛的数据样本。

（一）问卷设计原则

1. 目标达成性原则

问卷调查主要有两个目标，调研跨境电商企业的网络营销渠道整合现状和网络营销渠道整合的影响因素，详见附录6调研问卷C。在问卷的第二篇章主攻跨境电商企业的网络营销渠道现状，涉及现有营销渠道的类型（如问卷题8）、满意度说明及未来倾向的营销渠道种类。

8. 贵公司现有的营销渠道有哪些？（可多选）

A 自营平台：□独立网站 □手机客户端

B 第三方电商平台：□亚马逊 □速卖通 □阿里巴巴 □淘宝集运
□eBay □Wish □环球资源 □中国制造网 □全球贸易通
□其他（请注明）

C 互联网推广渠道：□搜索引擎优化 □邮件营销 □本地化小语种推广
□SNS 营销（博客/播客/论坛/Twitter 等） □付费广告
□代运营商（如四海商舟） □其他（请注明）

问卷的第三篇章侧重于网络营销渠道整合的影响因素调研，采用量表应答式问题，以"消费者行为"该项影响因素为例，如表 9 – 1 题 X11～X14 所示。

表 9 – 1   题 X11 ~ X14

序号	问题	回答选项				
		5	4	3	2	1
X11	海外消费者的个性化需求促进了贵公司的营销渠道整合					
X12	海外消费者跨境网购的搜索习惯影响了贵公司的营销渠道整合					
X13	海外消费者对跨境网购便利性的认同促进了贵公司的营销渠道整合					
X14	海外消费者对跨境网购的信任促进了贵公司的营销渠道整合					

2. 科学、规范、合理性原则

问卷设计时需注意提问的科学、规范、合理性，按照三大模块循序渐进地设计提问，首先了解企业的基本信息，其次调研企业营销渠道的现状，最后引出企业在网络营销渠道整合过程中考虑的因素，采用量表式问题，李克特量表的设计可以确保被调查者提供的回答是可量化的，有助于问卷调研的可行性分析。

3. 通俗易懂、简明性原则

首先在问卷的前言部分对营销渠道整合进行了说明，其次在问卷提问的语言方面贯彻了通俗易懂的原则，以消费者行为因素为例，将消费者行为分成消费者的个性化需求、搜索习惯、对跨境网购便利性的认同、对跨境网购的信任多个小点进行提问。此外，问卷设计时采用简明易懂的形式，讲究问题的逻辑顺序，使问卷条理清楚、顺理成章，以提高回答问题的效果，见图 9 – 1。

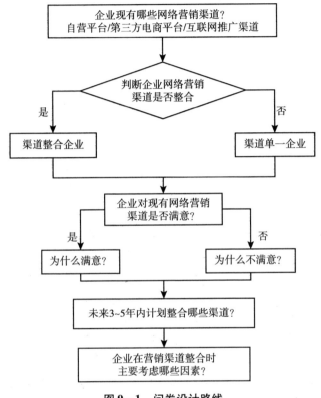

图 9 – 1　问卷设计路线

（二）　问卷的设计与修正

设计问卷的方法有两种：一是将已有文献的量表与具体研究问题结合，确定问卷中的调查内容，二是通过学者对问题的理解自建调查量表。本研究在问卷设计时采用两种方法相结合的方式，通过阅读大量有关营销渠道整合、跨境电商营销渠道选择、渠道整合影响因素等文献，明确各影响因素的定义，寻找与影响因素相关的量表。在借鉴相关研究结果的基础上，结合跨境电商发展的现实背景，并根据营销渠道整合的新定义，自行设计了一些题目，该调查问卷主要包括三个部分内容。

1. 企业基本情况调查

企业基本情况包括企业名称、注册所在地、员工人数（企业规模）、企业性质、产品品类、外贸出口市场及产品的市场覆盖率7个调研问题。鉴于调查对象是全国分散的，该部分的【问题2】要求明确企业注册所在地，主要是为了确保调研企业在地理位置上的均匀分布。企业规模【问题3】在一定程度上会影响企业营销渠道整合的抉择，一般规模较大的企业会选择多种营销渠道，即拥有自营平台和依托第三方平台；规模较小的企业会直接选择营销外包，如代运营或者依托第三方平台。企业性质【问题4】主要有制造型、经销型和工贸一体型三类，制造型企业一般注重生产，自营平台搭建方面比较薄弱；经销型在营销方面是强手，往往有自营平台且依托知名的第三方平台；工贸一体型企业的营销渠道选择更为广泛。产品品类【问题5】与营销渠道的适应性可能会影响企业渠道整合选择，例如3C产品用SNS营销或社会化媒体营销是比较受欢迎的，那么企业很可能依据产品的特性去选择合适的营销渠道。产品出口市场【问题6】的调研可以从侧面反映扩大海外市场在营销渠道整合过程中的重要性。产品的市场覆盖率【问题7】代表了市场潜量大小，会直接影响企业营销渠道的整合策略。

2. 营销渠道现状调查

鉴于网络营销渠道的多样性，本研究将现有的网络营销渠道分为三大类，即自营平台、第三方电商平台和互联网推广渠道，具体如表9-2所示。

表9-2　　　　　　　　　　　网络营销渠道类型

自营平台	第三方电商平台	互联网推广渠道
独立网站 手机客户端	Amazon/eBay/Wish	搜索引擎优化
	速卖通	邮件营销
	环球资源	本地化小语种推广
	中国制造网	付费广告
	全球贸易通	SNS营销
	阿里巴巴	
	代运营商	

资料来源：根据网络营销渠道的定义和目录整理得到。

营销渠道现状主要是对企业现有营销渠道的满意度调查和了解企业未来

的营销渠道整合想法，共有 6 个问题。【问题 8 ~ 问题 11】对企业营销渠道的现状调查可以从侧面反映出企业采取营销渠道整合的动机，如提高市场覆盖率、塑造自有品牌或降低渠道成本等。【问题 12】是企业未来 3 ~ 5 年内会考虑采用的营销渠道。【问题 13】是企业渠道整合的目的，包括品牌战略、提高利润率、开拓海外市场、渠道风险控制、建立自主性优势等。

3. 企业营销渠道整合的影响因素调查

该部分采用李克特 5 分量表评估，从非常符合到不符合，共有 14 小问，涉及市场环境、营销能力、战略目标和消费者行为四大影响因素。【问题 X1 ~ X2】调研的是渠道市场对企业营销渠道整合的影响。营销渠道与海外市场的适应性在某种程度上也会影响企业营销渠道整合的抉择，例如巴西是速卖通平台的第二大市场，速卖通已经成为巴西跨境购最普及的网站，平台流量也日益增长，此时若跨境电商企业想开拓巴西市场，则考虑依托速卖通这样的第三方平台的概率就比较大。【问题 X3 ~ X5】反映的是企业对电商运营的重视程度。若企业的电商运营能力和营销策划能力强，则依赖第三方平台的可能性相对较小，其自有垂直平台的建设较为全面和深入，因此营销渠道整合的方案也会有所不同。另外，全球化的经济环境使得企业面临更大的多语言营销挑战，目前国内企业外贸出口的国家大多数是英语国家，其他语言的海外市场还没完全打开，所以企业的多语言营销能力在一定程度上影响了其营销渠道整合的抉择，如在自营垂直平台的基础上结合技术服务商提供的本地化小语种推广，或在自营垂直平台的基础上融入本土化搜索引擎优化服务等。【问题 X6 ~ X10】调研的是战略目标对企业营销渠道整合的影响。【问题 X11 ~ X14】调研的是消费者行为对企业营销渠道整合的影响，包括消费者的个性化需求、搜索习惯、跨境网购的认可和网络信任。

问卷初稿完成后，笔者请营销、管理等方面的专家学者以及在问卷设计方面有丰富经验的老师对问卷的内容、格式、题项措辞进行评价和指导。在吸收相关意见的基础上，笔者再一次对问卷进行了修正调整，对不认同的指标予以删除，对问卷尚未涉及但需要增添的指标予以修改。

为了进一步提高问卷的信度和效度，以获得最严谨、最可靠的数据，避免由于被调查对象的理解偏差而造成数据的真实性降低，笔者对修改后的问卷作了试调研。试调研主要通过招聘会现场问卷调查和企业管理人员的线上访谈这两种方式，向受试者收集了关于问卷的总体设计、提问方式以及量表的相关题项能否被调查者理解等方面的意见。之后，根据试调查的结果对问卷题项做了进一步的调整和修改，最终形成了问卷的终稿，见附录6。

（三）问卷设计的项目及描述

通过大量的文献梳理，并结合跨境电商发展的特点及理论框架，笔者提炼出以下六大影响跨境电商企业网络营销渠道整合的一级因素，具体为企业类型、营销能力、战略目标、经济环境、渠道特性和消费者行为，表9-3~表9-8为一级因素的各项目及描述。

表9-3　　　　　　　　　　企业类型的项目及描述

一级因素	二级因素	因素解释	问卷体现
企业类型	企业规模	企业员工数代表企业规模	3
	企业性质	企业是生产型还是贸易型在一定程度上决定了营销渠道的选择	4
	产品品类	产品类型的不同对营销渠道的选择有不同的需求	5

资料来源：根据文献梳理和机理分析得到。

表9-4　　　　　　　　　　营销能力的项目及描述

一级因素	二级因素	因素解释	问卷体现
营销能力	电商运营能力	贵公司的电商运营能力影响到营销渠道整合的选择	X3
	营销策划能力	贵公司的营销策划能力影响到营销渠道整合的选择	X4
	多语言营销能力	贵公司的多语言营销能力影响到营销渠道整合的选择	X5

资料来源：根据文献梳理和机理分析得到。

表9-5　　　　　　　　　　战略目标的项目及描述

一级因素	二级因素	因素解释	问卷体现
战略目标	塑造品牌	贵公司希望通过营销渠道整合创建自有品牌/提高品牌知名度	X6
	提高利润率	贵公司希望通过营销渠道整合提高利润率	X7
	开拓海外市场	贵公司希望通过营销渠道整合开拓海外市场	X8
	渠道风险控制	贵公司希望通过营销渠道整合控制渠道风险	X9
	建立自主性优势	贵公司希望通过营销渠道整合建立自主性优势	X10

资料来源：根据文献梳理和机理分析得到。

表 9 – 6　　　　　　　　　　　　经济环境的项目及描述

一级因素	二级因素	因素解释	问卷体现
经济环境	国外跨境电商的发展程度	若国外跨境电商发展程度高，对外开放度高，则我国出口企业更倾向于采用营销渠道整合	问卷无体现，经济环境主要依赖于国家政策，收集二手资料加以分析
	国内跨境电商的发展环境	若国内跨境电商发展环境佳，我国出口企业更倾向于采用营销渠道整合	
	跨境电商配套设施的完善	若跨境电商的物流、支付、通关等更完善，我国出口企业更倾向于采用营销渠道整合	

资料来源：根据文献梳理和机理分析得到。

表 9 – 7　　　　　　　　　　　　渠道特性的项目及描述

一级因素	二级因素	因素解释	问卷体现
渠道特性	市场覆盖率或市场潜量	市场潜量大小会直接影响企业营销渠道的整合策略	6 – 7
	平台或渠道的知名度	在依托第三方平台营销时，贵公司看重平台在目标市场的知名度	X1
	产品与渠道的适用性	在渠道整合时，贵公司着重考虑经营产品适合的营销方式和渠道	X2

资料来源：根据文献梳理和机理分析得到。

表 9 – 8　　　　　　　　　　　　消费者行为的项目及描述

一级因素	二级因素	因素解释	问卷体现
消费者行为	个性化需求	海外消费者的个性化需求促进了贵公司的营销渠道整合	X11
	搜索习惯	海外消费者跨境网购的搜索习惯影响了贵公司的营销渠道整合	X12
	购物便利性	海外消费者对跨境网购便利性的认同促进了贵公司的营销渠道整合	X13
	网络安全信任	海外消费者对跨境网购的信任促进了贵公司的营销渠道整合	X14

资料来源：根据文献梳理和机理分析得到。

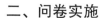
二、问卷实施

（一）问卷实施说明

为了获取高质量的数据，反映企业真实情况，笔者对问卷发放的区域、渠道及对象等进行了严格的控制，尽可能保证信息的有效性，排除其他干扰因素的影响。研究采用问卷星线上发放的方式，基于 BOSSGOO 平台对全国范围内的跨境电商出口企业进行问卷调查。

由于研究样本数量会影响到研究的准确性，使用小样本可能导致迭代失败，或产生不合理的解及降低参数估计的准确性，因此统计分析软件 SPSS 对样本的数量有一定的要求。研究的统计方法是因子分析法，在参考相关统计理论的基础上确定目标样本数量。

（二）数据收集情况

本研究共发放问卷 300 份，调研对象来自天津、北京、沧州、赣州、济南、南昌、潍坊、武汉、青岛、济宁、南京、广州、常州、石家庄、无锡、苏州、上海、金华、杭州、溧阳、宁波、银川、义乌、汕头、永康、深圳、温州、东莞、福州、重庆 30 个城市。问卷回收后，剔除无效问卷的准则主要有两个：一是填答缺漏太多的问卷；二是量表题答案一致的问卷。剔除无效问卷后，得到有效问卷 238 份，有效问卷回收率为 79.3%。总体而言，此次问卷的回收情况有效。

三、描述性统计分析

（一）样本描述性统计

样本描述性统计主要对调研样本的基本资料进行统计分析，得到调查样本的基本信息及分类比例。该调查样本的基本资料包括企业规模（员工数）、企业类型（性质）、产品品类、产品的出口地（海外市场）等。

调查问卷的第一部分关于调查对象基本资料的统计结果，见表 9 - 9 ~ 表 9 - 13。样本的基本特征是：微小型企业占比较大，微型企业达 60%，小型企业占29%；制造型企业和经销型企业各占43%，工贸一体企业占比较小；产品品类属办公用品最多，占26%，其次是箱包配饰18%，户外运动18%；出口市场最多的是中东欧市场，达到46%，其他海外市场的占比较为均匀；产品的市场覆盖率整体偏小，绝大多数跨境电商企业覆盖率的市场低于30%，约60%的企业市场覆盖率在10%以下。样本特征基本符合调查要求，样本覆盖面较好，整体较为合理。

表9-9　　　　　　　　　　　　企业员工数基本情况

基本信息	选项	频数	百分比（%）
企业员工数	1~20	142	59.66
	20~100	68	28.57
	100~300	18	7.56
	300~2 000	6	2.52
	2 000以上	4	1.68

资料来源：根据问卷调查整理得到。

表9-10　　　　　　　　　　　　企业性质基本情况

基本信息	选项	频数	百分比（%）
企业性质	制造型	102	42.86
	经销型	102	42.86
	工贸一体型	34	14.29

资料来源：根据问卷调查整理得到。

表9-11　　　　　　　　　　　　产品品类基本情况

基本信息	选项	频数	百分比（%）
产品品类	服装	38	15.97
	箱包配饰	44	18.49
	家电	14	5.88
	家具	8	3.36

续表

基本信息	选项	频数	百分比（%）
产品品类	家居用品	22	9.24
	3C 产品	14	5.88
	户外运动	42	17.65
	工业用品	8	3.36
	办公用品	62	26.05
	生鲜食品	4	1.68
	玩具	6	2.52
	建筑材料	4	1.68
	医疗设备	6	2.52
	新能源材料	4	1.68
	艺术雕像	30	12.60
	美妆洗护	36	15.13
	母婴产品	10	4.2
	其他	8	3.36

资料来源：根据问卷调查整理得到。

表 9－12　　　　　　　　出口市场基本情况

基本信息	选项	频数	百分比（%）
出口市场	东南亚、日本、韩国	70	29.41
	北美市场	70	29.41
	拉美市场	70	29.41
	非洲市场	62	26.05
	中东欧市场	110	46.22
	西欧市场	52	22.69
	其他市场	62	26.05

资料来源：根据问卷调查整理得到。

表 9 – 13　　　　　　　　　　市场覆盖率基本情况

基本信息	选项	频数	百分比（%）
市场覆盖率	低于 5%	84	35.29
	5%～10%	60	25.21
	10%～15%	32	13.45
	15%～20%	24	10.08
	20%～25%	8	3.36
	25%～30%	12	5.04
	30% 以上	18	7.56

资料来源：根据问卷调查整理得到。

（二）现状描述性分析

　　基于调查问卷第二部分对跨境电商企业营销渠道的现状调研，可知跨境电商企业都采用多渠道营销，29.4% 的企业有独立网站运营，21% 的企业拥有手机客户运营端，说明近 1/3 的跨境电商企业比较看重企业自身的销售能力，并积极拓展和整合其他的营销渠道。在诸多电商平台中，最受欢迎的是阿里巴巴平台，有 57.14% 的企业选择该平台进行跨境业务；其次是亚马逊和速卖通，占比各为 16.8%；淘宝集运约为 11%；其他的均低于 10%。表 9 – 14 是跨境电商企业现有营销渠道和未来 3～5 年内的营销渠道选择情况（挑选比例较高的部分）。

表 9 – 14　　　　　　　　　营销渠道的选择情况　　　　　　　　单位：%

选项	百分比（现在）	百分比（未来 3～5 年）
独立网站	29.41	29.41
手机客户端	21.01	26.05
亚马逊	16.81	25.21
速卖通	16.81	19.33
eBay	7.56	11.76
Wish	5.88	8.4
阿里巴巴	57.14	45.38

续表

选项	百分比（现在）	百分比（未来3~5年）
淘宝集运	10.92	15.97
中国制造网	6.72	11.76
搜索引擎优化	5.88	5.88
付费广告	6.72	9.24

资料来源：根据问卷调查整理得到。

由表9-14的对比情况可得，越来越多的跨境电商企业注重手机客户端的开发和运营，百分比由21.01%增长到26.05%，符合当下全球消费者的搜索习惯和购物习惯，即从PC端到移动端的购物趋势。阿里巴巴平台由现有的57.14%降至45.38%，说明阿里巴巴已不能满足部分跨境电商企业的要求，而亚马逊、速卖通、eBay、Wish、淘宝集运等电商平台都有小幅度的增长，从侧面反映了跨境电商企业根据自身的运营情况在调整并拓展营销渠道。

（三）量表描述性统计

将调研问卷第三部分的量表数据导入SPSS软件，得到以下描述性统计（见表9-15）。

表9-15　　　　　　　　　量表描述性统计

指标	最小值	最大值	平均数	标准差	方差
X1	1	5	2.44	0.809	0.655
X2	1	5	2.57	0.819	0.671
X3	1	5	2.64	0.722	0.521
X4	1	5	2.63	0.780	0.608
X5	1	5	2.70	0.829	0.687
X6	1	5	2.55	0.778	0.606
X7	1	5	2.48	0.801	0.642
X8	1	5	2.64	0.909	0.826

指标	最小值	最大值	平均数	标准差	方差
X9	1	5	2.59	0.796	0.634
X10	1	5	2.51	0.822	0.676
X11	1	5	2.67	0.825	0.680
X12	1	5	2.61	0.782	0.612
X13	1	5	2.73	0.799	0.639
X14	1	5	2.70	0.869	0.755

资料来源：根据 SPSS 22.0 软件统计得到。

四、信度效度分析

（一）信度检验

信度分析又称"可靠性分析"，用来衡量结果的内部一致性和稳定性程度，是反映被测特征真实程度的指标。信度有外在信度与内在信度两大类，一般情况下我们主要考虑量表的内在信度，即项目之间是否具有较高的内在一致性。信度分析的方法有再测法、复本相关法、折半法和 Cronbach α 系数多种，而 Cronbach α 系数法是评价内部一致性的首选，也是目前学术界最常用的信度系数。

$$\alpha = \frac{k}{k-1} \left| 1 - \frac{\sum S_i^2}{S_x^2} \right| \qquad (9-1)$$

式（9-1）中，k 为量表的题目个数，S_i 为第 i 题得分的方差，S_x 为测验总得分的方差。Cronbach α 系数范围在 0~1 之间，越接近 1，则量表中项目的内部一致性越高，即 $\alpha > 0.9$ 表示信度非常好，$0.7 < \alpha < 0.9$ 为高信度，$0.35 < \alpha < 0.7$ 代表中等信度，$\alpha < 0.35$ 则为低信度，不可接受。如果 α 为负值，则表明表中某些项目的内容是其他一些项目的反面。

根据 Cronbach α 系数法，笔者选用 SPSS 22.0 软件对所得数据进行检验，分析结果可见，影响因素的总量表 Cronbach α 系数为 0.958，每个影响因素的 Cronbach α 系数也都大于 0.7，说明本调研所得数据信度较好。具体结果如表 9-16~表 9-19 所示。

表 9-16   渠道特性因素信度检验

影响因素	指标	项目个数	Cronbach α 系数
渠道特性	在依托第三方平台营销时，贵公司看重平台在目标市场的知名度	2	0.792
	在渠道整合时，贵公司着重考虑经营产品适合的营销方式和营销渠道		

资料来源：根据 SPSS 22.0 软件信度检验得到。

表 9-17   营销能力因素信度检验

影响因素	指标	项目个数	Cronbach α 系数
营销能力	贵公司的电商运营能力影响到渠道整合的选择	3	0.782
	贵公司的营销策划能力影响到渠道整合的选择		
	贵公司的多语言营销能力影响到渠道整合的选择		

资料来源：根据 SPSS 22.0 软件信度检验得到。

表 9-18   战略目标因素信度检验

影响因素	指标	项目个数	Cronbach α 系数
战略目标	贵公司希望通过渠道整合创建自有品牌/提高品牌知名度	5	0.924
	贵公司希望通过渠道整合提高利润率		
	贵公司希望通过渠道整合开拓海外市场		
	贵公司希望通过渠道整合控制渠道风险		
	贵公司希望通过渠道整合建立自主性优势		

资料来源：根据 SPSS 22.0 软件信度检验得到。

表 9-19   消费者行为因素信度检验

影响因素	指标	项目个数	Cronbach α 系数
消费者行为	海外消费者的个性化需求促进了贵公司的营销渠道整合	4	0.906
	海外消费者跨境网购的搜索习惯影响了贵公司的营销渠道整合		

影响因素	指标	项目个数	Cronbach α 系数
消费者行为	海外消费者对跨境网购便利性的认同促进了贵公司的营销渠道整合	4	0.906
	海外消费者对跨境网购的信任促进了贵公司的营销渠道整合		

资料来源：根据 SPSS 22.0 软件信度检验得到。

（二）效度检验

效度是指题项能够真正测量出研究人员所要衡量事物的真实程度，表明概念和它的测量指标之间的关系，常用的效度分为内容效度和结构效度。

内容效度是指测量的内容与测量目标之间是否适合，也可以说是指测量所选择的项目是否"看起来"符合测量的目的和要求，主要依据调查设计人员和专家学者的主观判断判定问卷是否具有内容效度。在试调研准备阶段，已经通过学院专家学者的逻辑分析，我们认为此问卷具有很好的内容效度。

结构效度又称"建构效度"，是指测量结果体现出来的某种结构与测值之间的对应程度。一般认为，效度分析最理想的方法是利用因子分析测量量表或整个问卷的结构效度。因子分析的主要功能是从量表全部变量题项中提取一些公因子，各公因子分别与某一群特定变量高度关联，这些公因子代表了量表的基本结构。通过因子分析可以考察问卷是否能够测量出研究者设计问卷时假设的某种结构。在因子分析的结果中，用于评价结构效度的主要指标有累积贡献率、共同度和因子负荷。累积贡献率反映公因子对量表或问卷的累积有效程度；共同度反映由公因子解释原变量的有效程度；因子负荷反映原变量与某个公因子的相关程度。研究用因子分析的题项共同度来衡量各题项的结构效度，检验结果如表 9 - 20 ~ 表 9 - 23 所示。

表 9 - 20　　　　　　　　　渠道特性因素各题项的共同度检验

题项	初始	提取
X1 在依托第三方平台营销时，贵公司看重平台在目标市场的知名度	1.000	0.753

续表

题项	初始	提取
X2 在渠道整合时，贵公司着重考虑经营产品适合的营销方式和营销渠道	1.000	0.827

资料来源：根据 SPSS 22.0 软件效度检验得到。

表 9－21　　　　　　　**营销能力因素各题项的共同度检验**

题项	初始	提取
X3 贵公司的电商运营能力影响到渠道整合的选择	1.000	0.754
X4 贵公司的营销策划能力影响到渠道整合的选择	1.000	0.743
X5 贵公司的多语言营销能力影响到渠道整合的选择	1.000	0.804

资料来源：根据 SPSS 22.0 软件效度检验得到。

表 9－22　　　　　　　**战略目标因素各题项的共同度检验**

题项	初始	提取
X6 贵公司希望通过渠道整合创建自有品牌/提高品牌知名度	1.000	0.810
X7 贵公司希望通过渠道整合提高利润率	1.000	0.785
X8 贵公司希望通过渠道整合开拓海外市场	1.000	0.849
X9 贵公司希望通过渠道整合控制渠道风险	1.000	0.817
X10 贵公司希望通过渠道整合建立自主性优势	1.000	0.833

资料来源：根据 SPSS 22.0 软件效度检验得到。

表 9－23　　　　　　　**消费者行为因素各题项的共同度检验**

题项	初始	提取
X11 海外消费者的个性化需求促进了贵公司的营销渠道整合	1.000	0.775
X12 海外消费者跨境网购的搜索习惯影响了贵公司的营销渠道整合	1.000	0.838
X13 海外消费者对跨境网购便利性的认同促进了贵公司的营销渠道整合	1.000	0.854
X14 海外消费者对跨境网购的信任促进了贵公司的营销渠道整合	1.000	0.845

资料来源：根据 SPSS 22.0 软件效度检验得到。

表 9 – 20 ~ 表 9 – 23 中的数据为因子分析的初始解，显示了所有变量的共同度。每个表的第二列是因子分析初始解的变量共同度，它表明：如果采用主成分分析方法对原有变量提取所有特征根，那么原有变量的所有方差都可被解释，变量的共同度均为 1。事实上，因子个数小于原有变量的个数才是因子分析的目标，所以不可提取全部特征根。第三列是在按指定提取条件（特征根大于 1）提取特征根时的共同度。从第三列的数据来看，如果数据越大，或越接近于 1，说明因子提取变量的信息越多，丢失的信息越少（张红兵等，2007[1]）。由表 9 – 20 ~ 表 9 – 23 结果显示，各个因素中所有题项的共同度均大于 0.7，因此本次问卷不仅具有很好的内容效度，还具有较高的结构效度。

第三节　跨境电商企业营销渠道整合影响因素的分析

一、因子分析

（一）因子模型适应性分析

在运用因子模型分析之前，首先要对问卷数据进行 KMO 样本测度和 Bartlett's 球形检验，判断数据是否适合做因子分析。当 KMO 值越大时，表示变量间的共同因素越多，也就越适合做因子分析。一般认为，KMO > 0.9 表示非常适合；0.8 表示适合；0.7 表示一般；0.6 表示不太适合；0.5 以下表示极不适合。与此同时，Bartlett's 球形检验给出的相伴概率值 P 应小于显著水平 0.05。

由表 9 – 24 的数据可知，问卷数据的 KMO 值为 0.937，并且通过了显著性水平为 0.05 的 Bartlett's 球形检验，说明问卷调查的数据非常适合做因子分析。

---

[1]　张红兵，贾来喜，李潞. SPSS 宝典［M］. 北京：电子工业出版社，2007.

表 9 – 24   **KMO 与 Bartlett 的检验**

KMO 与 Bartlett 的检验		
取样足够度的 Kaiser – Meyer – Olkin 度量		0.937
Bartlett's 的球形检验	近似卡方	1 456.210
	df	91
	Sig.	0.000

资料来源：根据 SPSS 22.0 软件检验得到。

（二）因子分析

在因子模型适应性分析的基础上，对渠道整合影响因素的相关题项进行因子分析，限定提取 4 个因子，总方差解释如表 9 – 25 所示，累积解释方差为 80.614%。因子分析的检验结果如表 9 – 26 所示。

表 9 – 25   **总方差解释**

组件	初始特征值			提取载荷平方和			旋转载荷平方和		
	总计	方差（%）	累积（%）	总计	方差（%）	累积（%）	总计	方差（%）	累积（%）
1	9.105	65.033	65.033	9.105	65.033	65.033	3.741	26.721	26.721
2	1.037	7.410	72.443	1.037	7.410	72.443	3.300	23.572	50.293
3	0.608	4.346	76.789	0.608	4.346	76.789	2.431	17.361	67.654
4	0.535	3.825	80.614	0.535	3.825	80.614	1.814	12.960	80.614
5	0.506	3.615	84.229						
6	0.396	2.832	87.061						
7	0.371	2.653	89.714						
8	0.338	2.417	92.131						
9	0.249	1.782	93.913						
10	0.226	1.615	95.528						
11	0.199	1.423	96.951						
12	0.177	1.262	98.213						
13	0.137	0.976	99.189						
14	0.114	0.811	100.00						

注：提取方法：主成分分析法。

表 9 – 26　　　　　　　　　　　旋转后的因子载荷矩阵

题项	1	2	3	4
X1 在依托第三方平台营销时，贵公司看重平台在目标市场的知名度	0.797	0.254	0.204	0.114
X4 贵公司的营销策划能力影响到渠道整合的选择	0.707	0.196	0.172	0.419
X2 在渠道整合时，贵公司着重考虑经营产品适合的营销方式和营销渠道	0.692	0.190	0.281	0.482
X10 贵公司希望通过渠道整合建立自主性优势	0.678	0.302	0.512	0.140
X9 贵公司希望通过渠道整合控制渠道风险	0.625	0.353	0.492	0.168
X13 海外消费者对跨境网购便利性的认同促进了贵公司的营销渠道整合	0.613	0.544	0.084	0.273
X3 贵公司的电商运营能力影响到渠道整合的选择	0.299	0.837	0.203	0.151
X5 贵公司的多语言营销能力影响到渠道整合的选择	0.187	0.779	0.369	0.245
X14 海外消费者对跨境网购的信任促进了贵公司的营销渠道整合	0.334	0.767	0.283	0.257
X7 贵公司希望通过渠道整合提高利润率	0.336	0.326	0.685	0.359
X8 贵公司希望通过渠道整合开拓海外市场	0.242	0.550	0.625	0.311
X6 贵公司希望通过渠道整合创建自有品牌/提高品牌知名度	0.598	0.282	0.601	0.109
X12 海外消费者跨境网购的搜索习惯影响了贵公司的营销渠道整合	0.286	0.292	0.210	0.769
X11 海外消费者的个性化需求促进了贵公司的营销渠道整合	0.234	0.425	0.497	0.541

注：提取方法：主成分分析法。
　　旋转方法：Kaiser 标准化最大方差法。
　　旋转在 12 次迭代后收敛。

由表 9 – 26 可知，14 个原始题项在进行了 Kaiser 标准化的正交旋转后，分别在某个因子上具有大于 0.5 的因子载荷，笔者视为它们可以由一个公因子典型代表。根据 X1、X2、X4、X9、X10、X13 在第一个因子上具有较高的载荷，可见第一个因子包含了渠道知名度、渠道与产品的适应性、渠道风险控制以及渠道优势等指标，主要反映了跨境电商企业在营销渠道整合过程中考虑各营销渠道的能力水平，其中营销策划能力和跨境网购的便利性这两个指标从侧面体现了网络营销渠道的水平，因此将第一个因子命名为营销渠道发展水平（MCDL）；X3、X5、X14 主要解释了跨境电商企业的电商运营能力、多语言营销能力和网购安全保障能力，因此将第二个因子命名为跨境网络营销能力（CMC）；X6~X8 解释了跨境电商企业进行营销渠道整合的企业目标，因此将第三个因子命名为跨境电商战略目标（CES）；X11、X12解释了海外消费者的个性化需求和搜索习惯，因此将第四个因子命名为消费者行为导向（CBO）。

为了更直观地观察因子分析后各因子的经济含义以及对应的原始指标，笔者将每个因子的方差贡献率占因子总方差贡献率的比重作为因子权重，以便分析公共因子对营销渠道整合的影响大小，结果如表 9-27~表 9-30 所示。

表 9-27　　　　　　　　　　　　　营销渠道发展水平因子权重

公因子	具体指标	因子权重
营销渠道发展水平	X1 在依托第三方平台营销时，贵公司看重平台在目标市场的知名度	0.332
	X2 在渠道整合时，贵公司着重考虑经营产品适合的营销方式和营销渠道	
	X4 贵公司的营销策划能力影响到渠道整合的选择	
	X9 贵公司希望通过渠道整合控制渠道风险	
	X10 贵公司希望通过渠道整合建立自主性优势	
	X13 海外消费者对跨境网购便利性的认同促进了贵公司的营销渠道整合	

资料来源：根据各因子方差贡献率占因子总方差贡献率的比重计算得到。

表 9-28　　　　　　　　　　　　　跨境网络营销能力因子权重

公因子	具体指标	因子权重
跨境网络营销能力	X3 贵公司的电商运营能力影响到渠道整合的选择	0.292
	X5 贵公司的多语言营销能力影响到渠道整合的选择	
	X14 海外消费者对跨境网购的信任促进了贵公司的营销渠道整合	

资料来源：根据各因子方差贡献率占因子总方差贡献率的比重计算得到。

表 9-29　　　　　　　　　跨境电商战略目标因子权重

公因子	具体指标	因子权重
跨境电商战略目标	X6 贵公司希望通过渠道整合创建自有品牌/提高品牌知名度	0.215
	X7 贵公司希望通过渠道整合提高利润率	
	X8 贵公司希望通过渠道整合开拓海外市场	

资料来源：根据各因子方差贡献率占因子总方差贡献率的比重计算得到。

表 9-30　　　　　　　　　消费者行为导向因子权重

公因子	具体指标	因子权重
消费者行为导向	X11 海外消费者的个性化需求促进了贵公司的营销渠道整合	0.161
	X12 海外消费者跨境网购的搜索习惯影响了贵公司的营销渠道整合	

资料来源：根据各因子方差贡献率占因子总方差贡献率的比重计算得到。

二、提取结果分析

通过因子分析提取了影响跨境电商企业营销渠道整合的四大因子，分别是营销渠道发展水平、跨境网络营销能力、跨境电商战略目标和消费者行为导向，各因子所占权重情况如表 9-31 所示。

表 9-31　　　　　　　　　各因子所占权重情况

公因子	营销渠道发展水平	跨境网络营销能力	跨境电商战略目标	消费者行为导向
因子权重	0.332	0.292	0.215	0.161

资料来源：根据各因子方差贡献率占因子总方差贡献率的比重计算得到。

（一）营销渠道发展水平直接影响渠道整合的策略

营销渠道发展水平在所有因子中权重最高，约为 33%，可见营销渠道发展水平对跨境电商企业营销渠道整合的影响最大，渠道在目标市场的知名度、渠道与产品的适应性、渠道的自主性优势以及渠道的风险控制直接影响到跨境电商企业在渠道整合时的营销渠道选择。由图 9-2 可知，超过 50%的跨境电商企业认为营销渠道在目标市场的知名度很重要，尤其是依托第三方跨境电商平台营销时，例如亚马逊、Wish 在美国市场知名度较高，eBay 在欧洲市场较受欢迎，速卖通在俄罗斯和巴西等新兴市场是主流平台。渠道的知名度越高意味着越受消费者的关注，因此入驻知名平台的跨境电商企业越容易被消费者发现，从而获得越大的订单量。据问卷第二部分调查结果显示，大部分跨境电商企业以阿里巴巴、淘宝集运、环球资源等大型外贸网络平台为依托，寻找海外买家；或者通过 eBay、亚马逊、速卖通等第三方知名跨境电商平台，尝试线上零售出口。此外，也有部分企业开始自建独立网站和手机客户端，旨在控制渠道风险、建立自主性优势。

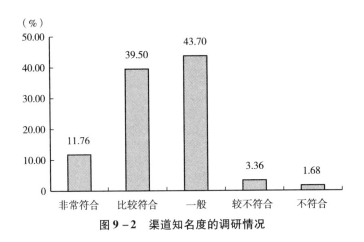

图 9 - 2　渠道知名度的调研情况

跨境电商企业除了关注营销渠道在海外市场的知名度，还特别注重产品与渠道的适应性问题。根据图 9 - 3 所示，约 58% 的跨境电商企业认为，在营销渠道整合时要特别考虑与经营产品相合适的营销方式和营销渠道。根据对企业所经营的产品品类和现有营销渠道的对比分析显示，经营日用品（包括服装、箱包配饰、美妆洗护及母婴用品等）的跨境电商企业更倾向于选择平台式营销，经营电子产品、户外运动类的跨境电商企业在平台式营销的基础上还会整合营销推广渠道，如 SNS 营销，便于交流与互动，经营工业用品的跨境电商企业更注重精准化营销，普遍采用本地化小语种推广或代运营等方式。不同的产品有其不同的营销方式，因此开发适销对路的产品或者选择适合企业所经营品类的营销渠道会让营销事半功倍。

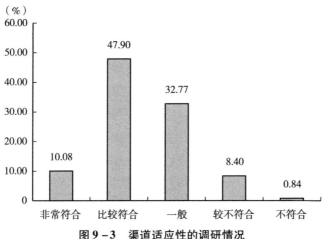

图9-3　渠道适应性的调研情况

由图9-4可知，约45%的跨境电商企业希望通过营销渠道整合建立渠道自主性优势，约47%的跨境电商企业认为渠道自主性优势对其营销渠道整合的影响一般。据问卷第一部分对企业规模的调查显示（见图9-5），约60%的企业员工数在20人以下，约28%的企业员工数在20~100人，可见调研对象以中小型企业为主。由于渠道自主性优势的建立一般基于企业的规模大小或企业的发展阶段，而中小型企业还处于发展摸索期或成长期，未将渠道自主性优势列入计划内，因此在营销渠道整合的过程中该因素影响程度不大。

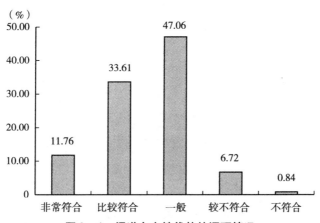

图9-4　渠道自主性优势的调研情况

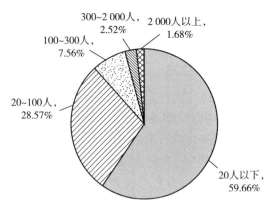

图9-5 企业规模调研情况

渠道风险控制是每个企业都非常关注的问题,然而图9-6的调研情况显示,超过50%的跨境电商企业认为渠道风险控制对其营销渠道整合的影响一般。国内电商时代,渠道风险和冲突是指供应商、一级代理、二级代理等渠道成员间的矛盾,而跨境电商背景下的渠道风险主要是指营销渠道的可靠性和有效性。虽然营销渠道整合有利于扩大市场覆盖率、开拓海外市场,但也带来各营销渠道运营成本的高投入以及人员岗位的增多,因此渠道风险控制对跨境电商企业的营销渠道整合行为而言,影响不显著。

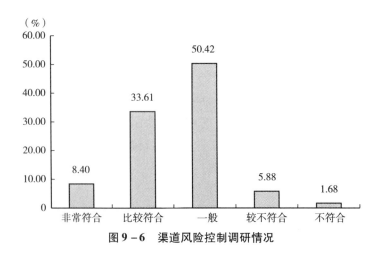

图9-6 渠道风险控制调研情况

(二)跨境网络营销能力决定渠道整合的策略选择

跨境网络营销能力对跨境电商企业营销渠道整合的影响较大,在所有因子中权重趋近30%。可见，电商运营能力、多语言营销能力及网购安全保障能力很大程度上决定着跨境电商企业营销渠道整合的策略。由图9-7可知，超40%的企业认为电商运营能力对营销渠道整合的选择有很大影响，而电商运营能力包括市场定位的能力、产品布局的能力和营销策略的能力，因此必须注重企业的营销团队建设。营销团队的人员分工及岗位安排决定着该团队的专业程度，例如出口电商平台eBay和Wish，尽管两者的平台操作略相似，但对于产品的定位和布局是有差别的，故而不能用同一种方法处理不同的渠道。只有对选定的营销渠道有全方位的了解和认识，才能最大限度地发挥该渠道的效用。

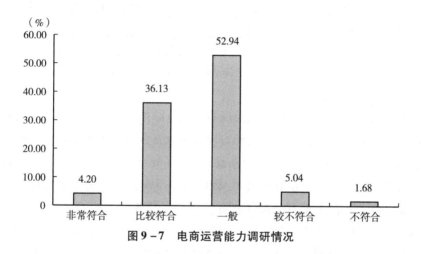

图9-7　电商运营能力调研情况

由图9-8可知，多语言营销能力和网购安全保障能力的调研情况相似，近36%（非常符合＋比较符合）的跨境电商企业认为多语言营销能力和网购安全保障能力对其营销渠道整合的影响较大，约53%的企业认为影响一般。多语言营销能力是进行跨境业务时最基础的能力，是拓展海外市场最需要的能力，但这跟企业发展的阶段也有关系。在起步阶段，绝大多数跨境电商企业只有一个目标市场，通常是英语国家，因此营销团队精通英语就可以胜任；在高速发展期，企业会拓展海外市场，若目标市场拓展到南美国家，则有必要整合小语种（如西班牙语）或多语言推广渠道；在成熟稳定期，企业的市场覆盖率高，涉及多语言国家，不仅要进行多语言的翻译和推广，还要考虑当地的风俗习惯甚至是版式要求，比如阿拉伯语的文字顺序就不是传统的从左到右，而是从右到左，这都是跨境出海要考虑的问题。

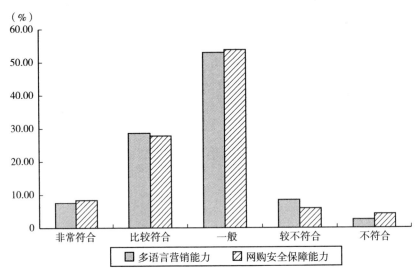

图9-8 多语言营销和网购安全保障能力调研情况

根据问卷第二部分对营销渠道现状的调查结果显示，目前我国跨境电商企业的电商运营能力、营销策划能力以及多语言营销能力不足，拥有独立营销网站的只占29.4%。而根据企业性质的不同，其营销渠道的选择也有差异，具体表现为图9-9，制造型企业中有23.5%拥有独立营销网站，经销型企业中有29.4%拥有独立营销网站，工贸一体型企业中有47.1%拥有独立营销网站。由此可知，制造型企业侧重研发生产，在自身营销团队的建设方面投入较少，主要整合第三方跨境电商平台和互联网营销推广渠道；经销型企业在独立营销网站的建设方面投入也不大，造成这种现象的原因可能是有心无力，即经销型企业大多数规模较小，没有足够的财力物力建设营销团队，

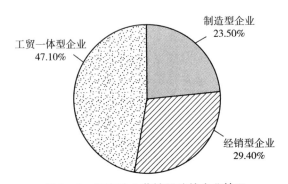

图9-9 拥有独立营销网站的企业情况

因此在营销渠道整合的过程中偏向于整合第三方资源；工贸一体型企业在独立营销和依托第三方跨境电商平台及互联网营销技术上的分配较为均衡，为提高自身的网络营销能力，侧重于整合互联网推广渠道，力求摆脱对第三方跨境电商平台的依赖。

（三）跨境电商战略目标是渠道整合的重要出发点

跨境电商战略目标在所有因子中的权重约为 21%，相较于前两个因子比重较小，但也一定程度影响着企业渠道整合的抉择，可以说跨境电商企业想实施品牌战略、提高品牌知名度、开拓海外市场及提高利润率是其渠道整合的重要出发点。由图 9 - 10 可知，尽管约 50% 的跨境电商企业认为这些战略目标对渠道整合影响一般，但每个战略目标都有超 10% 的跨境电商企业肯定其影响作用，这意味着越来越多的企业意识到战略目标的重要性。其中，提高利润率对企业营销渠道选择的影响最大，有 46% 的跨境电商企业持肯定态度，其次是品牌战略和开拓海外市场。

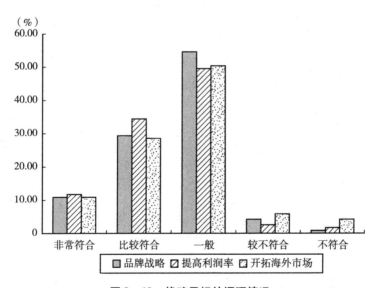

图 9 - 10　战略目标的调研情况

在"符合"的选项里，品牌战略百分比最高，其次是开拓海外市场和提高利润率，反映了多数跨境电商企业对品牌重要性的认可，同时从战略的高度上重视品牌的建设与推广。品牌的意义在于有意识地使自己的品牌产品形成特有的风格属性，吸引特定的客户群体塑造品牌黏性，实现更好的客户体验。在外贸需求持续低迷、综合成本居高不下的大环境下，我国很多中小外贸企业由代工向品牌转型，以往不重视营销渠道、只重视订单生产的模式已远远不能满足企业的长期发展。最重要的是，当今企业的竞争已经由产品质量和服务的竞争转向更高阶段的品牌之间的竞争，因此企业不仅要对产品进行严格把关，追求高品质的产品，让产品为自己代言，塑造自有品牌，还需整合网络营销推广渠道，充分利用互联网技术增加企业品牌曝光度，从而提高品牌知名度。

跨境电商的繁荣发展为中小外贸企业开辟了直面全球市场的新渠道，由图 9－11 可知，目前我国跨境电商企业出口市场比例最大的是中东欧国家，占比46%，西欧市场占比最小，约为23%，其他海外市场的占比较为均匀。为扩大市场覆盖率和提高企业利润率，跨境电商企业首先应了解各网络营销渠道的市场分布情况，例如 eBay 的核心市场在美国和欧洲，是比较成熟的市场；速卖通的侧重点在新兴市场，特别是俄罗斯和巴西；亚马逊主要市场在美国和加拿大；Wish 在美国市场有非常高的人气。其次结合实际情况转变其传统营销渠道，通过营销渠道整合有效对接庞大的海外新兴市场。

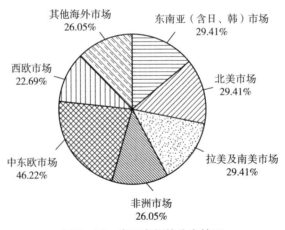

图 9－11　出口市场的分布情况

（四）消费者行为导向对渠道整合的影响程度较小

消费者行为导向在所有因子中的权重最小，约为16%，表明消费者的个性化需求和搜索习惯对跨境电商企业营销渠道整合的影响较小。由图 9 - 12 可知，消费者的个性化需求和搜索习惯调研情况相似，约 52% 的跨境电商企业认为消费者行为对营销渠道整合的影响一般，38%~41% 的跨境电商企业肯定消费者行为带来的影响。理论上，消费者的个性化需求和搜索习惯会对企业的营销策略产生较为重要的影响，但由于 B2B 订单量较为稳定且交易金额巨大，目前跨境电商企业的运营模式仍以 B2B 为主，B2C 的量相对而言较少，于是来自消费者的直接反馈较为缺乏。此外，跨境电商的顾客群来自海外市场，对其消费者的普调较难开展，从而导致对海外消费者的行为研究较浅。因此，理论研究和实证分析结论有些不符。

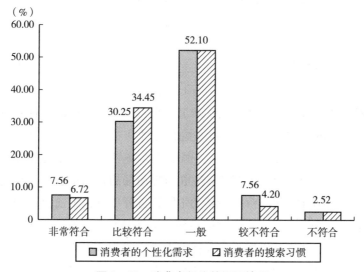

图 9 - 12　消费者行为的调研情况

从长远来看，跨境电商的发展将呈现扁平化趋势，业务量逐渐由 B2B 向 B2C 甚至是 F2C 进行转移，因此企业应更加关注消费者的个性化需求和消费者的搜索习惯。在跨境电商领域，客户群体通常是国内的中产阶级，他们对价格的敏感度不是很高，而对产品品质特别在意，消费升级的愿望比较强烈，更加倾向于购买价格合理、质量卓越、功能实用的商品。同时，从实物走向感觉，从产品走向服务，是一个可以预见的发展趋势，即消费者的购物体验非常重要，这包括海外消费者对产品的形象体验、对客服的互动体验、对购物的开箱体验、对商品的使用体验、对后续的售后体验以及对商家的服务体验。因此，消费者的个性化需求在未来对跨境电商企业的营销渠道整合会产生较大的影响。

随着智能手机在第三世界国家的普及和第一世界、第二世界国家偏远地区用户对跨境网购接受程度的提升，某些蓝海国家甚至没有经历 PC 端就直接进入了移动端的购物，这些国家的消费者以追求时尚和新鲜的年轻人为主。而对于网购成熟的欧美市场，无线购物的比例也在增长，Wish 就是专门针对移动购物的平台。因此，消费者的搜索习惯和购物习惯都在不停地变化，而这对跨境电商企业的营销渠道整合也将产生深远的影响。

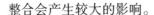

第四节　研究结论与启示

一、研究结论

本章在理论分析和实证研究基础上，重点探讨了跨境电商企业在营销渠道整合过程中的影响因素，研究结论总结如下。

第一，营销渠道发展水平直接影响到跨境电商企业在渠道整合时的营销渠道选择，主要表现为：①营销渠道在目标市场的知名度越大，其受跨境电商企业的青睐越高；②经营产品品类不同，选择的营销渠道也不同，应注重产品和渠道的适应性。

第二，跨境网络营销能力很大程度上决定着跨境电商企业网络营销渠道整合的策略，电商运营能力强调企业自身营销团队的建设，多语言营销能力与企业的发展阶段有关，营销策划能力与企业性质相关，都是依据企业的定位和发展不断地调整营销渠道。

第三，跨境电商战略目标是跨境电商企业营销渠道整合的重要出发点，提高利润率对企业营销渠道的选择影响最大，其次是品牌战略和开拓海外市场。虽然目前品牌战略的影响程度普遍不大，但越来越多的跨境电商企业重视品牌的建设与推广。

第四，由于目前跨境电商运营模式的局限性以及对海外消费者的调研不易，消费者行为导向对跨境电商企业营销渠道整合的影响较小。但根据跨境电商行业发展的趋势显示，消费者的个性化需求和搜索习惯对跨境电商企业的营销渠道整合也会产生较大的影响。

二、对企业的启示与优化策略

(一) 分析营销渠道特性，完善渠道整合策略

根据研究结论一，说明营销渠道发展水平对跨境电商企业营销渠道整合的影响非常大。为了完善企业的营销渠道整合策略，跨境电商企业在选择营销渠道的时候，应提前对各营销渠道的特性进行两方面的分析，即产品—渠道的适应性分析和渠道—市场的适应性分析。在整合不同类型的网络营销渠道的过程中，尤其是在发展自营跨境平台或选择第三方跨境电商平台时，企业要先进行产品—渠道的适应性分析，注重营销渠道对品牌产品的专业化经营。跨境电商企业在深入分析自己品牌产品的基础上对海外市场进行细分，从而将不同的产品投放到不同的市场，以满足不同的需求。此外，针对不同的客户人群或不同的海外市场，各网络营销渠道的受欢迎程度是有差异的，因此跨境电商企业也要进行渠道—市场的适应性分析，了解各营销渠道在海外市场的知名度，分析目标顾客的购买准则，在某一选定的细分市场上选出与目标顾客购买准则相适应的知名的营销渠道。例如，速卖通是全球最活跃的、产品品类最丰富的跨境平台之一，其特点是产品价格比较敏感，低价策略比较明显，地区侧重点在俄罗斯、巴西等国家新兴市场，适合有明显供应链和价格优势的自产自销型中小企业。

对中国跨境电商企业而言，知名的跨境电商平台有亚马逊、eBay、Wish和速卖通，推广渠道有搜索引擎优化、本地化小语种推广、SNS 营销等，而其他一些国家的本土化电商平台也非常有影响力，比如美国的新蛋，中东的Souq，东南亚的 Lazada 和日本的乐天等，要想在各式各样的营销渠道中做好选择，让自己的产品更适合目标消费群体，对客户进行精准的营销和定位，首先要进行营销渠道的双向适应性分析，然后才能依据自身的产品情况完善渠道整合策略。

(二) 培养跨境电商人才，提升跨境营销能力

研究结论二反映了跨境网络营销能力对跨境电商企业的营销渠道整合策略有着决定性影响，因此跨境电商企业要注重培养营销团队和跨境电商方面的综合型人才，多渠道地对这些人才进行孵化或挖掘，有效提升企业自身的

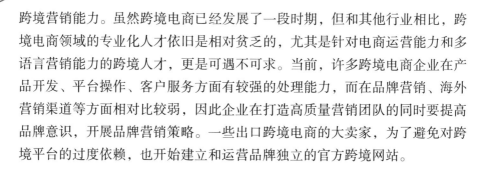

跨境营销能力。虽然跨境电商已经发展了一段时期，但和其他行业相比，跨境电商领域的专业化人才依旧是相对贫乏的，尤其是针对电商运营能力和多语言营销能力的跨境人才，更是可遇不可求。当前，许多跨境电商企业在产品开发、平台操作、客户服务方面有较强的处理能力，而在品牌营销、海外营销渠道等方面相对比较弱，因此企业在打造高质量营销团队的同时要提高品牌意识，开展品牌营销策略。一些出口跨境电商的大卖家，为了避免对跨境平台的过度依赖，也开始建立和运营品牌独立的官方跨境网站。

（三）定位品牌战略目标，建立独立营销渠道

出口跨境电商经过多年的孕育和发展，一部分工厂型的跨境卖家意识到了培养品牌的重要性，他们开始从后端走向前台，构建自身的海外营销渠道，试图改变传统的 OEM 贴牌模式，在扩大出口交易额的同时构建起独特的竞争壁垒，建立海外客户对自身品牌的认知。根据研究结论三，跨境电商战略目标是跨境电商企业营销渠道整合的重要出发点，虽然目前品牌战略的影响程度不大，但越来越多的跨境电商企业重视品牌的建设与推广。品牌化经营是企业做大做强的关键，不同类型的跨境电商企业应依据自身的优劣势拟定合适的营销渠道整合策略，力求从营销中发挥品牌影响力。

由于制造型企业的侧重点在产品的生产和研发，其营销团队、营销能力及营销经验都处于弱势，因此企业在运营方面要善用资源、借力打力。例如，与知名第三方跨境电商平台合作或依托专业度高的第三方服务机构，依赖第三方平台或机构的优势，通过多渠道营销快速形成自身品牌的口碑，然后创建自营跨境电商平台，通过互联网推广渠道增加产品曝光率、提升品牌知名度，从而逐渐摆脱第三方跨境电商平台。对工贸一体型和经销型企业而言，产品品牌的定位和品牌的运营都是非常重要的，应先找准品牌定位，拥有企业专属品牌，并附着给此品牌独一无二的价值，然后打造跨境营销团队，培养团队人员的电商运营、营销策划及多语言营销能力等，将企业的品牌文化与网络营销渠道的特性结合起来，开展品牌营销策略。因而企业应从战略的高度定位品牌目标，开始建立和运营品牌独立的营销渠道。

（四）迎合顾客消费习惯，满足顾客消费需求

虽然调研结果显示消费者行为导向对跨境电商企业营销渠道整合的影响较小，但根据跨境电商行业发展的趋势而言，消费者的个性化需求和搜索习

惯也会对跨境电商企业的营销渠道整合产生较大的影响。从一些跨境平台上市公司的财报上可以看出，流量从 PC 端向移动端转移的趋势非常明显，无论是移动端的访问人数，还是访问比例，以及访问频次和访问深度，都暗示着移动端的受欢迎程度较高，因此跨境电商企业应注重移动端的开发。

此外，面对全球消费需求的升级，我国跨境电商企业应充分利用该行业的特色，布局多种营销渠道为消费者提供最新信息和便捷性服务，以期迎合消费者的购物习惯，满足不同消费者的个性化需求。在此基础上，为了满足消费者在获取信息方面的便利性需求，企业在开展网络营销渠道整合时需对各个网络营销渠道进行搜索优化和链接优化。搜索引擎优化可以简化消费者搜索相关信息的过程，方便消费者的信息浏览；积极与垂直搜索引擎网站进行嫁接，实现各营销渠道间信息的快速链接，不仅可以降低原有渠道中消费群体的信息搜索成本，还可以降低潜在消费者进入各种新渠道的搜索成本，这将极大地提高品牌和产品市场的拓展效果。

第十章　跨境电商企业的品牌建设

　　品牌是中国企业拓展海外市场、提升国际化形象和增强国际核心竞争力的重要标志，也是打造跨境电商供应链优势的核心策略之一。跨境电商企业的品牌竞争力来自它在消费者心目中的认可程度，而品牌在消费者心中的认可程度需要依靠长期的品牌建设进行提高，最终在消费者心中树立一个良好的品牌形象。我国跨境电商企业管理者，由于目前跨境电商正处于高速发展时期，其品牌意识正在逐步增强，但实施品牌化战略的工作还处于起步阶段，品牌建设道路如何推进还不是非常清晰，这也导致我国跨境电商企业在国际竞争中处于不利的状态，严重制约我国跨境电商企业的成长和发展。在这种趋势下，跨境电商品牌建设成为跨境电商企业能否在全球市场占据有利位置的关键。跨境电商企业想要继续在激烈的竞争中生存发展，不仅要对政策进行细致的解读，更要就跨境电商企业品牌建设的机理及路径进行研究，从而制定合理的品牌建设路径，进行有针对性的品牌建设活动。

第一节　品牌建设的相关研究动态

　　吴群（2010）指出，对中小企业而言，要通过增强品牌意识来加强品牌建设，实施品牌共享战略，通过网络、搭建消费链条等多种营销渠道路径来实现[①]。品牌建设所有者通常是企业所有者以及创建品牌的组织者，品牌建设不仅是品牌创建，还需要维持品牌传播、品牌形象、市场及品牌资产维护等活动。

---

① 吴群. 大力推进中小企业品牌建设［J］. 理论探索，2010（5）：80－82.

郑文清、胡国珠和冯玉芹（2014）提出感知价值对品牌忠诚度的影响，最后还发现在企业品牌建设的过程中，顾客感知价值发挥着重要的作用[①]。范小军和黄沛（2012）发现，转换成本对企业品牌能否取得成功具有一定的作用[②]。李欣、张明立和罗暖（2016）提出产品认知在品牌形象中的重要性，进而影响到企业品牌的构建[③]。关系品质是指消费者在接受企业服务之后，感知到的对企业是否值得信任的不确定性和紧张感降低的程度，主要体现在企业与客户的沟通维护情况和信任度。由于目前国内已上市的跨境电商企业不多，而未上市的跨境电商企业又无法提供真实的企业数据，因此通过梳理以上文献，并考虑量化分析过程的操作性，笔者最终选择从感知价值、转换成本、感知风险、产品认知、关系品质五个方面研究跨境电商企业品牌建设的相关问题。

一、感知价值与品牌建设的相关研究

感知价值是顾客在感知到产品或服务的利益之后，去掉在获取产品或服务时所付出的成本，最终得到对该企业产品或服务效用的主观评价。

董大海、权晓妍和曲小飞（1999）提出，感知价值是顾客在消费购买某种产品或者服务时，所感知的价值与付出的所有成本的差别比较[④]。成清海（2007）提出了感知价值是顾客在购买某一产品或者服务的时候，对产品或者服务的最终评价[⑤]。王崇等（2007）提出消费者的感知价值受到消费者感知利益的影响，会对消费者最终的感知价值产生影响[⑥]。汪旭晖和徐健（2008）研究认为消费者满意主要来源于消费者的感知价值，也就是感知价值决定了消费者的忠诚度[⑦]。酒聪敏（2011）在研究口碑及广告对消费者购

[①]　郑文清，胡国珠，冯玉芹. 营销策略对品牌忠诚的影响：顾客感知价值的中介作用［J］. 经济经纬，2014，31（6）：90 – 95.

[②]　范小军，黄沛. 自有品牌成功的先决因素和影响效应研究［J］. 管理科学学报，2012，15（12）：25 – 39.

[③]　李欣，张明立，罗暖. 品牌形象对品牌关系利益的影响［J］. 管理科学，2016，29（6）：120 – 130.

[④]　董大海，权晓妍，曲小飞. 顾客价值及其构成［J］. 大连理工大学学报（社会科学版），1999.

[⑤]　成海清. 顾客价值驱动要素剖析［J］. 经济论坛，2007（2）：48 – 59.

[⑥]　王崇，李一军，叶强. 互联网环境下基于消费者感知价值的购买决策研究［J］. 预测，2007，26（3）：21 – 25.

[⑦]　汪旭晖，徐健. 基于转换成本调节作用的网上顾客忠诚研究［J］. 中国工业经济，2008（12）：113 – 123.

买意愿的影响时，将感知价值作为调节变量，得出感知价值可正向影响消费者购买意愿①。钟诗行（2011）认为消费者购物过程中的细节，往往能影响消费者的购物决策②。这些细节影响了客户体验，也就是说，电子商务做品牌，做的就是体验。李雪欣、钟凯（2013）认为对于消费者，感知价值有正向影响的因素包括感知产品质量、感知网站服务质量以及购买成本③。彭卉（2016）提出了当一个企业品牌在运营并向顾客提供服务的时候，会通过满足顾客的多样化需求来提升顾客的满意度，从而增强顾客的品牌忠诚度④。李武（2017）在感知价值四维度模型的基础上，结合电子书阅读客户端将感知价值划分为社会价值、价格价值、内容价值、互动价值和界面设计价值，考察这些不同维度的感知价值变量对用户电子书阅读客户端的满意度和忠诚度的影响⑤。尼哈什米等（Nikhashemi et al.，2016）认为零售店企业客户感知价值对品牌有着重要的影响，感知价值越高，客户品牌忠诚度也越高⑥。林等（Lin et al.，2017）认为企业透明度影响客户感知价值，而客户感知价值对品牌忠诚度产生影响⑦。

卢宏亮（2017）从消费者视角分析，研究了 B2B 品牌的功能价值、情感价值和感知付出对消费者购买意愿的影响，同时分析了消费者知识水平在消费者购买过程中的调节作用⑧。刘振华（2017）在对感知价值与消费者购买意愿之间关系研究的基础上发现，在不同互补情况下感知价值对消费者最终决策发挥着不同的影响⑨。葛瑶（2017）论述了服务体验对品牌关系的影

---

① 洒聪敏. 基于顾客感知价值的品牌、广告、口碑对购买意愿的影响研究［D］. 广州：华南理工大学，2011.
② 钟诗行. 电商品牌体验优化：细节决定成败［J］. 广告主：市场观察，2011（10）：46－47.
③ 李雪欣，钟凯. 网络消费者感知价值影响因素的实证研究［J］. 首都经济贸易大学学报，2013，15（3）：77－84.
④ 彭卉. 数字化智能化定制的顾客感知价值对品牌忠诚度影响研究［D］. 杭州：浙江理工大学，2016.
⑤ 李武. 感知价值对电子书阅读客户端用户满意度和忠诚度的影响研究［J］. 中国图书馆学报，2017，43（6）：35－49.
⑥ Nikhashemi S R, Tarofder A K, Gaur S S, et al. The Effect of Customers' Perceived Value of Retail Store on Relationship between Store Attribute and Customer Brand Loyalty：Some Insights from Malaysia［J］. Procedia Economics & Finance, 2016, 37：432－438.
⑦ Lin J, Lobo A, Leckie C. The role of benefits and transparency in shaping consumers' green perceived value, self-brand connection and brand loyalty［J］. Journal of Retailing & Consumer Services, 2017, 35：133－141.
⑧ 卢宏亮，魏怡，张岩，樊文翔. 消费者感知价值与 B2B 成分品牌购买意向——客观知识水平的调节作用［J］. 贵州财经大学学报，2017（5）：10－19.
⑨ 刘振华. 感知价值对不同互补品购买意愿的影响——核心产品品牌形象的调节作用［J］. 商业经济研究，2017（24）：45－48.

响过程和原理，引入感知价值作为中介变量并提出概念模型，明确了服务体验在服务行业中感知价值的中介作用如何发挥，对消费者的品牌忠诚产生显著影响，进而影响品牌关系①。单娟（2018）通过分析奢侈品面临的机遇与威胁，以及奢侈品相关概念的转变，对数字化背景下的奢侈品感知价值进行重构，并提出了未来研究方向，为奢侈品感知价值理论的发展做出贡献②。王珊（2018）指出，企业应深层次挖掘顾客的需求，进而提供个性化的服务和优惠；企业应促进顾客价值创新，实现企业效益；企业应架起和巩固顾客与品牌关系的桥梁，并根据顾客需求不断注入新颖实在的产品或者服务③。李宗伟、张艳辉、栾东庆（2017）研究了从产品感知价值、服务感知价值和社会感知价值三个维度的网购模式下的顾客感知价值，发现网购消费者的在线评论、信用等级、卖家 DSR 服务评分及开店时长都会影响消费者的购买决策④。杨燚（2018）则是从享乐价值和功利价值来研究感知价值对消费者的品牌态度、购买意愿的不同影响⑤。

二、转换成本与品牌建设的相关研究

转换成本是指客户从购买一个供应商的产品转向购买另一个供应商的产品时所增加的费用，如增加新设备、重新设计产品、调整检测工具、对使用者进行再培训等发生的费用。美国哈佛商学院著名教授波特（Porter，1980）首先提出了转换成本较为完整的定义，他指出转换成本是消费者从一个产品或服务的供应商转向另一个供应商时所产生的一次性的交易成本。

琼斯等（Jones et al.，2000）的研究还表明当消费者的满意度较高时，转换成本对消费者再次购买意愿的影响不再发挥作用，但是如果消费者的品牌满意度较低，转换成本对消费者再次购买意愿的影响将会发挥极其重要的作用，并且这种作用是正向的。德耶和坦内（Dwyer & Tanner，2002）认

---

① 葛瑶. 服务体验对品牌关系影响的实证研究——感知价值的中介作用［D］. 安徽财经大学，2017.

② 单娟，崔晨虹，武婕. 数字化时代的奢侈品牌：感知价值的重构与展望［J］. 管理现代化，2018，38（3）：79-81.

③ 王珊. 顾客价值感知和顾客价值创新对品牌关系质量的影响研究［D］. 广西大学，2018.

④ 李宗伟，张艳辉，栾东庆. 哪些因素影响消费者的在线购买决策？——顾客感知价值的驱动作用［J］. 管理评论，2017，29（8）：136-146.

⑤ 杨燚，李晓锋，刘枚莲. 功利和享乐主义视角下感知价值对购买意图的影响研究——以手机品牌为例［J］. 商业经济研究，2018（1）：50-52.

为，转换成本不仅包括顾客因放弃已有的品牌所要承受的经济损失，而且还包括在寻找和决定新的品牌时所花费的额外费用①。严浩仁等（2003）提出管理消费者感知到的转换成本，可以培育消费者的忠诚度，为企业提高顾客忠诚度提供强有力的策略支持②。雷思友（2007）认为，搭建顾客转换成本壁垒，对顾客忠诚度的提高发挥着重要的作用③。李国芳（2008）在研究时发现转换成本可以对顾客忠诚度起到调节作用，因而企业可以通过制定和修改转换成本的战略来达到提升顾客忠诚度的目的④。

井绍平（2008）提出，消费者在由非绿色品牌向绿色品牌转换过程中，会产生较高的转换成本，因此需要通过对企业价值链所包含的所有成本加以控制，才能降低消费者由于选择绿色品牌而产生的转换成本⑤。陈家佳（2012）表明满意并不总能导致忠诚，它们之间的关系还受到一些因素的影响。经济和情感两种动机也会对人们的行为造成影响⑥。转换成本代表了一种经济动机，而转换成本可以直接调节和作用于消费者对品牌的满意度和忠诚度。张玲玲（2011）用结构方程模型的实证方法验证了转换成本对顾客满意度的影响是正向的，并且影响显著⑦。张初兵（2013）在对某地区高校学生进行研究时，通过结构方程模型分析发现网络购物模式下，大学生顾客的转换成本主要涵盖了程序转换成本、财务转换成本和风险成本，不同于普通消费者群体的是，关系转换成本没有包含在大学生顾客的转换成本中⑧。

三、感知风险与品牌建设的相关研究

感知风险（PerceivedRisk）的概念最初是由哈佛大学的鲍尔（Bauer，

① Dwyer F R, Tanner J F. Business marketing: Connecting strategy, relationships, and learning [J]. 2002.

② 严浩仁，贾生华. 服装广告信息渠道与品牌忠诚的关系 [J]. 经济管理，2003（16）：79 – 84.

③ 雷思友. 建立顾客转换成本壁垒和预测顾客保持效果 [J]. 技术经济，2007，26（9）：12 – 16.

④ 李国芳. 网络证券顾客忠诚度影响因素实证分析 [J]. 湖南财经高等专科学校学报，2008，24（6）：34 – 37.

⑤ 井绍平，王春梅. 基于绿色营销视角的消费者品牌转换成本控制研究 [J]. 江苏技术师范学院学报（职教通讯），2008，23（11）：104 – 108.

⑥ 陈家佳. 基于转换成本和品牌依恋的客户忠诚度研究 [D]. 北京邮电大学，2012.

⑦ 张玲玲. B2C 网购情境下顾客保留的影响因素研究 [D]. 广东商学院，2011.

⑧ 张初兵. 网购顾客转换成本对购后行为意向影响的实证研究——顾客后悔的中介作用 [J]. 当代财经，2013（6）：77 – 86.

1960）从心理学延伸后提出来的。他认为，消费者在购买过程中的任何行为，都无法确定其行为能否达到其预期的结果，所以可能会产生一些令消费者不满意、不愉快的结果。因此，消费者购买决策中隐含着对结果的不确定性，而这种不确定性，也就是感知风险最初的概念。

郑春东（2012）指出，对于有不同需求和要求的消费者，感知风险会不同程度影响消费者对其延伸产品的评价，有较高需求和要求的消费者的感知风险会显著影响对延伸产品的评价，而较低需求的消费者的感知风险对其延伸产品的评价无显著性的影响[1]。吴佩勋（2012）指出，在中国消费者的感知风险可以来源于企业的品牌名称和价格，品牌的名称和价格通过影响消费者的感知风险来影响消费者的购买意向，并且两者中品牌名称的影响要更大[2]。赵根良（2012）从消费者感知风险的角度，通过调查消费者感知风险与企业品牌的购买关系，提出了企业如何通过营销战略降低消费者购买自有品牌的感知风险[3]。谢小江（2014）通过研究感知风险理论，重点探讨了餐饮行业产品价格和品牌知名度对消费者感知风险的影响，并且通过结论预测和解释了感知风险对消费者购买意愿的影响[4]。

李健生等（2015）研究了线索利用理论和风险—信任理论，提出了自有品牌外部线索、感知风险、信任及购买意愿的概念模型，并利用536个样本的数据进行了实证检验[5]。孙敏（2015）在研究旅游目的地品牌营销时，从感知风险的角度做了具体研究，指出在制定旅游营销策略时要充分考虑消费者在购买产品时的感知风险，并提出了降低消费者感知风险的策略[6]。盛婷（2015）分析品牌敏感在品牌声誉对消费者感知风险关系影响中的调节效应，发现无论是搜寻品、体验品还是信任品，与品牌敏感比较低的个体相比，对于品牌敏感比较高的个体，品牌声誉对消费者感知风险的影响更加显

---

① 郑春东，马珂，王寒．消费者感知风险对消费者评价品牌延伸的影响［J］．财经问题研究，2012（6）：11-16．
② 吴佩勋．感知质量和感知风险对自有品牌购买意向的影响［J］．中国流通经济，2012，26（2）：83-89．
③ 赵根良．基于感知风险的连锁超市自有品牌营销策略［J］．赤峰学院学报（自然科学版），2012，28（2）：1-3．
④ 谢小江．餐饮团购中产品价格与店铺品牌知名度对消费者感知风险的影响研究［D］．西南政法大学，2014．
⑤ 李健生，赵星宇，杨宜苗．外部线索对自有品牌购买意愿的影响：感知风险和信任的中介作用［J］．经济问题探索，2015（8）：44-51．
⑥ 孙敏．基于旅游者感知风险的城市旅游目的地品牌营销［D］．西安外国语大学，2015．

著①。褚宏勇（2015）认为感知功能风险、感知财务风险和感知社会—心理风险会对自有品牌产品购买倾向产生显著的负向影响，而感知时间风险对于自有品牌产品购买倾向的影响并不显著②。陈环、谢兴伟（2015）指出面对跨境电商行业出现的价格竞争导致利润下滑以及服务水平欠缺等问题，表示发展自主品牌是跨境电商企业保持竞争优势、提高利润率、实现可持续发展的有效手段③。基尔霍夫等（2018）也认为，感知风险会对企业品牌价值产生影响，当感知风险高时，会降低企业的品牌价值④。

叶青（2017）指出，对于自我控制水平不同的消费者，品牌拟人化对感知风险有着不同的影响，自我控制水平高的消费者自然能够通过品牌拟人化降低其感知风险⑤。梅健（2017）研究顾客网购模式下感知风险对其冲动性购买行为的影响机制，认为品牌关系质量对顾客感知风险与冲动性购买行为之间的关系具有部分的调节作用⑥。

四、产品认知与品牌建设的相关研究

产品认知是对产品的全方位了解，包括组成、功能、用途、优劣、特色、市场、消费群体等。魏中龙、郭辰（2007）分析了顾客认知价值的构成及模式，利用联合分析法和聚类分析法对顾客认知价值的量化进行了探索性研究，最后提出了产品在细分市场的定价策略⑦。李立志（2010）指出，在市场竞争白热化的时代，生产者和消费者越来越关注产品的标识，产品标识已经成为一个产品非常重要的组成部分，而不再仅仅是一个虚拟的图形⑧。李晓亮（2012）提出，企业营销战略的制定要重视品牌延

① 盛婷. 品牌敏感在品牌声誉对消费者感知风险关系影响中的调节效应研究［D］. 广东外语外贸大学，2015.

② 褚宏勇. 感知风险对自有品牌购买倾向的影响研究［D］. 东北财经大学，2015.

③ 陈环，谢兴伟. 浅析跨境电商企业的自主品牌营销策略［J］. 江苏商论，2015（7）：32－34.

④ Kirchoff J F, Nichols B S, Rowe W J. The impact of functional integration on perceived risk and consumer-based brand equity［J］. Journal of Strategic Marketing，2018（2）：1－15.

⑤ 叶青. 品牌拟人化对感知风险的影响研究——基于自我控制视角［J］. 商业经济研究，2017（7）：74－77.

⑥ 梅健. 网购感知风险对冲动性购买行为的影响——品牌关系质量的调节作用［D］. 南京师范大学，2017.

⑦ 魏中龙，郭辰. 基于顾客认知价值分析的产品定价策略研究［J］. 管理世界，2007（4）：162－163.

⑧ 李立志. 浅谈从产品标识认知到产品质量提升与品牌建设［J］. 甘肃科技，2010，26（19）：101－102，173.

伸，而国内外学者对品牌延伸的研究也比较丰富，但是缺乏基于消费者视角的对延伸产品认知的研究①。亓海鑫（2014）通过对消费者产品认知的研究，丰富了基于"认知唤醒"的品牌延伸产品营销策略这一领域的研究内容②。

张小松（2015）在分析品牌认知理论的基础上，通过对比分析国内外品牌如何提高品牌知名度，发现在制定策略时企业会通过目标消费群体的生活形态来制定相应的设计策略，并归纳总结出如何提高消费者品牌认知度③。程咏（2015）研究基于消费者认知的新产品品牌设计模式，新产品品牌通常会涉及产品品牌发展问题，产品价值的关联程度会影响品牌的发展模式④。

宋晓晴（2015）通过构建网络购物情境下的消费者多感官感知影响模型，分析了在网络购物环境下，消费者的多感官感知以及感官感知是如何影响消费者购买行为的⑤。王寒（2015）通过研究证实拥有不同认知资源的消费者对于不同延伸产品有着不同的态度，这种差异造成消费者对不同一致性的延伸产品具有不同的态度和满意度⑥。潘托哈等（Pantoja et al.，2016）认为在产品广告推广中，通过使用产品展示能够取得更好的推广效果，对不同的产品认知，会影响客户的品牌选择⑦。

五、关系品质与品牌建设的相关研究

关系品质是指顾客对企业及其员工的信任感与顾客对买卖双方之间关系的满意程度。根据关系营销观点，企业应与顾客建立、保持和发展长期的合作关系，增强顾客信任感和满意程度，不断提高关系质量，以便提高经济收益。汪涛、郭锐（2010）认为，建立与顾客间的友谊，有助于企业营销绩

---

① 李晓亮. 显性与隐性产品认知及其一致性对品牌延伸的影响研究 [D]. 天津大学，2012.
② 亓海鑫. 基于"认知唤醒"的品牌延伸产品营销策略研究 [D]. 天津大学，2014.
③ 张小松. 现代生活状态下消费者对产品的品牌认知度研究 [D]. 北京理工大学，2015
④ 程咏. 基于消费者认知的新产品品牌设计模式研究 [J]. 中国商论，2015（20）：137 – 141.
⑤ 宋晓晴，赵杨. 网络消费情境下品牌产品感官感知实证研究——基于具身认知视角 [J]. 商业经济研究，2015（20）：74 – 76.
⑥ 王寒，曾祥姝，齐永胜. 消费者品牌延伸产品评价趋势差异的认知机制研究 [J]. 西北工业大学学报（社会科学版），2015，35（2）：30 – 36.
⑦ Pantoja F，Rossi P，Borges A. How Product – Plot Integration and Cognitive Load Affect Brand Attitude：A Replication [J]. Journal of Advertising，2016，45（1）：113 – 119.

效的提升①。方巍（2007）通过研究影响消费者对仿冒品购买意向的因素，提出如何从因素着手降低仿冒行为的发生②。沈鹏熠（2011）基于文献回顾，构建了消费者购物价值、关系品质与零售商品牌权益的关系模型。通过调查数据研究发现，购物价值通过关系品质间接影响零售商品牌权益③。柳婷尔和竺莉萍（2011）发现我国企业如果要做到经济总量及质量的大幅度提升，必须在制定发展战略时将品牌建设作为重点规划。而品质就是品牌建设的基础，能直接影响到顾客对品牌的认可，是企业可持续发展的保证④。张诗颖（2012）通过研究株洲百货股份有限公司的运营模式，指出在当前残酷的竞争环境下，关系品质对企业的发展非常重要，企业需要维护良好的关系品质⑤。

刘宇（2012）针对现有国内外学者关于服务品质、关系品质和客户忠诚度的研究进行分析探讨，在严格的竞争环境下，对"自信于有产品就有客户"的传统眼镜代工行业而言，研究结论就企业如何能够通过改善服务来建立高品质的客户关系，进而提高客户忠诚度具有重要意义⑥。翟文帅、陶卫卫（2013）认为信用机制的缺失、品牌定位重复、企业管理层主观认识偏失等是我国电子商务在品牌建设中存在的主要问题，要建立电子商务品牌，企业要诚信经商，建立良好的品牌形象，打造完美的消费体验，实现更有黏度品牌传播⑦。

李莉等（2014）指出社会化媒体的出现，对传统的电子商务有很大的影响，传统广告的作用逐渐微弱，企业要想塑造良好的品牌形象，就要为消费者提供优质的产品和服务，从而在社会化媒体中获得良好的口碑，以此来谋求长期稳定的利润来源⑧。

---

① 汪涛，郭锐．顾客参与对新产品开发作用机理研究［J］．科学学研究，2010，28（9）：1383－1387．

② 方巍．消费者仿冒侵权态度、伦理信念及关系品质对仿冒品购买意向的影响［D］．吉林大学，2007．

③ 沈鹏熠．消费者购物价值、关系品质与零售商品牌权益——理论模型及实证检验［J］．中南财经政法大学学报，2011（5）：134－140．

④ 柳婷尔，竺莉萍．基于品质与品牌关系的中国企业品牌建设理性思考［J］．商业经济，2011（1）：84－87．

⑤ 张诗颖．株洲百货股份有限公司客户忠诚度管理研究［D］．湖南工业大学，2016．

⑥ 刘宇．服务品质和关系品质对客户忠诚度的影响研究［D］．华南理工大学，2012．

⑦ 翟文帅，陶卫卫．电子商务企业品牌建设存在的问题及对策［J］．知识经济，2013（12）：106．

⑧ 李莉，张程薇，曾亦棠．社会化媒体在农业电子商务品牌塑造中的应用［J］．中国市场，2014（49）：125－126．

六、相关研究文献的评述

通过对跨境电商、感知价值、感知风险、产品认知、转换成本、关系品质等相关文献的梳理，可见国内外研究极大地丰富了企业品牌的相关理论与方法，但是由于跨境电商的研究尚处于早期阶段，有关跨境电商企业品牌建设的研究仍存在以下几点不足之处。

第一，企业品牌建设从消费者角度而言，主要是从感知价值、转换成本、感知风险、产品认知、关系品质等主观方面来进行研究，但是大多只选取其中的1~2个方面进行研究，同时从感知价值、转换成本、感知风险、产品认知、关系品质方面进行企业品牌建设的研究很少。另外，目前对品牌建设的研究大多集中在传统企业，对跨境电商企业的相关研究比较匮乏。

第二，电商企业品牌建设的研究大多数集中于像品牌满意度、品牌定位、品牌忠诚度、品牌形象、品牌传播度等品牌形象的无形方面。对于从感知价值、转换成本、感知风险、产品认知、关系品质等主观方面进行电商企业品牌建设的研究很少，并且多数以某一企业为研究对象，针对整个电商行业内的企业的普遍性研究较少，而本章的研究可以丰富相关领域。

第三，梳理文献可以发现，许多中国的跨境电商企业对品牌不够重视，或者因为企业规模无法适用目前的企业品牌建设道路。在跨境电商蓬勃发展的新形势下，我国众多的跨境电商企业由于自身固有的缺陷，资源和能力不足，导致其在品牌意识和品牌建设方面还比较欠缺。目前，大多数跨境电商企业还没有找到一条制定品牌化战略的可行之道。

第四，跨境电商企业的相关研究相对较少，而跨境电商企业品牌建设的研究则更少，目前品牌路径的相关文献大多集中于传统企业，关于跨境电商企业品牌路径的研究寥寥无几。而对跨境电商企业的研究多集中于现状、物流发展、营销模式等方面，鲜有对跨境电商企业品牌路径方面的研究。对消费者而言，自主品牌是消费者在进行品牌选择时首先考虑和关注的因素，因此笔者在综合以上研究的基础上进行我国跨境电商企业品牌建设研究，丰富相关理论研究，也能够为跨境电商企业提供建议，从而来明确跨境电商企业的品牌建设机理与路径。

第二节 跨境电商企业品牌建设的理论构建

一、跨境电商企业品牌建设的影响因素分析

本章主要通过研究企业品牌建设中顾客价值的各种影响因子，比如感知价值中的业务品种、投资回报率、渠道多样性、服务态度、专业能力、服务效率、投诉处理等，感知风险中的财务风险、功能风险、价值风险等，转换成本中的交易成本、学习成本、风险成本、心理成本等，关系品质中的沟通维护、信任度，产品认知中的产品质量、产品形象、产品认同感等，再根据企业品牌建设相关理论进行详细的分析，具体情况如下叙述。

（一）感知价值与品牌效应

乔均和彭纪生（2013）提出感知价值从业务品种、投资回报率、渠道多样性、服务态度、专业能力、服务效率以及投诉处理七个维度影响品牌核心竞争力。消费者在选择跨境电商品牌的时候，往往会追求产品价值最大化，不仅会考虑选择的品牌商品带来的总体利益，还会衡量购买这件产品所付出的所有成本[①]。斯莱特和纳维（1992）基于企业的视角认为，销售商如果想要不断为顾客创造很好的价值，需要了解购买者的整个购买过程中的价值链[②]。消费者对于产品价值的理解和个人最终的获益情况决定了消费者的购买意愿。消费者能够感知企业所提供的价值包括产品本身的价值以及能够为消费者提供的服务，然后消费者凭借理性或感性来选择某家电商的产品或服务。

因此，跨境电商研究中感知价值可以从业务品种、投资回报率、渠道多样性、服务态度、专业能力、服务效率以及投诉处理七个方面进行研究。调查对象可以用了解到的跨境电商企业信息，来分析跨境电商业务品种的种

---

① 乔均，彭纪生．品牌核心竞争力影响因子及评估模型研究——基于本土制造业的实证分析［J］．中国工业经济，2013（12）：130－142．

② Slater S F，Narver J C. Superior customer value and business performance：The strong evidence for a market-driven culture. Marketing Science Institute：Cambridge，MA．，1992.

类，这对品牌建设起着至关重要的作用；投资回报率用来衡量跨境电商企业投资回报如何，跨境电商目前处于大规模高速发展阶段，消费者感知到的企业投资回报率能一定程度反映跨境电商企业的品牌发展潜力；由于跨境电商企业的特殊性，导致其分销渠道比较多样，因此在研究感知价值过程中需要将渠道多样性作为一个因素进行研究；消费者在购买跨境电商商品时，首先接触的是企业的客服人员，而企业客服的服务态度如何，在处理一系列问题时的专业能力如何，服务效率和投诉处理的结果又如何，将直接影响到消费者对跨境电商企业的第一印象，也直接影响消费者是否认可该跨境电商品牌；综上所述，这七个方面整体反映了问卷对象对企业的感知价值，从而形成对跨境电商品牌效应的影响。因此消费者能够感知的价值越大，其产生的品牌效应就越高。相反，如果消费者所感知产品或服务的价值越低，那么其品牌效应就越低。

假设 1：感知价值与品牌效应正相关；业务品种、投资回报率、渠道多样性、服务态度、专业能力、服务效率以及投诉处理与感知价值正相关。

（二）转换成本与品牌效应

转换成本包括消费者放弃该品牌而选择其他品牌时所要付出的各种交易成本、学习成本、心理成本、机会成本、风险成本等所有成本之和。有些研究者关于转换成本的形成原因、测量、对商家战略抉择的影响进行过研究，发现转换成本在众多情境下的定义是多样化的。转换成本的存在使得跨境电商企业的顾客忠诚度得以保障，可以避免大量顾客的流失。瞿文帅、陶卫卫（2013）将转换成本从交易成本、学习成本和心理成本三个维度研究电子商务品牌的建设问题①。交易成本是指在完成一笔交易时，卖家和买家前后所产生的各种与此交易相关的成本，在跨境交易中，买家会首先考虑交易成本；学习成本是指买家在购买跨境电商产品时，需要对该品牌产品进行的一系列了解所花费的时间、金钱等，由于跨境电商交易中买家无法直接看到产品，因此需要通过网站或者其他方式耗费一定的时间和精力进行深入了解；心理成本是指消费者在购买跨境电商产品过程中，对产品质量、售后服务、服务态度等方面的担心，心理成本在跨境电商交易中对于消费者来说尤为重要；风险成本是指由于风险的存在和风险发生后人们所必须支出的费用，跨

---

① 瞿文帅，陶卫卫. 电子商务企业品牌建设存在的问题及对策 [J]. 知识经济，2013（12）：1.

境交易对消费者来说，产品与产品描述不一致的风险以及物流配送时效风险和物流配送安全等都会造成风险成本的产生；机会成本是指在选择一种产品而放弃另外一种产品的机会，机会成本会影响消费者选择跨境电商品牌。

对一家跨境电商企业来说，会通过向消费者宣传其产品和服务的特殊性让消费者意识到该品牌的转换成本很高。如果对消费者来说，转换成本比较高，那么其选择其他跨境电商的意愿就会相对较低，反之，如果消费者选择其他跨境电商的产品或服务的代价比较小，那么就会非常容易放弃该跨境电商的产品和服务，表现在品牌效应上就是忠诚度较低。

假设2：转换成本与品牌效应正相关；交易成本、学习成本、心理成本、风险成本和机会成本与转换成本正相关。

（三）感知风险和品牌效应

感知风险是指在跨境电商品牌促销策略的环境下，消费者购买该品牌产品所产生的不确定性和造成损失的可能性。消费者在购买决策过程中，各个阶段都存在不同水平的感知风险，而感知风险直接影响到消费者购买意愿的形成。井淼等（2006）认为，互联网购物环境下的消费者感知风险维度已经发生了新的变化，区别于传统的感知风险纬度的划分，由于互联网自身的特点，互联网企业和消费者消费过程的完成都建立在信息技术的基础上，因此消费者对隐私和服务风险的关注更为密切[①]。作为感知风险的承担者，消费者选择跨境电商品牌的过程就是减少感知风险的过程。消费者购买该跨境电商的产品和服务时总是希望以较低的风险获得较高的收益，如果其感知到的财务风险、功能风险和时间风险越高，那么消费者对该跨境电商所提供的产品和服务越不满、信任度也越低，其放弃该家跨境电商服务的概率也越高。

假设3：感知风险与品牌效应负相关；财务风险、功能风险和时间风险与感知风险负相关。

（四）产品认知与品牌效应

产品认知可以由产品质量、产品形象、产品认同感来反映。从消费者心

[①] 井淼，周颖，吕巍. 互联网购物环境下的消费者感知风险维度 [J]. 上海交通大学学报，2006，040（4）：607－610.

理思考的过程来看，产品认知作为消费者在消费过程中的一种体验和直觉，这种感觉源于该产品的特殊性，即与其他产品的不同之处；对跨境电商的消费者来说，他们所能感知到的产品和服务大部分是无形的，因此对于该跨境电商的产品认知状况，包括对跨境电商对外树立和宣传的形象、品牌在大众印象中的质量和品质，以及消费者对该品牌的接受和认可程度，都能左右消费者的意愿，这些因素都可以足够影响到消费者是否继续还是离开。通常，消费者对该跨境电商的产品认知度越高，其对于该跨境电商的忠诚度越高。

假设4：产品认知与品牌效应正相关；产品质量、产品形象和产品认同感与产品认知正相关。

（五）关系品质与品牌效应

克罗斯贝等（Crosby et al.，1990）认为服务是无形的、复杂的且需要较长时间的传递，而消费者又对服务缺乏认识，因此不确定性相当高，不确定会导致服务失败和负面结果产生①。关系品质是指客户在服务结束后，其感知到的不确定性和紧张感降低的程度，主要由沟通维护情况和信任度来反映。

消费者在与商家客服进行沟通过程中的满意度，决定了该商家关系品质的高低，反过来说，商家的关系品质越高，说明消费者对双方的沟通过程感到愉快，消费者对商家产生信赖，进而产生购买行为。史密斯（1998）也指出，由于服务的多元化与异质性，使客户在面临购买选择时，会因为对商家的不确定性而选择艰难，这时消费者与商家间如果建立了良好的关系品质，将有效降低消费者选择购买商品时的不确定性，进而促成消费者的购买行为。严浩仁（2005）从社会学视角探讨了关系品质：一是由于客户时间观念的增强，客户通常会直接选择信赖度高的商家进行购买，来达到节省时间的目的；二是有保守类型的客户，他们希望能够尽可能地降低自己购买过程中的风险，于是他们会尽量选择他们认为产品比较可靠的商家进行购买；三是一些客户本身与企业或者商家建立了一定的联系，也就是两者建立了朋友关系，因此在客户购买商品时会优先选择有朋友关系的商家，降低自己在购买过程中的风险②。由此可见，关系品质在客户购买过程中发挥着十分重

---

① Crosby L A, Evans K R, Cowles D. Relationship quality in services selling: an Interpersonal Influence Perspective [J]. Journal of Marketing, 1990, 54 (3): 68 –81.

② 严浩仁. 试论顾客忠诚的影响因素与理论模型 [J]. 商业经济与管理, 2005 (4): 5.

要的作用。沟通维护情况可以决定消费者对跨境电商品牌的忠诚度，而信任度则是消费者对跨境电商品牌的认可程度。因此，跨境电商与消费者维持良好的互动关系，从而与消费者建立起良好的信任关系，在很大程度上决定了该消费者对跨境电商的忠诚度。关系品质越好，品牌效应越高。

假设5：关系品质与品牌效应正相关；沟通维护和信任度与关系品质正相关。

二、跨境电商企业品牌建设的影响因素模型构建

（一）模型指标的选取

感知价值在跨境电商研究中，可以从业务品种、投资回报率、渠道多样性、服务态度、专业能力、服务效率以及投诉处理等7个方面进行研究，如图 10-1 所示。

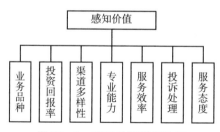

图 10-1 感知价值指标体系

转换成本包括消费者放弃该品牌而选择其他品牌时所要付出的各种交易成本、学习成本、心理成本、机会成本、风险成本等所有成本之和，因此转换成本可以从这五个方面进行研究，如图 10-2 所示。

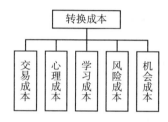

图 10-2 转换成本指标体系

消费者可以自行获知的风险主要包括财务风险、功能风险和时间风险，这三种风险共同组成了问卷调查对象对跨境电商的感知风险，如图 10-3 所示。

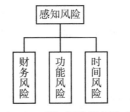

图 10-3 感知风险指标体系

笔者选取用来描述产品认知的指标主要有产品质量、产品形象、产品认同感三个方面，见图 10-4。

图 10-4 产品认知指标体系

沟通维护和信任度可以用来反映关系品质，见图 10-5。

图 10-5 产品认知指标体系

从对感知价值、感知风险、转换成本、产品认知和关系品质分析过程中可以看出，5 个变量会对品牌效应造成一定的影响，因此我们选取 6 个指标用来反映品牌效应，而这 6 个指标的情况也可以直接通过问卷调查的形式得出，见图 10-6。

图 10 - 6　品牌效应指标体系

经过对跨境电商企业 6 个方面共 26 个指标详细的分析，笔者构建了跨境电商企业品牌建设机理的模型，如图 10 - 7 所示。

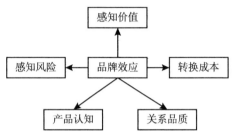

图 10 - 7　跨境电商企业品牌建设机理模型

（二）研究方法的选择

通过文献梳理得到跨境电商企业品牌建设机理的 5 个主要因子，研究希望能够得出每个因子对跨境电商企业品牌建设的作用情况，从而得出跨境电商企业品牌建设的机理及路径。由于研究数据来源于问卷调查，因此在自变量和因变量项上可能存在测量误差，而结构方程模型既可容许自变量及因变量项的测量误差，又可以容许同时估计因子结构及因子关系，因此采用结构方程模型作为本章的研究方法。

第三节　研究方法的选择与实施

一、问卷设计

考虑到我国跨境电商企业正处于高速发展阶段，现有的上市跨境电商企业较少，且现有的企业信息资源难以直接获得，为了在起步阶段给高速发展的跨境电商企业提供更加科学有效的建议，同时也考虑到研究的科学性和操作便捷性，采用了问卷调查的方法，以期获得较为全面、广泛的样本数据。

由于最终使用结构方程进行实证研究，因此笔者对问卷调查所收集的数据采用李斯特评分方式，即"1"~"5"分阶梯型评分，从而让被测试者了解到问题的区别性，通过"严重不同意""不同意""无所谓""同意""非常同意"这五项程度来区分答案，问卷内容包括品牌效应、产品认知、感知价值、感知风险、转换成本、关系品质共六大块 26 个小问，具体描述如表 10 - 1 ~ 表 10 - 6 所示。

表 10 - 1　　　　　　　　　感知价值因素的项目及描述

一级因素	二级因素	因素解释	问卷体现
感知价值	业务品种	你觉得这家跨境电商企业业务品种多吗	1
	投资回报率	你觉得这家跨境电商企业投资回报效果显著吗	2
	渠道多样性	你觉得这家跨境电商的销售渠道多吗	3
	服务态度	你觉得服务态度对跨境电商塑造品牌重要吗	4
	专业能力	你觉得企业专业能力对跨境电商塑造品牌重要吗	5
	服务效率	你觉得服务效率对跨境电商塑造品牌重要吗	6
	投诉处理	你觉得企业投诉处理效果对跨境电商塑造品牌重要吗	7

表 10 - 2　　　　　　　　　感知风险因素的项目及描述

一级因素	二级因素	因素解释	问卷体现
感知风险	财务风险	你觉得跨境电商面对的财务风险对塑造品牌重要吗	8
	功能风险	你觉得跨境电商塑造的产品功能不符合他们承诺的会影响品牌吗	9
	时间风险	你觉得送货快对跨境电商塑造品牌重要吗	10

表 10 - 3　　　　　　　　　转换成本因素的项目及描述

一级因素	二级因素	因素解释	问卷体现
转换成本	交易成本	你觉得顾客与跨境电商进行交易时花费的时间和金钱对跨境电商塑造品牌重要吗	11

续表

一级因素	二级因素	因素解释	问卷体现
转换成本	学习成本	你觉得在进行跨境交易时花费学习的时间和金钱对跨境电商塑造品牌重要吗	12
	心理成本	你觉得在进行跨境交易时心理承担的不确定性因素对跨境电商塑造品牌重要吗	13
	风险成本	你觉得在进行跨境交易时的机会成本对跨境电商塑造品牌重要吗	14
	机会成本	你觉得在进行跨境交易时总是愿意尝试购买新的品牌吗	15

表 10 - 4　　　　　　　　　关系品质因素的项目及描述

一级因素	二级因素	因素解释	问卷体现
关系品质	沟通维护	你觉得进行跨境交易时沟通维护对塑造品牌重要吗	16
	信任度	你觉得信任度对跨境电商塑造品牌重要吗	17

表 10 - 5　　　　　　　　　产品认知因素的项目及描述

一级因素	二级因素	因素解释	问卷体现
产品认知	产品质量	你觉得产品质量对跨境电商塑造品牌重要吗	18
	产品形象	你觉得产品形象对跨境电商塑造品牌重要吗	19
	产品认同感	你觉得产品认同感对跨境电商塑造品牌重要吗	20

表 10 - 6　　　　　　　　　品牌效应因素的项目及描述

一级因素	二级因素	因素解释	问卷体现
品牌效应	情感依赖	你觉得在进行跨境交易时企业出现的失误对跨境电商塑造品牌重要吗	21
	失误容忍度	你觉得重复购买对跨境电商塑造品牌重要吗	22
	抵抗引诱	你觉得顾客对企业的情感依赖对跨境电商塑造品牌重要吗	23
	重复购买	在面对其他品牌时，是否会依旧选择之前的跨境电商	24
	购买多样性	你觉得跨境电商购买产品的多样性对跨境电商塑造品牌重要吗	25
	宣传推荐	你觉得宣传推广对跨境电商塑造品牌重要吗	26

二、数据的收集及整理

为了能够保证模型数据的准确性和真实性，在模型中运用了大量的样本，这种巨量的样本模型的实质就和卡方分布相似。在本研究的品牌效应模型中，运用了 26 个变量，最终的样本量大约为 270 个。考虑到样本量不能太大，同时对于国外消费者的调查在时间上存在不确定性，但是又不能样本量太少，所以总计发出了 500 份调查问卷。

在本研究中，将国外跨境电商的消费者作为研究对象，调查时间为 3 个月，总共回收 391 份调查问卷，其中有效问卷 321 份，符合本次模型 270 个样本以上的要求。

三、描述性统计分析

在本次调查中，男性消费者大约占 55%，而女性消费者大约占 45%。在年龄分布上，其中 15~25 岁的消费者数量最多，占总数 39% 左右，而从整体看，45 岁以下的消费者占绝大多数，大约为 85%。在地区分布方面，美国的消费者占 44.8%，欧洲的消费者约占 33.3%，其中英国消费者占 12%。在国外消费者购买过的跨境电商品牌方面，38.7% 的消费者购买过傲基的产品，26.5% 的消费者购买过择尚的产品，除了问卷列举的品牌，消费者还购买过安克创新、棒谷、兰亭集势等的产品。

将收集到的问卷进行整理，运用 SPSS 统计软件进行描述性统计分析，得出结果如表 10-7 所示。从表 10-7 中，可以发现所有因子的平均指标均低于 3，消费者在品牌忠诚度方面整体效果并不如意，说明我国跨境电商企业在国外消费者眼中的用户忠诚度有待提高，需要探索出一条适合我国跨境电商企业品牌建设的道路。

表 10-7　　　　　　　　　描述性统计分析

影响因素	N	Minimum	Frequency	Maximum	Frequency	Mean	Std.
业务品种	321	1	22	5	35	2.34	0.995

续表

影响因素	N	Minimum	Frequency	Maximum	Frequency	Mean	Std.
投资回报率	321	1	10	5	18	2.11	0.873
渠道多样性	321	1	31	5	19	2.10	0.944
服务态度	321	1	21	5	20	2.08	0.959
专业能力	321	1	11	5	26	2.05	0.975
服务效率	321	1	7	5	15	3.05	0.914
投诉处理	321	1	19	5	15	3.02	1.062
财务风险	321	1	25	5	13	2.01	1.013
功能风险	321	1	10	5	22	2.97	0.875
时间风险	321	1	9	5	27	2.96	0.919
交易成本	321	1	6	5	21	2.93	1.018
学习成本	321	1	10	5	33	2.92	0.960
心理成本	321	1	11	5	51	2.82	0.982
风险成本	321	1	17	5	19	2.81	0.967
机会成本	321	1	15	5	31	2.80	0.997
沟通维护	321	1	12	5	22	2.78	0.982
信任度	321	1	8	5	18	2.74	0.936
产品质量	321	1	11	5	17	2.58	0.962
产品形象	321	1	9	5	25	2.93	1.018
产品认同感	321	1	14	5	19	2.92	0.960
情感依赖	321	1	22	5	13	2.42	0.982
失误容忍度	321	1	30	5	20	2.21	0.967
抵抗引诱	321	1	29	5	8	2.10	0.997
重复购买	321	1	27	5	18	2.38	0.982
购买多样性	321	1	20	5	15	2.24	0.936
宣传推荐	321	1	14	5	16	2.48	0.962

第四节　跨境电商企业品牌建设机理的实证分析

一、跨境电商企业品牌建设机理模型信度和效度分析

（一）信度检验

首先进行信度检验，来测量调查问卷结构的稳定性和一致性。该模型的信度参数主要是利用了 Alpha、AVE、CR 三个参数，并且在本研究中，这三大参数就可以代表信度分析的统计值，Alpha 值、AVE 值和 CR 值见表 10 - 8。Croach's Alpha 的值均显著大于 0.7，AVE 的值均显著大于 0.5，CR 的值均显著大于 0.7，可以说，这三个指标在模型中都发挥了重要的作用，并且在结果分析上都没问题，整个信度分析的数值结果较好。

表 10 - 8　　　　　　　　　　信度检验

指标	维度	Croach's α	AVE	CR
感知价值	业务品种	0.985	0.711	0.928
	投资回报率	0.873	0.782	0.917
	渠道多样性	0.834	0.719	0.928
	服务态度	0.812	0.728	0.926
	专业能力	0.851	0.739	0.910
	服务效率	0.869	0.715	0.927
	投诉处理	0.820	0.736	0.912
感知风险	财务风险	0.831	0.772	0.914
	功能风险	0.811	0.765	0.926
	时间风险	0.882	0.713	0.938
转换成本	交易成本	0.825	0.752	0.911
	学习成本	0.819	0.712	0.914

续表

指标	维度	Croach's α	AVE	CR
转换成本	心理成本	0.902	0.735	0.927
	风险成本	0.912	0.726	0.892
	机会成本	0.922	0.734	0.914
关系品质	沟通维护	0.913	0.715	0.899
	信任度	0.884	0.726	0.901
产品认知	产品质量	0.824	0.718	0.916
	产品形象	0.888	0.739	0.923
	产品认同感	0.824	0.720	0.926
品牌效应	情感依赖	0.811	0.771	0.872
	失误容忍度	0.835	0.735	0.945
	抵抗引诱	0.827	0.718	0.927
	重复购买	0.822	0.710	0.935
	购买多样性	0.836	0.726	0.925
	宣传推荐	0.832	0.718	0.967

资料来源：SPSS 软件可靠性分析。

（二）效度分析

从表 10 - 9 可知，KMO 值为 0.825，高于 0.8，变量间的共同因素越多越适合做因子分析。

表 10 - 9　　品牌效应影响因素 KMO 和 Bartlett's 球形检验

KMO 参数		0.825
Bartlett's 球形检验	X^2 近似值	1 523.98
	df	241
	sig.	0.000

（三）方差解释

表 10 - 10 显示的是跨境电商品牌机理模型中原有指标的总方差被解释

的列表。此表分为三个部分，从左到右分别是初始因子解的方差解释、提取因子解的方差解释及旋转因子解的方差解释。从该表可知，第一个因子的特征值为4.490，解释7个原始变量总方差的39.211%；第二个因子的特征值为1.997，解释5个原始变量总方差的14.268%，累积方差贡献率为53.479%；第三个因子的特征值为1.341%，解释3个原始变量总方差的10.577%，累积方差贡献率为63.055%；第四个因子的特征值为1.066%，解释3个原始变量总方差的10.615%；第五个因子的特征值为1.062%，解释了2个原始变量总方差的9.027%，累积方差贡献率为76.026%。通过表10-10可以得知，前5个因子的累计贡献率为76.026%。因此有4个因子被提取与旋转，被提取与旋转的4个因子的累积总方差解释比率不变，但是每个因子在旋转后的解释原始变量的方差发生了改变，这样使4个因子的方差较为接近，更容易解释。

表10-10　　　　　　　　　　　　方差解释

组件	初始特征值			提取载荷平方和			旋转载荷平方和		
	总计	方差（%）	累积（%）	总计	方差（%）	累积（%）	总计	方差（%）	累积（%）
1	4.490	39.211	39.211	5.490	39.211	39.211	3.450	24.642	24.642
2	1.997	14.268	53.479	1.997	14.268	53.479	2.481	17.719	42.361
3	1.341	10.577	63.055	1.341	8.577	63.055	2.225	15.892	58.254
4	1.066	10.615	70.671	1.066	7.615	70.671	1.738	12.417	70.671
5	1.062	9.027	76.026	1.026	7.027	65.082	1.972	13.927	69.017

注：提取方法：主成分分析法。

（四）因子载荷分析

经过表10-10的方差分析得出跨境电商品牌效应的所有因素可以归集于五个因子，因此还需要对跨境电商品牌效应影响因子进行旋转因子载荷分析，以确定在26个因子可以归集为哪一类因子中。通过SPSS统计软件进行降维，得出结果如表10-11所示。从表10-11中可以发现，第一个因子主要包括业务品种、投资回报率、渠道多样性、服务态度和投诉处理，因此将该因子命名为感知价值；第二个因子可以解释交易成本、学习成本、心理成本、风险成本和机会成本，因此将该因子命名为转换成本；第三个因子可以解释产品质量、产品形象和产品认同感，因此将该因子命名为产品认知；第四个因子可以解释财务风险、功能风险和时间风险，因此可以将该因子命名为感知风险；第五个因子可以解释沟通维护和信任度，因此将其命名为关系品质。

表 10 – 11　　　　　　旋转跨境电商品牌效应影响因子载荷

指标	成分				
	1	2	3	4	5
业务品种	0.923				
投资回报率	0.912				
渠道多样性	0.728				
服务态度	0.823				
专业能力	0.912				
服务效率	0.881				
投诉处理	0.872				
交易成本		0.915			
学习成本		0.927			
心理成本		0.916			
风险成本		0.925			
机会成本		0.927			
产品质量			0.917		
产品形象			0.891		
产品认同感			0.972		
财务风险				0.982	
功能风险				0.721	
时间风险				0.826	
沟通维护					0.917
信任度					0.828

注：提取方法：主成分分析法。

二、跨境电商品牌建设机理模型的实证分析

（一）结构方程模型

根据前文分析，可以构建感知价值、转换成本、产品认知、感知风险和关系品质对跨境电商企业品牌建设机理作用的结构方程模型，如图 10 - 8 所示。

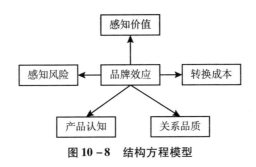

图 10 - 8 结构方程模型

本研究采用 AMOS 统计软件对构建的结构方程模型进行分析。首先将结构方程模型绘制在 AMOS 统计软件的 Graphics 中，然后对各个测量变量及潜变量进行命名，进而导入数据，最后运行 AMOS 统计软件得到结构方程模型的相关拟合结果与路径系数。

（二）结构方程拟合度评价

在对结构方程模型的结果分析前，需要先对模型的适配度进行分析，只有模型的拟合度指标达标后，对结构方程模型的路径分析才有效。表 10 - 12 为本研究结构方程模型的拟合度相关指标，当卡方自由度比值小于 3 时；表示模型拟合度良好，本模型的 CMIN/DF 值为 2.213，小于 3；当 GFI、NFI、CFI 越接近 1 拟合度越高，本模型相关值超过 0.7，表示拟合良好；RESEA 值为 0.074，小于 0.01，因此本研究假设模型拟合效果整体上较为良好。

表 10 - 12　　　　　跨境电商品牌效应结构方程模型拟合分析结果

指标	卡方自由度比	GFI	NFI	CFI	RMSEA
数值	2.213	0.809	0.865	0.853	0.074
评价标准	小于3	大于0.7	大于0.7	大于0.7	小于0.1
评价结果	合格	合格	合格	合格	合格

（三）模型结果及其假设验证

结构方程模型分析的结果分为两个部分，测量模型与结构模型。测量模型是检测观测变量与潜变量之间的关系大小，本研究所构建的测量模型指感知价值、转换成本、产品认知、感知风险、关系品质与品牌效应 6 个潜变量与相应的 26 个观测变量之间的对应关系。表 10 - 13 为测量模型的观测变量与潜变量关系的运行结果，各条路径的临界比均大于 1.96，说明显著性均达标。所有的因子载荷均大于 0.5，其中因子载荷超过 0.6 的有 24 个，占比 80%。这说明观测变量与潜变量的拟合度高，本研究的测量模型拟合效果好。

表 10 - 13　　　　　跨境电商品牌建设机理的结构方程模型路径系数及显著性

路径关系			Estimate	标准化系数	P
业务品种	<---	感知价值	1.000	0.618	***
投资回报率	<---	感知价值	1.438	0.577	***
渠道多样性	<---	感知价值	1.360	0.562	***
服务态度	<---	感知价值	1.000	0.729	***
专业能力	<---	感知价值	1.189	0.864	***
服务效率	<---	感知价值	1.129	0.829	***
投诉处理	<---	感知价值	1.000	0.743	***
交易成本	<---	转换成本	0.943	0.697	***
学习成本	<---	转换成本	1.050	0.752	***
心理成本	<---	转换成本	1.223	0.821	***
风险成本	<---	转换成本	1.118	0.771	***
机会成本	<---	转换成本	1.000	0.627	***

续表

路径关系			Estimate	标准化系数	P
产品质量	<---	产品认知	1.055	0.699	***
产品形象	<---	产品认知	1.435	0.860	***
产品认同感	<---	产品认知	1.487	0.846	***
财务风险	<---	感知风险	1.432	0.874	***
功能风险	<---	感知风险	1.000	0.897	***
时间风险	<---	感知风险	0.861	0.780	***
沟通维护	<---	关系品质	0.709	0.601	***
信任度	<---	关系品质	1.000	0.524	***
情感依赖	<---	品牌效应	0.814	0.596	***
失误容忍度	<---	品牌效应	1.169	0.596	***
抵抗引诱	<---	品牌效应	1.180	0.616	***
重复购买	<---	品牌效应	1.000	0.578	***
购买多样性	<---	品牌效应	1.014	0.707	***
宣传推荐	<---	品牌效应	1.323	0.908	***

　　从表10－13中可知，感知价值、转换成本、产品认知、感知风险、关系品质以及品牌效应对于相应的二级因子指标的解释能力的显著性均在1%的置信区间内，说明感知价值很好地解释了业务品种、投资回报率、渠道多样性、服务态度、专业能力、服务效率、投诉处理；转换成本很好地解释了交易成本、学习成本、心理成本、风险成本、机会成本；产品认知很好地解释了产品质量、产品形象、产品认同感；感知风险很好地解释了财务风险、功能风险、时间风险；关系品质很好地解释了沟通维护和信任度；品牌效应很好地解释了情感依赖、失误容忍度、抵抗引诱、重复购买、购买多样性和宣传推荐。由此，可以用感知价值、转换成本、产品认知、感知风险、关系品质和品牌效应替代二级指标，这与前文的因子分析比较吻合，也更加具有说服力。同时，为了进一步研究这些因子是如何影响跨境电商品牌的，本研究运用AMOS 23.0进行影响程度分析得出结果，如表10－14所示。

表 10 – 14　　　　　跨境电商品牌建设机理模型的结构

方程模型路径系数及显著性

假设编号	Estimate	P	验证结果
H1	0.630	0.002	通过
H2	0.513	0.003	通过
H3	0.255	0.011	通过
H4	0.811	0.003	通过
H5	0.237	0.037	通过

从表 10 – 14 可以发现 5 个假设的 P 值均在 5% 的置信区间内，说明 5 个假设均成立：感知价值对跨境电商品牌的影响是正向的；转换成本对跨境电商品牌的影响是正向的；感知风险对跨境电商品牌的影响是正向的；产品认知对跨境电商品牌的影响是正向的；关系品质对跨境电商品牌的影响是正向的。

三、跨境电商企业品牌建设机理模型的结果分析

（1）假设 H4 表示的是产品认知对跨境电商品牌的正向影响，其路径系数为 0.811，为 5 个假设中系数最大的，说明在 5 个因子中，产品认知对跨境电商品牌的影响程度最大。这符合现实生活中观察到的现象，企业最终能否做到最好，实现企业的社会价值和经济价值，最根本的在于对自身产品的塑造。

（2）假设 H1 表示的是感知价值对跨境电商品牌建设的正向影响，可以发现，路径系数为 0.630，说明正向影响比较显著，消费者在选择跨境电商企业品牌的过程中除了企业产品的直观感受以外，就是对自身感知的评估，估值越高，对品牌的好感度就会越高，企业品牌价值就会越大。

（3）假设 H2 表示的是转换成本对跨境电商品牌的正向影响，路径系数为 0.513。这说明转换成本在五个因子中除了感知价值和产品认知外，对品牌的影响程度最大，说明消费者在选择某一种跨境电商品牌的过程中，除了考虑产品和自身感知外，还会关注一种品牌转为选择另一种品牌所花费的成本。

（4）假设 H3 和假设 H5 分别表示感知风险和关系品质对跨境电商的正向影响，两者路径系数分别为 0.255 和 0.237，均小于 0.3，说明虽然感知风险和关系品质对跨境电商品牌具有一定的影响，但是影响程度并不大。

第五节　研究结论与启示

一、研究结论

通过结构方程模型对跨境电商企业品牌建设机理的研究结果进行分析可以得出以下结论。

（1）感知价值和转换成本对跨境电商企业品牌建设的影响，虽然没有产品认知那么大，但是却大于感知风险和关系品质。感知价值和转换成本对跨境电商企业品牌建设的影响，更多的是与传统企业品牌建设的影响相似。对于产品销售，无论是国内消费者还是国外消费者，在消费产品的过程中，感受到产品对自己的价值和自己接受到多大的价值，很大程度上影响消费者的二次消费。另外，转换成本也同样影响着消费者选择哪一家跨境电商的产品。

（2）感知风险和关系品质对跨境电商具有一定的正向影响，这主要是从跨境电商的本质角度进行研究分析的。跨境电商企业从本质上讲，与传统的企业并没有太大区别，都是将产品销售给客户。客户根据产品的质量和效果进行分析，进而决定哪种产品最符合自己的需求。在做决定的过程中，客户还会自然地想到风险因素，即对不同产品的选择存在不同的风险，因此，会尽量选择风险适宜的产品。

而跨境电商企业具有传统企业的部分特点，即客户在选择产品时会考虑到产品的品质，以及在选择某种产品时所承担的风险。但在研究结果中，感知风险对跨境电商具有正向影响，这与以往的研究存在一定的冲突，这主要是由于在进行问卷调查和分析过程中，存在一定的误差和主观因素所致，可能与调查对象主观性感觉有关，因此在今后的研究中还需要进一步进行探讨。因而，感知风险和关系品质对于跨境电商而言存在一定的正向影响，关系品质对跨境电商的影响有限，感知风险对跨境电商的影响与传统企业不一致。

（3）研究结果表明产品认知对跨境电商而言影响最大，这是由跨境电商的性质所决定。跨境电商在向客户群体销售产品的过程中，并不是直接将产品给客户看，而是通过互联网经过一定美化、软文包装，将最佳的产品模型图样放到网上供客户群体观看，进而进行选择。但其实产品模型图样和实物之间存在一定差异，这很难避免。因此，产品认知对于客户的品牌选择以及再消费跨境产品的影响很大，相比于其他行业，跨境电商行业更加应该注重客户的产品认知。

二、启示

（一）加大产品质量监督力度，维护产品形象

结构方程检验结果表明，产品认知对跨境电商品牌的影响最大，其路径系数为0.811。在跨境电商企业蓬勃发展的时代，要注重消费者产品认知的提升，需要管理者精细运营，走优质化品牌发展道路。产品认知是促进跨境电商企业品牌建设的重要因素，而产品认知包括了产品质量、产品形象和产品认同感。因此跨境电商企业向市场中推广品牌时，需要注意以下三个方面。

（1）保障产品的质量，严格执行品牌计划推广所在国家的国家质量标准，并在宣传推广时重点突出品牌的质量可以得到保障。从前文的分析中可以得知，跨境电商企业销售商品的质量对消费者产生正向的影响。消费者对商品质量的判断往往是依靠自己对产品的使用目的和需求程度，综合分析从外界得到的各种相关信息，对一种产品所做的抽象的主观评价。因此，消费者感知到的网上商品质量水平与实际质量水平间可能存在某些差异，只有当消费者认知的产品质量接近或者超过产品实际质量时，消费者才会做出实际购买行为。所以，跨境电商企业在保证商品本身质量的同时，要尽可能有效地让消费者感受到商品的质量，让消费者感受到物有所值，提高客户黏性，从而促进跨境电商企业的品牌建设。

（2）提升品牌产品形象。产品形象对品牌建设的影响是正向的，好的产品形象能够增加消费者对产品品牌的好感。因此在设计品牌产品时，需要根据所在国家的文化、消费者的偏好进行设计。在品牌建设过程中，价格优

势被削弱的情况下，跨境电商企业要努力提升品牌形象、改良网站设计，从而提升消费者的购物体验。

（3）提升购物体验，做好售后服务。跨境电商企业需要通过优质的服务和网络购物体验来增加消费者对品牌产品的认同感。国外消费者了解品牌及产品的方式是通过互联网，所以跨境电商企业需要在网站上提供完整真实的商品信息，美化展示网页，并且应该设计制定完善的系统服务政策，保证第一时间解决消费者在网站购物过程中遇到的相关问题。同时，跨境电商企业在制定品牌战略时，要考虑符合当地文化和信仰的产品定位、价格以及产品形象，一旦产品认同感不断增加，品牌建设也会水到渠成。

（二）加强企业创新力度和服务质量，提高感知价值

感知价值对跨境电商品牌建设具有正向影响，路径系数为 0.630，说明正向影响比较显著。而影响感知价值的七个因子分别为业务品种、投资回报率、服务态度、专业能力、渠道多样性、服务效率、投诉处理。消费者感知价值创造市场需求，特别是对于跨境电商企业来说，国外消费者的感知价值决定了跨境电商企业品牌成长的空间，可谓品牌建设的新途径和不断品牌化的动力之一。从研究结论可以看出，业务品种、投资回报率、服务态度、专业能力、渠道多样性、服务效率、投诉处理都是影响消费者感知价值的因素。因此，跨境电商企业在进行品牌建设时，需要充分考虑这七大因素，保证自身企业的专业能力，增加公司业务品种，保障员工的服务态度和服务效率，尽量避免被投诉，同时需要及时处理消费者的投诉意见。具体表现在以下两个方面。

（1）业务种类有限是我国跨境电商企业面临的一个重大问题。目前，我国跨境电商企业的业务品种还远远不够，使境外的消费者选择受限。所以需要跨境电商企业根据市场扩充业务品种，给消费者提供更多的选择，可以成立采购团队，实时了解追踪最热门的产品，及时更新产品种类。而积极扩展新的业务种类，能够及时发现新的增长点。

（2）重视消费者的作用，做好充分的信息公开展示，将消费者关注的产品信息、安全、物流等尽量明确标明，提升消费者的价值感知，同时要提高企业员工的服务态度、专业能力和服务效率，能够快速解答消费者的疑问，正确而迅速地进行订单处理。在售后服务方面做到无条件退换货，使消费者放心购买，从而赢得消费者信任。

（三）建立多元化营销模式，增强消费者信任度

转换成本对跨境电商品牌的正向影响，路径系数为 0.513，感知风险和关系品质对跨境电商的正向影响，两者路径系数分别为 0.255 和 0.237，均小于 0.3，说明关系品质、转换成本、感知风险也是影响跨境电商企业品牌建设的重点因素。因此，在跨境电商企业品牌建设过程中需要做到以下三点。

（1）设置合理的、多元化的利益优惠和积分规则。消费者的购买行为一旦发生，品牌会根据购买金额产生相应的积分累积，并且随着购买行为的不断增加，这种积分和优惠会不断增加。这样消费者一旦想要离开，则会产生比较大的阻碍，增加转换成本。商品从境内企业到境外消费者手中，运输过程较久，而运输途中需要考虑的安全性、时效性等会造成物流成本上升，约占总成本的 20% ~ 30%，因而导致消费者需要承担较高的税费和运费。另外，跨境物流配送是否及时和安全也是影响消费者购物体验的关键因素。因此，跨境电商企业在品牌化建设中必须不断加强对供应链的管理，甚至深入供应链的各个环节，实现对整个供应链的把控，减少时间成本，从而改善消费者的购物体验。

（2）建立高水准的消费者关系品质。做好与消费者的二次沟通维护，提高反应速度，关注消费者所关心的重点，持续为消费者提供有用的购买建议和服务保证，提升消费者的购物体验。考虑到跨境电商企业与消费者的关系难以量化衡量，因此企业可以建立评估机制，通过定期评估不断改善提升与消费者的关系品质。在跨境电商行业高速发展的时代，企业需要及时跟上国外消费者的脚步，快速满足消费者的要求以期与消费者建立高质量的关系。同时，要建立规章制度监督消费者投诉及处理情况，不断提升消费者服务效率，从而提高消费者的信任度。

（3）跨境交易过程中，跨境电商企业的产品主要通过网页展示，而消费者了解商品的主要途径也是通过网络，因此很多消费者对于产品的印象完全来源于网站上所展示的信息和图片，跨境电商企业要做到不做虚假宣传、网页展示的图片信息要与实际产品一致、尽量消除消费者在购物时的心理障碍。

本 篇 小 结

本篇从跨境电商供应链视角出发，通过"运营模式—渠道整合—策略提升"三个环环相扣又逐层递进的主题全面论述了促进我国跨境电商供应链自身发展的途径与解决方案。

具体来说，首先对 H 企业跨境电商进口的运营模式研究发现，现有跨境电商进口的运营模式在核心竞争力、收入来源、融资渠道和渠道通路四个方面存在机会，但也面临同类产品替代、收入利润降低以及市场竞争加剧、现有渠道有被同类企业边缘化的威胁。其次，在威胁发现基础上，重点探讨了跨境电商企业在营销渠道整合过程中的影响因素，指出营销渠道发展水平直接影响到跨境电商企业在渠道整合时的营销渠道选择，跨境网络营销能力很大程度上决定着跨境电商企业网络营销渠道整合的策略，研究还发现跨境电商战略目标是跨境电商企业营销渠道整合的重要出发点，提高利润率对企业营销渠道的选择影响最大。再次才是品牌战略和开拓海外市场。最后，必须要指出的是，虽然目前品牌战略的普遍影响程度不大，但越来越多的跨境电商企业正重视品牌的建设与推广，这是打通跨境电商供应链终端环节的核心企业战略目标，我们的实证分析结果表明，产品认知对跨境电商品牌的影响是正向的且对跨境电商而言影响最大，感知价值、转换成本、关系品质和感知风险均对跨境电商品牌建设产生正向影响。

本篇研究从供应链建设视角对我国跨境电商企业提升自身发展水平进行了有益探索，我们在渠道整合的研究结论中发现，提高利润率对企业营销渠道的选择影响最大，这就带来了新的问题：跨境电商企业如何提高利润率？能否利用跨境电商降低贸易成本的属性提升企业绩效？下章将对此做出合理解答。

价 值 链 篇

跨境电商企业作为产业链上游制造商和下游消费者的沟通桥梁，在自身供应链体系下可直接将产品和服务销售给终端消费者，很大程度上缩短了产品到终端消费者手中的时间，也可以大大降低产品的交易成本。在此过程中，终端消费者的个性化需求将被及时反映和满足，工厂、跨境电商企业、终端消费者形成了一个完整的闭环价值链，如何有效创造价值以寻求战略成本竞争优势是跨境电商企业面临的核心竞争力问题。

一方面，传统成本管理体系下，企业以产品价值为核心，围绕产品生产环节进行成本核算，往往会忽略技术研发、仓储物流、营销服务等价值增值环节，已无法准确对整个产品生产及企业的运营管理提出进一步的改进建议，因此有必要摆脱传统的成本管理体系，建立新型的、符合跨境电商自身特点的成本管理体系。另一方面，不同商业模式的跨境电商企业在财务绩效与资本市场表现不一，其经营范围、业务种类、利润来源与风险状况不尽相同，影响其经营状况与企业绩效的因素与存在的问题有所不同，因此，需要对不同商业模式的跨境电商企业进行分类对比分析，找出企业绩效差距背后的原因，才能对不同类型企业的经营与发展提供更有针对性的参考与建议。本篇将立足价值链视角，突破传统企业成本管理缺陷，深入探究不同商业模式的跨境电商企业绩效差异的影响机理，对跨境电商企业经营与发展展开有益探索。

第十一章

跨境电商企业的成本管理

近年来，跨境电商行业快速发展成为引领经济增长的新动力。跨境电商企业利用网络技术的高速发展，将物流、资金流、信息流融为一体，为海外消费者提供最快捷舒适的购物体验。日益激烈的竞争使跨境电商企业所处的行业环境不断地发生改变。这就要求企业不能一味地追求其内部收益，而是从价值链视角出发，实现价值链上的企业共赢。

第一节　价值链与成本管理概述

一、价值链理论的演变及分类

回顾和研究价值链相关理论，分析企业的价值链构成，能够更准确地发现和维持企业的竞争优势，进而更好地从战略层面进行成本管理。本节将对价值链及相关理论进行介绍，并着重分析跨境电商背景下的价值链。

（一）价值链的提出和发展

1. 迈克尔·波特的价值链思想

价值链这一概念最早由美国著名学者迈克尔·波特（1985）在其《竞争战略》一书中提出。他指出，价值链是企业经营活动中一系列能够创造价值的集合。这些价值活动可以大致分为两类，即"基础活动"和"辅助活动"。"基础活动"是企业价值产生的直接来源，又可具体分为内部后勤、生产经营、外部后勤、市场销售和服务；"辅助活动"是服务于基础活动的，间接为基础活动产生额外的价值，又可具体分为企业基础设施、人力资源管理、技术开发和采购。迈克尔·波特的价值链见图 11 – 1。

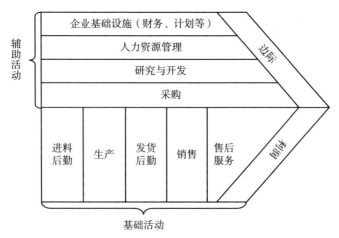

图 11 – 1　迈克尔·波特的价值链

迈克尔·波特的价值链思想清晰地将企业的各个作业活动拆解开来，强调企业内部不同部门的分工协作，并且以创造价值为根本目的，找出每一环节中能够创造价值的作业活动，摒弃不能创造价值的多余活动，将其组合成一条完整的价值链。企业通过运用波特的价值链理论，可以对比不同作业活动的价值产生情况，找到相对薄弱的经营环节进行改进，从而达到减少成本，提高企业竞争优势的目的。但是由于时代和环境的限制，波特的价值链思想只关注了企业的内部价值链，没有关注外部的行业价值链和竞争对手价值链，理论的普适性存在一定的限制，为之后众多的学者对价值链理论进行补充完善留下了空间。

2. 虚拟价值链

虚拟价值链的概念最早由瑞波特和西奥克拉（1995）两位学者在《开发虚拟价值链》一文中提出。他们认为，随着信息化程度越来越高，传统的价值链理论对于信息的理解和使用已经不能满足现代企业的发展要求。信息经济时代的企业将会面对两个方面的竞争：一是由真实物质资源组成的现实世界，称为市场场所；二是由信息组成的虚拟世界，称为市场空间。信息将扮演更重要的角色，不再单单是串联各实体价值活动的润滑剂，而是作为一种重要的企业资源为顾客带来更多的价值。这样，虚拟价值链将由信息贯穿整条价值链，信息将体现在虚拟价值链的每一个价值增值活动中。

虚拟价值链的提出是基于组织形态、竞争环境的改变，使其更好地适应现代企业的发展状况。但是瑞波特和西奥克拉只是提出了虚拟价值链的一般概念，并没有与波特价值链中的具体价值活动相结合，没有建立形象具体的虚拟价值链模型。因此，本研究结合现代企业在每一个价值活动中都存在对信息的收集、组织、挑选、合成和分配等环节，提出虚拟价值链的一般模型，如图 11 - 2 所示。

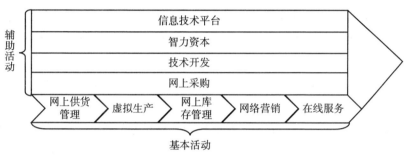

图 11 - 2　虚拟价值链的一般模型

虚拟价值链模型中价值活动依旧可以分为"基础活动"和"辅助活动"两类，但所有的活动都是从信息的虚拟角度出发。其中，"辅助活动"具体分为信息技术平台、智力资本、技术开发和网上采购；"基本活动"具体分为网上供货管理、虚拟生产、网上库存管理、网络营销和在线服务。"辅助活动"主要突出平台性和技术性在虚拟价值链中的作用；"基本活动"则是用信息来反映实际价值增值活动，不同环节的信息流表示了信息在虚拟价值链条中贯穿始终的特点。虚拟价值链的提出符合互联网信息技术高速发展的时代背景，加强了对信息技术的重视。

3. 价值链理论发展

波特价值链思想开启了对企业生产活动及产生价值利润的新的思考角度，之后不断有新的专家学者展开对价值链的思考和研究，逐渐丰富和完善了价值链理论。约翰·沙恩克、菲·哥芬达拉加（1993）认为波特价值链有一定局限性，企业价值链条不应该只考虑企业内部，还应考虑企业外部价值链，上至供应商价值链，下至顾客价值链，大幅延长了企业价值链考虑范围①。随着信息技术的不断快速发展，杰弗里·雷特和约翰·斯威尔克拉（1995）认为价值链思想应强化信息的使用程度，在电子商务领域中形成虚拟价值链理论，使得价值链思想符合更多高新技术产业的应用需求②。在价值链理论逐渐成熟之后，斯莱沃斯基和莫里森（1997）提出新的角度，对价值链整体而言，不应再以单纯地追求企业利润为出发点，而是要以满足客户的需求为发展核心。因此，利润产生是满足客户需求的附属产品，一切价值链条上的经济活动都应根据是否能实现客户的需求来决定，至此形成了现代价值链理论③。

国内专家学者在现代价值链理论的基础上，进行了更进一步的完善和补充。厉无畏（2001）首先提出了价值链分解整合的概念，对于价值链上的不同经济活动，有效地分解整合并优化价值链组成④。孙茂竹（2002）在价值链分解整合的基础上，具体划分为上有供应商价值链、企业内部价值链、下游客户价值链和横向的竞争对手价值链，全方位地对企业价值链进行剖析⑤。罗勇、朱莉（2009）表示，企业在对其价值链进行分析判断的同时，不光能够降低成本、增加利润，更能找到其核心竞争优势，使企业长久地立于不败之地⑥。高峰（2008）⑦及王岚、李宏艳（2015）⑧将目光投向了全球价值链，这是因为经济全球化加剧的时代背景下，企业应放远目标，以全球化视野考虑其价值链组成。

企业价值链研究不仅能增加企业的核心竞争力，也能够改善企业内部的运作效率。刘敏（2014）认为，价值链组成存在最优组合，但这种组合是动态的，是根据企业不同阶段的发展水平和外部竞争环境的变化而改变的，可以通过加速经济活动的运行速度和优化内部成本两种方式来进行价值链的

① Shank J K, Govindarajan, V. Stratrey. Cost management the new tool for competive advantage [J]. New Jork: New York Free Press, 1993: 21 – 23.
② Jeffrey F R, John J S. Exploiting the virtual value chain [J]. Harvard Business Review, 1995: 11 – 12.
③ Slywotzky A J and Morrison D J. The Profit Zone [J]. Wiley New York, 1997.
④ 厉无畏，王玉梅. 价值链的分解与整合——提升企业竞争力的战略措施 [J]. 经济管理，2001 (3): 10 – 11.
⑤ 孙茂竹. 管理会计的理论思考与架构北京 [M]. 北京：中国人民大学出版社，2002 (8): 19 – 22.
⑥ 罗勇，朱莉. 强化成本管理促进长效发展——从价值链的视角来探讨川投集团的精益成本管理 [J]. 金融经济，2009 (2): 147 – 149.
⑦ 高峰. 基于企业生产和发展视角的全球价值链综述 [J]. 战略研究，2008 (4): 15 – 16.
⑧ 王岚，李宏艳. 中国制造业融入全球价值链路径研究——嵌入位置和增值能力的视角 [J]. 中国工业经济，2015 (2): 76 – 88.

优化[①]。丁小莉（2015）则认为，企业价值链的优化首先要从企业内部做起，明确企业的综合实力并通过具体的价值增值活动来优化价值链[②]。

（二）价值链的分类

波特价值链将企业的每一项价值增值活动都拆解开来，包括供货、生产、销售等多个环节。但是对价值链的研究仅仅局限于企业内部是远远不够的，桑克和戈文德拉贾（Shank & Govindarajan，1993）认为每个企业的价值链不是起始于企业的供应商，终止于企业的客户，而是指"在企业中从基本原材料到交给客户产品的整个经营过程中各种价值创造活动的连接结合"。所以，除了企业内部经营活动的内部价值链，还应考虑企业外部价值链。

1. 企业内部价值链

企业内部价值链开始于原材料供应商，再经过生产、运输、销售等环节最终将产品交到客户手中，在此过程中还要满足一些支持企业正常生产运营的辅助活动（如企业基础设施建设、研发等）。

分析企业内部价值链，其目的就是在于找到产生价值的最基本的经济作业活动，对价值链上的基本价值增值活动进行分析管控，从而减低成本，增加价值。对于基础活动，它们能够直接产生价值，企业需要不断精益求精，提高作业效率，从整个价值链的视角上降低成本。对于辅助活动，它们不能直接产生价值，企业需要加强其与基本作业活动的联系，要以满足客户价值为目标，发挥它们的辅助增值作用。

2. 企业外部价值链

企业的外部价值链又可分为行业价值链和竞争对手价值链。

行业价值链也称为"纵向的外部价值链"，由上至下具体涵盖了上游的供应商价值链、下游的销售商价值链和最终客户价值链。它们相互联系、相互影响，共同组成一条更大的经济活动链条。在行业价值链中，企业应该准确找到自身的价值链定位，将相关联的上下游企业或客户的价值链纳入自身的价值链管理中，充分利用上下游价值链活动，降低成本，形成自身的成本优势。

---

① 刘敏. 价值链会计在成本管理中的运用 [J]. 财经界，2014（11）：226.
② 丁小莉. 试论价值链分析在企业战略成本管理中的应用 [J]. 当代经济，2015（32）：20－21.

竞争对手价值链是指横向的外部价值链。它与企业内部价值链往往是平行存在的。通过分析竞争对手价值链可以判断对方的竞争战略和成本水平，找出差异，弥补不足，进而形成自身的竞争优势。

二、成本管理理论

成本管理对于企业的经营运转起到决定性作用。在成本管理过程中，需要企业对其生产经营过程中的各个环节进行预测、调控和监管，找出成本消耗和不足，进而采取相应的改进措施。由于成本管理可以应用在不同行业和不同企业，应用场景十分广泛。因此，对于不同行业的成本管理会表现出不同的特点，但总体来说，成本管理可以分为两个方面，分别是成本的形成和成本的构成。成本的形成反映企业消耗资源、产生成本的来源，主要从产品生产前、产品生产中和运输流通三个方面产生成本。成本的构成是对企业在经营活动中的价值活动进行区分，又可细化为原材料的购进、管理费用、加工费用、薪金报酬等多个项目。

（一）成本管理的原则

企业成本管理的好坏不只体现在成本管理方法和成本管理手段的运用，最重要的前提是要牢牢把握成本管理的三项基本原则，成本管理原则的明确和坚守有助于后续企业的成本优化，成本管理的三项基本原则如下。

1. 全面原则

该原则强调在企业的成本管理中，企业所有内部人员、产品以及经营活动运转的各个环节都应该纳入成本管理的范畴中。企业各部门的人员要加强成本控制的意识，积极思考成本管理的优化方法；要仔细考量产品生产过程中的所有环节，从原材料采购到成品运输，成本核算不能停留在表面，要发掘各环节成本背后的联系；企业成本控制还应关注技术研发、仓储配送、售后服务等多个管理层面，真正做到全面无遗漏。

2. "特殊"原则

相对于全面原则，特殊原则表示在企业成本管理过程中，全面管理的同时，还要对不同的成本消耗环节有侧重点的分析，对于难以控制的成本消耗环节要进行重点细致的检查分析，找出问题原因，提出解决办法。

3. 经济性原则

经济性原则是成本管理的目的，成本控制的目的就是为了最大化地缩减企业的成本，在不影响顾客满意度的情况下，减少成本费用浪费多的生产活动，精简企业的生产活动环节，有利于增加企业的利润，提高企业整体竞争力。

（二）企业成本管理

关于企业成本管理的研究由来已久，国外学者率先做出理论定义和梳理。查尔斯·T.霍恩格伦认为，成本管理是"经理人员为满足顾客要求的同时持续降低和控制成本的行为"。因此，为降低成本而进行的成本控制活动是企业成本管理的重心。

库珀和罗伯特·卡普兰（1984）对成本管理模式进行了阐述和定义，他们将成本管理模式分为两种：以作业成本法为分界线，将之前的目标成本管理模式、责任成本管理模式、标准成本管理模式和质量成本管理模式等归为传统成本管理模式；将作业成本管理模式、成本企划模式、生命周期成本管理模式、价值链成本管理模式和战略成本管理模式等归为现代成本管理模式[①]。

国内学者也对成本管理进行积极研究探索，在结合国外理论研究的基础上，不断提出符合国内市场经济特色的成本管理理论。杨纪琬（1980）深入成本管理的具体步骤，将成本管理分为七个环节，分别为成本预测、成本决策、成本计划、成本控制、成本核算、成本分析和成本考核，通过分模块管理使成本核算更加精确[②]。林万祥（2001）表示，在新世纪的快速发展阶段，成本管理概念不再局限于财务会计领域，对于不同的企业，其整体运营过程中的作业成本、管理成本、营销成本、研发成本等新的成本消耗更应该引起人们的重视，这是对以往成本管理对象的拓展和补充[③]。

随着信息技术的快速发展，成本管理理论在电子商务领域的应用逐渐丰富起来。王森林和吴志玮（2007）表示现代企业要加速发展，势必要进行电商数字化转型，这是因为电子商务能够将企业的物流、资金流、信息流有

---

① Kaplan R H, Cooper W S. The Evolution of Developmental Plasticity in Reproductive Characteristics: An Application of the "Adaptive Coin-Flipping" Principle [J]. The American Naturalist, 1984, 123 (3): 393 – 410.

② 杨纪琬. 企业成本管理问题浅议 [J]. 财贸经济, 1980 (5): 13 – 17.

③ 林万祥. 论作业质量成本管理的形成与应用 [J]. 财会月刊, 2001 (2): 4 – 5.

机统一起来，从多维度提高企业核心竞争力①。何建华和沈辉（2009）将研究视角放在库存成本上，在多供应商供货体系下，电子商务企业的传统库存管理模式需要提升和拓展，提出了需搭建供应商库存管理体系②。

李仁飞（2013）强调了电子商务企业成本控制的重要性③。电子商务企业应提高对其内部成本控制的重视程度，运用合理的方法并结合自身企业的实际经营状况提出与之相对应的成本管理体系，从而提高企业的核心竞争力。

张继德和时斐（2014）深入电子商务企业进行分析，以苏宁易购为例，研究其供应链管理的相应举措，得出结论，我国电子商务企业在供应链成本管理方面存在急功近利现象，应从长远角度出发，在战略高度上提升供应链成本管理水平④。

吴赟婷、王钟庄（2015）提出了我国电子商务成本控制原则即全面介入原则、例外管理原则和经济效益原则，结合电子商务成本控制原则针对性地对我国电子商务企业存在的问题进行了分析，强调电子商务企业要选择恰当的发展模式、完善物流系统管理水平并重视客户服务管理水平三方面优化自身的成本管理体系⑤。

（三）价值链成本管理

虽然企业成本管理理论发展成熟，但随着信息技术的高速发展，传统成本管理模式越来越不适应当代企业的发展需求，于是，在 20 世纪 80 年代末，赫格特、莫里斯提出价值链视角下的成本管理模式，对价值链上各个价值增值活动展开具体的成本管理。亨利·C. 德克尔（1998）表示价值链成本管理模式能够更为高效地利用潜在成本信息，对企业成本管理起到积极的作用。罗宾·库珀、罗琴·施莫德（1998）将价值链成本提升到战略成本的高度，作业成本法被引入价值链成本模式，即通过对价值链上不同价值的

① 王森林，吴志玮. 电子商务与企业成本竞争力 [J]. 商场现代化，2007（03X）：147 – 148.
② 何建华，沈辉. 电子商务中的多级供应链库存成本研究 [J]. 价值工程，2009，28（2）：57 – 60.
③ 李仁飞. 电子商务企业成本管理存在的问题及对策分析 [J]. 电子测试，2013（14）：185 – 186.
④ 张继德，时斐. 基于电子商务的供应链管理应用研究——以苏宁易购为例 [J]. 会计之友，2014（36）：122 – 126.
⑤ 吴赟婷，王钟庄. 电子商务企业成本控制问题研究 [J]. 价格月刊，2015（2）：88 – 90.

作业成本管理，能够降低企业整体成本消耗并提高企业的战略地位①。

国内专家学者进一步丰富了价值链成本的概念。刘冬荣、王琳（2005）对比了不同企业的成本优劣，并以价值链的视角进行分解整合，提出了增强企业竞争力的有效办法②。傅建木（2013）结合新时代背景下的高新技术产业，提出了虚拟价值链成本的概念，丰富了价值链成本理论③。运用价值链分析法对企业进行成本管理，自然发展成了价值链成本管理理论。该理论最早由谢诗芬和戴子礼（2000）在国内提出，开启了国内价值链成本管理的先河④。刘百芳、隋立秋（2007）以微观企业为出发点，提出价值链成本势必要上升到战略高度⑤。吴晓丹、岳殿民（2016）系统论证了价值链成本管理的可行性，形成了一套切实可行的价值链成本理论框架，为后续企业构建价值链成本管理体系提供了宝贵的借鉴意义⑥。张泽文、高瑞明（2013）将成本管理理论与价值链理论相结合，提出新的价值链成本管理模型⑦。侯方园（2014）准确把握价值链的核心目的是满足客户需求，以客户需求为导向，优化价值链上一切能够增加客户满意度的作业活动，减少不必要的成本浪费，改良价值链成本管理模式⑧。

三、价值链成本管理理论

基于价值链的相关理论，价值链成本的一般概念就很容易地总结出来。产生价值的同时势必会消耗成本，价值链成本就是在价值链上各个企业经营活动发生时产生价值所带来的成本消耗，而对这些作业环节进行分析、监控、管理的过程就是价值链成本管理。

① Robin Cooper & Regine Slagmulder. Strategic Cost Management [J]. Management Accounting, 1998（4）：66 - 75.

② 刘冬荣，王琳．价值链分析在战略成本管理中的应用研究 [J]．价值工程，2005（3）：41 - 44.

③ 傅建木．基于虚拟价值链导向的企业成本控制路径设计 [J]．财会通讯，2013，29.

④ 谢诗芬，戴子礼．新中国成本管理会计的发展回顾与展望 [J]．湘潭工学院报社会科学版，2000（6）：55 - 58.

⑤ 刘百芳，隋立秋．价值链分析：企业战略成本管理的核心 [J]．经济师，2007（3）：219 - 220.

⑥ 吴晓丹，李娟，刘丹，岳殿民，Chao - Hsien Chu．新订单下基于资源共享差异性的作业成本系统计量误差建模 [J]．管理评论，2016（12）：235 - 243.

⑦ 张泽文，高瑞明．火电企业作业成本管理的技术经济性探讨 [J]．中国新技术新产品，2013（9）：239.

⑧ 侯方园．供应链成本管理初探 [J]．当代经济，2014（24）：66 - 67.

（一）价值链成本管理的含义

价值链成本管理是把价值链的理论思想与企业成本管理的方法相结合。库珀和斯拉格莫德（1999）将价值链成本拆解为两个维度上的含义：一是产品维度，表示为产品在生产、运输等环节所产生的成本；二是关系维度，表示为企业在价值链各组织环间的交易成本，由此从两个维度可以形成价值链成本管理矩阵，如图 11-3 所示。其中，在产品维度上分为产品设计和产品生产，关系维度上分为网络设计和界面优化，将价值链成本管理矩阵分割成了四个区域。第Ⅰ区域为产品设计和网络设计所影响的产品和网络的结构区，这一区域具有两个方面的功能：一是体现客户需求偏好；二是对整个价值链上的价值活动具有规划作用。第Ⅱ区域为产品生产和网络设计所影响的生产网络的构建区，这一区域则具体关注产品生产过程中的价值链成本，包括原材料的消耗、供应商的选择和物流运输等。第Ⅲ区域为产品设计和界面优化所影响的价值链产品的设计区，这一区域是针对销售产品而言，找出能提高产品竞争力的价值活动，增强价值链的竞争优势。第Ⅳ区域为界面优化和产品生产共同作用，形成价值链作业流程优化区。以上四个区域共同组成价值链成本管理的矩阵模型，模型从组织形态的构建到环节优化，相互影响，共同作用，系统完整地指导企业进行价值链成本管理。

图 11-3　价值链成本管理的关系矩阵

斯蒂芬·苏瑞（2001）① 更进一步将成本维度引入价值链成本管理矩阵，形成了三维立体的价值链成本管理模型，如图 11-4 所示。相较于二维

---

① Seuring S A. Green Supply Chain Costing：Joint Cost Management In the Polyester Linings Supply Chain［J］. Greener Management International，2001（33）：71-80.

的价值链成本管理模型，增加了成本维度。成本维度具体分为直接成本、作业成本、交易成本，更直接地体现了成本管理系统在价值链中运用。所以，斯蒂芬·苏瑞的三维价值链成本管理模型是将价值链管理和成本管理的概念统一起来，将成本管理拓展到组织之外，强调了成本管理在价值链体系中的重要性，对企业进行价值链成本分析与控制起到了积极的意义。

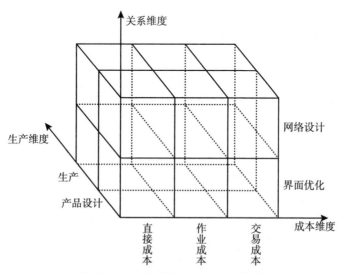

图 11 -4 三维价值链成本分析模型

（二）价值链成本管理的目标

价值链成本管理的目标可以从多个角度进行阐述。一是从企业的价值链构成角度，得到企业价值链成本管理的目标是判断价值链上各价值增值环节的最优组合，并对各价值活动进行成本监控和管理，从而达到降低成本和增加利润的目的。二是从消费者角度，满足顾客的需求是价值链成本的核心，对企业价值链成本进行有效管理，能够更好地满足消费者需求，以消费者需求为导向进行产品技术研发、生产销售等。三是从成本管理的本身而言，企业进行价值链成本管理是企业提高其运营管理水平的有效途径，能够帮助企业提高其核心竞争力。

（三）价值链成本管理的不同对象

跨境电商价值链成本管理是开放的，跨境电商企业可以根据不同管理对象进行价值链成本管理分析，其中包括企业内部价值链成本管理、供应商价值链成本管理、客户价值链成本管理和竞争对手价值链成本管理。

1. 企业内部价值链成本管理

企业内部价值链成本管理分为三个阶段：首先需要完成对企业内部价值链的识别拆解，明确价值链各个价值活动的组织关系；其次对各价值活动的成本消耗进行核算评估，找出不足；最后尽量减少价值增值少的作业活动，保留或强化增加价值的作业活动，从而提高企业内部价值链成本管理水平。

跨境电商企业往往是纯电商公司，销售的产品多由代工厂生产，因此没有生产环节，更重要的在于各部门组织关系和产品研发，这就强调了企业信息管理系统的作用。信息流贯穿于整个跨境电商企业的运作，加强公司内部信息交流系统的研发能大大提高信息的传递速度和利用效率，及时发现最新潮流趋势，进而满足消费者的需求，为海外消费者带来更好的消费体验。这就需要建立一个良好的信息管理系统，能够将终端客户的信息第一时间传递到企业的各个部门，使其相互配合、协调作用，大大降低企业成本。

2. 供应商价值链成本管理

企业应加强与上游供应商的价值链成本管理，将供应商的利益考虑进自身的价值链成本中，与供应商建立战略合作伙伴关系，通过协作优化生产，减低交易成本，实现资源的最大化利用。

对于跨境电商的供应商成本管理，既包括提供产品的供货商，还包括提供产品配送服务的第三方仓储物流企业。跨境电商企业销售的产品种类往往数以千计，供货商数量繁多，地理位置分散，采购商品难度增大。这就要求跨境电商企业与上游供应商建立合作联盟关系，加强信息传递的流畅性，把供应商的价值链纳入考量中进行统一管理。对于第三方仓储物流企业的价值链管理，是跨境电商企业提高客户满意度的重要环节。海外终端客户在通过网络销售平台下单后，通过大数据系统的科学安排，需要根据不同的商品采取不同的仓储物流方式，以最快、最好的并且成本最低的方式将优质商品送达客户手中。因此，如何科学地进行供应商采购商品管理和优化仓储物流系统是跨境电商企业供应商成本管理的关键。

3. 客户价值链成本管理

客户价值链成本管理的核心是满足客户的价值需求，还包括对不同销售渠道的选择。进行客户价值链成本管理，可以更为直接及时地了解到当前客户市场走向，进而使企业能够快速反应，及时改变营运计划以适应市场变化，达到降低企业综合成本的目的。

跨境电商的客户价值链成本管理是分散和个性化的。因为跨境电商企业是直接面对海外的网络终端买家，属于 B2C 商业模式，跨境电商企业利用自建网站和第三方交易平台进行客户下单、支付等过程，省去了销售商的参与，精简了价值链环节。同时，跨境电商所面临的海外客户来自不同的国家，广泛存在着文化和语言差异，所以需要充分尊重、收集客户反馈意见，通过多种营销方式，留住现有客户和不断引入新进客户，提高售后服务水平，利用海量客户信息分区域地建立客户信息管理系统，从而增加企业收益，降低成本。

4. 竞争对手价值链成本管理

竞争对手价值链成本管理是指企业外部横向价值链的成本管理，属于外部竞争环境分析。企业进行竞争对手价值链成本管理，应从两个方面即价值链结构和成本水平与外部竞争对手进行比较分析，一目了然，暴露企业自身的成本缺陷或组织经营问题，根据竞争对手的不同做出相应的调整，不断优化自己的价值链，进而展现企业自身的竞争优势，达到企业成本降低、利润增加的目的。

跨境电商的竞争对手价值链成本管理是十分必要的。跨境电商作为开拓对外贸易的新业态，仍属于快速发展的时期，大量的新兴企业加入跨境电商行业，以中小型企业居多。行业的准入门槛低，产品同质化相对严重，竞争激烈程度可想而知，所以要时刻掌握竞争对手信息，扩大企业规模，占据行业领先位置，提高企业的核心竞争优势。

（四）价值链成本管理的评估方法

对企业价值链成本管理的评价就是对于其管理体系的实施效果进行评价，借此方法监督企业加强其成本管理体系。另外，企业的价值链管理评价可以划分为两个方面，分别为财务指标和非财务指标。

财务指标主要是对公司股东收益的衡量，从该指标中可以看出企业的财务状况和目标完成情况。而非财务指标仅是衡量企业管理体系的一种方式，并不能够反映企业的经营状况，所以对于价值链成本的衡量主要考察财务指标。

但是对企业价值链的成本管理衡量仅仅通过对财务指标是不全面的，所以有必要引入非财务指标。非财务指标相对财务指标而言较难获取，其涵盖层面较多，与企业价值活动息息相关，对非财务指标信息的收集需要涵盖企业运营的各个过程和各个部分，信息涵盖整个企业价值链生产环节，这样才能够通过指标观测出公司全面的经营状况。企业内部价值链由多个不同的作业与作业链接构成。对于价值链的优化，从企业内部的价值链角度出发，必须从内部的价值链入手，考核企业价值的上升能力。从价值链的纵向流动角度出发，就是将处于价值链中的供应商和客户都与企业的利益链接起来，将三者联合成为利益共同体，实现共同成长。从价值链的横向流动角度出发，就是衡量企业与其竞争对手的能力，通过提升企业的横向价值，可以提高企业在同业市场中的竞争力。换言之，企业要想在市场上占据主动地位，必须提升其横向价值，提高在市场中的竞争力。如何去提升企业的横向价值，首先企业的内部管理能力的优化是关键条件，另外，提升竞争力必须获得技术上的领先，所以提高创新性能够提升企业在市场中的竞争优势。所以，企业在衡量其业绩能力时应该将其学习能力纳入考核体系。

第二节　跨境电商成本管理的理论基础

一、电商企业价值链成本

电商企业的快速发展和兴起正深刻地改变着人们的生活方式，价值链成本理论如何在电子商务企业中应用发展引起了广泛的关注。赵晶和朱镇（2010）认为，电商企业的价值链组成与传统企业有着明显的不同，在进行价值链活动优化时，流程绩效是一个很好的方法和角度[①]。黄萌萌、高盈琪（2015）表示，随着近年来电子商务企业间的竞争越来越激烈，以价值链为导向的成本管理模式在时间和空间上实现了突破，打破了传统成本管理模式的限制，符合电商行业的发展需要[②]。张慧、张军（2019）从资源整合、产业链延长、高端产业链管理等方面，对全球价值链下电商平台产业链纵向关系治理模式进行分析，得出全球价值链下电商产业链得到纵向延伸，

---

① 赵晶，朱镇．企业电子商务价值创造过程模型［J］．管理科学学报，2010，13（12）：46－60．

② 黄萌萌，高盈琦．价值链成本管理应用浅析——以电商为例［J］．经济师，2015（8）：2．

协同发展①。

作为国际贸易发展的新模式新业态，跨境电商的迅速崛起吸引了学者们的注意力。赵欢庆（2018）结合跨境电商生态圈各大构成要素，提出了从价值链视角对跨境电商生态圈重新打造，并以亚马逊公司为案例，分析跨境电商虚拟价值链对企业经营理念、运营方式、营销模式以及整体生态圈的影响，得出跨境电商企业要从自身内部、物流运作水平和数据支撑三个方面进行生态圈构建②。刘晶（2017）强调了价值链在跨境电商行业中的作用，认为政府应将跨境电商发展上升至深化对外开放的战略定位，完善跨境电商生态环境配套措施③。李国鹏、王绍媛（2018）认为，得益于高端信息技术和互联网技术的快速发展，跨境电商正在塑造"新国际贸易"，带来了两大优势即贸易便利化和制造服务化，通过这两大优势共同作用，虚拟网络化制造可以为跨境电商企业参与全球化新形势下的全球价值链提供新思路④。

二、跨境电商企业的一般价值链

跨境电商作为一种新型的商业模式，有着自身独有的特点，突出体现在它极大地弱化了地理位置因素在交易中的角色，依托互联网打造的网络化平台，将国内生产者和国外消费者聚集在虚拟的平台中，通过减少中间环节、缩短贸易距离、降低中间成本等来提高交易效率，实现了买卖终端的直接对话。因此，对于跨境电商价值链的构建，要着重反映其平台化、信息化的特点。平台化是指跨境电商平台在整个交易中起到了举足轻重的作用，是跨境电商价值链的核心组成部分。它不仅具有替代现实地理位置的作用，更能发挥虚拟集聚效应，完全打破价值链中各个主体的空间限制，大幅降低了成本。信息化体现在跨境电商价值链的方方面面，它是将所有价值活动和交易主体连接的润滑剂，保证信息快速、准确地传递成为跨境电商价值链是否流通的关键所在。

① 张慧，张军. 全球价值链背景下电商平台产业链纵深发展研究 [J]. 商业经济研究，2019（7）：67 - 69.
② 赵欢庆. 价值链对跨境电商生态圈的重新打造——以亚马逊为例 [J]. 商业经济研究，2018（12）：91 - 93.
③ 刘晶. 跨境电子商务与我国企业全球价值链地位提升 [J]. 商业经济研究，2017（9）：71 - 74.
④ 李国鹏，王绍媛. 基于跨境电商的网络化制造推动全球价值链升级研究 [J]. 国际贸易，2018（6）：14 - 19.

所以，本节将通过分析传统零售企业价值链模型，以物流、资金流、信息流为切入点，通过对比分析构建出符合跨境电商行业特点的一般价值链模型，为后文分析傲基跨境电商公司的价值链成本管理做好准备。

传统零售企业的价值链模型如图 11-5 所示，可以看出，传统零售企业的价值链是割裂的一个个实体企业参与合作的链条，依次需要原材料供货商、制造商、批发商等多个环节，在这种运行机制下，价值链中的每一个实体企业间的经营活动都会存在交易成本、信息沟通成本等不必要的消耗。同时，物流和资金流相互贯穿于供货商和终端客户，但整个价值链流通速度慢且割裂。

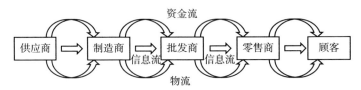

图 11-5　传统零售企业的"三流"价值链

传统零售价值链的形成机制有三个局限性：①价值流向都是单一的。物流由上游供应商至终端客户，资金流由客户到上游供应商，而信息流也只是由上游至下游，没有反馈增值的过程。②价值链环节割裂。价值链被多环节多层级结构分割开来，使得价值流通不顺畅，常常会导致企业管理成本高、人员冗杂等问题。③信息利用价值不高。信息流在价值链中只起到辅助作用，无法及时反映顾客需求。

跨境电商在跨境销售平台的帮助下，实现了各部门间的组织优化和精简，其价值链如图 11-6 所示。与传统零售企业价值链相同，跨境电商价值链的"三流"同样贯穿于企业的各个价值活动中，但在此基础上跨境电商价值链存在三处不同点。

（1）物流链变长。商品由源头供应商到终端客户的空间距离非常遥远，物流链的通畅性、便捷性是满足客户价值实现的关键，还存在海关税收等政策影响。

（2）资金链的不确定性增强。由于跨境电商企业和客户属于不同的国家和地区，结算货币易受利率、汇率等波动影响。

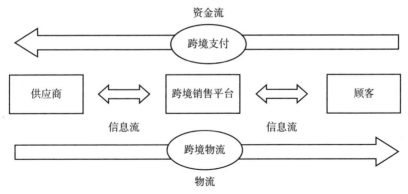

图 11 - 6 跨境电商的"三流"价值链

（3）信息流的流动是双向互通的，信息流的作用得到了最大程度的体现，供应商能够及时得到终端消费者的购物需求，从而进行相应生产计划的调整，海外消费者也能更快、更准确地获取产品信息，得到更优质的售后服务。

因此，笔者总结出跨境电商企业价值链的一般特点，即"一依托，三融合"。一依托是指跨境销售平台的全方面运用。跨境销售平台在跨境电商价值链条中处于中间核心位置，跨境电商公司依托于跨境销售平台进行生存和发展。在跨境电商的价值链中，网络平台发挥着越来越多的作用。它不仅仅为跨境电商企业提供网络销售的窗口，还将物流、资金流、信息流的功能汇聚起来，帮助解决仓储、跨境物流、跨境支付、网络营销、客户意见反馈等诸多问题，大大减少了跨境电商价值链的中间商环节，从而降低了成本。三融合具体是指线上和线下的融合、内部和外部的融合、单向和多向的融合。线上和线下的融合是从跨境电商价值链与传统零售企业价值链的对比角度出发，将传统零售企业的线下价值链通过网络平台的应用，彻底地将资金流和信息流环节由线下交易变为线上传递，物流运输环节则为线下完成，从而实现了线上和线下的融合；内部和外部的融合是从价值链的分类角度出发，跨境电商企业的价值链是相互联系和影响的，不能仅仅分裂地考量内外部价值链构成，还需要将内外部价值链做整体分析，跨境电商的内部价值链会因外部价值链的不同而做及时调整，外部价值链会对内部价值链的优化给予信息和绩效上的反馈，从而实现了内部和外部的融合；单向和多向的融合是从价值链中信息流的运用角度出发，因为信息流的不同是跨境电商企业价值链和传统零售企业价值链的最大区别。传统零售企业价值链中信息流是单向传递的，信息只能起到辅助交易的作用，而跨境电商价值链中信息流是双向的，扮演着越来越重要的角色，它能将上游供应商至下游海外客户紧密地联系起来，及时跟踪把握市场动态及消费趋势，也能最大程度地满足消费者的需求，从而实现了单向和多向的融合。

三、跨境电商企业的三维价值链成本管理模型

通过上述关于价值链成本管理的一系列研究，本部分尝试总结出符合跨境电商企业的价值链成本管理模型。将价值链理论延伸出第三维度，增加成本管理的思想，斯蒂芬·苏瑞的三维价值链成本分析模型给我们带来了很好的启发。但是，斯蒂芬·苏瑞的三维价值链成本分析模型提出较早，理论模型的现实基础是当时的传统生产制造业，存在一定的时代局限性，不能完全应用在跨境电商企业的价值链成本管理中。因此，在斯蒂芬·苏瑞三维价值链成本分析模型的基础上，结合跨境电商企业的一般价值链特点即"一依托，三融合"，如图11-7所示，形成跨境电商企业的三维价值链成本管理模型。

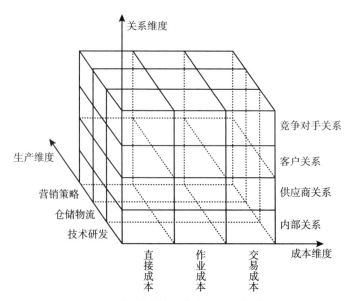

图11-7　跨境电商的三维价值链成本管理模型

跨境电商的三维价值链成本管理模型依然从 3 个维度，即成本维度、关系维度和生产维度展开，但与斯蒂芬·苏瑞三维价值链成本分析模型的不同之处在于生产维度和关系维度的内涵解释。根据跨境电商企业的一般价值链特点，在第三方跨境平台的依托下，其物流、资金流、信息流相互紧密融合，贯穿于整条价值链。于是，在跨境电商企业的三维价值链成本管理模型中，物流体现在生产维度中，资金流体现在成本维度中，信息流体现在关系维度中，无论在哪一种维度下都可以遍历整个价值链成本管理体系，可从多个方面帮助跨境电商企业展开价值链成本管理。

（一）生产维度

跨境电商企业的三维价值链成本管理模型中，生产维度包括技术研发、仓储物流、营销策略等环节，替代了原有模型中的生产、产品设计，这是由跨境电商企业的自身特点所决定的。在生产维度下，跨境电商企业不再自行生产商品，而是将生产线上移，选择优质代工厂委托生产，而企业自身着重将资源投入在专利技术研发、大数据仓储物流、订制化营销策略中，走企业品牌化道路，为销售商品增加附加价值。

（二）成本维度

在成本维度的组成中，跨境电商企业的三维价值链成本管理模型与传统模型类似，但区别在于跨境电商企业依托于跨境销售平台进行线上交易，跨境销售平台在跨境电商价值链条中处于核心位置，它不仅能为跨境电商企业提供网络销售的窗口，还帮助解决仓储、跨境物流、跨境支付、网络营销、客户意见反馈等诸多问题，因此大大减少了跨境电商价值链的中间商环节，使跨境电商企业的成本维度环节比传统型生产企业更加简洁明了，最大程度地减少了成本维度环节的不必要消耗。

（三）关系维度

跨境电商企业的三维价值链成本管理模型中，关系维度根据关系紧密程度分为内部关系、供应商关系、客户关系和竞争对手关系，这是从跨境电商的价值链成本管理对象的角度进行划分的。对于不同的关系维度环节，跨境电商企业应采取不同的价值链成本管理措施。在内部关系中，跨境电商企业应提高信息化管理水平，加强技术研发投入；在供应链关系中，跨境电商企业要与供应商建立价值链同盟关系，通过信息协作优化产品生产，减低交易成本；在客户关系中，跨境电商企业应深入调查海外市场，采用多渠道的定制化营销服务；在竞争对手关系中，跨境电商企业应在多变的外部环境中准确定位，找出与同水平竞争对手的差异，重点突破，提高自身的竞争优势。

跨境电商企业的三维价值链成本管理模型既涵盖了跨境电商企业一般价值链的特点，又完美地将成本维度融入，为下文进行案例分析打好了理论基础。同时，笔者根据跨境电商企业价值链成本管理的不同对象区分，即以关系维度为切口，关系程度由近至远从内部关系、供应商关系、客户关系和竞争对手关系对案例企业进行价值链成本管理现状分析，概念界定清晰明了，易于理解。

第三节 研究方法的选择与实施

一、案例研究的总体设计

（一）研究方法的选择

案例研究法最早是由哈佛大学提出的。它是通过对案例进行观察、整理和分析以找到一些新发现的方法，属于实证研究中的定性研究方法（罗仲伟等，2014）[1]。就案例研究目的的不同，它可分为解释性案例研究、描述性案例研究及探索性案例研究。根据研究案例数量的不同将研究分为单案例研究和多案例研究。本部分研究拟采用单案例研究法进行探索性案例研究，对跨境电商企业价值链成本管理进行分析，之所以将案例研究法选为研究方法，首先，对于跨境电商行业，没有统一口径的行业数据支持，进行行业实证研究的基础不够；其次，采用案例研究法可以更加生动形象地挖掘案例企业的内部构造及发展过程，进行具体分析；最后，与多案例研究法相比，本部分研究采取单案例研究法是因为跨境电商行业发展时间较短、行业规范性

---

① 罗仲伟，任国良，焦豪，蔡宏波，许扬帆. 动态能力、技术范式转变与创新战略——基于腾讯微信"整合"与"迭代"微创新的纵向案例分析 [J]. 管理世界，2014（8）：152 – 168.

不足,跨境龙头企业的典型性远远大于其普遍性,单案例研究法更有利于归纳出结论,并揭示问题和总结规律。

(二) 研究对象的选择

本次的研究对象是跨境电商企业,研究内容是其价值链成本管理。基于经营模式与主营业务的不同,跨境电商企业可分为跨境电商平台型企业、跨境电商服务型企业、以开展跨境电商交易为主要业务的自营型跨境电商企业三种类型,其中自营型跨境电商企业又可分为自营型跨境进口企业和自营型跨境出口企业,本研究主要针对自营型跨境出口企业进行案例分析,并决定选取傲基电商作为案例企业展开研究,理由如下。

一方面,傲基已经具有一定的规模,在数码电子类、家居服饰类等十五大类产品占有广泛市场份额,从 2007 年起,公司将跨国电商作为公司的全球战略。2015 年,傲基成功登陆新三板,成为跨境出口电商上市"第一人"。因此,选取傲基为案例企业具有明显的典型性优势。

另一方面,傲基自 2005 年成立以来,经过 10 多年的快速发展,拥有百名设计开发、生产及销售的精英团队,企业管理者具有较高的专业素养,并积极创新商业模式,强调供应链的深度整合,公司成本管理控制系统相对成熟,拥有健全的成本管理制度,对其经营活动中的各价值增值活动都进行了相应的成本管理手段,符合价值链成本管理的思想。所以,选取傲基作为案例企业的研究结论既有现实指导意义,又具有一定的理论前瞻性。

二、傲基概况

傲基 2005 年在德国汉堡注册创立,是以外贸 B2C 电子商务运营为核心业务的跨国电子商务公司。公司以"引领中国品牌走向世界"为最终使命,经过十余年的实践及运作,傲基从传统外贸型公司转型为外贸电子商务型公司,积极开拓小语种市场,广泛布局自有 B2C 平台,避开高竞争市场环境的同时,获得了稳健且高速的发展,截至 2018 年底,傲基公司该年营业收入达 50.76 亿元,已成长为在跨境电商领域领跑的企业之一。

傲基创立之初主要从事中德贸易批发和 eBay 电商平台的网络零售等业务。自 2007 年开始,公司调整发展方向,决定逐渐放弃传统外贸型业务,彻底转型外贸电子商务公司,将跨国电子商务作为公司的全球战略。2009

年，获得 eBay 中国区年销售额第一名，年交易额近 1 亿元。同年，傲基加大对信息系统的资本投入，开始组建网站开发和 ERP 开发技术团队，同时也将业务版块涉及小语种自有 B2C 平台。2010 年 9 月 13 日，注册成立深圳市傲基电子商务股份有限公司作为傲基国际在全球的业务总部，将公司战略重心逐渐从 eBay 转移到自有平台的建设和销售，同年傲基在德语市场销量跃居全国第一。2012 年，傲基电商引进两个重要战略投资者即深圳创新投资基金和红土信息基金，加大融资力度，为国内新三板上市做准备。2014 年，大力投入自主品牌研发，建立以 3C 产品为主导的自主品牌 Aukey，大幅地提升了公司产品的竞争优势。2015 年 11 月登陆新三板上市，成为首家国内上市的跨境电商公司，股票代码 834206。2016 年，净利润首次突破 1 亿元，并完成新一轮融资。2018 年，傲基公司获得中国出海品牌 50 强称号。傲基公司发展历程整理如表 11 - 1 所示。

表 11 - 1 　　　　　　　　　　　　傲基公司发展历程

时间	事件
2005 年	成立傲基国际
2007 年	放弃传统外贸业务，转型跨境电子商务公司
2009 年	获得 eBay 中国区年销售额第一名，年交易额近 1 亿元人民币。加大信息系统的投入力度，组建网站开发和 ERP 开发技术团队，拓展小语种市场
2010 年 9 月 13 日	成立深圳市傲基电子商务股份有限公司
2012 年	引进重要战略投资者：深圳创新投资基金和红土信息基金
2014 年	建立自主品牌 Aukey，完成 B 轮融资
2015 年 11 月	登陆新三板上市，成为首家国内直接上市的跨境电商公司
2016 年	净利润首次突破 1 亿元，并完成新一轮融资
2018 年	中国出海品牌 50 强企业

资料来源：根据傲基电商官网整理而得。

傲基公司业务发展范围十分广泛，涉及多个电子商务平台。自营电商网站方面以德语网站为主，建立 efox 系列小语种网站，覆盖德语、法语、西班牙语等 15 个国家小语种自营电商平台和 Coolicool 等英语自营平台；第三方电商平台方面涉足 eBay、亚马逊、速卖通、Wish、天猫、京东等国际著名电商平台；销售产品方面已累计近 60 万个 SKU 的商品销往欧洲、北美、大洋洲、中东等全球 200 多个国家和地区，产品经营品类涵盖数码电子类、摄影器材类、婚纱服饰类、时尚服装类、车载类、家居类等 20 多个品类。

三、傲基价值链现状

傲基的价值链可分为内部价值链和外部价值链。其中，外部价值链细分为纵向的行业价值链和横向的竞争对手价值链。傲基的内部价值链能够反映公司内部的运作情况，了解自身的价值链现状，从而寻求降低企业内部成本的途径，提高管理效率。傲基的外部纵向价值链可以显示其在行业价值链中所处的位置，明确与上游供应商和下游客户的关系。傲基公司的外部横向价值链即竞争对手价值链起到对比分析的作用，帮助企业明确自身的竞争优势和劣势，从而在战略上形成自身的核心优势，图 11 – 8 为傲基电商价值链。

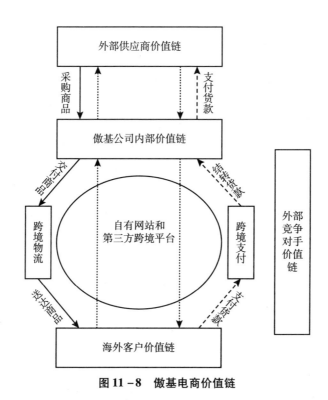

图 11 – 8　傲基电商价值链

（一）傲基的内部价值链

企业的内部价值链是产品价值产生的来源，通过内部价值链中不同的作业活动进行价值增值，最终流通到客户手中，最大程度地满足客户需求。傲基电商的主要价值增值活动包括采购商品、入库仓储、跨境平台销售及售后服务等，虽然傲基不参与直接产品生产环节，但傲基通过这些价值活动不断为产品赋能，增加产品附加价值，从而获得整个内部价值链的增值。

针对当前快速发展的跨境电商行业，以傲基为例的跨境电商企业大多不再涉及产品生产，而是通过为海外消费者提供跨境服务的方式对产品价值实现增值。傲基作为跨境出口电商，与客户的联系是通过自建网站和第三方跨境交易平台达成的。这种高度信息化的特点将服务经济转变为信息经济，因此如何保证信息顺畅地流通和第三方平台的高度利用是做好客户服务的关键。傲基公司正是利用信息与商业的紧密结合，开创"全渠道＋全品类"的销售模式，将信息流、资金流、物流三者有机地统一，在提高自身企业价值的同时，也增强了傲基的竞争优势。

（二）傲基的外部价值链

傲基的外部价值链分为纵向的行业价值链和横向的竞争对手价值链。

傲基的纵向行业价值链展现了整个商品流的过程，它向前后两端分别延伸了企业内部价值链的长度，上至供应商价值链，下至客户价值链，对纵向行业价值链的全程把握使得傲基能与上游供应商建立合作同盟，减少商品流通成本，还能与海外消费者建立紧密联系，降低营销成本。特别对于自有品牌Aukey，上游行业价值链只参与产品生产环节，产品的研发、设计、包装、质检都在傲基内部完成，使傲基产品购进成本就比普通商店要低。另外，傲基公司利用其技术和资本优势，与上游供应商进行同步的仓储信息化管理。傲基的存货可由供应商处直接发货，一旦有海外客户网上下单，傲基可以实现即取即发，能够减少很大一部分的库存成本。

另外，傲基公司将海外消费者的个性化需求放在首位，由于跨境电商面对的是不同地区、不同文化的海外顾客，傲基对不同国家的目标客户进行深入研究，借助跨境销售平台的大数据信息技术，研究分析顾客日常喜好及购买行为，从而制定满足顾客需求的推荐列表。并且对于不同的小语种市场，傲基重金雇佣大量本地员工，在产品信息介绍和售后服务等细节上满足当地顾客的需求。同时，先进的第三方平台（如亚马逊、eBay 等）帮助傲基公司快速打开海外市场，平台的集聚效应明显。

傲基的横向价值链是指竞争对手价值链。竞争对手价值链的作用就是帮助傲基明确外部竞争环境的变化以及自身的优劣势，对其自身不足之处进行改进并增强竞争优势。傲基公司创立之初是一家外贸公司，主要从事中德贸易。它的竞争对手就是传统的外贸企业。2007 年傲基进行转型跨境电商公司，业务市场也在不断扩大，并且以已有品牌为公司业绩突破口进行跨境出口。此时的竞争对手为国内跨境出口公司。与国内企业跨境出口公司相比，傲基具有起步早、体量大、品牌强的特点，并且在 2015 年登陆新三板上市，是首家国内上市的跨境电商公司，具有明显的核心竞争力。

（三）傲基的价值链成本管理现状

基于前文对傲基价值链现状的拆解与识别，可以看出傲基公司的整体布局处处渗透着价值链思想。因此，本部分将价值链思想应用在傲基公司的成本管理中，从傲基不同的价值链成本管理对象出发，即公司内部价值链成本管理、供应商价值链成本管理、客户价值链成本管理和竞争对手价值链成本管理等四个方面入手分别展开分析，以揭示傲基现阶段在价值链成本管理上的优势和不足，为之后对傲基公司的价值链成本管理的改善提出建议做好准备。

（四）傲基基于内部价值链的成本管理

傲基内部价值链是产品增值和企业获取超额利润的来源和基础。作为跨境出口电商行业中的佼佼者，傲基拥有自主研发品牌，经过多年的开发，逐渐形成了以 Aukey 品牌为主，其他战略品牌为辅的品牌格局，商品深受海外消费者的认可和喜欢。因此，产品的研发、创新和品牌的创建方面，在傲基的内部价值链中起到举足轻重的作用。另外，傲基在内部价值链成本管理方面大力发展先进的信息技术管理系统，以信息为媒介，系统地管理企业的经营活动，以企业整体的价值增值为出发点，提高工作效率的同时提供优质服务。

1. 产品研发创新，构建自主品牌优势

傲基自成立以来便以"引领中国品牌走向世界"为最终使命，深知要想在激烈的竞争中占据一席之地，单单将同质化严重的商品卖出去是远远不够的，只会最终被市场所淘汰。因此，傲基从 2014 年开始布局自有品牌生态链，凭借对海外消费者需求的把握和国内供应链的整合优势，在 3C 电源、蓝牙无线、智能家居等品类发布以 Aukey 品牌为主的一系列产品。傲基自有品牌坚持中高端发展路线，通过亚马逊平台销售，主要面向欧美用户。Aukey 等多个品牌在德国、西班牙、意大利等市场具有明显优势。2019 年，傲基 Aukey 品牌的氛围灯、蓝牙适配器、同屏器三款智能产品同时斩获红点奖（reddot）。这是继 2018 年荣获两项红点奖后，傲基 Aukey 产品再一次获得红点奖，其中氛围灯、蓝牙适配器还获得了 2019 年德国 iF 奖①。傲基电商 Aukey 产品能够频频获得红点奖、iF 奖等国际性产品创新大奖，显示了傲基在产品研发上的重视，也是其开展内部价值链成本管理的关键所在。截至 2018 年，傲基拥有 600 多位品牌设计师，品牌部涉及自主研发、设计、采购原料并委托生产等价值链上的一系列活动，通过规模化、标准化生产控制成本，使自有品牌产品具有价格优势。数据显示，傲基公司自有品牌产品净利率为 7% ~ 10%，高于公司 5.8% 的整体净利率②。作为中国跨境电商行业为数不多拥有自主品牌产品的电子商务公司，傲基电商近年来不断强化自主研发能力，强化自主品牌战略的实施，为产品赋能，打造出一系列契合市场需求的爆款产品，这些产品在海外获得了良好的口碑，很好地提升了公司的核心竞争力。

2. 大力投入专利研发，打造高效信息系统

专利技术作为一种无形资产，具有巨大的商业价值，是提升企业核心竞争力的重要手段，在现代化信息技术公司中扮演着越来越重要的角色。企业注重产品专利技术研发，形成产品独特性，进而获得企业的垄断性利润，与此同时，专利技术研发也有利于科技进步和经济发展，符合内部价值链成本管理的要求。截至 2017 年底，傲基公司共拥有软件著作权 21 项，涵盖采购、订单管理、库存管理、在线营销、客服支持、电子商务大数据服务、云服务器监控、电子商务用户行为分析系统等方面，这些软件技术推动信息数据标准化、系统化、集成化，提高了信息传递的速度和效率，如表 11 - 2 显示傲基公司的核心技术。同时，傲基共拥有 234 项专利，较上年同期增加了 147 项，其中自主研发设计的产品大部分已申请欧盟专利，确保产品出海不

---

① 资料来源：傲基电商官网．
② 资料来源：http：//www．sohu．com/a/134433379_609541？qq-pf-to = pcqq．c2c．

受专利困扰（见图 11 - 9）。

表 11 - 2   傲基公司核心技术

名称	功能	核心技术
傲基电商平台	系统管理、会员、商品、订单、多语言翻译、评论、促销推广、模板、站点、广告等十大管理功能	系统采用 HTTPS256 位高强度加密机制，将交易系统数据加密才进行传输和流转，保证交易数据不会被窃取或篡改；采用了 Redis + MongoDB + MySQL 组合构建后端数据中心
数据分析系统	分析各大电商平台数据	采用 Golang 技术实现分析技术并实现数据存储和处理；提供 RESTful 服务接口；跨平台使用，无依赖启动
Aukey ERP 系统	包括订单、供应商、采购、仓储、物流、财务管理和客服六大子系统	基于 J2EE、MySQL 开发，技术成熟保证了系统的稳定性，丰富的开源生态极大降低了开发的工作量，借鉴了 Apacheofbiz 开源项目的数据模型，使系统能够轻松应对复杂多样的业务逻辑
E 登录系统	权限、产品、产品刊登、订单、客服、采购、仓库、品质检测、发货管理、报表中心、电脑资产管理、海外仓系统	开发 C#，数据库 MySQL，采用多层 CS 架构开发模式，海外仓使用 MQ 技术进行订单、库存数据的同步，并结合 WCF 进行分布式处理。为减轻 DB 服务器的压力，还用了 Remoting 技术，进行软加载数据并分布到多服务器进行负载均衡

资料来源：傲基电商官网及公开年报、六合咨询。

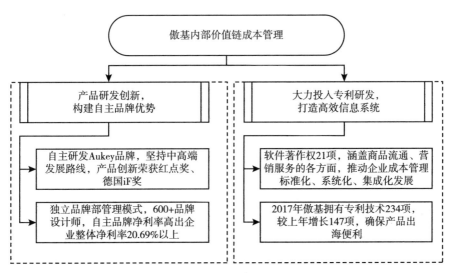

图 11 - 9 傲基内部价值链成本管理结构

（五）傲基基于供应商价值链的成本管理

傲基公司的供应商不仅是指为傲基提供货源的上游销售商，还包括第三方物流公司和跨境销售平台。傲基以完全投资或入股上游供货商的方式，打造与上游供应商的联盟关系来进行战略合作，这样不但能够降低中间成本，还能够提高价值链整体效率。另外，傲基公司积极利用第三方物流和跨境销售平台来提升自身的仓储物流水平，在顾客心中树立了良好的品牌形象。

1. 战略入股＋买断式采购，积极布局供应链金融

傲基公司深耕供应链，致力于打造行业优质供应链。截至 2018 年底，傲基公司主要控股 24 家分公司、子公司，如表 11-3 所示，通过投资多家子公司整合各地优势产业资源，降低不同供应商之间的交易成本。其中傲基公司深圳总部主要发展以自主品牌 Aukey 为主的 3C 电子产品，广州玥乐企贸易有限公司主要发展服装、箱包业务，义乌科基电子商务有限公司主要负责小商品业务，长春市诚基科技有限公司主要提供客户服务和技术支持，荷兰、香港子公司则从事本地化营销。

表 11-3 傲基子公司

序号	子公司名称	注册地	持股比例（％）
1	傲基国际有限公司	香港	100
2	长春市诚基科技有限公司	长春	100
3	义乌科基电子商务有限公司	义乌	100
4	杭州傲基电子商务有限公司	杭州	100
5	深圳傲科海科技有限公司	深圳	100
6	深圳市品隆电子商务有限公司	深圳	100
7	深圳市华杰电子商务有限公司	深圳	100
8	深圳市傲视电子商务有限公司	深圳	100
9	杭州长卓电子商务有限公司	杭州	100
10	广州玥乐企贸易有限公司	广州	100
11	英企国际有限公司	香港	100
12	Aukey Europe Cooperatief U. A	荷兰	98
13	杰华国际贸易有限公司	香港	100

序号	子公司名称	注册地	持股比例（%）
14	深圳市印象电子商务有限公司	深圳	100
15	深圳市盖特万科技有限公司	深圳	100
16	深圳市莱柏电子商务有限公司	深圳	100
17	深圳市理德铭科技股份有限公司	深圳	13.97
18	深圳市荣拓电子商务有限公司	深圳	45
19	东莞搜谷计算机系统有限公司	东莞	20
20	深圳市猿人电子商务有限公司	深圳	30
21	深圳市京帝电子商务有限公司	深圳	19
22	深圳前海金桥融资租赁有限公司	深圳	14.86
23	深圳市佳鼎电子商务有限公司	深圳	20
24	深圳市易师傅电子商务有限公司	深圳	20

资料来源：傲基电商官网及公开年报。

　　傲基公司自有品牌 Aukey 产品通过自行开发、代工生产来缩短研发周期和厂商供货的时间。傲基公司总部与众多子公司位于珠三角地区，充分利用珠三角地区在电子产品等领域的供应链优势，大力开发数码产品及其配件和智能家居等自有品牌的产品，深受海外消费者的喜爱。同时，傲基公司联合上游厂商自主设计产品外观、开发产品模具，不断优化和改进产品功能，在服装方面，以国外社交媒体为导向进行快速设计后，委托代工厂进行生产销售。代工厂选择方面，傲基公司主要选择国际品牌代工厂出口量排名前十的工厂作为合作伙伴，并通过战略入股部分代工厂的方式进行深度合作开发新品，通过买断式采购第三方品牌产品，不断拓展产品品类、优化供应链。目前，傲基公司按品牌共设立了 10 个部门，每个产品部门均有独立的供应链负责该产品品类的开发。每一个新品类的开发周期平均约为 1 年，新品类开发通过后，再筛选出该品类前十销量的品牌厂商进行对比分析，并最终精选出 2~3 家以协议或参股方式深度合作，从根源保证产品质量。

　　傲基公司为打造行业优质供应链，努力为上游供应商解决资金周转的问题，使供应商能够专注产品设计、开发和生产，解决其资金后顾之忧，因此积极布局供应链金融。2017 年，傲基向公司关联方欧源通国际有限公司提供借款共 6 962 725.4 元，向深圳市猿人电子商务有限公司提供借款 5 000 000 元①。另外，傲基将投资子公司深圳前海金桥融资租赁有限公司作为公司的战略金融服务合作伙伴，主要针对公司上下游客户提供供应链金融服务和支持，推动公司在跨境电商领域开展资源整合与产业布局，进一步促进公司跨境电商生态圈的形成与发展。

2. 海外自建仓＋第三方物流，提供灵活物流服务

傲基一直将建立海外仓作为公司的战略实施要点，通过多年的布局，目前傲基已设立美国仓、德国仓、法国仓、英国仓、西班牙仓等五大海外仓，荷兰仓、澳大利亚仓、意大利仓等海外大型仓库也在筹备当中（截至 2017 年）。通过海外仓的建立，傲基可以快速地将货品送达到海外客户的手中，使消费者能够享受到快捷的客户体验，极大地提升客户的满意度，增加客户的重复购买率，提高公司整体的经营效率。另外，傲基也积极利用亚马逊 FBA 和第三方物流平台进行仓储配货。目前，傲基约 40% 的商品由国内仓直接发货，60% 的商品经由海外仓发货，所有商品均采用第三方物流进行配送②。傲基销售的商品品类众多，不同的商品具有不同的仓储配送方式。对于自有品牌产品，采取海外仓备货方式，因为产品销量有保证，市场认知度高，很少会出现滞销的状况，海外仓直接备货能最大程度地满足海外消费者的购物体验。对于自营网站热卖品，多采取先由国内空运至海外仓，待用户下单后直接由海外仓发货的方式，这样可以做到 24 小时内将商品送达消费者手中，提高存货周转率。对于自营网站非热卖品，多采用国内备货，通过 DHL 等第三方物流公司的方式配送至海外顾客手中。这样可以尽量减少库存压力，提高资金周转率，也降低了成本。

（六）傲基基于客户价值链的成本管理

傲基电商在进行客户价值链成本管理时，首先以满足客户需求为第一准则，想客户之所想，借助跨境销售平台网络营销的力量，及时得到客户反馈信息，增强售后服务，还能够方便快捷地获得海量用户的相关数据，从而提前准备库存，以降低缺货成本和销售成本，同时，为满足不同地理区域客户的需求，尊重不同客户的文化差异，组建了多元文化背景的运营团队，为顾客提供最优质的服务（见图 11 - 10）。

---

① 资料来源：2017 年傲基年报。
② 资料来源：https://www.sohu.com/a/195413610_505254.

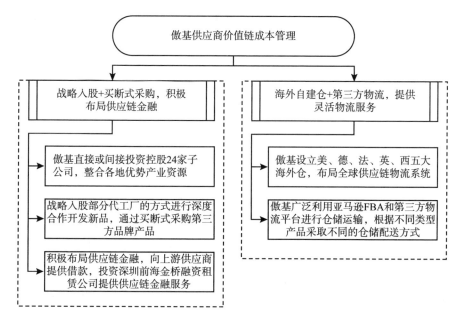

图 11 - 10　傲基供应商价值链成本管理结构

1. 通过网络营销降低经营成本

傲基公司借助第三方跨境平台进行网络营销，提供物流、资金流及信息流三流相互融合的营销服务。首先，信息流将客户、傲基公司和上游供应商相连接，以网络交易平台为媒介，协定商品类型、发货时间、配送方式及交付流程等信息，以完成订单的提交。然后，物流发生，以最快的速度、最优的品质将产品送到海外消费者手中。与物流方向相反，同时发生的是资金流，由海外客户发出，最终完成资金的运转及付款与结算。在此过程中，第三方跨境平台和自有网站的媒介作用十分明显。据统计，傲基公司目前通过亚马逊、eBay、AliExpress、Wish 等第三方电商平台和 efox 系列网站，面向美国、加拿大、大洋洲、欧洲、俄罗斯、中东、巴西等 200 多个国家和地区的客户，傲基公司 2014 年之后主要通过亚马逊平台销售，自有品牌产品均经亚马逊平台销售；使傲基电商与传统的生产经营模式相比，免去了线下实体店铺的租赁资本，也能够利用亚马逊等第三方跨境平台的集聚效应展开数字化营销，降低经营成本。

傲基公司还采取多维立体的网络营销方式为客户带来不同的服务。为引入不同客户群体流量，增加傲基品牌影响力，傲基公司通过 Facebook 社区化营销、关键词竞价排名、搜索引擎优化、红人营销、论坛营销、CPC 广告、邮件营销等多种方式，全方位深入覆盖不同目标消费群体，深度挖掘潜在客户。与传统的广告业务相比，傲基的多元网络营销方式更加灵活高效，能够针对不同客户提出不同的营销方案，提高销售转化率的同时有效地降低了营销销售费用。

2. 打造多文化运营团队，满足不同客户需求

傲基公司销售产品众多，面对海外 200 多个国家和地区的客户进行网络销售。不同国家和地区具有不同的背景文化和消费习惯，对于营销语言偏好以及产品介绍页面布局的喜好都会不同，单单依靠统一化模式进行管理营销太过笼统，会使消费者满意度下降。因此，傲基公司积极打造多文化、多国籍的营销运营团队来满足不同客户的消费需求。不同目标市场采用不同的运营团队进行管理，大量雇佣当地客服销售人员，其中包括来自德国、法国、意大利、西班牙、葡萄牙、波兰、英国、荷兰等国家的外籍工作人员，针对这些小语种市场建立独立的电商平台，量身定制语言、页面布局、产品种类、产品价格、促销方案，迎合各市场消费习惯、审美观，这样能够更好地理解和适应国外文化与客户需求，并通过客户需求及时调整产品结构与营销手段。这主要归功于傲基电商重视蓝海市场的电商人才培养，企业内部组织结构、人才储备形成了良好的竞争合作机制，具备电商基础人才优势（见图 11 - 11）。

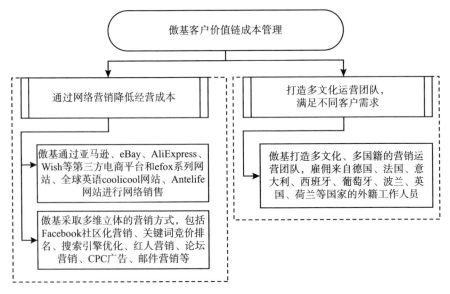

图 11 - 11　傲基客户价值链成本管理结构

（七）傲基基于竞争对手价值链的成本管理

基于对竞争对手价值链的考量，傲基扩大公司规模，利用规模化效应降低成本以及积极开拓新兴市场来赢得竞争优势。在认真分析了行业竞争对手价值链之后，傲基快速累积公司资本，通过融资上市来扩大规模效应，解决资金流问题；在市场份额方面，傲基放眼未来，思路清晰，没有盲目跟风地与其他行业竞争对手打商品价格战，而是积极开拓新兴市场，提早一步占领市场份额，大幅增强了自身的竞争优势。

1. 分析行业竞争对手，融资上市取得规模效应

近年来，政府相关部门先后出台扶持政策支持出口跨境电商行业的发展，跨境电商体系逐步完善，制约跨境电商发展的物流、支付等硬件问题也相继得到妥善解决，跨境电商用户的网购体验效果显著增强，跨境电商出口行业目前已处于快速发展阶段。这样就导致行业中存在大量的中小型企业，且呈现出大量创业者持续涌入的态势，行业竞争日益加剧。因此，如何从大量中小跨境卖家中杀出重围，占据行业领头羊的位置，找到属于自身独有的生存之道，是所有跨境电商出口企业所面临的共同难题。傲基公司成立时间久，长期进行行业和竞争对手分析，早于 2013 年就战略规划公司要进行融资上市，冲刺国内新三板，借助资本市场的力量，实现公司的快速增长。由图 11 - 12 显示傲基 2014～2018 年营业收入可以看出，傲基于 2015 年 11 月上市以来，在 2016 年实现了营业收入翻番，增长率达到了 243.51%，为历年最高。充足的资金来源保证商品热卖季的货源供应，也为傲基在新品研发、品牌推广等方面提供了便利，这种规模化、集团化的生长使得傲基公司迅速占领跨境出口电商行业领导者的地位，为公司的供应链布局打下基础，提高了公司的议价能力，也大幅降低了交易成本。

2. 积极开拓小语种市场，全品类销售模式

跨境出口电商企业面对的是整个全球市场，市场份额巨大，前景广阔。最大的海外市场当属美国市场，大多数跨境出口企业会首先选择进军美国市场，通过亚马逊、eBay 等大型网络销售平台进行销售，主要依托于中国强大的制造业能力，将当季热卖商品、前沿潮流商品直接卖给海外消费者。这样导致大量跨境出口企业在美国市场竞争异常激烈，产品同质化严重，

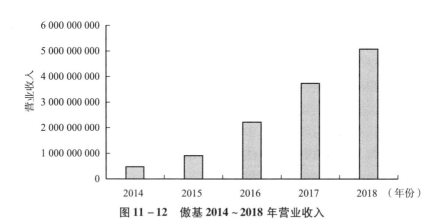

图 11 - 12　傲基 2014 ~ 2018 年营业收入

公司的利润率低，容易陷入公司规模越大，反而利润越低的陷阱。因此，傲基公司采取了积极开拓小语种市场，打造全品类销售的运作模式。根据傲基 2017 年货币资金表（见附录 8）显示，傲基公司持有的货币资金量可以表示傲基公司对于不同国家市场的开发程度。由货币资金表分析可得，银行存款类中涵盖 21 种货币，除去人民币，其中以美元存款量最大，折合人民币 65 256 929.68 元，其次前四名依次为欧元、英镑、日元、澳元。其他货币资金类中涵盖 29 种货币，其中美元资金量最大，折合人民币 195 672 880.20 元，欧元资金量第二，达到百万级别资金量的币种还有 7 种，由高到低依次为菲律宾比索、印尼卢比、英镑、加拿大元、马来西亚林吉特、日元、泰铢。可见，美元和欧元还是牢牢锁定持有资金量的前两名，这也显示了美国市场和欧洲市场的重要性。但更值得注意的是，傲基公司在加拿大、澳大利亚、墨西哥、菲律宾、马来西亚、日本等国家都有较大规模的货币持有量，说明傲基已经将业务市场拓展到东南亚和澳洲地区，这些地区的竞争压力相对较小，具有广阔的市场潜力。傲基能够先人一步，率先进入这些国家进行战略布局，体现了傲基公司深远的战略眼光，也是其认真研究竞争对手价值链体系后的明智之举，通过竞争对手价值链分析，找到了自身的竞争优势，从根源上降低了成本浪费（见图 11 - 13）。

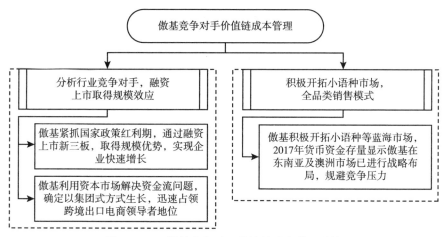

图 11 - 13　傲基竞争对手价值链成本管理结构

第四节　傲基价值链成本管理的效果评估

基于上文对傲基价值链的拆解和识别以及傲基价值链成本管理的现状分析，本节将对傲基价值链成本管理的实施效果进行评估。价值链成本管理的效果评估将从财务指标和非财务信息两方面入手，以财务指标为骨干，辅以非财务信息为血肉，使价值链成本管理的效果评估既不失科学严谨性，又更加丰满全面，为傲基公司价值链成本管理的进一步改善给出科学依据，具有很好的现实意义。

一、傲基整体价值链成本管理的效果评估

傲基电商作为跨境出口电商的龙头企业，近年取得了高速发展，特别是2015 年新三板上市后，资金流问题解决，公司规模进一步扩大，净利润突破亿元大关。在营业收入大幅增长的同时，成本和费用也有相应的提高。表 11 - 4 为傲基 2014 ~ 2017 年财务相关数据。不难看出，2014 ~ 2017 年间，傲基营业收入呈快速上涨趋势，特别是 2016 年营业收入增长率达到243.51%，同时，营业成本也随着收入的增加而增加，但增长幅度明显低于收入增长率，集中表现为毛利率的逐年上升，复合增长率达到109.77%。以上财务指标表明傲基电商在销售选品上的优势，增加了高利润率商品的销售

力度和市场份额，使得营业收入高速增长的同时做到营业成本的相对降低。

表 11 -4　　　　　　　　傲基 2014 ~ 2017 年财务指标

指标	2014 年	2015 年	2016 年	2017 年
营业收入（元）	477 187 999.78	910 934 972.91	2 218 222 292.69	3 737 240 455.79
营业收入增长率（%）	—	190.90	243.51	168.48
营业成本（元）	257 817 689.03	440 677 469.52	925 417 680.09	1 464 471 945.66
营业成本增长率（%）	—	170.93	209.00	158.25
毛利率（%）	45.97	51.62	58.28	60.81
净利率（%）	1.11	1.91	5.80	6.31

资料来源：傲基公司公告及年报。

但只关注毛利率是远远不够的，还应该着重考察净利率的变化情况。由于跨境出口电商自身的特点，物流链变长，资金链具有汇率风险，海外消费者从网上平台下单到收到商品的过程中会产生仓储费、运输费、平台交易费等诸多销售和管理费用，这样一来使得众多跨境出口电商的实际净利率大大降低，往往会形成"大卖不赚钱"的尴尬局面。由图 11 - 14 可以看出，傲基电商在 2014 年的净利率只有 1.11%，公司的实际盈利能力很弱。但随后便逐年上升，2017 年达到 6.31%，可见傲基在公司运营和费用消耗上取得了整体的进步，大幅提高了公司的盈利能力。

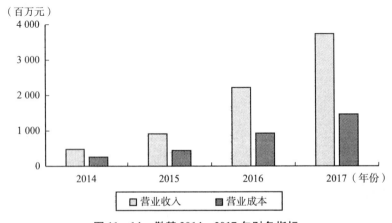

图 11 - 14　傲基 2014 ~ 2017 年财务指标

本研究着重研究跨境出口电商的价值链成本管理，不仅关注营业成本即生产作业环节，更重要的在于跨境商品购买在完成交易整个过程中所产生的费用，都应算在公司的成本损失中。结合跨境出口电商的行业特点，其中技术研发、采购、仓储、运输、销售平台、客户服务等环节是跨境出口电商能产生价值的主要环节，也就是产生成本的主要环节。所以，本节将会逐一从以上主要环节对傲基电商进行财务指标及非财务信息的成本数据分析，作为傲基电商价值链成本管理效果的评估依据。

二、技术研发环节效果分析

网络信息技术的运用是维持网络通畅的基础，支撑着跨境电商平台运行的通畅有序以及海外消费者信息的及时获取。在商品或服务从供应商到海外消费者这一价值流转中，如果信息通畅及时，则可以降低一定的机会成本，与此同时，海外消费者也可以实时地反馈购物体验，改进上游供货商商品质量。因此，企业必须加大网络科技方面的研发投入，提高创新服务能力。

傲基电商自成立之初就建立了自主 IT 研发团队进行信息化管理，形成了一套稳定的跨境电商运作系统。同时，傲基基于海量客户数据，不断进行产品的技术创新，为产品价值增值形成了良好的创新性和竞争优势。如表 11 – 5 和图 11 – 5 所示。由表 11 – 5 可以得出，傲基的研发支出金额持续上升，研发支出占营业收入的比例由 1.04% 上升到 1.75%，根据价值链思想，加强对产品及企业内部运转的技术研发是有利于企业营业收入的增加。不过，傲基想要迈入高新技术企业的行列还有一段距离，其信息技术研发投入还需进一步加强。根据《科技部财政部国家税务总局关于修订印发〈高新技术企业认定管理办法〉的通知》（国科发火〔2016〕32 号）第十一条第五款规定，销售收入在 2 亿元以上的企业，研发费用占营业收入的比例不低于 3% 才可认定为高新技术企业，显然，傲基与高新技术企业还有一定的距离。傲基应进一步加大研发资金投入，以产品设计和信息技术管理为增值驱动力，提高企业信息化、自动化程度，完善企业内部价值链成本管理，从而形成自身的核心竞争力。

表 11 – 5　　　　　　　　　　　　傲基研发金额

指标	2014 年	2015 年	2016 年	2017 年
研发支出金额（元）	4 950 370.00	9 970 592.06	26 886 915.81	65 312 791.14
研发支出/营业收入（％）	1.04	1.09	1.21	1.75

资料来源：傲基公司公告及年报。

图 11 – 15　傲基研发金额

三、采购环节效果分析

依照价值链成本管理的理论思想，跨境电商企业大多不存在产品生产环节，所以对于产品的直接成本可以转嫁到采购成本环节上，加强对采购成本的系统控制管理，会大幅降低企业经营成本，提高利润。现阶段对跨境出口电商来说，供应商价值链成本管理已经成为关乎自身竞争成败的一环，不仅需要严格筛选采购商、提高自身议价能力，还需要时刻做好应对热卖品无货和库存爆仓的风险。所以，研究分析企业采购分布情况和提高库存管理水平符合跨境出口电商价值链成本管理的要求，能够有效降低成本、提高企业核心竞争力。

傲基电商采用全渠道、全品类的营运模式，积极利用其在数据挖掘、产品开发、市场销售等方面的优势，结合国内供应商的生产优势，深耕供应链，构建了与优质厂家、商户深度协同的供应商生态系统。在供应商价值链成本管理方面，傲基电商通过对采购筛选、库存管理等供应链前后端环节进行有效管理，实现对产品的采购成本及供货质量更好的把控。如表 11 – 6 为

2017 年傲基前五主要供应商表。前五个供应商合计采购金额达到 21 917 万元以上，但合计年度采购占比仅为 12.81%，可分析得出傲基公司的采购供应商数量众多，分散广泛，涉及产品品类众多，印证其多渠道、全品类的经营特点。

表 11-6   2017 年傲基前五主要供应商

序号	供应商	采购金额（元）	年度采购占比（%）
1	供应商 1	90 479 559. 35	5. 29
2	供应商 2	40 260 034. 61	2. 35
3	供应商 3	39 247 417. 52	2. 29
4	供应商 4	28 538 001. 12	1. 67
5	供应商 5	20 650 729. 18	1. 21
合计		219 175 741. 78	12. 81

资料来源：傲基公司公告及年报。

傲基电商作为体量巨大的跨境出口电商公司，库存管理一直存在潜在的风险和隐患，这是由于跨境电商的商业模式导致的，但以价值链成本管理思想为指导，通过改进库存管理模式加以防范。现阶段为保证货源充足，提供高质量的客户服务，傲基电商主要通过亚马逊 FBA 仓及自有海外仓库置备存货。随着公司销售规模的扩大，公司存货规模呈上升趋势，并形成一定的库存压力，如表 11-7 为傲基库存相关数据表。傲基存货金额随营业收入的增长而大幅增长，存货周转率轻微波动，平均存货周转率为 5.38。一般而言，存货周转率越高，说明存货利用率越高，存货占用的资金越少，即企业资金运转通畅、经营状况良好。与傲基电商同水平的跨境大卖安克创新 2017 年存货周转率为 9.44，但同年营业收入与傲基相仿[①]。所以，傲基电商在库存管理上还存在着波动风险，公司如不能做好库存管理，势必会影响其成本管理的整体水平（见图 11-16）。

①　资料来自：https：//mjzj. com/article/39453.

表 11 - 7 傲基库存相关数据

指标	2014 年	2015 年	2016 年	2017 年
营业收入（元）	477 187 999.78	910 934 972.91	2 218 222 292.69	3 737 240 455.79
存货（元）	88 064 553.97	162 723 720.70	438 011 589.37	686 358 517.13
存货周转率	5.42	5.60	5.06	5.45

注：数据来自傲基公司公告及年报。

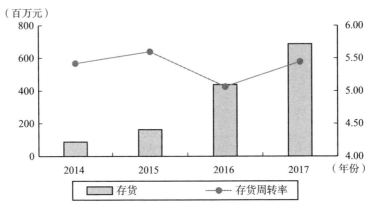

图 11 - 16 傲基库存相关数据

四、仓储物流环节效果分析

跨境电商价值链成本管理中，物流链的主要组成部分是仓储和运输环节。终端消费者与跨境电商公司相距遥远，物流链大幅增长，导致其仓储和运输费用远远大于普通电商公司。并且，仓储物流水平的高低也直接影响了海外消费者的购物体验，高效的物流水平能增强消费者的购物欲望，也越来越成为消费者是否购买商品的重要考量因素。因此，跨境电商价值链成本管理要充分考虑仓储物流环节的费用消耗，严格把控物流链成本。

现阶段，仓储物流费用占跨境电商企业运营费用比例居高不下的现象十分普遍，对跨境电商企业经营成本的影响最为显著。表 11 - 8 根据傲基2014~2017 年年报相关数据，计算得出傲基物流链费用等相关财务指标，归纳了傲基仓储物流成本管理现状，以分析傲基在仓储物流方面的不足。

表 11 - 8　　　　　　　　　　傲基物流成本相关数据

指标	2014 年	2015 年	2016 年	2017 年
仓储费用（元）	1 120 471. 72	1 814 257. 67	10 068 494. 91	55 557 406. 61
仓储占营业收入比	0. 002	0. 002	0. 005	0. 015
运输费用（元）	91 096 724. 29	224 227 655. 85	485 783 092. 97	751 802 592. 18
运输占营业收入比	0. 191	0. 246	0. 219	0. 201
（仓储 + 运输）/营业收入（%）	19. 33	24. 81	22. 35	21. 60

资料来源：傲基公司公告及年报。

　　由表 11 - 8 分析可得，傲基仓储费用逐年递增，与营业收入呈正相关关系，但总体仓储费用占营业收入比很低，2017 年达到峰值，也仅有 0.015，这与连年高增长的存货数量不成比例，原因在于傲基的商品主要以亚马逊、eBay 等第三方交易平台进行销售，大量商品直接利用平台海外仓存储，所产生的费用反映在平台交易费用中，暂不单独计入仓储费用。所以，傲基还应在自建海外仓和平台境外公共仓的选择方面权衡利弊，相应增加自建海外仓的使用比例，总体上降低仓储成本。运输费用也随营业收入正向增长，但运输费用占比从 2016 年开始下降，降低到 2017 年的 0.201。"仓储费用 + 运输费用"可以表示傲基物流链总费用，如图 11 - 17 所示，傲基物流费用先增加后缓慢降低，最终维持在 20% 左右。物流费用过高直接影响公司的净利润，傲基作为跨境电商企业，受限于行业特点，物流链延长，商品物流费用不可避免地增加，而同行业的安克创新 2017 年运费及包材费用占比仅为 5.15%，如果把亚马逊 FBA 仓储费用加进去，预估 2017 年整体占比在 10% ~ 14% 之间，也大幅低于傲基 20% 的物流费用[①]。所以，傲基还应继续加强仓储运输管理，降低整体物流链成本。

五、跨境销售平台环节效果分析

　　对于跨境出口电商企业，利用第三方跨境平台开展销售行为，能够帮助其快速发展，壮大规模，加快引流。现阶段，第三方跨境平台越来越显示出不可比拟的资源整合作用和平台集聚效应，跨境电商企业入驻第三方跨境平

---

① 资料来源：2017 安克创新年报。

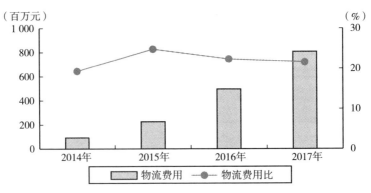

图 11-17　傲基物流费用

台的门槛降低，这有利于跨境电商行业整体发展。同时，第三方跨境平台不仅仅是网上店铺的虚拟交易场所，还融合了多种商业功能，如广告、引流、仓储、配送、跨境支付等，全方位地为各跨境电商企业服务。因此，对于跨境出口企业，如何合理使用第三方跨境平台，将平台功能最大化并有效降低相关交易费用是影响其向更高水平发展的关键一环。

　　傲基电商自成立之初，就是依托于第三方跨境平台，将国内优质低价的商品远销海外。据傲基电商年报显示，2016 年、2017 年、2018 年和 2019 年 1~3 月，傲基线上销售收入占公司主营业务收入的比重分别为 97.33%、97.60%、98.19% 及 98.02%。其中，公司线上销售主要通过第三方销售平台（如 Amazon、eBay 等销售平台）进行，报告期内通过第三方销售平台实现的销售收入占比分别为 82.54%、87.58%、92.22% 及 92.64%。与此同时就是使用第三方平台却产生的巨额交易费用，例如亚马逊、eBay 第三方平台会对傲基公司收取相应的平台交易费用，包括佣金、推广费、物流费用及仓储费用等。其中亚马逊是傲基电商第三方平台中最主要的销售平台，数据显示，2016 年、2017 年、2018 年和 2019 年 1~3 月，傲基通过亚马逊平台销售产品的销售额占比分别为 49.02%、63.39%、72.94% 和 75.64%[①]。由表 11-9 可以看出，2014~2017 年傲基平台交易费用逐年上涨，2017 年已达到公司营业收入的 12.25%。由于第三方跨境平台所覆盖的功能愈加多元和强大，预计未来傲基平台交易费用还会持续上涨，达到 15% 以上，将会成为物流成本之外的第二大影响因素。如果亚马逊等第三方跨境平台由于

---

　　① 资料来源：http：//www.100ec.cn/detail—6527836.html？from = groupmessage.

市场竞争、经营策略变化或是由于当地国家政治经济环境变化而造成市场份额降低，那么可能会对傲基电商销售额产生严重的负面影响。因此，傲基公司要及时调整渠道策略，加强第三方平台交易成本控制。

表 11－9　　　　　　　　　　　傲基平台交易费用

指标	2014 年	2015 年	2016 年	2017 年
平台交易费（元）	33 463 178.75	82 069 750.71	229 131 473.58	457 707 892.69
平台交易费/营业收入（%）	7.01	9.01	10.33	12.25

资料来源：傲基公司公告及年报。

六、客户营销环节效果分析

客户营销环节是价值链成本管理的最后一环，优质的商品、充足的资金并不一定能保证商品大卖，还需要精准、有效的客户营销作为支持。对于跨境出口电商企业，从行业本质上来讲还隶属第三产业的服务业，海外客户的消费需求和消费体验至关重要。要始终以消费者的体验为先，统筹协调企业价值链的各个环节，不但要求跨境电商企业提供优质的产品和服务，而且要求保证线上购物的安全与可靠。同时，面对海外消费者，最大的区别就是文化和购物喜好，深入调查了解不同海外市场的购物偏好，采取相适应的客户营销手段才能够最大程度地发挥商品价值，为企业带来最大的利润。

对于傲基电商，客户营销环节是其价值链成本管理的一大亮点。第一，傲基具有专门的营销推广部门，服务于不同海外客户，以北美市场为主，欧洲市场为辅，同时覆盖全球 20 多个小语种市场；第二，傲基多年的行业发展获取了大量的渠道资源，稳定的渠道市场降低了营销推广的不确定性，降低了营销费用；第三，傲基早在 2014 年便制定了坚持走品牌路线，Aukey 品牌逐渐成熟起来，获得海外消费者的认可，也提高了其产品的定价能力。

傲基主要从两个方面进行客户营销推广。第一，坚持高效的站内营销方式。因为亚马逊是傲基最主要的跨境销售平台，在亚马逊站内营销中，合理利用亚马逊站内营销规则，针对不同点击率和转化率的商品，提高关键词匹配度，增加首图吸引力，提高价格竞争力，去除大词、泛词等方法；第二，加大站外推广投入。站内流量不够，站外引流也是常用的手法。傲基 2017 年以来集中于 SD（slickdeals. net）、Kinja（kinjadeals. theinventory. com）等站外销售网站进行推广营销，快速引流的同时使产品影响力得到大幅提升，迅速占领一部分市场。这里引入 ACoS 指数来衡量傲基客户营销推广环节的成本控制。ACoS 指数是指用来衡量卖家用户在亚马逊市场的广告投入表现的关键指标，是指在广告上的支出占广告销售额的比例，ACoS 指数越大，表示广告商品的净收益越小。如表 11 - 10 数据显示，傲基业务推广费用随营业收入快速增长，2017 年占比达到 9.91%。业务推广费用占比可粗略代表 ACoS 指数，而亚马逊 ACoS 指数的行业标准为 5% ~ 15%，当商品利润率高时，ACoS 可以达到 20%[1]。显然，傲基在 ACoS 指数方面正好位于行业标准的中间水平，对于营销推广的成本控制恰到好处，但有待进步。

表 11 - 10　　　　　　　　　傲基平台交易费用

指标	2014 年	2015 年	2016 年	2017 年
业务推广费（元）	20 509 810. 86	23 660 764. 26	180 790 562. 59	370 249 986. 91
业务推广费/营业收入（%）	4. 30	2. 60	8. 15	9. 91

资料来源：傲基公司公告及年报。

第五节　傲基价值链成本管理体系的优化及对策

一、价值链成本管理优化的原则

（一）全面性原则

在企业的成本管理上，必须坚持全面性原则。通过分析企业价值链中的成本产生点，对其进行相应的剖析与改善，以此促进企业优化经营管理。所以，在企业的价值链管理中要坚持全面性原则。全面系统地对价值链管理进行挖掘。深入企业的战略发展目标，深化成本管理含义，不仅要在事前进行规划，还要在事后进行管理。

---

① 资料来源：http：//baijiahao. baidu. com/s？ id = 1602670043266064808&wfr = spider&for = pc.

（二）消费者体验为先

电子商务企业究其本源仍为服务业，因此它更需要注重消费者的体验，特别是与传统零售业相比，线上购物更注重这方面。所以电商企业应该从消费者的角度出发，针对消费者的具体需求有针对性地提供服务。与此同时，也要采取相关措施保证消费者线上购物的安全。线上消费体验的提高得益于交易环境的安全、产品和服务的优质等，消费体验的提高进一步促进了消费者黏性，益于企业发展与增加收益。因此，企业在价值链的各个环节的发展与协调中，都要重视消费者的需求。

（三）可控性原则

企业要对自己的成本支出、成本管理负责，包括时间和空间两个方面，前者是指企业对一个持续经营周期负责，持续经营周期一般为一年，后者是指企业要从集团整体考虑成本管理，因为整体的可控性具有绝对性，而个体的可控性具有相对性。因此，企业更应该加强各部门之间的交流，深化他们之间的信息共享与责任分配，必要时建立全面的风险控制制度。

二、傲基价值链成本管理的优化框架

傲基电商作为跨境出口电商的领军企业，在发展过程中遇到的问题和困难不仅是傲基电商自身的问题，也是所有跨境出口电商所要共同面临的问题。在前文对傲基的价值链成本管理进行分析的基础上，对不同价值链成本管理环节进行了效果评估，得到了傲基在不同价值增值环节的优势和不足。因此，本部分归纳总结出傲基在价值链成本管理方面的优化框架（见图 11 - 18），为傲基及相关的跨境出口电商企业提供一定的借鉴。

三、傲基价值链成本管理的优化

傲基电商作为跨境出口电商的领军企业，其企业内部管理处处体现了价值链的思想。价值链是企业价值活动的有机结合体，傲基电商价值链在供应链、仓储物流和客户营销方面都有自己的优缺点，通过对价值链的不断改进，形成价值链优势，从而获得企业的竞争优势。基于上文对傲基价值链成本管理相关方面的分析后，分别提出以下优化措施。

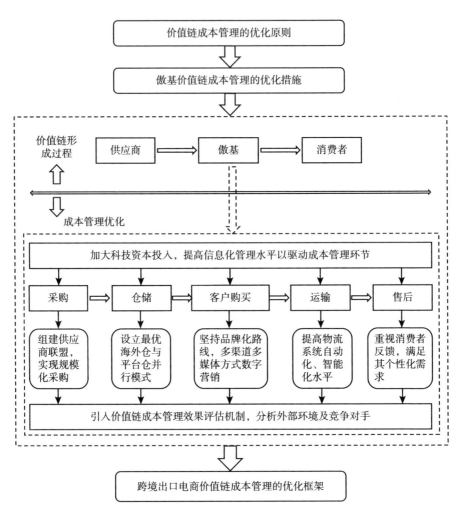

图 11 - 18　傲基价值链成本管理优化框架

（一）优化供应链，组建供应商联盟

傲基电商对供应商的主要要求是要满足标准品和个性化产品的不同备货时间，将准备好的商品送到指定的仓储中心，同时保证订单能高效处理。中小制造商是傲基电商的主要供应商，他们在企业流程的管理上没有相关的专业知识与技术，为了帮助这些供应商适应自己的供应链管理要求，傲基电商应对中小制造商给予帮助。派遣内部员工入驻制造企业或者定期开展供应商区域会议，将同区域内的供应商集中起来进行多方需求的了解与商谈，分析制造企业在生产和流程方面存在的问题，帮助他们解决生产组织和流程方面的成本控制问题，借助目前的计算机方面的技术保障其信息流畅、对其订单处理流程进行化繁就简，同时帮助其满足个性化需求的定制化生产，最终达到既提升合作伙伴技能又使自己的仓储成本、进货成本、存货风险降低的"一石二鸟"作用。

因此，傲基电商应借助大数据的力量，了解主要供应商的主要分布地区并进行汇总整理，按区域建设采购仓储中心，使众多供应商能与傲基电商保持及时联系，且方便两者间交流互动的开展。海外仓的地点以及商品种类都应从以往交易数据中分析得出，傲基应将自己的供应商管理环节的价值链与供应商价值链完全衔接，使海外的仓储和国内的生产、仓储、配送衔接起来。

（二）完善跨境仓储物流体系

傲基电商的物流面临跨境物流成本高、时间长等问题，为了解决跨境物流的问题傲基顺应发展需求，在主要市场国家建立仓库，提前备货于仓库中，消费者下单后直接从最近仓库发货，省去出口报关、国际物流、进口报关环节，缩短物流时间，现已在美国和欧洲等地建立海外仓。跨境物流平台的搭建使得傲基可以控制自己的物流体系，控制包裹的配送环节，将物流环节的增值环节把握在企业内，有利于降低物流成本。同时，要继续投入资金用于提高物流系统自动化、智能化水平，以增强物流运营效率，进而降低整体企业管理成本。

（三）提升品牌价值，注重客户服务

傲基电商重复购买率较低，为了拓展流量，应不断进行营销投入。傲基电商面向的主要是欧美的消费者，欧美的居民网购习惯与国内的居民网购习惯不同，会带来重复购买率低的问题。为了增加客户的重复购买率需要不断优化客户的购物体验，同时加强自身平台品牌的建设。傲基电商作为一家电商平台需要对自己的电商品牌进行不断提升与维护，突出品牌的重点。

在建设平台品牌外也需要建设自己的产品品牌。以阿里巴巴、速卖通、兰亭集市等为代表的众多跨境电商平台显示，这些平台虽然在带动出口增长中具有了举足轻重的地位，但也无法避免成为众多跨境电商，尤其是中小电商掀起产品同质化竞争、价格大战和角逐微利订单的场所（陈环、谢兴伟，2015）。另外，由于出口的市场众多，不同国家的语言、文化、法律、风俗

等都存在不同，企业开展营销的成本更高环境更加复杂，都导致出口跨境电商品牌驾驭力弱，难形成品牌主力。但品牌营销能增加商品的附加值，在电商平台上销售有自主品牌的产品，一般比无牌或中性包装产品价格高30%～40%。傲基的3C、家居等产品都创建了自己的品牌，这些产品的品牌建立后产品就不再仅仅依附于电商平台，独创品牌能提高出口跨境电商企业或平台的竞争力，增加消费者的黏性，提高重复购买率。

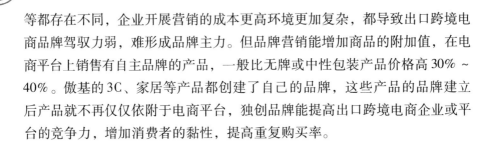

第六节　研究结论

随着跨境电商行业迅速崛起，高速发展，跨境电商企业所处的行业环境也在不断地发生着改变，这要求跨境电商企业不能只是追求其内部发展，而是要将自身置于整体行业环境中进行定位把控。价值链成本管理正是从企业与行业环境整体的角度出发，对跨境电商企业供应商价值链、客户价值链、竞争对手价值链及内部价值链进行解剖和分析后，使企业营运成本得到有效的减少，为企业实现价值增值，从而增强企业竞争优势。

本章选取跨境出口企业为切入点，以傲基电商为案例企业进行研究。首先，分析整体行业背景与国家相关政策，找到跨境出口电商在成本控制上的问题和漏洞，进而引出价值链成本管理的研究方向。在理论方面，介绍了成本管理、价值链、价值链成本管理等相关理论，进而通过对比分析，着重分析构建出符合跨境电商行业特点的一般价值链模型，为分析傲基跨境电商公司的价值链成本管理做好理论基础。在案例分析方面，首先，介绍了傲基电商作为案例企业的选择原因及发展概况；其次，从傲基电商价值链的"三流"出发，总结分析其价值链成本管理的现状和存在的不足；再次，结合相关理论，从财务指标和非财务指标两个方面对傲基电商的价值链成本管理的各个环节进行效果评估；最后得出以下结论。

（1）傲基电商整体发展良好，公司治理和成本控制处处体现了价值链思想。傲基电商能够将价值链成本管理理论应用到公司整体发展中，从研发、采购、仓储、运输、营销服务等环节实现公司的全面发展，也取得了不错的效果。

（2）傲基在技术研发领域的投入深度不够，有待加强。行文期间，傲基电商更名傲基科技，于2019年9月12日申请科创板上市，将继续大力投入产品研发、品牌营销与大数据和智能仓储服务三大板块。但是，傲基科技研发费用营收占比相对较低，尚未达到国家规定的高新企业认定标准。

（3）傲基目前物流仓储等费用比例不可忽视。在物流费用率、存货周转率等方面，低于亚马逊等著名企业。随着公司销售规模的扩大，存货规模呈上升趋势，会造成一定的库存积压，公司如不能做好存货管理及相应仓储物流工作，对现金流会造成一定程度的影响，反映出了傲基在仓储物流管理当中的确存在不足。

（4）傲基对亚马逊跨境平台依赖性过大，存在风险。自营网站销售占比逐年降低，第三方跨境平台尤其是亚马逊平台使用率过高，导致平台交易费用居高不下，成本控制效果不佳。

（5）傲基客户营销环节成本控制优秀，为商品推广销售提供源源不断的客户来源。强大多元的营销推广部门和多渠道多方式营销手段助力傲基在客户引流、业务推广方面表现优异，增加了傲基的整体价值。

第十二章

跨境电商企业的绩效分析

目前，一批新兴的跨境电商创业公司成功上市，但不同商业模式的跨境电商企业在企业绩效与资本市场的表现存在较大差异，说明影响其经营状况与企业绩效的因素与存在的问题有所不同，因此需要对不同商业模式的跨境电商企业进行分类与对比分析，找出企业绩效表现差距背后的原因，才能对不同类型企业的经营与发展提供更有针对性的参考与建议。

第一节　概念界定与理论基础

我国不同商业模式的跨境电商企业的绩效与经营情况如何、存在哪些差异，针对不同商业模式的企业存在的问题有针对性地寻找提升企业绩效的正确方法，是我国跨境电商企业实现持续、快速、稳定发展急需解决的问题①。本节从商业模式基本概念出发，在我国跨境电商商业模式分类的基础上，构建商业模式对跨境电商企业财务绩效影响的理论基础。

一、企业的商业模式

（一）企业的商业模式与构成要素

1. 商业模式的概念

商业模式（business model）一词早期出现于 20 世纪 50 年代，早期源于

① 温铂，温国政. 跨境电商面临"洗牌"，如何打好转型升级战 [J]. 人民论坛，2016（29）：74 – 75.

国外学者的相关研究，国内研究者基于自身不同的研究视角对该词的理解有所不同，对该词有多种翻译方式，如商业模式、商务模式、经营模式等，本研究用商业模式一词来阐述。"商业模式"一词到 90 年代互联网和电子商务平台出现之后开始被广泛使用和传播，并引发了商业模式的创新，因此对互联网与电子商务的商业模式的定义与分类研究也成为商业模式研究的重要议题①。现代管理学之父彼得·德鲁克（Peter F. Drucker）也曾提出："当今企业之间的竞争，不是产品之间的竞争，而是商业模式之间的竞争"②。商业模式不仅是企业做生意或赚取收益的方式，在竞争日益激烈的市场环境中也会对企业的生存与可持续经营和发展产生决定性的影响③。从商业模式发展与变革的进程中可知，商业模式产生变化的原因是经济全球化、市场一体化和信息化所带来的市场环境的变化，各个市场逐渐融合④，企业之间的竞争重点也从争夺市场份额、要素与局部竞争转变到实现客户价值、系统与全局竞争⑤。商业模式为企业与客户创造价值需要建立竞争对手难以模仿的整体竞争能力，可以成为企业保持竞争优势的有效方式⑥。坎德里尔（Cantrell，2000）等研究以价值创造为目标的商业模式的构成要素及其之间的联系，并认为商业模式是一个有机的组织系统⑦。张其翔等学者（2006）阐述了商业模式是为了实现为客户创造价值，在企业内部构建有效的运作组织，在企业外部建立与外界的合作关系，整个体系有效运转可以实现获利目标⑧。罗珉（2009）认为，商业模式创造价值需要以应对外界环境的变化与内在的挑战，结合自身定位整合与利用企业各类内部和外部资源，建立企业与利益相关者如客户、供应商、合作伙伴的关系网络以及相互之间的物流、信息流和资金流⑨。原磊（2007）认为商业模式是反映企业如何实现价值创

---

① 徐迪，翁君奕. 商务模式及其创新研究 [J]. 商业时代，2004（29）：43 - 44.

② 彼得·德鲁克，刘幼兰等译. 管理实践 [M]. 北京：北京工人出版社，1989.

③ Nunes Paul, Breene Tim. Reinvent Your Business Before It's Too Late [J]. Harvard Business Review，2011（6）：80 - 87.

④ Henry W. Chesbrough, Richard S. Rosenbloom. The Role of the Business Model in Capturing Value from Innovation: Evidence from Xerox Corporation's Technology Spin-off Cornpanies [J]. Industrial and Corporate Change，2002，11（3）：529 - 555.

⑤ Teece, D J. Business Models, Business Strategy and Innovation [J]. Long Range Panning，2010，43（2 - 3）：172 - 194.

⑥ Richardson, J. The business model: an integrative framework for strategy execution [J]. Strategic Change，2008，17（5/6）：133 - 144.

⑦ Linder, J, Cantrell S. Changing Business Models: Surveying the landscape. Working paper, Accenture Institute for Strategic Change，2001.

⑧ 张其翔，吕廷杰. 商业模式研究理论综述 [J]. 商业时代，2006（30）：14 - 15，8.

⑨ 罗珉. 商业模式的理论框架述评 [J]. 当代经济管理，2009（11）：1 - 6.

造，也是企业如何对运营架构和战略选择等进行定位与系统整合的概念工具[1]。魏炜等（2012）从利益相关者的角度分析认为，商业模式是企业在商业活动中与各利益相关者之间形成的交易结构，该结构涉及交易主体、内容、交易方式以及交易收支等方面[2]。

对于商业模式的研究，由于学者是基于不同的研究角度加以界定，目前，学术界对商业模式存在不同的理解，尚未形成统一明确的定义。笔者在总结文献资料已有观点的基础上认为，商业模式是企业确定了目标客户与市场定位，为满足目标客户需求并实现其价值主张，利用自身所拥有的各种资源与能力，通过特定的业务流程，向客户提供相关的产品或服务，进而为企业获取收益与实现价值。

2. 商业模式的构成要素

商业模式的构成要素是分析商业模式的基础，反映商业模式结构的本质特征。奥斯特瓦德等（Osterwalder et al.，2005）提出的商业模式结构模型，将商业模式划分为包含四模块和九要素的参考模型，其中四模块包括产品或服务、客户、资产管理与财务4个界面，九要素包括目标顾客、价值主张、客户关系、渠道、核心资源、关键活动、重要伙伴、收入来源与成本构成[3]。克莱顿等（Clayton et al.，2008）设计了商业模式的四要素模型：客户价值主张、盈利模式、关键资源、关键流程[4]。朱武祥等（2009）基于利益相关者交易结构的角度提出了商业模式六要素模型，包括企业定位、关键资源能力、业务系统、盈利模式、现金流结构、企业价值[5]。王晓明等（2010）结合商业模式的定义提出"要素—结构—功能"的理论框架，结合通信产业对商业模式运行逻辑与演进方式展开分析[6]。程愚等（2013）提出商业模式的基本要素与理论联系机制，即开发性决策、资源和能力、利用性

① 原磊. 商业模式体系重构［J］. 中国工业经济，2007（6）：70 - 79.
② 魏炜，朱武祥，林桂平. 基于利益相关者交易结构的商业模式理论［J］. 管理世界，2012，12：125 - 131.
③ Osterwalder A，Y. Pigneur. Investigating the Use of the Business Model Concept through Interviews［R］. International Conference on E-Business，2004.
④ Mark W，Johnson，Clayton M，Christensen，Henning Kagerman. Reinventing Your Business Model［J］. Harvard Business Review，2008，12：51 - 59.
⑤ 朱武祥，魏炜. 发现商业模式［M］. 北京：机械工业出版社，2009.
⑥ 王晓明，谭杨，李仕明，沈焱. 基于"要素—结构—功能"的企业商业模式研究［J］. 管理学报，2010，7（7）：976 - 981.

决策、价值成果等四个方面①。胡保亮等（2018）依据商业模式的九要素理论建立了自营类跨境电商商业模式画布模型并由此得出商业模式需要动态管理机制②。

企业要明确自己的目标客户及其需求，运用各种资源与能力，通过相应的业务流程，提供相应产品或服务以满足客户需求，帮助客户实现其价值主张，在这一过程中，需要付出成本，创造收入获取利润，最终为企业带来收益。笔者在借鉴相关文献资料中商业模式四要素、六要素、九要素模型的基础上，确定商业模式的四个构成要素，即客户价值主张、业务系统、关键资源与能力、盈利模式。下文分别从这四个维度对商业模式的构成要素进行论述。

（1）客户价值主张。作为商业模式的基础，客户价值主张发挥整体导向的作用，决定了企业要提供何种产品或者服务来满足目标客户的需求，商业模式的相关活动也要围绕这一关键要素来进行。对客户价值主张的理解可以分为客户与价值主张两个角度。第一，企业应识别与确定自身的目标客户与目标市场，对市场与顾客进行分析并确定谁是企业最终的目标客户，即企业向谁出售产品或服务，满足谁的需求，做好市场定位。第二，在明确目标客户的基础上，企业要确定提供什么样的产品或服务来满足目标客户的需求，帮助客户实现价值主张。因此可以将客户价值主张理解为企业针对目标客户提供特定的产品或服务以满足客户需求，进而帮助客户实现价值主张。

（2）业务系统。在明确了客户价值主张后，企业还需要通过特定的业务流程来确保其能够实现，企业的业务系统能否高效运转不仅决定了企业的商业模式能否成功，也是企业能否获得竞争优势的重要因素，因此业务系统是商业模式中的核心要素。业务系统是指企业与其内外部利益相关者，如客户、合作伙伴、供应商之间相互合作形成的关系与价值网络，以及为实现客户价值与获取收益所进行的各项业务流程。企业建立业务系统需要确定价值链中企业的内外部利益相关者，明确与其之间的关系，判断各自在业务链条中所处的位置与角色，及其所从事的业务活动，结合企业自身资源与能力确定自身需要从事的业务活动，以此形成完整的业务系统。

---

① 程愚，孙建国．商业模式的理论模型：要素及其关系［J］．中国工业经济，2013（1）：141－153．

② 胡保亮，田萌．自营类跨境电商商业模式构成要素解析——以网易考拉海购为例［J］．杭州电子科技大学学报（社会科学版），2018，14（4）：7－12．

企业在内外部各利益相关者的业务系统所形成的价值网络中需要分析与明确，企业拥有哪些资源与能力可以从事什么样的业务活动；在业务系统中利益相关者与合作伙伴可以为企业提供哪些业务活动以完成交易活动；企业自身在业务系统中可以为各利益相关者提供什么价值；如何将这些业务活动形成一个有机的价值网络，让业务链条各个环节的利益相关者共同获益与实现共赢发展。完善的业务系统是企业商业模式行之有效的关键，也是商业模式链条延续的前提与保证。

（3）关键资源与能力。关键资源与能力是企业按照商业模式运转所需要的重要且不易被替代的资源与能力，不同商业模式与业务系统所需要的关键资源能力也不同。企业在明确了目标客户与为实现其价值主张而提供的产品和服务并建立业务系统之后，需要确定借助什么样的资源与能力使业务流程正常运转，进而创造价值实现盈利。企业的资源是由企业拥有并控制的能够使得各项业务活动开展与进行，企业的能力是能否合理有效地运用与整合各种资源以实现企业的经营管理目标，进而获取收益。资源和能力包含的范围较广，资源是指企业的各种有形与无形资源，如企业的各项有形资产、品牌与专利等无形资产、核心技术、客户资源、营销网络或渠道、与供应商的关系网络等；企业的能力包括与业务活动相关的产品开发能力、生产能力、营销能力等；处理各交易活动相关的能力如订单处理、售后服务、物流能力等；与企业经营管理相关的组织能力、管理能力、学习能力等。并非企业所有的资源与能力都可以构成企业的核心能力，企业需要立足自身商业模式，找到不同于竞争者、构成核心竞争优势、保证业务系统与商业模式有效运转的关键资源与能力，进而创造价值以实现企业的可持续发展。

（4）盈利模式。商业模式的前三个要素确定了企业的目标客户及要向其提供的产品与服务，明确并运用关键资源与能力使得业务系统正常运转，而如何创造价值获取收益，以实现企业可持续与长远发展需要考虑企业的盈利模式。盈利模式是指企业如何通过业务活动与交易流程来获得收益的方式，可分为企业的收入结构、成本结构以及相应的利润来源。收入结构是企业向客户所提供的产品或服务获得的收入以及如何分配。成本结构是指企业在经营管理与业务活动过程中产生成本，不同商业模式的盈利方式即收入结构、成本结构以及利润来源也不相同，对于企业财务绩效的影响也不同。可持续发展的盈利模式应能为企业带来稳定而充足的经济利益流入，表现为企业良好的经营成果与财务状况。

综上所述，商业模式的构成要素能反映商业模式结构的本质特征，一个商业模式的有效运转需要企业综合考虑各个要素以确保相互之间的有机联系，四个构成要素相互影响，相互作用，图12－1为本研究提出的商业模式的四个构成要素。

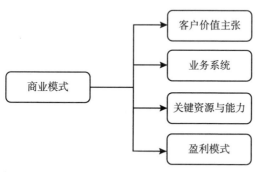

图 12 － 1　商业模式的构成要素

（二）跨境电商企业基于商业模式的分类

跨境电商企业是以国际商务活动为经营业务的企业，本章研究的企业主体属于广义的跨境电商企业，即参与跨境电商活动各个业务环节开展业务的企业，不仅包括狭义的进行线上跨境货物与服务交易的跨境电商企业，还包括为跨境电商交易双方提供信息平台、跨境物流、电子支付等提供各项服务的企业。不同于传统贸易多以大批量的采购订单为主，跨境电商交易中客户能根据自身的需求即时线上采购，因此交易频率远高于传统外贸，以小批量高频次的订单为主，跨境电商省去了一部分外贸交易流通环节，相较于传统外贸进出口环节少、时间短、成本低、效率高。相较于国内电子商务，跨境电商面临着国际市场、信用安全、国际物流、海关、海外仓储、国际支付、知识产权、语言问题等多方面的挑战。

电子商务的商业模式是在公司现有商业模式的基础上发展起来的，依据商业模式的四个构成要素，根据跨境电商企业在客户价值主张、业务系统、关键资源与能力、盈利模式等四个维度的不同表现与特点，笔者基于企业不同商业模式将我国跨境电商企业分为三种类型，分别为以开展跨境电商商品交易为主要业务的自营型跨境电商企业、平台型跨境电商企业、服务型跨境电商企业。

1. 自营型跨境电商企业

自营型跨境电商企业是以开展线上跨境电商商品交易为主要业务，通过第三方或自有跨境电商平台进行网上商品交易的跨境贸易电商企业，并将商品通过线下的跨境物流系统配送到终端消费客户完成商品交易的电商企业，商品流动跨越了国家地理空间范畴。

自营型跨境电商企业的目标客户为跨境商品的购买方与消费者，包括企业客户与个人客户，其市场定位是作为线上完成商品进出口交易的跨境零售商与贸易商，并通过跨境电商电子平台进行线上的商品交易，实现商品的进出口，为目标客户提供跨境的商品，其主营业务为商品的线上进出口交易，包括 B2B、B2C 等业务模式，企业需要分析与满足终端客户的需求，将本国商品销售给海外客户，或满足本国客户的海外商品需求，具备市场与客户需求的分析能力，以完成商品跨境交易赚取差价的方式获取收益。自营型跨境电商的盈利方式主要是商品销售，将产品通过线上平台销售给利润率更高的国际市场来赚取利润。

2. 平台型跨境电商企业

平台型跨境电商企业是为交易双方提供电子化信息平台，线上进行产品与价格展示、信息发布与需求匹配、撮合供求双方完成线上交易与支付等服务功能的第三方跨境电商平台企业，可以将不同国家的交易信息在平台上展示，卖家可以通过平台向潜在买家公开展示商品信息，买家可以通过其提供的信息购买商品。

平台型企业的目标客户主要是进行跨境电商交易的企业或个人，作为线上进行跨境电商交易的贸易中间商与市场媒介电子信息平台，不直接参与商品的制造与销售，其主营业务是通过搭建信息化平台，为跨境交易双方提供产品与价格的信息展示与交流平台，可以将不同国家的交易信息在平台上展示，从而匹配供求信息、撮合买卖双方线上达成交易的第三方跨境电商平台与服务。这类企业需要具备信息平台系统建设、大数据处理、数据分析与云计算等能力，扩大入驻商家与用户的规模，降低交易双方的搜索成本，提升沟通效率，此类企业主要通过收取会员管理费用、交易佣金、广告营销费等方式实现收益与盈利。

3. 服务型跨境电商企业

服务型跨境电商企业主要向从事跨境电商的企业或个人提供全面且有针对性的跨境贸易电子商务服务企业，包括配套的第三方支付、物流、配送、仓储和提供整体解决方案的跨境电商服务企业。跨境电商服务型企业的目标客户为开展跨境电商业务的企业或个人，作为跨境电商交易双方提供支持性服务的贸易服务商，不直接参与商品的制造与销售，主营业务是为开展跨境电商交易的企业提供专业化的第三方服务，如跨境物流、跨境支付、通关、海外仓储、提供整体解决方案等跨境电商的支持性服务，通过收取相关专业化的服务费用实现企业的收益与盈利。

表 12 - 1 是依据商业模式的构成要素来划分的三类跨境电商企业，在商业模式的构成要素即客户价值主张、业务系统、关键资源与能力、盈利模式四个维度方面的具体特点分析。

表 12 - 1　　　　　　基于商业模式分类的跨境电商企业

商业模式要素		基于商业模式分类的跨境电商企业		
		自营型企业	平台型企业	服务型企业
客户价值主张	目标客户	跨境商品的购买方与消费者	进行跨境电商交易的企业或个人	开展跨境电商业务的企业或个人
	市场定位	完成商品线上进出口交易的跨境零售商与贸易商	跨境电商进行线上交易的贸易中间商与市场媒介电子信息平台	为跨境电商交易双方提供支持性服务的贸易服务商
	产品与服务	通过跨境电商电子平台进行线上的商品交易与贸易，为客户提供跨境商品，实现商品的线上进出口交易	为交易双方提供信息展示与交流、供求匹配、撮合买卖双方线上交易的第三方跨境电商电子信息平台与服务	为交易双方提供专业化的跨境物流、支付、通关等跨境电商支持性服务
业务系统		商品的线上进出口跨境交易，包括 B2B、B2C 等业务模式，涉及供应商选择、商品采购、营销与销售、通过物流系统配送到终端消费客户、客服等业务	为跨境交易双方提供产品与价格的信息展示与交流平台，匹配供求信息，撮合买卖双方线上达成交易	为开展跨境电商交易的企业提供专业化的第三方服务，如跨境物流、跨境支付、海外仓储等服务
关键资源与能力		分析与满足终端消费客户的需求，将本国商品销售给海外客户或满足本国客户的海外商品需求，国际市场与客户需求分析能力，电商运营与营销能力	信息平台系统建设，大数据处理、数据分析与云计算能力，入驻商家与用户的规模，降低交易双方的搜索成本，提升沟通效率	专业化的跨境第三方服务，如跨境物流、跨境支付、整体解决方案等专业化服务
盈利模式		完成商品跨境交易赚取差价	平台收取会员管理费用、交易佣金、广告营销费等	相关专业化的服务费用

二、商业模式对企业财务绩效的影响机理分析

商业模式是研究企业如何通过一系列运营过程进行创造价值，在这一过程中体现出对企业绩效的影响，对于两者之间的关系方面的研究，王翔等（2010）对上市公司运用实证分析法研究商业模式是否为企业间绩效差异的驱动因素，实证结果表明，商业模式的不同类别确实导致明显的企业间绩效表现的差异[①]。程愚等（2012）通过实证研究发现，企业可以通过商业模式营运竞争获取竞争优势提升企业绩效水平[②]。魏唯（2015）运用因子分析法研究上市企业的绩效表现，将样本企业的商业模式分为四个类型，对不同类型商业模式的企业绩效作出评价[③]。宋璐等（2017）认为，业务决定财务，提出收入、成本、利润、关键资源、资源利用与周转速度、现金流结构等六个角度来研究商业模式与财务管理的关系[④]。马述忠等（2018）运用主成分分析法和聚类分析法对中国跨境电商上市企业的绩效水平进行评价，得出不同商业模式的跨境电商企业的绩效水平不同[⑤]。李晶（2019）基于商业模式创新分类视角，对商业模式与企业绩效之间的关系进行了研究[⑥]。刘正阳等（2019）实证研究了新能源企业的商业模式对企业绩效的影响，结果表明新能源企业商业模式的影响程度强于外部环境和技术能力对企业绩效的影响程度[⑦]。

商业模式的本质是企业创造价值与获取收益的方式，而企业财务管理的最终目标也是创造价值来实现企业的利润最大化，两者所要实现的目标都是为企业创造价值，只是分析与管理的角度有所不同。因此，侧重于分析企业业务形态的商业模式与企业财务管理之间有联系与影响，在影响机理的分析

① 王翔，李东，张晓玲．商业模式是企业间绩效差异的驱动因素吗？——基于中国有色金属上市公司的 ANOVA 分析 [J]．南京社会科学，2010（5）：20－26．
② 程愚，孙建国，宋文文，岑希．商业模式、营运效应与企业绩效——对生产技术创新和经营方法创新有效性的实证研究 [J]．中国工业经济，2012（7）：83－95．
③ 魏唯．基于价值创造视角的商业模式与企业绩效关系研究 [D]．浙江工商大学，2015．
④ 宋璐，王东升．商业模式中的财务要素——基于商业模式表达方式的文献回顾 [J]．会计之友，2017（1）：14－19．
⑤ 马述忠，陈丽，张洪胜．中国跨境电商上市企业综合绩效研究 [J]．国际商务研究，2018，39（2）：48－66．
⑥ 李晶．商业模式与企业绩效关系探讨——基于商业模式创新分类视角 [J]．商业经济研究，2019（22）：118－121．
⑦ 刘正阳，王金鑫，乔晗，汪寿阳．商业模式对企业绩效的影响探究——基于新能源上市企业数据 [J]．管理评论，2019，31（7）：264－273．

思路方面，本研究在参考以往学者的研究成果的基础上，结合对商业模式定义及客户价值主张、业务系统、关键资源与能力、盈利模式等四个构成要素的分析，从财务视角确立了盈利与成长导向、资产配置、资本获取的商业模式研究维度，探究两者的影响机理。其中，客户价值主张与盈利模式明确了企业目标客户与利润获取方式，由此引出盈利与发展导向的财务分析视角；业务系统和关键资源与能力确定了企业如何进行资产配置与可用的融资渠道，由此引出盈利与发展导向的资产配置和资本获取的财务分析视角。图 12-2 为基于财务视角的商业模式研究维度。

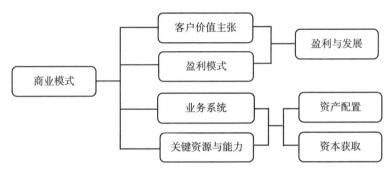

图 12-2　基于财务视角的商业模式研究维度

（一）盈利与发展导向

商业模式中的客户价值主张确定了企业的目标客户及要提供的产品与服务以帮助实现客户价值，企业的盈利模式决定了企业的收入、成本结构以及利润，找到使企业实现盈利与发展的驱动力，体现了商业模式对企业经营活动的影响。商业模式的本质是企业创造价值与获取利润的方式，实现经济利益的流入并实现企业的可持续经营与发展，在财务方面的体现就是企业要以盈利与发展作为目标导向，由此可以从收入因素、成本因素以及利润因素三个方面展开分析。

不同的商业模式实现收入的方式不同，如自营型跨境电商企业以销售商品收入为主，而平台型与服务型企业则以提供服务收入为主。收入的构成要素主要为两个方面，即企业所提供产品和服务的价格以及数量，客户价值主张不同的企业会采取不同经营策略，即价格推动收入与数量推动收入，不同的目标客户价值诉求不同，如果企业定位中低收入的消费者，这类目标客户

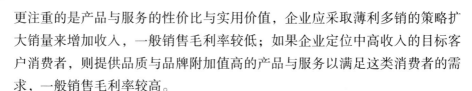
更注重的是产品与服务的性价比与实用价值，企业应采取薄利多销的策略扩大销量来增加收入，一般销售毛利率较低；如果企业定位中高收入的目标客户消费者，则提供品质与品牌附加值高的产品与服务以满足这类消费者的需求，一般销售毛利率较高。

成本是企业在进行生产经营与业务活动过程中所付出各种资源的货币化体现，为了保证企业实现盈利，需要努力降低成本与进行成本管理，这也与企业的目标客户价值主张与目标市场有关。如果企业所处的市场环境市场化程度较高、竞争比较激烈、趋于饱和，企业的收入受限于整体增长乏力，销售毛利率与收入增长率较低，此时企业通过市场细分与差异化的产品策略难以扩展市场份额与盈利，企业应当聚焦自身与经营管理，降低在企业运营与业务活动中的各项成本开支与费用，进行有效的成本管理来实现企业的盈利与可持续发展。

利润是企业盈利的表现形式，是企业经营成果的综合反映与体现，是收入因素和成本因素的结合与匹配。如果企业进入竞争较小的新兴市场，拥有的目标客户及其需求较少，企业要实现利润的增长不是单纯依靠降低成本，而需要同时考虑收入因素与成本因素，从而达到盈利的目的，此时企业在财务方面由于整体市场规模较小，因此一般收入增长率会偏低；但由于发展空间大，因而利润增长率与发展能力会较高。企业的利润增长率等相关指标体现为企业在资产规模、盈利能力、市场占有率等方面持续增长与发展的能力，反映了企业未来的发展前景。

（二）资产配置

资产配置是对企业各类资产包括有形资产和无形资产的分配与处理，与企业财务管理中的投资活动相对应。业务系统作为企业商业模式的核心要素，不仅确定企业运营的业务活动与流程，也确定企业与利益相关者之间构成的价值与关系网络、从事的业务活动以及企业在产业链中所处的环节与位置，不同商业模式的业务系统对企业在财务方面对于轻重资产、固定资产与流动资产配置的要求不同，进而通过影响企业的投资活动来影响企业的财务绩效。重资产运营即企业投资有形资产所占用的资金较多、机会成本消耗大，以较大的资金投入获得较少的利润回报，经营风险与资金紧张的风险相对较高，例如物流服务型跨境电商企业由于需要提供专业化的跨境物流服务而采购与持有各种运输设备等固定资产会占用企业的资金；自营型跨境电商企业由于业务主要以商品销售为主，因而存货对资金的占用较多。相较于占用了大量资金的重资产模式而言，轻资产运营的企业更多地为无形资产的投资与运用各种资源的能力，如企业的经营管理能力、经验与制度、专有技术、信息数据、品牌、客户关系、企业文化等资金比较少的无形资产，轻资产运营的企业在固定资产、存货等有形资产投入较小，经营风险较小，轻资产模式的企业往往资产周转率与运营效率也较高。因此，在不同的商业模式下，企业的业务体系与自身独特的资源与能力要求企业在轻重资产的投资配比不同，企业的商业模式在资产配置维度方面通过影响企业的投资活动，对企业的财务绩效产生影响，并表现为不同的财务成果。

（三）资本获取

企业发展与运营离不开资金的获取，涉及企业通过何种来源和方式取得资金、企业的负债与权益及其构成，体现为企业财务管理中的筹资活动，包括资金来源的筹资渠道与通过何种方式取得资金的筹资方式。企业资本的来源及构成涉及企业的资本结构中权益与负债所占的比例，资产负债水平的高低由企业的筹资活动决定。不同商业模式的关键资源与能力不仅包括企业的竞争优势，也包括企业的筹融资能力、企业在产业链中所处的位置以及和供应链上下游企业的价值与关系网络等。

企业的关键资源与能力决定了资本构成中的负债来源，即企业通过何种方式来筹集企业经营发展所需要的资金，可以分为供应链融资与借款融资两种模式。供应链融资模式是指企业凭借供应链上下游企业的关系与价值网络，利用供应链上下游各方资金网络来为自己筹集资金，企业所处的供应链与其业务体系有关，如果在企业的业务体系中没有相应的关系网络作为资金支持，则需采取向外部第三方借款的借款融资模式来获得资金支持。通过供应链进行资金筹集的成本与财务风险较低，一般无须定期负担相关利息成本，而通过借款融资则需承担相应的利息支出，资本获取的成本与财务风险较高。结合资产配置维度分析商业模式对投资活动的影响，在不同商业模式下企业的业务体系不同，企业参与产业链的位置与环节不同，企业经营活动涉及业务链条越长、交易环节越复杂或者投入的有形资产越多，所面临的经营与财务风险一般也越大，基于两者的反向匹配原则，此类企业适宜配合较低的财务风险，适合通过供应链进行资金筹集，如自营型跨境电商企业参与的跨境电商交易链条长并且存货会占用企业的运营资金；反之可以通过借款融资来筹集资金，如平台型的跨境电商企业由于所需要投入的有形资产较少，不直接参与交易，因此在跨境电商业务链条中参与的环节较自营型企业较少，因而其面临的经营与财务风险相对较小，可以合理利用与适当提高企业的财务杠杆。因此，不同业务体系及资源与能力的企业所承担的财务风险不同，所适宜采取的融资方式与渠道也不同，企业的商业模式在资本获取方面通过影响企业的筹资活动，进而影响企业的财务绩效与财务成果。

结合以上三个财务分析维度以及对商业模式四个构成要素的分析，可以得到商业模式对企业财务绩效影响机理分析框架，如图 12 - 3 所示。商业模式以盈利模式与客户价值主张两个要素形成的盈利与发展的目标为导向，探究收入、成本和利润对财务绩效表现的影响，进而影响企业的经营活动；商业模式的业务体系和关键资源与能力两个要素影响企业的资产配置与资本获取，不同的商业模式下，要求企业在轻资产与重资产的投资配比不同，企业所承担的财务风险不同所适宜采取的融资方式也不同，企业的商业模式在资产配置与资本获取维度方面通过影响企业的投资与筹资活动，进而影响企业的财务绩效表现，并表现为不同的财务成果。因此，商业模式通过对企业的经营、投资及筹资活动产生综合影响，进而引出了本研究对企业财务绩效的分析维度，即企业的盈利能力、成长能力、营运能力、偿债能力等四方面的财务分析视角。

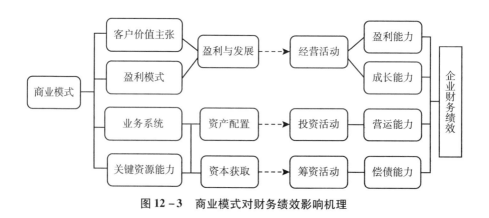

图 12 - 3　商业模式对财务绩效影响机理

三、跨境电商企业绩效评价的指标选取

企业绩效指企业的经营与财务绩效，是衡量企业战略及其实施和执行是

否为最终的经营目标做出贡献，企业绩效可以通过具体财务指标反映企业在一定期间内的经营成果和综合能力，包括企业的盈利能力、成本控制与管理、资产运用的效率、资金来源与财务杠杆的使用等方面，企业的经济效益和绩效，主要由企业的综合财务绩效所体现。因此本研究主要从财务绩效的角度来分析跨境电商的企业绩效并选取相关财务研究指标。

基于上文商业模式对企业财务绩效的影响机理分析，可以从四个维度来分析企业的绩效水平，即企业的盈利能力、营运能力、偿债能力和成长能力，因此本研究从这四个角度来分析影响企业财务绩效的因素，从而确定跨境电商企业绩效的财务分析指标。

（一）盈利能力

企业的盈利能力是企业创造价值与获取利润的能力，也是企业持续经营与发展的前提保障，与企业的绩效水平呈较强的正相关性。由于跨境电商企业兴起与发展时间普遍较晚、多数企业尚处于成长阶段，因此未来盈利能力的提升空间较大，而面对国际市场的竞争，跨境电商企业需要不断提升自身的盈利能力才能在竞争中可持续发展。

笔者从企业盈利能力的角度选取了国内学者引用较多的财务指标，净资产收益率、总资产收益率、销售净利润率、成本费用利润率等四项指标来对跨境电商企业盈利能力进行分析。净资产收益率（ROE）又称"股东权益报酬率"，可以反映企业每占用一元的自有资本平均能获得多少元的利润，体现跨境电商企业的经营获利能力与经营状况能够给股东创造的价值，可以用来衡量企业管理水平的高低。总资产收益率（ROA）可以反映企业的投入产出水平与资产运营效果，体现了跨境电商上市公司股东权益的收益水平与公司用其原始资本获利的能力。销售净利润率反映跨境电商企业每获得一元销售收入可以为企业带来多少净利润，该指标的影响因素较多，包括商品质量、成本费用、商品价格、销售数量、期间费用及税金，企业在扩大生产和销售规模时由于各项费用的增加未必会为企业带来正向收益，因此，应通过这一指标来考察销售收入增长的效益，帮助企业在扩大销售的同时改进经营管理方式，提高盈利水平。成本费用利润率是企业的利润总额与成本费用总额的比率，反映企业每付出一元的成本费用可获得多少利润，不同商业模式的跨境电商企业成本费用构成不尽相同，例如多数自营型跨境电商企业无法自建海外仓，只能选择价格较高的国际物流因而成本占比偏大，会削弱企业的盈利能力。

（二）营运能力

营运能力是指企业营运资产的效率，即企业资产的周转效率与周转速度，企业产出量与资产占用量之间的比率，通常作为盈利能力分析和偿债能力分析的基础与补充。营运能力是分析企业运用各项资产获取收益的能力，企业资产周转速度越快、流动性越高，资产获取利润的速度就越快。由于多数跨境电商的企业发展时间较短，企业管理制度不够完善，易导致资金利用率低、资产周转慢，如存在存货堆积的自营型跨境电商企业会降低资产周转速度影响企业绩效水平。本研究选取总资产周转率和流动资产周转率来对跨境电商企业的运营能力进行分析。总资产周转率可以反映企业对全部资产的利用与运营效率，反映跨境电商企业经营过程中全部资产投入产出的流转速度。流动资产周转率反映跨境电商企业主营业务收入与流动资产的比率，可以分析跨境电商企业是否充分利用了暂时闲置资金为企业创造收益。

（三）偿债能力

偿债能力的强弱是企业稳健经营和财务状况的体现，可以衡量财务风险与企业能否健康生存与可持续发展。在笔者整理与获得的跨境电商上市企业的财务数据中发现近年来其资产负债率均值为45%左右，小于一般国内电商企业均值60%，可以认为我国跨境电商企业普遍没有充分运用财务杠杆的作用，在财务风险管理方面比较谨慎，在企业负债达到最优值之前，适当提高财务杠杆与负债比例会帮助企业以适宜的成本获取资金进而提升企业绩效，超过最优值则会对企业绩效产生相反作用。目前，由于我国跨境电商企业普遍没有达到最优债务水平，更加有必要合理运用财务杠杆和适度增加资产负债率。

本研究选取资产负债率、流动比率、速动比率等三项指标来对跨境电商企业的偿债能力进行分析。资产负债率是直接反映跨境电商上市公司的债务情况，如果资产负债率过高，意味着企业有过多的负债，就要求企业有较好的偿债能力，甚至会影响企业正常经营发展，但是资产负债率并不是越低越好，过低则表现出企业利用杠杆来扩大规模的能力不足，因此资产负债率是一个适度指标。流动比率和速动比率这两项指标可以衡量跨境电商企业短期偿债能力，一般认为合理的流动比率为2左右较好，速动比率一般为1左右较好，表示公司有良好的现金流动性以及短期偿债能力，流动比率和速动比率过小，则表示公司偿债能力不强，短期偿债风险较大，指标数值过大，则表示流动资产与速动资产占用资金较多，不利于资金的周转，会增加企业投资的机会成本。

（四）成长能力

企业成长能力是衡量企业未来发展趋势、发展速度与扩大经营的能力。我国跨境电商企业普遍起步较晚，尚处于成长阶段和业务扩张期，因此需要分析这个阶段跨境电商企业的成长与发展能力。本研究选取净利润增长率、营业利润增长率作为衡量跨境电商企业成长能力的分析指标。净利润反映企业经营的最终成果与经营效益，净利润增长率是指企业当期净利润比上期净利润的增长幅度，指标值越大表明该公司处于高速成长阶段，实现价值的扩张速度较快。分析企业的净利润增长率要与主营收入增长率相结合来分析企业净利润的来源与增长是否主要依赖于其主营业务收益的增长，可以帮助判断跨境电商企业主营业务的经营成果。跨境电商企业的营业利润增长率越高，则利润的增长主要源于公司的主营业务，说明跨境电商企业的经营管理能力与对其主营业务的运营能力越好，企业的发展前景也较好。

四、企业财务绩效的指标选取

在分析研究跨境电商企业财务绩效的指标选取方面，结合跨境电商的特点，从盈利能力、运营能力、偿债能力、成长能力四个角度，选取了共计11 个财务指标，包括总资产收益率 ROA、净资产收益率 ROE、销售净利率、成本费用利润率、总资产周转率、流动资产周转率、资产负债率、流动比率、速动比率、净利润增长率、营业利润增长率，用于分析企业财务绩效，见表 12 - 2。

表 12 - 2　　　　　　　跨境电商上市企业绩效的财务指标

指标类型	选取指标	指标计算
盈利能力	总资产收益率 ROA	净利润÷资产平均总额
	净资产收益率 ROE	税后利润÷净资产

续表

指标类型	选取指标	指标计算
盈利能力	销售净利率	净利润÷销售收入
	成本费用利润率	利润总额÷成本费用总额
运营能力	总资产周转率	营业收入净额÷平均资产总额
	流动资产周转率	主营业务收入净额÷平均流动资产总额
偿债能力	资产负债率	负债总额÷资产总额
	流动比率	流动资产÷流动负债
	速动比率	（流动资产－存货）÷流动负债
成长能力	净利润增长率	（当期净利润－上期净利润）÷上期净利润
	营业收入增长率	（本年主营业务收入－上年主营业务收入）÷上年营业收入总额

第二节　研究方法选择与实施

本节在上节理论基础与指标选取的基础上，运用因子分析法对我国三种商业模式的跨境电商上市企业的财务绩效进行实证分析，比较分析我国三类跨境电商企业绩效的差异，为第三节的分类别探究不同经营模式的企业绩效差异的原因分析提供依据。

一、研究对象选择与样本数据来源及处理

本研究将开展跨境电商业务的三类跨境电商上市企业作为研究对象，从数据查找的可实施性以及数据的可获取性角度出发，通过上市公司的公开信息与新闻报道等资料查找了各上市企业商业模式与业务范围的相关资料以确定企业名单，对跨境电商上市企业的数据与资料进行收集与筛选，并依据第一节对跨境电商企业不同商业模式的划分对各企业进行界定与分类，最终选取了目前在沪、深两市包括创业板与中小板上市的跨境电商企业共101家，从理论角度与相关文献资料来看，通常情况下进行因子分析样本数量为指标数的3～10倍左右可取得较好的实证效果，最终选取101个样本企业与11个分析指标，样本数量符合要求并可以通过定量分析得出一个客观、准确和

公正的结果，实现较好的实证效果。

在数据的时间维度方面，由于跨境电商企业兴起与上市时间普遍较晚，故笔者从2014～2017年持续经营的跨境电商上市公司中，剔除在此时间范围内退市或被收购的企业和存在异常值及数据缺失的企业后，样本数据最终包括我国101家跨境电商上市企业，其中跨境电商自营型企业46家、跨境电商平台型企业24家、跨境电商服务型企业31家，样本区间为2014～2017年共计4年，见图12-4。相关数据均来自上市公司各年公开的财务报表，部分财务数据按照企业年报中的数据手工整理获得，用2014～2017年4年的截面数据分别进行实证分析，运用软件SPSS 22.0进行数据处理和因子分析工作。表12-3为本研究选取的不同商业模式的跨境电商上市企业。

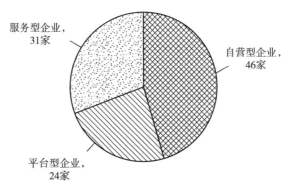

图12-4　三类上市跨境电商样本企业

表12-3　　　　　　　　不同商业模式的跨境电商上市企业

跨境电商企业类型	研究选取上市企业（家）	商业模式
自营型企业	46	通过第三方或自有跨境电子商务平台进行线上商品跨境交易的跨境电商企业
平台型企业	24	为跨境交易双方提供信息与交易平台，利用自身互联网平台进行产品与价格展示、信息交流，促成买卖双方匹配与线上交易
服务型企业	31	向从事跨境电商活动的企业或个人提供支持性的专业化服务，包括配套的第三方跨境物流、跨境支付等服务

二、跨境电商企业财务绩效指标选取

在衡量跨境电商企业财务绩效的指标选取方面，根据前文的相关论述，从盈利能力、运营能力、偿债能力、成长能力等四个角度，选取了共计11个财务分析指标，用于企业财务绩效的实证分析，见表12-4。其中，总资产收益率 ROA、净资产收益率 ROE、销售净利率、成本费用利润率作为衡量企业盈利能力的指标，分别命名为 X1、X2、X3、X4，选取总资产周转率、流动资产周转率作为衡量企业资产运营能力的指标，分别命名为 X5、X6，选取资产负债率、流动比率、速动比率作为衡量偿债能力与财务风险的指标，分别命名为 X7、X8、X9，选取净利润增长率、营业利润增长率作为衡量成长与发展能力的指标，分别命名为 X10、X11。

表 12-4　　　　　跨境电商上市企业绩效财务指标属性与命名

指标类型	选取指标	编号	单位	指标属性
盈利能力	总资产收益率 ROA	X1	%	正向
	净资产收益率 ROE	X2	%	正向
	销售净利率	X3	%	正向
	成本费用利润率	X4	%	正向
运营能力	总资产周转率	X5	次	正向
	流动资产周转率	X6	次	正向
偿债能力	资产负债率	X7	%	适度最优
	流动比率	X8	%	适度最优
	速动比率	X9	%	适度最优
成长能力	净利润增长率	X10	%	正向
	营业利润增长率	X11	%	正向

三、基于因子分析法的实证分析

由于跨境电商企业上市时间较晚，基于数据的可得性本研究选取了 2014~2017 年共计 4 年的上市企业公开财报数据，由于数据的时间维度不符合回归模型对数据的要求，并且运用多元回归模型可能会存在多重共线性的问题或者导致问题变复杂，因此未采用多元回归模型进行实证分析。因子分析法采取降维的思想，保证数据损失少的前提下把多个所选指标用可以代表大部分信息的几个综合指标进行衡量，故采用因子分析的实证方法。

（一）数据标准化处理

由于财务指标数据中量纲与单位不同，正向指标与适度最优指标的变化方向不同，在对各项指标进行因子分析前，需要对所有财务绩效评价指标的原始数据进行标准化处理，以消除指标类型不同、量纲差异等影响，得到可以进行因子分析的标准化数据。针对财务指标中正向指标与适度最优指标数据，需要对不同类别的指标数据进行不同的标准化处理。具体数据处理如下。

设第 j 个指标的第 i 个样本数据为 $Z_{ij}(i=1, 2, \cdots, m; j=1, 2, \cdots, n)$，其中 m 为跨境电商上市公司数，n 为影响企业绩效的财务指标的个数，令：

$$\max(Z_{ij}, Z_{2j}, \cdots, Z_{mj}) = a_j$$
$$\min(Z_{ij}, Z_{2j}, \cdots, Z_{mj}) = b_j$$

对于正向指标，即取值越大越好的财务指标，标准化公式为：

$$X_{ij} = \frac{Z_{ij} - \overline{Z_{ij}}}{\sigma_{Z_{ij}}} \tag{12-1}$$

式（12-1）中，$\overline{Z_{ij}}$ 为 Z_{ij} 的均值，$\sigma_{Z_{ij}}$ 为标准差。正向指标有总资产净利率、净资产收益率、销售净利率、成本费用利润率、总资产周转率、流动资产周转率、净利润增长率、营业利润增长率。

对于适度最优指标，即取一定数值为最优的财务指标，标准化公式为：

$$Z'_{ij} = Z_{ij} - k \tag{12-2}$$

$$X_{ij} = \frac{Z'_{ij} - \overline{Z'}_{ij}}{\sigma_{Z_{ij}}} \tag{12-3}$$

式（12-2）中，k 为该指标在行业中的最优取值；式（12-3）中，$\overline{Z'}_{ij}$ 为 Z'_{ij} 的均值，$\sigma_{Z_{ij}}$ 为标准差。特殊类指标有资产负债率、流动比率、速动比率，在参考电商行业财务数据标准并结合跨境电商企业的财务数据后，将资产负债率的 k 值定为45%，将流动比率的 k 值定为2，速动比率的 k 值定为1，并将数据按照以上公式进行标准化处理。

（二）KMO 和 Bartlett's 球形检验

在对跨境电商上市公司财务绩效的各个指标数据进行标准化预处理之后，进行因子分析之前，还需要进行因子分析的适用性检验来判断样本数据是否可以进行因子分析。研究对经过标准化处理后的 2014 ~ 2017 年跨境电商上市公司四年的数据分别进行检测，进行 KMO 测度和 Bartlett's 球形检验，检测结果如表 12 – 5 所示。

表 12 – 5　　　　　　　　　　**KMO 和 Bartlett's 球形检验**

项目		2014 年	2015 年	2016 年	2017 年
KMO	取样适切性量数	0.607	0.648	0.601	0.626
Bartlett's 球形检验	近似卡方	899.890	846.465	1 317.707	1 108.014
	自由度 df	55	55	55	55
	显著性 Sig.	0.000	0.000	0.000	0.000

在检验中当 KMO 值大于 0.6 则可以进行因子分析，由表 12 – 5 可知 2014 ~ 2017 年的 KMO 值均大于 0.6，由结果可知该组样本数据可用于因子分析研究，Bartlett's 球性检验中，当显著性水平低于 0.05 则可以进行因子分析，4 年的数据检验概率 P 值均为 0.000。由检测结果可知研究选取的 2014 ~ 2017 年跨境电商上市公司财务绩效的指标数据通过 KMO 和 Bartlett's 球形检验，因此能够用因子分析法对研究的样本数据进行实证分析。

（三）提取公因子及因子载荷矩阵旋转分析

1. 提取公因子

通过 SPSS 22.0 软件对经过标准化与 KMO 和 Bartlett's 球形检验后的 2014 ~ 2017 年跨境电商上市公司财务绩效的各指标提取共同度取值如表 12 – 6 所示。

表 12 – 6　　　　　　　　　　共同度取值汇总

指标	2014 年		2015 年		2016 年		2017 年	
	初始	提取	初始	提取	初始	提取	初始	提取
X1	1	0.880	1	0.802	1	0.946	1	0.853

指标	2014 年		2015 年		2016 年		2017 年	
	初始	提取	初始	提取	初始	提取	初始	提取
X2	1	0.753	1	0.702	1	0.546	1	0.564
X3	1	0.816	1	0.814	1	0.849	1	0.741
X4	1	0.718	1	0.867	1	0.710	1	0.601
X5	1	0.858	1	0.897	1	0.928	1	0.914
X6	1	0.842	1	0.857	1	0.938	1	0.899
X7	1	0.614	1	0.673	1	0.621	1	0.626
X8	1	0.942	1	0.945	1	0.950	1	0.948
X9	1	0.933	1	0.936	1	0.942	1	0.938
X10	1	0.957	1	0.836	1	0.717	1	0.825
X11	1	0.961	1	0.768	1	0.684	1	0.820

当共同度值即公因子方差大于 0.4 时，表明因子可以有效地提取出各个指标的信息，从上表结果可知 4 年样本数据的共同度取值均大于 0.4，因此公因子对各个指标提取的效果较好。因此，研究选取的 2014～2017 年跨境电商上市公司的财务绩效指标数据都通过了因子分析相应的检验，可以对样本数据进行因子分析。

2. 确定公因子及个数

对标准化后的 2017 年跨境电商上市公司指标数据提取公因子，分析每个因子旋转后的方差解释率和累积总共方差解释率。表 12 - 7 为 2017 年跨境电商上市公司财务绩效的因子解释的总方差表与各个因子及其解释程度。

表 12 - 7   2017 年因子解释的总方差

成分	初始特征值			提取平方和载入			旋转平方和载入		
	特征值	方差贡献率（%）	累积方差（%）	特征值	方差贡献率（%）	累积方差（%）	特征值	方差贡献率（%）	累积方差（%）
1	3.393	30.842	30.842	3.393	30.842	30.842	2.657	24.155	24.155
2	2.091	19.008	49.850	2.091	19.008	49.850	2.415	21.954	46.109
3	1.713	15.577	65.426	1.713	15.577	65.426	1.905	17.322	63.431

续表

成分	初始特征值			提取平方和载入			旋转平方和载入		
	特征值	方差贡献率（%）	累积方差（%）	特征值	方差贡献率（%）	累积方差（%）	特征值	方差贡献率（%）	累积方差（%）
4	1.433	13.029	78.455	1.433	13.029	78.455	1.653	15.025	78.455
5	0.831	7.557	86.012	—	—	—	—	—	—
6	0.493	4.479	90.491	—	—	—	—	—	—
7	0.346	3.146	93.636	—	—	—	—	—	—
8	0.339	3.084	96.721	—	—	—	—	—	—
9	0.181	1.645	98.366	—	—	—	—	—	—
10	0.150	1.366	99.732	—	—	—	—	—	—
11	0.029	0.268	100.000	—	—	—	—	—	—

由图 12 – 5 可知，前 4 个公因子的特征值均大于 1，从第一个因子到第四个因子之间的连线较为陡峭。从第五个公因子开始的折线明显变得平缓，公因子特征值也小于 1。从表 12 – 7 中可知 2017 年数据的因子提取情况以及因子提取信息量情况，因子分析一共提取出 4 个因子，特征值均大于 1，这 4 个因子旋转后的方差解释率分别是 24.155%、21.954%、17.322%、15.025%，4 个因子旋转后累积方差解释率为 78.455%，由于所提取的公因子的累积方差贡献率达到 70% 以上就达到要求，说明这 4 个因子对整体数据的解释程度较高，代表性较强，所以最终选取前 4 个因子作为 2017 年的跨境电商上市公司财务绩效的公共因子。

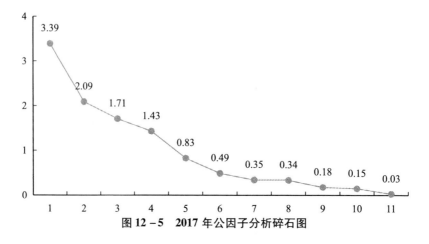

图 12 – 5　2017 年公因子分析碎石图

3. 公共因子的旋转与命名解释

通过 SPSS 22.0 软件对数据进行正交旋转，得到表 12-8 即 2017 年 4 个公因子经过旋转后的成分矩阵，反映了跨境电商上市公司各个财务绩效评价指标对公共因子的重要程度。

表 12-8　2017 年因子旋转后的成分矩阵

指标	旋转后的因子			
	1	2	3	4
X1	0.909	0.108	0.089	0.081
X2	0.680	- 0.013	- 0.044	0.009
X3	0.854	0.079	0.054	0.045
X4	0.703	0.161	- 0.266	0.101
X5	- 0.022	- 0.063	0.953	0.032
X6	- 0.056	- 0.149	0.935	- 0.009
X7	- 0.357	- 0.680	0.180	- 0.064
X8	0.019	0.969	- 0.069	0.066
X9	0.012	0.966	- 0.048	0.060
X10	0.057	0.042	- 0.003	0.906
X11	0.097	0.100	0.022	0.895

注：提取方法：主成分分析法。

表 12-8 中因子旋转之后每个指标的载荷大小反映了指标变量与 4 个公共因子之间的关系，可分析 4 个公共因子所代表的实际意义并对这 4 个公共因子进行解释与命名。

按照上表的载荷数值能够发现 X1、X2、X3、X4 在第一个因子上的表现较为突出，分别为 0.909、0.680、0.854、0.703，第一主成分对总资产净利率 ROA、净资产收益率 ROE、销售净利率和成本费用利润率的载荷系数较大，这几项指标主要反映了公司各项资产的盈利能力与收益情况，因此将第一个因子定义为盈利能力因子，以 F1 表示。第二主成分则对于 X7、X8、X9 有较高的载荷系数，分别为 - 0.680、0.969、0.966，资产负债率、流动比率和速动比率主要反映了跨境电商上市企业抵御财务风险、保持持续经营的能力，因此将其定义为偿债能力因子，以 F2 表示。X5 和 X6 在第三个因子上的表现较为突出，分别为 0.953 和 0.935，第三主成分对总资产周转率和流动资产周转率有较大的载荷系数，说明第三个因子更多反映的是公司资产的营运能力与周转能力，用来衡量企业的资产管理水平，因此将第三个因子定义为营运能力因子，以 F3 表示。第四主成分则对于 X10 和 X11 有较高的载荷系数，分别为 0.906 和 0.895，净利润增长率和营业利润增长率侧重于体现公司的成长与发展能力，因此将其定义为成长能力因子，以 F4 表示。

（四）因子得分函数

通过软件 SPSS 22.0 得到 2017 年各公因子的得分系数矩阵，如表 12 − 9 所示，根据各公因子的得分系数可以得到各公因子得分表达式，再以每个公因子的方差贡献率确定的权重得到企业综合财务绩效的得分表达式。

表 12 − 9　　　　　　　　　2017 年因子得分系数矩阵

指标	成分得分系数矩阵			
	成分 1	成分 2	成分 3	成分 4
X1	0.357	− 0.019	0.084	− 0.024
X2	0.275	− 0.065	− 0.006	− 0.040
X3	0.338	− 0.029	0.062	− 0.039
X4	0.257	− 0.016	− 0.113	0.010
X5	0.022	0.068	0.519	0.001
X6	0.017	0.032	0.500	− 0.016
X7	− 0.081	− 0.263	0.021	0.029
X8	− 0.076	0.434	0.060	− 0.028
X9	− 0.078	0.436	0.071	− 0.032
X10	− 0.045	− 0.051	− 0.020	0.568
X11	− 0.031	− 0.024	0.001	0.553

在提取公因子之后，利用主成分得分系数矩阵表的数据进行权重计算，得到各公因子的得分表达式。

反映企业盈利能力的盈利能力因子评价指标表达式：

$$F1 = 0.357X1 + 0.275X2 + 0.338X3 + 0.257X4 + 0.022X5 + 0.017X6$$
$$- 0.081X7 - 0.076X8 - 0.078X9 - 0.045X10 - 0.031X11 \quad (12-4)$$

反映企业偿债能力的偿债能力因子评价指标表达式：

$$F2 = -0.019X1 - 0.065X2 - 0.029X3 - 0.016X4 + 0.068X5 + 0.032X6$$
$$- 0.263X7 + 0.434X8 + 0.436X9 - 0.051X10 - 0.024X11 \quad (12-5)$$

反映企业营运能力的营运能力因子评价指标表达式：

$$F3 = 0.084X1 - 0.006X2 + 0.062X3 - 0.113X4 + 0.519X5 + 0.500X6$$
$$+ 0.021X7 + 0.060X8 + 0.071X9 - 0.020X10 + 0.001X11 \quad (12-6)$$

反映企业成长能力的成长能力因子评价指标表达式：

$$F4 = -0.024X1 - 0.040X2 - 0.039X3 + 0.010X4 + 0.001X5 - 0.016X6$$
$$+ 0.029X7 - 0.028X8 - 0.032X9 + 0.568X10 + 0.553X11 \quad (12-7)$$

列出各个公因子的表达式之后，企业绩效水平的综合得分由 4 个公因子加权相加得到。一般权重值使用旋转后的公因子对应的方差贡献率，此 4 个因子旋转后的方差贡献率分别是 24.155%、21.954%、17.322%、15.205%，再进行归一化权重计算，可以得出每家跨境电商上市公司财务绩效综合得分的公式：

$$F = \frac{\lambda_1}{\lambda_1 + \lambda_2 + \lambda_3 + \lambda_4}F1 + \frac{\lambda_2}{\lambda_1 + \lambda_2 + \lambda_3 + \lambda_4}F2 + \frac{\lambda_3}{\lambda_1 + \lambda_2 + \lambda_3 + \lambda_4}F3$$

$$+ \frac{\lambda_3}{\lambda_1 + \lambda_2 + \lambda_3 + \lambda_4}F4$$

$$= \frac{24.155\%}{78.455\%}F1 + \frac{21.954\%}{78.455\%}F2 + \frac{17.322\%}{78.455\%}F3 + \frac{15.205\%}{78.455\%}F4$$

$$= 0.3079F1 + 0.2798F2 + 0.2208F3 + 0.1938F4 \quad (12-8)$$

（五）计算因子得分及综合得分

根据各公因子与企业绩效综合得分表达式可以计算出每家样本跨境电商企业的公因子得分与综合财务绩效得分，根据式（12-8）可以得出 2017 年 101 家跨境电商上市公司的财务绩效综合得分及按得分大小排名的具体情况，详见表 12-10。其中，F 为企业财务绩效综合得分，$F1$、$F2$、$F3$、$F4$ 分别为盈利能力因子、偿债能力因子、营运能力因子与成长能力因子得分。

表 12 – 10　　　　　2017 年跨境电商上市公司绩效综合得分

公司类型	公司名称	2017 年综合得分排名	F 综合得分（分）	F1 得分（分）	F2 得分（分）	F3 得分（分）	F4 得分（分）
自营型	国新健康	1	1.5203	– 1.2959	7.3135	– 0.0016	– 0.6623
自营型	安克创新	2	0.8162	0.9554	0.6873	1.6514	– 0.1821
自营型	爱施德	3	0.6889	0.0082	0.0398	3.0357	0.0261
服务型	浙商中拓	4	0.6138	– 0.0724	– 0.2738	3.2112	0.0194
自营型	傲基电商	5	0.5824	0.6305	0.2060	1.5294	– 0.0368
自营型	跨境翼	6	0.5685	– 0.5266	0.2769	2.9698	– 0.0132
服务型	德邦股份	7	0.4850	0.2111	– 0.1225	2.0530	0.0055
自营型	宝贝格子	8	0.4532	0.0012	0.2693	1.7042	0.0061
自营型	汤臣倍健	9	0.4509	0.7112	1.3603	– 0.5484	– 0.1443
自营型	三雄极光	10	0.4121	0.3202	1.2861	– 0.0532	– 0.1810
服务型	传神语联	11	0.3824	0.6640	0.3636	– 0.3355	0.7849
服务型	外运发展	12	0.3549	0.6041	1.0016	– 0.3918	– 0.1301
自营型	新华锦	13	0.3455	0.2624	0.9797	0.0602	– 0.1188
平台型	物产中大	14	0.3387	– 0.0082	– 0.4466	2.1328	– 0.0245
服务型	嘉诚国际	15	0.2887	0.2679	1.0442	– 0.2658	– 0.1423
服务型	圆通速递	16	0.2421	0.3751	0.1062	0.5240	– 0.0980
自营型	芒果超媒	17	0.2398	– 0.1676	1.0940	0.0414	– 0.1247
自营型	有棵树	18	0.2346	0.2643	0.4328	0.1185	0.0309
服务型	华贸物流	19	0.2197	0.0418	0.4548	0.4255	– 0.0753
平台型	五矿发展	20	0.2136	– 0.2600	– 0.3478	0.9556	0.9398
自营型	上海物贸	21	0.2105	– 0.1064	– 0.4663	1.5989	0.1084
自营型	巨星科技	22	0.2093	0.2661	0.9810	– 0.5255	– 0.1623
平台型	重庆百货	23	0.1960	0.0478	– 0.4152	1.3333	0.0161
平台型	厦门信达	24	0.1916	– 0.1500	– 0.3269	1.5658	– 0.0860
自营型	跨境通	25	0.1873	0.2213	0.1004	0.4143	– 0.0020
自营型	森马服饰	26	0.1772	0.2631	0.6428	– 0.2511	– 0.1474
平台型	永辉超市	27	0.1634	0.0793	0.0396	0.6137	– 0.0393
服务型	中储股份	28	0.1600	0.1002	0.2538	0.2638	– 0.0005

续表

公司类型	公司名称	2017 年综合得分排名	F 综合得分（分）	F1 得分（分）	F2 得分（分）	F3 得分（分）	F4 得分（分）
自营型	青岛金王	29	0.1580	0.3961	− 0.0142	0.1414	0.0458
自营型	商赢环球	30	0.1381	0.0728	0.6553	− 0.5324	0.2601
服务型	嗨购科技	31	0.1284	0.4411	0.0967	− 0.1274	− 0.0333
自营型	歌力思	32	0.1116	0.6678	0.0284	− 0.4555	− 0.0073
自营型	厦门国贸	33	0.1075	− 0.0546	− 0.3611	0.9790	0.0480
平台型	东方创业	34	0.1054	− 0.0621	− 0.1203	0.7486	− 0.0370
自营型	开润股份	35	0.1052	0.5466	− 0.1903	− 0.0529	0.0095
自营型	潮宏基	36	0.1006	0.0762	0.6790	− 0.4537	− 0.0665
自营型	瑞贝卡	37	0.0994	0.0341	0.8892	− 0.6425	− 0.0944
自营型	数聚智连	38	0.0851	− 0.0242	0.2385	0.1723	− 0.0639
自营型	明牌珠宝	39	0.0725	− 0.0818	0.5631	− 0.3478	0.0885
自营型	红旗连锁	40	0.0716	0.0438	− 0.2904	0.6467	− 0.0175
平台型	苏宁易购	41	0.0681	− 0.1038	− 0.2434	0.1171	0.7429
自营型	广博股份	42	0.0331	0.0546	0.0975	0.0094	− 0.0681
服务型	飞力达	43	0.0323	− 0.0037	− 0.0677	0.2418	− 0.0053
自营型	茂硕电源	44	0.0262	− 0.2452	− 0.5398	− 0.3690	1.7450
服务型	东方航空	45	0.0171	0.0785	− 0.9652	0.9033	0.3320
自营型	天泽信息	46	0.0146	0.1163	0.5479	− 0.7046	− 0.0989
服务型	光环新网	47	0.0101	0.1567	0.2707	− 0.4753	− 0.0466
服务型	世贸通	48	0.0090	− 0.2504	− 0.7676	1.1800	0.2110
平台型	上港集团	49	0.0054	1.0567	− 0.4404	− 0.8915	0.0008
平台型	摩登大道	50	0.0011	0.1460	0.4234	− 0.7779	0.0493
服务型	恒生电子	51	− 0.0080	0.3704	− 0.3247	− 0.6409	0.5758
自营型	亿利达	52	− 0.0143	0.3526	− 0.0235	− 0.4690	− 0.0666
服务型	新大陆	53	− 0.0209	0.4022	− 0.0512	− 0.5696	− 0.0246
服务型	轻纺城	54	− 0.0235	1.5259	− 0.7224	− 1.3111	− 0.0086
平台型	瑞茂通	55	− 0.0258	− 0.1117	− 0.3543	0.4740	0.0162
服务型	新宁物流	56	− 0.0310	0.3620	− 0.0146	− 0.6822	0.0642

公司类型	公司名称	2017 年综合得分排名	F 综合得分（分）	F1 得分（分）	F2 得分（分）	F3 得分（分）	F4 得分（分）
平台型	大众交通	57	− 0.0566	0.9992	− 0.3883	− 1.1696	0.0137
平台型	九州通	58	− 0.0692	− 0.0791	− 0.3666	0.2156	0.0532
自营型	百事泰	59	− 0.0783	− 0.1125	− 0.2466	0.2283	− 0.1309
服务型	九鼎投资	60	− 0.0918	1.3320	− 0.7112	− 1.3083	− 0.0735
服务型	用友网络	61	− 0.0941	0.0725	− 0.4540	− 0.6784	0.8376
自营型	ST 升达	62	− 0.0944	0.0602	0.2760	− 0.7893	− 0.0830
服务型	通程控股	63	− 0.0948	0.0178	− 0.2704	− 0.0978	− 0.0159
平台型	南宁百货	64	− 0.1070	− 0.1416	− 0.5489	0.3247	0.0965
平台型	天虹股份	65	− 0.1241	0.0448	− 0.5356	0.0409	0.0155
平台型	浙江东方	66	− 0.1297	0.1724	− 0.3177	− 0.3794	− 0.0529
平台型	联络互动	67	− 0.1300	− 0.1342	− 0.2210	− 0.0108	− 0.1278
平台型	高鸿股份	68	− 0.1337	− 0.1137	− 0.3060	− 0.0996	0.0466
自营型	辉丰股份	69	− 0.1377	0.2293	− 0.3305	− 0.6428	0.1362
自营型	宁波联合	70	− 0.1395	0.2353	− 0.5844	− 0.3242	0.1210
自营型	华鼎股份	71	− 0.1418	− 0.0542	− 0.0355	− 0.5168	− 0.0057
平台型	步步高	72	− 0.1424	− 0.1158	− 0.6241	0.2839	0.0272
自营型	浔兴股份	73	− 0.1456	0.1560	− 0.5009	− 0.2324	− 0.0111
自营型	银之杰	74	− 0.1478	− 0.1227	0.1020	− 0.5058	− 0.1403
服务型	珠海港	75	− 0.1543	0.1058	− 0.3374	− 0.4206	0.0020
服务型	华鹏飞	76	− 0.1725	0.1254	− 0.0161	− 0.7450	− 0.2202
自营型	择尚科技	77	− 0.1798	− 0.4548	0.0688	− 0.0796	− 0.2165
平台型	腾邦国际	78	− 0.1810	0.1527	− 0.3714	− 0.6011	0.0452
自营型	报喜鸟	79	− 0.2094	− 0.1052	− 0.3619	− 0.4202	0.0888
自营型	小商品城	80	− 0.2111	0.4451	− 0.6565	− 0.7663	0.0247
自营型	海宁皮城	81	− 0.2176	0.4258	− 0.3597	− 1.0508	− 0.0836
服务型	怡亚通	82	− 0.2225	− 0.1968	− 0.7156	0.1533	0.0234
服务型	东方嘉盛	83	− 0.2300	− 0.2050	− 0.6097	− 0.0200	0.0427
服务型	银亿股份	84	− 0.2345	0.1982	− 0.4180	− 0.8333	0.0285

续表

公司类型	公司名称	2017年综合得分排名	F综合得分（分）	F1得分（分）	F2得分（分）	F3得分（分）	F4得分（分）
平台型	友阿股份	85	-0.2438	-0.0199	-0.4865	-0.4588	-0.0013
服务型	五洲交通	86	-0.2460	0.3746	-0.5537	-1.0143	0.0914
自营型	朗姿股份	87	-0.2501	0.1372	-0.5410	-0.6472	0.0099
平台型	智慧能源	88	-0.2533	-0.2315	-0.4717	-0.1466	-0.0923
自营型	皇氏集团	89	-0.2723	-0.0937	-0.2939	-0.6231	-0.1236
自营型	中国武夷	90	-0.2956	-0.0652	-0.2910	-0.8779	-0.0012
服务型	长江投资	91	-0.2975	-0.4539	-0.4053	-0.0160	-0.2130
服务型	佛塑科技	92	-0.3058	-0.0314	-0.5674	-0.5845	-0.0435
自营型	三木集团	93	-0.3060	-0.2137	-0.7931	-0.2249	0.1638
服务型	鹏博士	94	-0.3104	0.1305	-0.8591	-0.4996	0.0007
自营型	赫美集团	95	-0.3385	0.0807	-0.7249	-0.7591	0.0372
平台型	外高桥	96	-0.3755	0.0757	-0.7295	-0.8878	0.0071
平台型	人人乐	97	-0.3912	-0.5800	-0.5226	0.4018	-0.8099
平台型	保税科技	98	-0.4582	-0.7567	0.1630	-0.6876	-0.6213
服务型	普路通	99	-0.5177	-0.2999	-0.8456	-0.8226	-0.0375
服务型	国际物流	100	-0.6170	-0.6834	-0.9432	-0.7327	0.0999
自营型	ST万众	101	-3.1369	-8.0993	-1.6189	-1.6143	0.8677

资料来源：根据式（12-8）计算所得。

由表12-10可知2017年跨境电商上市企业绩效综合得分与排名情况，绩效水平较好的排名前10的企业中有8家是自营型跨境电商企业，2家为服务型企业，而排名后10位的企业中有4家为服务型跨境电商企业，3家为平台型企业，3家为自营型企业。根据以上因子分析得分计算的步骤，可以得出跨境电商上市公司在2014~2017年度的财务绩效的综合得分与各因子得分与排名，因篇幅所限，此处仅列出2014~2017年综合得分及其排名情况，见表12-11所示。

表 12 - 11　　　2014 ~ 2017 年跨境电商上市企业绩效综合得分排名

公司类型	公司名称	2017 年		2016 年		2015 年		2014 年	
		排名	综合得分（分）	排名	综合得分（分）	排名	综合得分（分）	排名	综合得分（分）
自营型	国新健康	1	1.5203	2	1.2554	4	1.0020	7	0.8944
自营型	安克创新	2	0.8162	3	1.0677	1	1.2465	9	0.5775
自营型	爱施德	3	0.6889	7	0.6730	7	0.6704	10	0.5157
服务型	浙商中拓	4	0.6138	5	0.6975	20	0.2718	13	0.4365
自营型	傲基电商	5	0.5824	8	0.5475	13	0.3829	11	0.4926
自营型	跨境翼	6	0.5685	14	0.3819	16	0.3176	46	- 0.0079
服务型	德邦股份	7	0.4850	10	0.5225	5	0.7381	8	0.7978
自营型	宝贝格子	8	0.4532	100	- 1.6131	88	- 0.3841	71	- 0.1730
自营型	汤臣倍健	9	0.4509	11	0.4924	2	1.0603	5	0.9370
自营型	三雄极光	10	0.4121	24	0.2200	26	0.1841	34	0.1142
服务型	传神语联	11	0.3824	18	0.2879	23	0.2479	100	- 0.7837
服务型	外运发展	12	0.3549	15	0.3376	12	0.4001	19	0.3101
自营型	新华锦	13	0.3455	16	0.3282	18	0.2853	24	0.2464
平台型	物产中大	14	0.3387	30	0.1571	19	0.2841	82	- 0.2620
服务型	嘉诚国际	15	0.2887	33	0.1294	50	- 0.0552	42	0.0228
服务型	圆通速递	16	0.2421	6	0.6909	15	0.3352	16	0.3330
自营型	芒果超媒	17	0.2398	29	0.1641	29	0.1697	21	0.2920
自营型	有棵树	18	0.2346	12	0.4787	3	1.0169	1	2.9198
服务型	华贸物流	19	0.2197	20	0.2521	24	0.2364	28	0.1944
平台型	五矿发展	20	0.2136	79	- 0.2493	100	- 0.9970	37	0.0730
自营型	上海物贸	21	0.2105	13	0.4281	36	0.1074	6	0.8949
自营型	巨星科技	22	0.2093	19	0.2819	33	0.1294	30	0.1451
平台型	重庆百货	23	0.1960	26	0.1971	30	0.1433	29	0.1537
平台型	厦门信达	24	0.1916	35	0.0978	47	- 0.0179	40	0.0397
自营型	跨境通	25	0.1873	27	0.1871	28	0.1819	39	0.0406
自营型	森马服饰	26	0.1772	17	0.3118	11	0.4105	12	0.4374
平台型	永辉超市	27	0.1634	21	0.2423	22	0.2563	26	0.2320
服务型	中储股份	28	0.1600	60	- 0.1169	34	0.1174	35	0.0908
自营型	青岛金王	29	0.1580	36	0.0968	55	- 0.0895	54	- 0.0694

公司类型	公司名称	2017 年		2016 年		2015 年		2014 年	
		排名	综合得分（分）	排名	综合得分（分）	排名	综合得分（分）	排名	综合得分（分）
自营型	商赢环球	30	0.1381	31	0.1537	101	−2.3402	78	−0.2312
服务型	嗨购科技	31	0.1284	1	2.2953	6	0.6861	3	1.3463
自营型	歌力思	32	0.1116	42	0.0362	14	0.3607	20	0.2991
自营型	厦门国贸	33	0.1075	45	−0.0242	69	−0.1660	69	−0.1598
平台型	东方创业	34	0.1054	32	0.1517	27	0.1821	27	0.2319
自营型	开润股份	35	0.1052	22	0.2370	31	0.1431	36	0.0854
自营型	潮宏基	36	0.1006	37	0.0756	63	−0.1455	61	−0.1233
自营型	瑞贝卡	37	0.0994	76	−0.1920	80	−0.2160	74	−0.1948
自营型	数聚智连	38	0.0851	25	0.2012	35	0.1091	25	0.2413
自营型	明牌珠宝	39	0.0725	74	−0.1850	38	0.0711	17	0.3298
自营型	红旗连锁	40	0.0716	41	0.0364	41	0.0342	31	0.1407
平台型	苏宁易购	41	0.0681	53	−0.0822	53	−0.0886	75	−0.1969
自营型	广博股份	42	0.0331	54	−0.0905	21	0.2677	65	−0.1492
服务型	飞力达	43	0.0323	38	0.0654	25	0.1856	23	0.2825
自营型	茂硕电源	44	0.0262	85	−0.2864	75	−0.2051	90	−0.3646
服务型	东方航空	45	0.0171	56	−0.0962	65	−0.1488	53	−0.0664
自营型	天泽信息	46	0.0146	4	1.0240	17	0.3107	4	1.3446
服务型	光环新网	47	0.0101	28	0.1673	40	0.0633	22	0.2826
服务型	世贸通	48	0.0090	97	−0.5824	51	−0.0628	55	−0.0736
平台型	上港集团	49	0.0054	52	−0.0750	42	0.0265	44	0.0095
平台型	摩登大道	50	0.0011	99	−1.5489	86	−0.3561	66	−0.1498
服务型	恒生电子	51	−0.0080	87	−0.3003	39	0.0701	32	0.1203
自营型	亿利达	52	−0.0143	43	0.0341	43	0.0062	38	0.0596
服务型	新大陆	53	−0.0209	67	−0.1530	59	−0.1070	59	−0.1121
服务型	轻纺城	54	−0.0235	46	−0.0247	60	−0.1142	57	−0.1044
平台型	瑞茂通	55	−0.0258	48	−0.0450	73	−0.1883	68	−0.1566
服务型	新宁物流	56	−0.0310	55	−0.0954	94	−0.4827	73	−0.1874
平台型	大众交通	57	−0.0566	70	−0.1703	62	−0.1410	70	−0.1660
平台型	九州通	58	−0.0692	59	−0.1081	57	−0.1024	48	−0.0437

续表

公司类型	公司名称	2017 年		2016 年		2015 年		2014 年	
		排名	综合得分（分）	排名	综合得分（分）	排名	综合得分（分）	排名	综合得分（分）
自营型	百事泰	59	− 0.0783	39	0.0623	8	0.5525	41	0.0238
服务型	九鼎投资	60	− 0.0918	40	0.0524	82	− 0.2242	88	− 0.3460
服务型	用友网络	61	− 0.0941	86	− 0.2880	76	− 0.2056	60	− 0.1192
自营型	ST 升达	62	− 0.0944	49	− 0.0503	87	− 0.3601	87	− 0.3114
服务型	通程控股	63	− 0.0948	61	− 0.1228	58	− 0.1037	56	− 0.0815
平台型	南宁百货	64	− 0.1070	72	− 0.1751	48	− 0.0244	49	− 0.0476
平台型	天虹股份	65	− 0.1241	68	− 0.1609	44	0.0047	50	− 0.0527
平台型	浙江东方	66	− 0.1297	65	− 0.1524	68	− 0.1601	63	− 0.1429
平台型	联络互动	67	− 0.1300	23	0.2230	9	0.5019	2	1.6941
平台型	高鸿股份	68	− 0.1337	64	− 0.1379	66	− 0.1569	62	− 0.1396
自营型	辉丰股份	69	− 0.1377	63	− 0.1345	72	− 0.1842	77	− 0.2157
自营型	宁波联合	70	− 0.1395	91	− 0.3816	90	− 0.4086	86	− 0.2949
自营型	华鼎股份	71	− 0.1418	69	− 0.1659	56	− 0.1022	92	− 0.4226
平台型	步步高	72	− 0.1424	62	− 0.1321	49	− 0.0318	47	− 0.0407
自营型	浔兴股份	73	− 0.1456	34	0.1259	46	− 0.0146	64	− 0.1465
自营型	银之杰	74	− 0.1478	44	0.0079	32	0.1369	15	0.3454
服务型	珠海港	75	− 0.1543	75	− 0.1914	71	− 0.1841	81	− 0.2518
服务型	华鹏飞	76	− 0.1725	47	− 0.0273	37	0.0871	52	− 0.0642
自营型	择尚科技	77	− 0.1798	9	0.5430	10	0.4822	85	− 0.2924
平台型	腾邦国际	78	− 0.1810	81	− 0.2661	70	− 0.1773	43	0.0099
自营型	报喜鸟	79	− 0.2094	96	− 0.5208	74	− 0.1898	58	− 0.1078
自营型	小商品城	80	− 0.2111	88	− 0.3233	89	− 0.3921	94	− 0.4512
自营型	海宁皮城	81	− 0.2176	66	− 0.1529	64	− 0.1464	33	0.1159
服务型	怡亚通	82	− 0.2225	78	− 0.2139	79	− 0.2159	84	− 0.2718
服务型	东方嘉盛	83	− 0.2300	94	− 0.4317	95	− 0.5160	97	− 0.5063
服务型	银亿股份	84	− 0.2345	89	− 0.3492	92	− 0.4255	93	− 0.4286
平台型	友阿股份	85	− 0.2438	80	− 0.2555	83	− 0.2653	76	− 0.1999
服务型	五洲交通	86	− 0.2460	83	− 0.2836	97	− 0.6885	96	− 0.4841
自营型	朗姿股份	87	− 0.2501	50	− 0.0552	45	− 0.0078	18	0.3207

续表

公司类型	公司名称	2017 年		2016 年		2015 年		2014 年	
		排名	综合得分（分）	排名	综合得分（分）	排名	综合得分（分）	排名	综合得分（分）
平台型	智慧能源	88	−0.2533	71	−0.1736	78	−0.2099	83	−0.2701
自营型	皇氏集团	89	−0.2723	57	−0.1002	52	−0.0675	45	0.0038
自营型	中国武夷	90	−0.2956	92	−0.3959	93	−0.4749	95	−0.4586
服务型	长江投资	91	−0.2975	58	−0.1070	54	−0.0888	72	−0.1757
服务型	佛塑科技	92	−0.3058	77	−0.1981	81	−0.2170	80	−0.2478
自营型	三木集团	93	−0.3060	93	−0.3999	85	−0.2825	91	−0.3764
服务型	鹏博士	94	−0.3104	84	−0.2864	84	−0.2727	79	−0.2444
自营型	赫美集团	95	−0.3385	82	−0.2665	61	−0.1306	67	−0.1517
平台型	外高桥	96	−0.3755	90	−0.3718	91	−0.4129	89	−0.3615
平台型	人人乐	97	−0.3912	51	−0.0563	77	−0.2092	99	−0.7002
平台型	保税科技	98	−0.4582	73	−0.1812	67	−0.1588	51	−0.0560
服务型	普路通	99	−0.5177	95	−0.5163	96	−0.5388	98	−0.5302
服务型	国际物流	100	−0.6170	98	−0.7535	98	−0.9305	101	−0.8062
自营型	ST 万众	101	−3.1369	101	−4.0688	99	−0.9889	14	0.4262

第三节 基于商业模式分类的跨境电商企业绩效水平分析

本节基于上一节因子分析得到的实证结果进行数据归纳整理，对三类跨境电商上市企业绩效的实证结果与得分情况展开分析，找出三类企业绩效水平表现的差异并进行原因分析。

一、三类跨境电商上市企业实证结果分析

（一）不同类型跨境电商企业绩效实证结果对比分析

由于本研究对 2014～2017 年的企业样本数据均进行了标准化处理，因

此如果样本企业的财务绩效得分大于 0，则说明其绩效水平高于行业平均水平；如果得分小于 0，则说明其绩效水平低于行业平均水平。表 12 – 12 与图 12 – 6 为 2014 ~ 2017 年我国三类跨境电商企业财务绩效综合得分的均值，本节的数据均为根据上一节的实证结果经过归纳整理所得。

表 12 – 12　　　　2014 ~ 2017 年三类跨境电商企业绩效综合得分均值

年份	自营型	平台型	服务型
2017	0.0414	– 0.0641	– 0.0235
2016	0.0010	– 0.1364	0.0116
2015	0.0509	– 0.0958	– 0.0691
2014	0.1639	– 0.0226	– 0.0538
均值（%）	0.0643	– 0.0337	– 0.0797

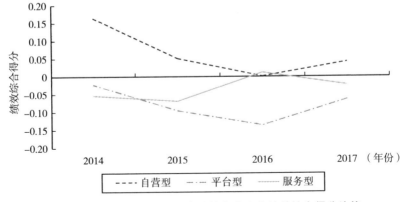

图 12 – 6　2014 ~ 2017 年三类跨境电商企业绩效综合得分均值

由表 12 – 12 可知，2014 ~ 2017 年自营型跨境电商企业财务绩效综合得分平均值为 0.0643，且 4 年中绩效综合得分均值均大于 0，说明自营型企业整体综合财务绩效表现最优；服务型跨境电商企业表现次之，4 年绩效综合得分平均值为 – 0.0337；最后为平台型跨境电商企业，4 年绩效综合得分平均值为 – 0.0797，2014 ~ 2017 年财务绩效综合得分均值均小于 0。

由表 12 – 13、图 12 – 7 可知，三类跨境电商企业财务绩效综合得分大于 0 的企业 4 年平均占比 45.3%，其中跨境电商自营型企业平均占比 57.6%，整体综合绩效表现最优；服务型企业表现次之，平均占比37.90%；而平台型企业整体综合财务绩效表现较弱，平均占比37.90%。2017年三类跨境电商企业综合绩效得分大于0的企业占比均有所上升，结果的排序情况与三类企业绩效综合平均得分情况一致，说明跨境电商自营型企业财务绩效的整体综合表现最优，跨境电商服务型企业表现次之，而跨境电商平台型企业整体综合财务绩效表现较弱。

表 12－13　　　　2014～2017年三类跨境电商企业绩效综合
得分大于0的企业占比

年份	自营型		平台型		服务型		三类企业总计	
	企业数（家）	占比（%）	企业数（家）	占比（%）	企业数（家）	占比（%）	企业数（家）	占比（%）
2017	28	60.87	9	37.50	13	41.94	50	49.50
2016	27	58.70	6	25.00	11	35.48	44	43.56
2015	25	54.35	7	29.17	12	38.71	44	43.56
2014	26	56.52	8	33.33	11	35.48	45	44.55
均值（%）	57.60		31.25		37.90		45.30	

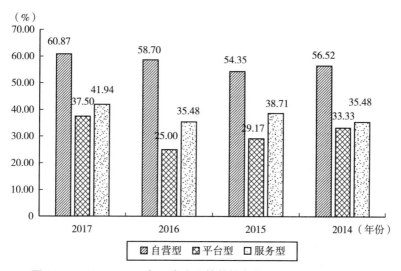

图 12－7　2014～2017年三类企业绩效综合得分大于0的企业占比

根据因子分析实证结果求得的企业财务绩效综合得分公式可知各个因子对于企业绩效综合得分的权重大小，按照对企业财务绩效综合得分影响的重要性排序为：盈利因子 $F1$、偿债因子 $F2$、营运因子 $F3$、发展因子 $F4$。表 12 – 14 ~ 表 12 – 17 为 2014 ~ 2017 年我国三类跨境电商企业财务绩效因子分析的四个因子的平均得分情况。

表 12 – 14　　　　三类跨境电商企业绩效盈利能力因子 $F1$ 平均得分　　　　单位：分

年份	公司类型		
	自营型	平台型	服务型
2017	– 0.0824	– 0.0039	0.1858
2016	– 0.2956	0.0002	0.1645
2015	– 0.0973	0.0955	0.0519
2014	0.0650	0.1544	0.0159
得分均值	– 0.1026	0.0616	0.1045

表 12 – 15　　　　三类跨境电商企业绩效偿债能力因子 $F2$ 平均得分　　　　单位：分

年份	公司类型		
	自营型	平台型	服务型
2017	0.2302	– 0.3316	– 0.2395
2016	0.1998	– 0.2731	– 0.1111
2015	0.2687	– 0.3512	– 0.1346
2014	0.3515	– 0.1769	– 0.1961
得分均值	0.2626	– 0.2832	0.1045

表 12 – 16　　　　三类跨境电商企业绩效营运能力因子 $F3$ 平均得分　　　　单位：分

年份	公司类型		
	自营型	平台型	服务型
2017	– 0.0039	0.1290	– 0.1167
2016	0.0169	– 0.0091	– 0.1199
2015	0.1319	0.0425	– 0.1457

年份	公司类型		
	自营型	平台型	服务型
2014	0.0157	0.0764	− 0.0410
得分均值	0.0402	0.0597	− 0.1058

表 12 – 17　　　三类跨境电商企业绩效发展能力因子 $F4$ 平均得分　　　单位：分

年份	公司类型		
	自营型	平台型	服务型
2017	0.0166	0.0074	0.0629
2016	0.1689	− 0.3028	0.0967
2015	− 0.1223	− 0.1895	− 0.0798
2014	0.2198	− 0.1958	0.0272
得分均值	0.0708	− 0.1702	0.0268

由反映企业盈利能力的盈利能力因子 $F1$ 的得分情况可知，服务型跨境电商企业在盈利能力方面表现最优，平台型跨境电商企业次之，且前两类企业在盈利能力因子上的得分均大于 0，而在企业财务绩效综合得分方面得分最高的自营型跨境电商企业在盈利因子上得分小于 0，表现最弱。

由反映企业偿债能力的偿债能力因子 $F2$ 的得分情况可知，在企业财务绩效综合得分方面得分表现最优的自营型跨境电商企业在偿债因子上得分最高，服务型跨境电商企业次之，前两类企业在偿债能力因子上的得分均大于 0，而平台型跨境电商企业在偿债能力因子上得分小于 0，表现最弱。

由反映企业营运能力的营运能力因子 $F3$ 的得分情况可知，在企业财务绩效综合得分方面得分表现最弱的平台型跨境电商企业在营运能力因子上得分最高，自营型跨境电商企业次之，且前两类企业在营运因子上的得分均大于 0，而服务型跨境电商企业在营运能力因子上得分小于 0，表现最弱。

由反映企业成长能力的成长能力因子 $F4$ 的得分情况可知，在企业财务绩效综合得分方面得分表现最优的自营型跨境电商企业在成长能力因子上得分最高，服务型跨境电商企业次之，前两类企业在成长能力因子上的得分均大于0，而平台型跨境电商企业在成长能力因子上得分小于0，表现最弱（见图12-8）。

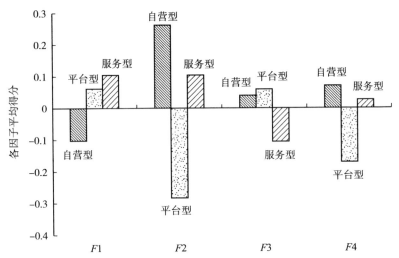

图12-8　三类跨境电商企业绩效各因子平均得分在2014～2017年的均值

（二）自营型跨境电商企业绩效实证结果分析

由表12-18数据可知，2014～2017年自营型跨境电商企业财务绩效综合得分均大于0，且在三类跨境电商企业中整体财务绩效综合表现最优，自营型跨境电商上市企业绩效一直处于平稳水平，整体表现较为均衡。各个因子在2014～2017年4年平均得分方面，偿债因子平均得分最高，成长因子次之，在这两个因子的表现方面，自营型跨境电商企业在三类企业中得分最高，表现最优；营运因子平均得分略低；而盈利因子是自营型企业唯一平均得分小于0的因子，且在三类企业中得分最低，表现最弱（见图12-9、图12-10）。

表12-18　2014～2017年跨境电商自营型企业绩效综合与各因子得分　单位：分

自营型企业	F	$F1$	$F2$	$F3$	$F4$
2017年	0.0414	-0.0824	0.2302	-0.0039	0.0166
2016年	0.0010	-0.2956	0.1998	0.0169	0.1689

续表

自营型企业	F	F1	F2	F3	F4
2015 年	0.0509	− 0.0973	0.2687	0.1319	− 0.1223
2014 年	0.1639	0.0650	0.3515	0.0157	0.2198
得分均值	0.0643	− 0.1026	0.2626	0.0402	0.0708

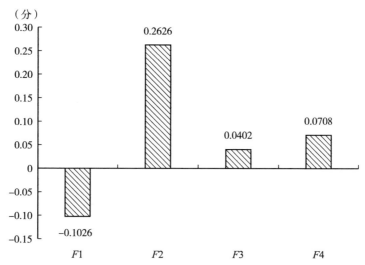

图 12 - 9　跨境电商自营型企业绩效 2014 ~ 2017 年各因子平均得分

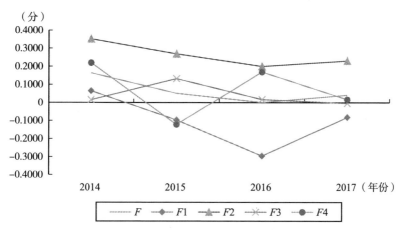

图 12 - 10　2014 ~ 2017 年跨境电商自营型企业绩效各因子得分

（三）平台型跨境电商企业绩效实证结果分析

由表 12 – 19 数据可知，2014 ~ 2017 年平台型跨境电商企业财务绩效综合平均得分小于 0，且在三类跨境电商企业中整体财务绩效综合表现最弱。各个因子在 2014 ~ 2017 年 4 年平均得分方面，营运因子和盈利因子平均得分较高，均大于 0，其中，营运因子在三类企业中的平均得分最高，说明在营运能力方面平台型跨境电商企业在三类企业中表现最优；偿债因子和成长因子平均得分均小于 0，且这两个因子得分在三类企业中平均得分最低，表现最弱（见图 12 – 11、图 12 – 12）。

表 12 – 19　　　2014 ~ 2017 年跨境电商平台型企业绩效综合与各因子得分　　　单位：分

平台型企业	F	F1	F2	F3	F4
2017 年	– 0. 0641	– 0. 0039	– 0. 3316	0. 1290	0. 0074
2016 年	– 0. 1364	0. 0002	– 0. 2731	– 0. 0091	– 0. 3028
2015 年	– 0. 0958	0. 0955	– 0. 3512	0. 0425	– 0. 1895
2014 年	– 0. 0226	0. 1544	– 0. 1769	0. 0764	– 0. 1958
得分均值	– 0. 0797	0. 0616	– 0. 2832	0. 0597	– 0. 1702

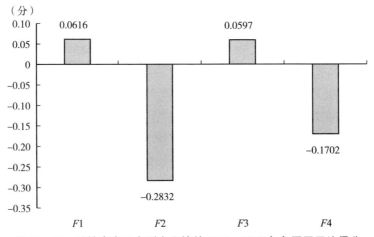

图 12 – 11　跨境电商平台型企业绩效 2014 ~ 2017 年各因子平均得分

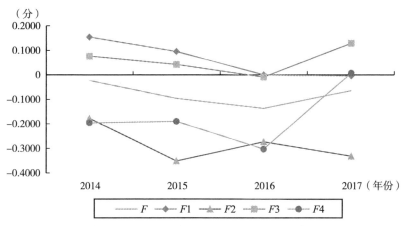

图 12 – 12　2014 ~ 2017 年跨境电商平台型企业绩效各因子得分

(四) 服务型跨境电商企业绩效实证结果分析

由表 12 – 20 数据可知，2014 ~ 2017 年服务型跨境电商企业整体财务绩效综合表现弱于自营型企业，优于平台型企业。各个因子在 2014 ~ 2017 年 4 年平均得分方面，盈利因子和偿债因子平均得分较高，其中，服务型企业的偿债因子在三类企业中平均得分最高；成长因子得分略低；而营运因子是服务型企业唯一平均得分小于 0 的因子，且在三类企业中得分最低，表现最弱 (见图 12 – 13、图 12 – 14)。

表 12 – 20　2014 ~ 2017 年跨境电商服务型企业绩效综合与各因子得分　　单位: 分

年份	F	$F1$	$F2$	$F3$	$F4$
2017	– 0. 0235	0. 1858	– 0. 2395	– 0. 1167	0. 0629
2016	0. 0116	0. 1645	– 0. 1111	– 0. 1199	0. 0967
2015	– 0. 0691	0. 0519	– 0. 1346	– 0. 1457	– 0. 0798
2014	– 0. 0538	0. 0159	– 0. 1961	– 0. 0410	0. 0272
得分均值	– 0. 0337	0. 1045	0. 1045	– 0. 1058	0. 0268

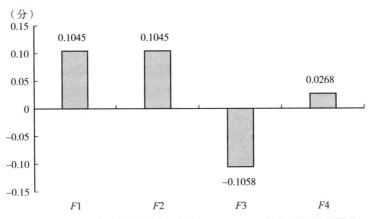

图 12-13　跨境电商服务型企业绩效 2014~2017 年各因子平均得分

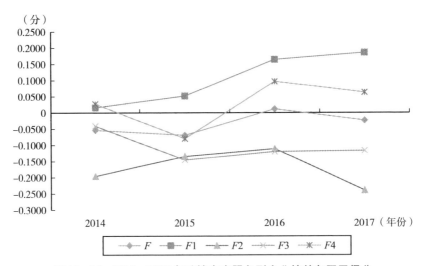

图 12-14　2014~2017 年跨境电商服务型企业绩效各因子得分

二、基于商业模式分类的不同类型跨境电商企业绩效水平分析

由上文中三类跨境电商企业的实证结果分析可知，在进行因子分析的跨境电商上市企业绩效综合得分表现方面，跨境电商自营型企业财务绩效整体表现最优，服务型企业表现次之，而平台型企业财务绩效整体表现最弱。根据三类跨境电商企业的绩效综合得分与各个因子得分的不同表现，结合三类跨境电商企业的具体商业模式展开具体分析。

（一）自营型跨境电商企业财务绩效水平分析

2014～2017年自营型跨境电商企业在三类跨境电商企业中绩效综合表现最优，且一直处于较平稳水平，整体表现较为均衡。在影响企业绩效的各个因子中，自营型跨境电商企业在偿债能力与成长能力方面，在三类企业中表现最优；营运能力表现次之；而盈利能力在三类企业中表现最弱。

自营型跨境电商企业的偿债能力较强说明资产清偿企业债务的能力较强，资金回笼速度较快，低杠杆保障了企业的偿债能力。研究对企业偿债能力的衡量指标有资产负债率、流动比率和速动比率。一般认为，偿债能力较强的企业收益与盈利水平也较强，因为企业的债务最终需要靠收益来进行偿还，而自营型企业在财务绩效方面的表现为偿债能力较强而盈利能力较弱，因此说明自营型企业的偿债能力较强得益于企业运用了较低的财务杠杆，而跨境电商企业的资产负债率的均值低于学术界界定的电子商务企业资产负债率的最优值，说明自营型跨境电商企业在财务风险管理方面比较谨慎，没有充分利用财务杠杆来获取企业的经营资金。自营型跨境电商企业主营业务为商品的跨境线上销售，因此对偿债能力的分析还需要结合企业的存货规模与周转速度，如果企业存货数量较多、周转速度慢，则可能造成存货变现能力弱、变现价值低；而如果商品的存货周转率较高、销售毛利率高，则这类商品资金回笼较快、可提高企业的偿债能力。

在营运能力的表现方面，由于自营型企业在存货方面存在资金占用，降低了企业资产的运营效率，相较于轻资产运营模式的平台型企业，其营运能力表现较弱，而相较于需要投入运输设备等固定资产的服务型企业，其营运能力表现较优。自营型跨境电商企业的成长能力在三类企业中表现最优，研究选取衡量成长能力的财务指标有净利润增长率与营业收入增长率，反映了企业持续增长的能力和未来的发展前景，自营型企业的市场前景与未来的发展潜力较大，由研究选取的样本自营型企业大部分为近些年新上市的企业，发展时间较晚，企业规模较小，因此在成长能力分析指标中上一年的比较基数较小，表现为更高的增长率，在财务绩效方面表现为较高的成长能力。

自营型跨境电商企业的综合财务绩效在三类企业中表现最优，且偿债能力较强，然而在对企业财务绩效影响权重最大的盈利能力方面表现却最弱。因此，有必要对自营型企业的盈利能力展开分析，可以从收入与成本费用方面进行分析。自营型企业的收入主要为商品销售，通过将商品销售给利润率更高的国际市场来赚取利润，在自营型企业成本中，销售成本中的营销成本、物流成本以及存货成本占很大比重，而平台型与服务型企业不需要进行商品采购，没有货物囤积成本、货物仓储费用以及相较于国内电商的高昂的跨境运输费用，因此在盈利能力方面自营型企业的表现弱于另外两类企业。在库存管理方面对自营型跨境电商企业的要求较高，需要企业对国际客户需求进行预测与分析，结合季节、节日、政策等外界环境管理库存，若客户对某些商品的下单频率低则容易导致存货堆积，这些会造成企业库存成本与费用的增加。企业的费用构成主要分为营销费用、物流费用、管理费用与研发费用，自营型跨境电商企业不需要开发自己的支付系统、由于跨境电商国际物流时间周期相较于国内物流较长，海外仓及海外营销团队建设成本高，自营型跨境电商企业研发费用较低，而存货费用、营销费用、仓储物流费用较高，各项高昂的成本开支削弱了自营型企业的盈利能力。自营型企业首先需要确定自己的目标客户群体与市场定位，确定目标客户所在的国家与地区，结合客户价值主张分析客户需求。进而确定要销售何种产品以满足客户需求。全面参与跨境电商整个供应链的各个业务环节，包括供应商与商品的选择、电商店铺运营、线上营销，并深度介入跨境物流、客服、售后等服务环节。加之跨境电商行业竞争者众多，企业需要面对来自国内与国际市场的各类竞争者，因此对自营型企业的综合经营管理能力的要求较高，这些因素都对企业的盈利能力构成挑战。

（二）平台型跨境电商企业财务绩效水平分析

2014～2017 年跨境电商平台型企业在三类跨境电商企业中整体绩效综合表现最弱，综合财务绩效得分均小于 0。在影响企业绩效的各个因子中，平台型跨境电商企业的营运能力与盈利能力因子得分大于 0，其中，营运能力在三类企业中表现最优；而偿债能力与成长能力因子得分均小于 0，在三类企业中表现最弱。

跨境电商平台型企业的财务绩效表现基于研究选取的我国国内上市的跨境电商样本企业，在国内上市的平台型企业在整体跨境电商平台市场份额中占比较小，而市场份额占比较大的龙头平台企业均为美股上市或者国外的企业，由于财务数据统计口径不同因此未能将这类企业纳入企业样本中。由于电子商务平台型企业存在头部效应，即排名前几位的平台型企业品牌知名度高，客户黏性与忠诚度高，市场份额占比较大，成为行业巨头，这在互联网行业中屡见不鲜。在跨境电商整体交易额中，出口占比更大，而在出口型跨境电商平台企业中，由于出口主要面对国外客户，因此国外而非国内的跨境电商平台型企业市场份额占比较高，如亚马逊、速卖通、阿里巴巴国际站、eBay、Lazada 等这些出口平台型企业均为国外的企业或境外上市的公司，故无法纳入本研究的样本企业中。在我国进口型跨境电商平台市场份额中，分属于网易公司、阿里巴巴和京东旗下的网易考拉、天猫国际和京东国际三大平台型跨境电商在 2018 年市场份额占比达到 64.3%，其中网易考拉七年蝉联跨境电商市场份额首位，而这三家企业均在美股而非国内上市，因此未将这些龙头平台型企业纳入本研究的样本企业中。

对于跨境电商平台型企业，平台中买卖双方用户数量越大，买方拥有更多的选择与更经济的价格，卖方拥有更大市场空间，形成规模效应，使龙头平台型企业市场份额占比大、平台知名度高、客户黏性与忠诚度高，而本研究选取的我国国内跨境电商上市企业，只得瓜分残余的市场份额，可发展的市场空间较小，在发展中要面对很多现有竞争者与潜在竞争对手，因此在企业财务绩效表现方面居于自营型与服务型企业之后，企业的成长能力也较弱。

平台型跨境电商企业的营运能力在三类企业中表现最优，由于其业务体系决定了企业以轻资产模式运营，即企业不需要投资固定资产与存货，不直接从事商品采购与销售，不会因此类有形资产而占用经营资金，因此平台型企业相较于自营型与服务型企业，资产营运的效率较高，资产周转率较高，在企业财务绩效成果方面表现为较强的营运能力。平台型跨境电商企业的运营重点主要为开发和运营电子商务平台，其关键业务流程在于前期的平台网站建立、吸引用户流量、开发商家入驻，其日常业务运营在于平台管理，包括确保平台的正常运行、大数据的获取与分析、对商家与商品的质量与价格的管理、进行各类营销活动促进商品销售、保持与消费者的沟通，整合双方供求信息以促进交易、进而提升商家与消费者的满意度与忠诚度。此外还需要提供一些关联服务，弥补入驻商家的服务短板与劣势，如跨境支付、外语客服、跨境物流、监管等服务环节，这些都成为提升平台流量、商家数量、商品交易量、消费者满意度、客户黏性的重要服务内容。

由于平台型跨境电商企业处于相对成熟的市场环境，面临较多的竞争者与行业巨头，且同质化竞争激烈，通过划分目标客户和提供特定的服务占领市场难以提升利润空间，此时企业应当从自身角度寻找盈利点，即要从成本和收入两个方面来分析，如降低经营过程中的相关成本费用来保证盈利，但由于市场空间与整体收入的增长乏力，一般销售毛利率与收入增长率较低。平台型企业的成本主要来自跨境电商电子平台构建的固定成本及日常的维护成本，用户数量与流量的增加使平台产生规模经济，边际成本降低，因此本研究样本中的平台型企业的边际成本高于用户数量多的龙头平台型企业。平台型企业的收入来源主要是对入驻用户进行收费，如会员管理费、营销推广费、交易手续佣金、金融服务费等，而对消费者用户进行补贴等免费服务以吸引消费者用户，扩大平台的用户数量，实现可持续发展。因此，平台企业商业模式在初期由于平台构建成本投入且用户数量较少使盈利比较难，但是当平台达到一定的用户规模时，会增强企业的盈利能力。

（三）服务型跨境电商企业财务绩效水平分析

2014～2017 年服务型跨境电商企业的整体财务绩效综合表现弱于自营型企业，优于平台型企业，四年平均得分小于 0。在影响企业绩效的各因子中，服务型跨境电商企业的盈利能力在三类企业中表现最优；偿债能力与成长能力次之；而营运能力因子是服务型企业唯一平均得分小于 0 的因子，且在三类企业中得分最低，表现最弱。服务型企业向从事跨境电商的企业或个人提供专业且有针对性的服务支持，包括交易配套的第三方支付、跨境物流、配送和仓储以及整体解决方案等支持性服务。本研究所选取的服务型跨境电商上市企业多数为跨境物流服务型企业，还有少数为提供整体解决方案的综合服务型跨境电商企业。

我们先来分析跨境电商物流服务型企业，企业的营运能力较弱，营运效率较低，削弱了企业的综合绩效水平。本研究选取的衡量营运能力的指标为总资产周转率和流动资产周转率，结合物流企业的商业模式与业务体系决定了物流服务型企业需要以重资产模式运营，即企业的固定资产、存货等有形资产在整个资产总额中的比重较大，经营风险相对较高。跨境电商物流服务企业需要投资与采购各种国际运输设备等固定资产并每年计提折旧，并且跨境物流服务企业所承运的货物相较于国内物流需经过很多流程才能实现从商品原产国供应商运输到跨国消费者，其路程遥远且过程繁杂，会出现多次操作仓储、包装、运输、装卸、配送等物流作业流程，相关的运营费用、运输设备燃料费用等都增加了对企业资金的占用，进而造成企业资产的周转速度与资金运用效率的降低，在财务绩效方面体现为较低的营运能力水平。

服务型企业在盈利能力方面表现较好，跨境电商物流服务型企业主要为面对跨境交易物流的复杂性与不确定的高物流成本的自营型企业提供专业的跨境物流服务，包括海关商检、仓储、物流跟踪与管理、建立商品仓储中心与海外仓、与国际物流业务合作、帮助客户实现一整套跨境物流流程。其盈利模式包括运输仓储服务收入、货运代理服务收入、整体物流方案收入与物流供应链管理服务收入。由于本研究样本物流服务型企业大多不仅承接跨境物流服务，也承接国内的物流服务，其客户包括自营型跨境电商企业、国际贸易企业、国内电商企业与物流客户，因此这类上市企业以其专业化的物流与相关服务拥有了较大的客户群体。物流与快递行业的发展得益于互联网技术与电子商务的飞速发展，电子商务与跨境电商的蓬勃发展为物流行业提供了广阔且不断增长的市场规模，为物流服务型企业的盈利提供了保障与支持。结合跨境电商业务的特点，由于客户与终端消费者能根据自身的需求即时采购，因此跨境电商的交易多以小批量高频次采购为主，这样的交易特点增加了客户对跨境物流服务的需求与业务规模。作为物流行业的领军企业，上市物流服务型公司在企业规模、业务能力、客户资源、经营管理等方面更具优势，从企业收入的角度，这些方面都使物流服务企业在客户规模、业务范围、市场规模与市场份额占有率方面更具优势，进而促使企业扩大销售、增加企业的收益与利润流入，在财务绩效成果方面表现为较高的盈利能力。

再来分析综合服务型跨境电商企业，如世贸通这类企业向直接从事跨境交易的如自营型跨境电商企业提供跨境交易的一揽子服务与整体解决方案的规划，是为解决中小企业在跨境电商较为复杂的业务环节中的困难而出现的一种综合服务，可以提供跨境电商业务链条的整套服务并进行资源整合，从商品采购与供应商渠道、市场信息分析、产品营销服务、跨境支付与结算、法律顾问等业务均可以作为综合服务商专业服务费与盈利来源，这些一整套的专业化跨境电商解决方案与资源整合能力是综合服务商的核心竞争力。

第四节　研究结论与启示

一、研究结论

本章把具有研究意义但相关定量研究较少的我国跨境电商上市企业作为研究对象，通过文献与资料梳理发现，不同类型商业模式会对企业的绩效带来不同的影响，且不同商业模式的跨境电商企业绩效表现确实存在差异，因此基于商业模式的角度对跨境电商企业进行分类，并结合财务分析视角研究商业模式对企业财务绩效的影响机理，以商业模式的构成要素为基础，即客户价值主张、业务系统、关键资源与能力、盈利模式等四个构成要素，结合盈利与发展导向、资产配置、资本获取等三个财务分析维度，分析商业模式对企业财务绩效的影响过程与机理，进而引出了本章企业绩效的财务指标选取依据，即企业的盈利能力、成长能力、营运能力、偿债能力，从这四个角度选取了共计11个财务指标，包括总资产收益率ROA、净资产收益率ROE、销售净利率、成本费用利润率、总资产周转率、流动资产周转率、资产负债率、流动比率、速动比率、净利润增长率、营业利润增长率，作为企业财务绩效实证研究的自变量。运用因子分析法对本研究选取的2014～2017年我国跨境电商行业101家上市企业绩效的相关数据资料进行实证分析，并得出企业绩效水平的得分与影响企业绩效的因子分数，基于实证结果对三类跨境电商企业绩效表现差异情况及原因进行分析，找到不同类型跨境电商企业存在的关键问题，进而为不同类型的跨境电商企业的经营与发展提供参考。

基于实证结果中三类跨境电商企业的财务绩效表现情况，结合不同商业模式企业的构成要素与对企业财务绩效的影响机理，分析了三类跨境电商企业的绩效表现差异的原因。自营型跨境电商企业整体综合财务绩效在三类企业中表现最优，其中偿债能力在三类企业中表现最优，主要由于这类企业较低的财务杠杆；而盈利能力表现最弱主要由于各项成本费用较高削减了利润率，自营型企业面对的国内外竞争对手与整个业务体系对于企业的经营管理等综合能力的要求都对其盈利能力提出挑战；其较高的成长能力得益于一些企业发展规模与基数较小、成长空间大、相对的发展速度也较快；在营运能力方面，由于自营型企业在存货方面的资金占用降低了企业资产的运营效率，因此在营运能力方面弱于轻资产运营模式的平台型企业，而优于需要投入运输设备等固定资产的服务型企业。

平台型跨境电商企业整体综合财务绩效在三类企业中表现最弱，主要由于选取的研究对象为我国国内上市的跨境电商企业，未将国外或者美股上市的市场份额占比大的龙头平台型企业纳入本研究的样本企业中，而样本的平台型企业在市场份额中占比较小，企业竞争力与绩效表现较弱；偿债能力和成长能力表现最弱；其营运能力在三类企业中表现最优得益于业务系统所决定的轻资产运营；盈利能力由于企业经营的相关成本费用相对较低而优于自营型企业。

服务型跨境电商企业整体财务绩效综合表现弱于自营型企业，优于平台型企业。其盈利能力在三类企业中表现最优，得益于本研究选取的样本上市物流服务型公司在企业规模、业务能力、客户资源、经营管理等方面更具优势，结合电商行业的发展等企业内外部因素使得物流服务企业在客户规模、业务范围、市场规模与份额方面更具优势，进而提升了企业的收益与盈利能力；偿债能力与成长能力次之；而营运能力表现最弱是由于企业业务系统所决定的重资产运营模式。

结合不同商业模式的三类跨境电商企业绩效表现的差异及原因分析，找到不同类型跨境电商企业存在的关键问题，进而对不同类型的企业提出针对性的对策与建议。

二、启示

由实证结果可知，三类跨境电商上市企业的财务绩效水平与表现存在差异，并且在各主因子的绩效表现方面发展不均衡，即三类企业在盈利能力、偿债能力、营运能力、成长能力方面的优势与绩效能力短板不同。企业应结合自身商业模式与绩效水平的表现情况找到绩效能力中存在的问题，加强自身优势并努力补齐绩效能力方面的短板。

自营型跨境电商企业整体综合财务绩效在三类企业中表现最优，企业的发展潜力与发展空间较大，而在盈利能力方面存在短板主要是企业运营过程中较高的成本费用与面临的市场竞争较为激烈，因此可以从以下四个方面来弥补绩效水平方面的短板：一是加强成本管理，合理控制运营过程中的各项成本开支，包括加强存货成本管理，要做好库存预测，提高库存周转率，结合促销等多种方式减少库存积压；二是利用大数据技术精准营销以降低营销费用，提升客户的忠诚度与黏性；三是加强供应链管理，自营型企业需要全面参与跨境电商整个供应链，构建与业务链条利益相关者如商品供应商、平台型企业、物流与服务商、客户之间的关系网络，强化渠道关系，对整个业务链条的各个环节进行管理与把控才能综合提升企业的竞争优势；四是走品牌化与差异化的发展路线，不断提升产品与服务的品质，提升客户忠诚度与企业的品牌价值，进而提升核心竞争力，实现企业的可持续经营发展。

平台型跨境电商企业整体综合财务绩效在三类企业中表现最弱，主要由于本研究选取的样本平台型企业在市场份额中占比较小，企业综合竞争力与绩效表现较弱，而营运能力在三类企业中表现最优得益于业务系统所决定的轻资产运营模式，平台型企业可以从以下四个方面来弥补综合绩效水平的短板：一是明确目标市场与定位，由于跨境电商属于新兴产业，企业可以挖掘一些发展中国家的新兴市场以避开与龙头型企业进行正面竞争，拓展自身的市场空间；二是严格质量管理，杜绝平台上出现各类假冒伪劣产品来增强平台用户的信任度、忠诚度与口碑，提升用户黏性以增加平台的交易量；三是走品牌化发展道路，加强品牌推广，提升客户体验，在激烈的市场竞争中唯有增强平台型企业的品牌效应才能占据市场份额；四是整合资源并加强供应链的管控，尽管平台型企业不直接参与商品交易，但跨境电商交易的一系列业务流程均依赖平台的线上服务与信息共享，为用户提供一条龙的综合服务，提高交易效率与便利性，降低交易成本，提升企业的竞争力。

服务型跨境电商企业整体财务绩效综合表现弱于自营型企业，优于平台型企业。其盈利能力表现最优得益于服务型公司在企业的专业化服务、客户规模、业务范围、市场规模与份额方面更具优势，而营运能力表现最弱是由于企业业务系统所决定的重资产运营模式。物流服务型企业可以从以下四个方面来弥补绩效水平方面的短板：一是加强成本管理，由于跨境物流路程遥远且环节繁杂，因此需要在仓储、包装、运输、装卸、配送等业务流程运营中合理控制运营费用、运输设备燃料费用、人工费用等各项成本开支，提高企业利润水平；二是提升企业的信息化与智能化运营能力，有效通过大数据来把控各个环节中货物的状态，减少信息不对称造成的物流成本与货物风险；三是提升物流服务的专业化与集约化，跨境电商由于业务链条长、环节多，因此服务功能碎片化、单一化的运作模式难以为继，为满足对跨境综合服务功能的多元需求，需要提升服务的一体化、网络化水平，为客户提供跨境物流整体解决方案；四是资源整合，信息共享，加强业务体系中与利益相关者的关系与价值网络以及合作关系，提升整体竞争力。

各类跨境电商企业应结合自身商业模式明确自身的目标与定位，结合绩效水平的表现情况找到自身的优势与短板，识别自身的核心竞争资源与能力，加强自身优势并努力补齐绩效能力方面的短板，提升企业的绩效水平与竞争力水平，从而实现跨境电商企业的可持续发展。

本 篇 小 结

本篇从跨境电商价值链视角出发，以"企业内部成本管理—行业整体商业模式绩效"两个维度论述了促进我国跨境电商企业价值链重构与核心竞争力培育的实施方案。

价值链成本管理研究指出，跨境电商企业所处的行业环境不断改变，要求跨境电商企业不能只是追求其内部发展，而要将自身置于整体行业环境中进行定位，跨境电商企业必须对供应商价值链、客户价值链、竞争对手价值链及内部价值链进行深入评估，使企业营运成本得到有效地减少以实现企业价值增值，获取企业竞争优势。从商业模式角度出发的跨境电商企业绩效研究发现，自营型、平台型和服务型三大商业模式下的跨境电商企业绩效表现存在差异，三类企业在盈利能力、偿债能力、营运能力、成长能力方面的优势与绩效能力短板不同，各类跨境电商企业必须正确识别自身的核心竞争资源与能力，方能提升绩效水平与竞争力水平，实现可持续发展。

通过对跨境电商产业链、供应链与价值链的研究不难发现，跨境电商有机整合了传统贸易产业链与供应链，重构了价值链，将三链互相融合形成了生态闭环，那么如何从整体、系统的视角将零散的企业、行业、制度环境等研究进行全方位的考察，引发了笔者对跨境电商生态圈相关问题的思考。

生态圈篇

随着跨境电商在国际贸易领域的重要性逐步提高，学术界也越来越重视对跨境电商的研究。然而，不少学者的研究角度比较单一，比如从企业、环境等视角分别去探讨。笔者注意到，近年来在"互联网＋外贸"的浪潮中，跨境电商的发展逐渐呈现生态化的特点：跨境电商涵盖了产业链和供应链上的产品、交易、技术、物流、仓储、支付、营销等环节和内容，在发展的过程中逐渐形成了一个独立而丰富的生态圈闭环，从整体上提高各环节的效益。物质和信息在这个闭环内循环流动，各个环节优势联动，信息更加流通，在更大程度上发挥了传统外贸和电子商务的作用，突破了原有商业模式的局限，对"生态系统"这个概念赋予更多的内涵。因此，本篇尝试以更系统、综合的角度对跨境电商生态圈构建的影响因素进行分析，为整合区域资源促进跨境电商健康发展提供借鉴意义。

第一节　概念界定与相关研究动态

一、商业生态系统概念与研究动态

（一）概念界定

商业生态系统的概念起源于生物学中的生态系统，生态系统是由各种生物和群落环境两部分构建的一个有机复合整体，两者相互影响、相互作用。一些社会学者认为一个组织的成员间的相互影响以及对环境的输入输出形成了社会生态系统。生态系统的理念开始在不同的领域进行运用，如商业领域。美国学者穆尔（James F. Moore，1993）在《哈佛商业评论》发表的文章中首次提出了商业生态系统的概念，他提出商业生态系统可以是小的商业活动，也可以是大企业的联合。穆尔于1996年对自己提出的定义进行扩展，并构建商业生态系统的结构模型。他提出，商业生态系统的主要特征要素是顾客、市场、产品、过程、组织、风险承担者、政府和社会等七个要素①。金（Kim）在2010年指出，商业生态系统是由众多具有共生关系的企业构成的经济共同体，在这个系统内，企业可以通过合作来创造单个企业无法独

---

① 詹姆斯・弗・穆尔．竞争的衰亡——商业生态系统时代的领导与战略［M］．北京：北京出版社，1999.

立创造的价值①。随着时间的推移，曾经发挥过领导作用的公司可能会改变，但这个经济联合体会使所有成员朝着共同的方向前进，发挥相互支持的作用。商业生态系统理论弥补了战略管理理论偏重竞争而忽视合作的缺陷，解释了商业集群现象产生的根本原因，即组织内部企业间存在专业分工和协作从而获得更好的外部经济性（王兴元，2005②）。

潘剑英、王重鸣在 2012 年根据穆尔的理论将商业生态系统结构模型分为核心供应链系统、环境支持系统、宏观环境系统和竞争系统，企业的直接和间接交易伙伴都被包含在商业生态系统中③。竞争和合作不再以传统的"产业"的视角去看待。商业生态系统是大于企业网络的，或者说是企业网络的一种扩展。

商业生态系统的特征可以归纳为整体性、多样性、共生性三点。

第一，整体性。商业生态系统理论打破了将企业看作单独个体的理念，而是将企业和经营环境看作一个整体。企业不再是单打独斗的经营个体，而与其竞争对手乃至整个环境共同进步，达到整个生态系统创造更多价值的目的。

第二，多样性。商业生态系统是复杂的组织网络，整个系统横跨了多个行业，系统中的各主体是多样化的，主体之间的关系是非线性的。企业在面临外部环境变化时，多样性能提供一定的缓冲作用，也有助于创造更多的价值。

第三，共生性。和自然界的生态系统相似，商业生态系统是一个相互依赖的共生系统。传统企业以自身的产品和服务优于竞争对手就能取得优势，但在商业生态系统中，除了直接的成果，还有顾客、市场、产品、过程、组织、风险承担者、政府和社会等维度创造的竞争优势，并且他们与外部环境不断地协同进化（穆尔，1996[33]；丁玲、吴金希，2017④）。

（二）研究动态

有些学者对商业生态系统理论的适用对象进行了分析，特别聚焦以核心

① Kim K, et al. The healthiness of business ecosystem and its effect on SMEs performance [R]. International Council for Small Business (ICSB)，2010：1 – 17.

② 王兴元. 商业生态系统理论及其研究意义 [J]. 科技进步与对策，2005（2）：175 – 177.

③ 潘剑英，王重鸣. 商业生态系统理论模型回顾与研究展望 [J]. 外国经济与管理，2012（9）：51 – 58.

④ 丁玲，吴金希. 核心企业与商业生态系统的案例研究：互利共生与捕食共生战略 [J]. 管理评论，2017（7）：244 – 257.

企业和中小企业为主要关注对象。李东（2008）对国内外33个核心企业所构建的商业生态系统进行聚类分析，归纳出广阔草原型、带状森林型、山丘森林型和簇状丛林型四种商业生态系统类型①。刘刚、熊立峰（2013）以苹果公司为案例证明技术和商业创新能改变产业结构，分工协作和资源整合能够使商业生态系统拥有强大的竞争力②。丁玲、吴金希（2017）强调商业生态系统理论与传统战略不同之处在于互利共生，以汽车企业为案例探讨核心企业与商业生态系统互利共生和捕食共生战略理论。一些学者也考虑到良好的商业生态环境离不开中小企业的支持，龚丽敏、江诗松（2016）从不同视角探讨平台型商业生态系统战略管理理论，强调关注系统中的中小企业是否符合我国实践③。

有些学者尝试为商业领域的不同行业构建生态系统，张蓓（2007）构建了零售业商业生态系统④。胡岗岚等（2009）采用商业生态系统理论来解释中国电子商务产业的集群化现象，并以阿里巴巴为案例分析电子商务生态系统的结构和演化路径⑤。张夏恒（2016）将商业生态系统相关理论应用到移动电子商务中，并以京东为案例对移动电子商务生态系统的构建路径进行研究⑥。涉及跨境业务的电子商务的发展催生了跨境电商生态系统的概念，一些学者基于平台的视角对跨境电商生态圈进行分析。吴敏（2015）[34]、张薇（2016）[35]等学者从平台角度探析了跨境电商生态圈构建的思路和结构。王子越从全产业链入手，构建了全产业链跨境电商生态系统的基本框架[37]。

二、跨境电商生态圈概念与研究动态

（一）概念界定

近些年，商业生态理论运用到电子商务领域，产生了电商生态系统这一

① 李东. 面向进化特征的商业生态系统分类研究——对33个典型核心企业商业生态实践的聚类分析 [J]. 中国工业经济，2008（11）：119－129.
② 刘刚，熊立峰. 消费者需求动态响应、企业边界选择与商业生态系统构建——基于苹果公司的案例研究 [J]. 中国工业经济，2013（5）：122－134.
③ 龚丽敏，江诗松. 平台型商业生态系统战略管理研究前沿：视角和对象 [J]. 外国经济与管理，2016（6）：38－50.
④ 张蓓. 构建我国零售业商业生态系统 [D]. 同济大学，2007.
⑤ 胡岗岚，卢向华，黄丽华. 电子商务生态系统及其演化路径 [J]. 经济管理，2009（6）：110－116.
⑥ 张夏恒. 移动电子商务生态系统构建路径研究 [J]. 北京邮电大学学报，2016（2）：40－44.

概念。电子商务生态系统是借助互联网和现代信息技术构建的，以电子商务平台为核心，各主体和环境超越了地理的限制，进行资源和信息的交换、沟通、共享，优势互补并相互作用。跨境电商生态系统与电子商务生态系统最大区别在于它是涉及跨境业务的电商生态系统，因此其构建会比一般的电商生态系统更为复杂（王子越，2017）[37]。跨境电商的产业链上各环节交织在一起更像是一个闭环，因此，在新闻界和学术界把跨境电商生态系统称为跨境电商生态圈。

商业生态系统的三个特征在跨境电商领域中都有相应的体现。

第一，多样性。跨境电商生态圈的主体多样，除直接涉及交易的买卖双方和交易平台之外，还有跨境支付企业、物流企业、仓储公司、海关检验检疫部门、跨境电商协会等，涵盖商业公司和相关政府部门。第二，整体性。跨境电商产业链的各主体的信息、资源可以共享和交换，企业不再是单独奋斗的个体。技术的突破实现了生态圈内企业的共同发展，为系统创造更多价值。圈内的各主体进行互动，共享资源和信息，实现良性循环并达成共赢。与自然界的生态圈相似，跨境电商生态圈中的主体存在物质和能量的交换，即资源和信息的共享和互动，并和环境有交互作用。这又体现了跨境电商生态圈的第三点，即共生性。

根据穆尔的商业生态系统理论，结合其他学者提出的相关学说，本研究尝试提出跨境电商生态圈的概念。跨境电商生态圈是指与跨境电商行为相关的个体、企业、组织在跨境电商平台上汇集，进行资源和信息的共享，实现商流、资金流、信息流的流通，并与外部环境不断进行沟通和互动，相互依赖、相互作用、共同创造更多价值的商业生态系统。

（二）研究动态

1. 技术因素的相关研究

跨境电商作为对外贸易的新业态，同样也受影响外贸发展因素的影响。在传统贸易理论中，技术、收入、资源等要素差异和国家政策及制度的差异都决定着贸易的产生和结构，以至于促进跨境电商的发展。古典国际贸易理论中的绝对优势和比较优势理论都从技术差异角度，分别强调劳动生产率的绝对差异和相对差异决定贸易模式。张会恒（2004）描述了产品生命周期理论的需求—技术生命周期理论，认为必须借助各种新技术来满足人们的某种需求①。德国经济学家韦伯伦和英国学者戈斯钦克伦提出的技术差距论表明落后国家可以通过先进国家的技术转让来实现工业化，技术为落后国家的经济发展提供了良好的机遇和扩张的途径。邱立成（1993）总结了技术差距论和依附论的积极和消极的方面，认为任何国家在进行工业化的追赶过程中都要进行技术的依附，发展中国家应该正确利用技术和投资来缩短工业化的进程②。技术确实帮助跨境电商摆脱了国际贸易理论中对传统资源的依赖，技术的创新和发展促使信息和物质流通速度加快，推动了贸易便利化，进一步促进跨境电商的发展。联系到跨境电商的实际，科技信息、人才环境等因素对跨境电商有着重要影响。李栅淳（2017）分析影响跨境电商活力的因素时，探讨了区域发展不均衡、政策法规滞后以及人才匮乏等问题，并对此提出相应策略③。姜宝等（2017）实证分析了影响中国跨境电商规模最重要的因素是贸易伙伴的基础设施水平及互联网的连通质量④。李梦（2017）通过实证研究得到互联网普及率、国际快件量是影响我国跨境电商的重要因素的结论⑤。

2. 制度因素的相关研究

15 世纪中叶产生的重商主义、以李斯特为代表的学者提出幼稚产业保护论、凯恩斯的贸易保护政策理论、布兰德和斯潘塞提出的战略贸易理论体现了保护贸易理论的产生和演化。佟家栋等（2002）提出幼稚产业保护政策理论与重商主义都是强调国家干预来维护本国的贸易利益⑥。根据战略贸易理论，舒鹏（2003）认为，市场结构、规模经济效率和市场经济体制决定了发展中国家实施战略性贸易政策的可行性⑦。保护贸易理论强调国家和政策的作用，基于该理论，跨境电商受到政府的政策法律、制度环境等影响。佟家栋等（2002）认为，国际贸易政策理论的演变过程就是在保护与

① 张会恒. 论产业生命周期理论［J］. 财贸研究，2004（6）：7-11.
② 邱立成. 发展中国家作为"后来者"的优势和劣势——对技术差距论和依附论的评价［J］. 经贸论坛，1993（6）：16-19.
③ 李栅淳. 中国跨境电子商务发展现状、问题及对策研究［D］. 吉林大学，2017.
④ 姜宝，王震，李剑. 贸易引力模型在中国跨境电商中的实证检验［J］. 商业经济研究，2017（10）：32-34.
⑤ 李梦. 我国跨境电商发展影响因素的实证研究［J］. 黑龙江工业学院学报，2017（6）：94-98.
⑥ 佟家栋，王艳. 国际贸易政策的发展、演变及其启示［J］. 南开学报，2002（5）：54-62.
⑦ 舒鹏. 发展中国家实施战略性贸易政策的可行性探讨［J］. 国际贸易问题，2003（6）：1-4.

自由之间进行部门权衡、产业权衡、阶段权衡的过程①。在现代社会的实践中，跨境电商作为外贸新业态，同样受到政府行为、政策环境、法律法规等制度因素的影响。Gibbs（2006）等指出，相关法律法规及政策的制定可以促进跨境电商的发展②。赵丽娜（2016）通过解读现行扶持政策存在的问题，并通过分析我国第一批跨境电商试点城市的现状来研究政府扶持政策对跨境电商的影响③。徐锦波（2017）采用钻石模型构建了政府促进产业集群跨境电商发展的机理和路径，分析了政府与市场在跨境电商发展中的关系和作用④。李楠、柯丽敏（2016）通过调研分析了杭州跨境电商综试区在深化改革和创新过程中面临的深层次矛盾和体制性难题⑤。杨坚争、李子（2014）以长三角为研究对象，得出影响跨境电商发展的最主要因素是法律问题⑥。屠新泉（2018）提出，全球跨境电商的发展受制于缺乏行政监管和法律规制，并提出制定跨境电商国际规则、深化《贸易便利化》协定等建议⑦。

3. 跨境电商支撑因素的相关研究

基于跨境电商生态圈视角，聚焦跨境电商交易流程，物流仓储、跨境支付、金融支持等因素构成跨境电商生态圈支撑层，支持着跨境电商的发展。

有些学者分析物流因素制约了跨境电商的发展。刘有升、陈笃彬（2016）采用复合系统协同度模型来研究跨境电商和物流的协同发展水平⑧。张夏恒、郭海玲（2016）通过生态系统相关理论来探讨我国跨境电商与跨境物流协同缺失的表征⑨。马滕斯等（2012）通过分析消费者数据，认为成

① 佟家栋，王艳. 国际贸易政策的发展、演变及其启示 [J]. 南开学报，2002（5）：54-62.
② Jennifer Gibbs, Kenneth L, Kraemer and Jason Dedrick. Environment and PolicyFactor Shaping Global E-commerce Diffusion：A Cross - Country Comparison [J]. The Information Society，2006（19）：5-18.
③ 赵丽娜. 我国跨境电子商务的政府扶持政策研究 [D]. 东北财经大学，2016.11.
④ 徐锦波. 产业集群跨境电商的发展政策研究——以浙江义乌为例 [J]. 商业经济研究，2017（27）：73-76.
⑤ 李楠，柯丽敏. 杭州跨境电商综试区建设面临的障碍和对策分析 [J]. 电子商务，2016（12）：31-32.
⑥ 杨坚争，李子. 长三角地区跨境电子商务影响因素研究 [J]. 电子商务，2014（8）：7-8.
⑦ 屠新泉，蒋捷媛. 深化《贸易便利化协定》，突破跨境电商规则困境 [J]. 国际商务，2018（2）：23-28.
⑧ 刘有升，陈笃彬. 基于复合系统协同度模型的跨境电商与现代物流协同评价分析 [J]. 中国流通经济，2016（5）：106-114.
⑨ 张夏恒，郭海玲. 跨境电商与跨境物流协同：机理与路径 [J]. 中国流通经济，2016（11）：83-92.

本优势、在线付款、物流方式等影响跨境电商的发展，因此国家应该从优惠政策和便利措施两方面着手落实①。图奇和布莱安娜·凯瑟琳（2013）表明物流、关税、网络平台的不足阻碍了跨境电商的发展②。金等（2016）运用案例分析发现快递对跨境电商的发展有积极作用③。张夏恒（2017）通过分析跨境支付普及率、交易主体偏好、跨境支付使用成本和支付方式的特征与优势来研究跨境电商支付的影响因素④。杜鹏等（2017）表示跨境电商平台的支付成本、支付安全、制度等制约了跨境电商的谋划⑤。赵保国、胡梓娴（2017）通过系统动力学建模仿真预测得到国际物流水平的提高和支付便捷度的提高都会促进跨境电商进口的发展⑥。网站服务水平和跨境营销能力影响跨境电商的发展，李凌慧、曹淑艳（2017）采用问卷调查法探究感知网站服务质量、感知产品质量、感知风险等因素对 B2C 自营平台的影响⑦。王林、杨坚争（2014）通过结构方程模型对营销、物流、支付、通关等环节进行分析得出跨境营销能力是跨境电商的重要影响因素⑧。叶晗堃（2016）通过调查问卷和 BP 神经网络实证分析了网站技术和推广、市场竞争、客户服务因素对跨境电商综合绩效的作用强度和作用方向⑨。

4. 跨境电商营商环境的相关研究

营商环境早期由外国专家学者提出并进行研究，近年来我国提出通过改善营商环境着力增强国际竞争力，营商环境在国内学界逐渐成为研究热点。笔者在总结学者研究的基础上，认为营商环境是国家或地区对跨境电商起作用的各种要素总和，如政治、经济、市场、技术、社会等要素，形成影响跨境电商发展的有机整体。

---

①　Bertin Martens and GeominaTurlea. The drivers and impediments for onlinecross-board trade in goods in the EU ［J］. Institute for Prospective Technologies Studies Digital Economy Working Paper，2012：320 – 354.

②　Tucci，Bryana Katherine. Barriers and solutions to CROSS-border of E-commerce in Europe，Cambridge，Mass：John E Kennedy School of Government，2013.

③　Kim T Y，Dekker R，Heij C. The value of express delivery services for cross-borde re-commerce in European Union markets ［J］. 2016.

④　张夏恒. 跨境电子商务支付表征、模式与影响因素 ［J］. 企业经济，2017（7）：53 – 58.

⑤　杜鹏，刘浩，周语嫣. "互联网 +" 背景下跨境电子商务发展对策研究 ［J］. 经济研究导刊，2017（8）：136 – 142.

⑥　赵保国，胡梓娴. 基于系统动力学的 B2C 跨境电商进口交易趋势预测 ［J］. 国际商务，2017（4）：124 – 135.

⑦　李凌慧，曹淑艳. B2C 跨境电子商务消费者购买决策影响因素 ［J］. 对外经济贸易大学学报，2017（1）：151 – 159.

⑧　王林，杨坚争. 跨境电子商务规则需求影响因素实证研究 ［J］. 当代经济管理，2014（9）：18 – 23.

⑨　叶晗堃. 跨境电子商务成功实施影响因素研究 ［D］. 江西财经大学，2016.

外国专家学者对营商环境的研究主要是针对不同研究对象和内容提出了不同形式的营商环境内涵体系。世界银行全球营商环境报告曾将营商环境分成三个层面：第一层面为宏观问题，即一系列关于国家政治、经济稳定和外贸外资方面政策的国家层面的问题；第二层面为监管框架，涉及了市场的进入退出、金融税收的效率透明、劳动关系等；第三层面为金融和基础设施等，即金融服务以及基础设施数量与质量，如交通、电信电力等。在文献阅读中发现，相当数量文献都从政策、法规等制度角度研究营商环境，国内外专家均肯定制度环境的作用对其影响展开大量研究。笔者对营商环境作用的文献梳理将按照制度环境和基础环境两大类。考虑到跨境电商是外贸新形式，笔者结合营商环境对贸易、电商等相关领域的研究，将营商环境分为制度环境和基础环境，并针对其对跨境电商的发展影响进行分析。

制度环境主要从政府监管、制度设计、市场化等方面影响跨境电商。从政府监管角度看，马顿斯（Bertin Martens，2013）指出，欧盟委员会在电子商务通信层面提高价格透明度，增加在线供应多样性，增强消费者信心[1]；哈恩和罗伯特（Hahn，Robert W，2002）以多个政府监管案例讨论电子商务领域是否要进一步加强监管[2]；石良平等（2014）主张政府建立多层次的监管体系、制定专项管理办法、建设信息服务平台和完善监管机制，规范跨境电商发展[3]；谌楠（2016）发现政府政策在短期有效刺激跨境电商企业参与性，对外贸基础较弱的地区更为显著[4]；瑟库尔（Kutub Thakur，2016）指出，沙特政府通过构建电子政府结构过滤信息并保障数据安全[5]。从制度设计角度看，于倜（2018）认为，政府在加强有效监管的同时，也要为消费者营造良好的消费政策环境，适当简化海关手续加强平台协作[6]；金

---

① Martens B. What Does Economic Research Tell Us About Cross – Border E – Commerce in the EU Digital Single Market？［J］. Jrc Working Papers on Digital Economy，2013.

② Hahn R W，Laynefarrar A. Is More Government Regulation Needed to Promote E-commerce？［J/OL］. Connecticut Law Review，2002（7）：http：//dx. doi. org/10. 2139/ssrn. 316680.

③ 上海社会科学院经济研究所课题组，石良平，汤蕴懿. 中国跨境电子商务发展及政府监管问题研究——以小额跨境网购为例［J］. 上海经济研究，2014（9）：3 – 18.

④ 谌楠. 政府扶持性政策在促进跨境电子商务发展中的有效性研究——基于复杂网络视角［J］. 浙江社会科学，2016（10）：88 – 94，157.

⑤ Thakur K，Ali M L，Gai K，et al. Information Security Policy for E – Commerce in Saudi Arabia［C］. IEEE International Conference on Big Data Security on Cloud，2016（7）.

⑥ 于倜. 中国跨境电商零售进口监管面临的挑战与对策——基于海关与消费者角度的定性分析［J］. 海关与经贸研究，2018，39（1）：15.

（Min Jung Kim，2016）在深入比较中韩两国跨境电商现状后提出韩国政府在清关、统计等方面应制定政策以保持良好的国际市场势头①；王外连等（2013）指出，我国通过颁布法令、规范网络发票、支持和监督跨境电商企业活动，引导企业开展跨境电商②；张昊（2018）提出，要以功能性产业政策为主而非直接干预，多项政策配合注重制度设计，推动跨境电商"政策红利"规模推广③。从市场化角度看，潘意志（2015）提出，通过海外仓缓解跨境电商的配送周期、物流成本等问题，提升跨境电商消费者购物体验④；葛岩（2016）认为，运营能力、区域政治环境、资金成本等制约我国海外仓建设，需尝试混合式经营管理模式助力其发展⑤；孟亮等（2017）指出，推动跨境电商发展需充分发挥海外仓的便利优势，促进电商企业着眼自身实际发展阶段和竞争策略，结合品牌定位、业务规模等综合考虑选择海外仓业务模式⑥。

基础环境主要从物流平台、跨境支付、基础设施和电商人才等角度影响跨境电商。从物流平台的角度看，马（S Ma，2018）指出，构建全球数字海关等世界贸易平台加强数据共享和信息交换等功能实现全球治理⑦；李向阳（2014）认为可通过供应链管理、物流监管和预测等模式改善物流问题⑧；张夏恒等（2015）针对海外仓可有效解决物流成本、配送周期、文化差异、汇率风险、退换货等实际问题提供跨境电商物流发展对策⑨；李海波（2018）提出，将区块链数据应用到跨境电商，依托其可追溯特点和时间戳技术结合物联网实现物流监控⑩。从跨境支付的角度来看，严圣阳（2014）

① Kim M. Korea's E – Commerce Exports to China：Direction for Corporate Strategy and Government Policy [J]. Kdi Focus, 2016, 64.

② 王外连，王明宇，刘淑贞. 中国跨境电子商务的现状分析及建议 [J]. 电子商务，2013（9）：23 – 24.

③ 张昊. 跨境电商政策的多重属性与协同方式 [J]. 中国流通经济，2018, 32 (5)：64 – 74.

④ 潘意志. 海外仓建设与跨境电商物流新模式探索 [J]. 物流技术与应用，2015, 20 (9)：130 – 133.

⑤ 葛岩. 跨境物流海外仓存在问题及对策建议 [J]. 山东财经大学学报，2016, 28 (3)：77 – 82.

⑥ 孟亮，孟京. 我国跨境电商企业海外仓模式选择分析——基于消费品出口贸易视角 [J]. 中国流通经济，2017 (6).

⑦ Ma S, Chai Y, Zhang H. Rise of Cross-border E-commerce Exports in China [J]. China & World Economy，2018, 26 (3).

⑧ 李向阳. 促进跨境电子商务物流发展的路径 [J]. 中国流通经济，2014 (10).

⑨ 张夏恒，马天山. 中国跨境电商物流困境及对策建议 [J]. 当代经济管理，2015, 37 (5)：51 – 54.

⑩ 李海波. 区块链视角下我国跨境电商问题解决对策 [J]. 中国流通经济，2018, 32 (11)：43 – 50.

认为，第三方跨境支付是未来发展趋势，发展跨境支付一站式的综合服务体系也将有利于跨境电商交易的便利化[①]；张夏恒（2017）则建议根据目标市场需求采用多种跨境支付组合使用，依托跨境电商交易平台开展跨境支付；胡青（2018）建议依托公开透明的区块链技术，永久保存的分布式数据库，有效改善支付体系现阶段资金、信息等方面的安全问题，降低跨境电商交易支付的成本和支付风险[②]。从基础设施的角度看，马顿斯（Bertin Martens，2013）认为在线基础设施组件，如高效包裹交付系统和互联电子支付系统，在一定程度上降低贸易成本，促进跨境电商发展；图（Y Tu，2018）则通过 N-OLI 框架模型验证中国跨境电商试点城市设立的重要性[③]。从电商人才的角度看，孙（D Sun，2017）指出，电商专业人才供给对跨境电商发展具有推动作用[④]；陈长英（2015）[⑤]、王琼（2016）[⑥] 都提出对于高校电商人才培养要加强校企合作，转变跨境电商人才培养模式，开设校内外实训实习基地，增强复合型人才的培养力度；连远强（2015）[⑦] 和张晓芸（2018）[⑧] 均认为要关注社会电商人才，加强社会力量的介入和培训，建立电商人才"生态联盟"，有机结合商务创新与行业实践。

三、研究评述

通过对商业生态系统和跨境电商生态圈相关文献的梳理，发现国内外专家学者开展的研究已在一定程度上探讨如何从商业生态系统理论系统构建跨境电商生态圈。然而，由于跨境电商的理论和实践仍处于探索阶段，且实践发展远超理论的发展，目前仍存在不足，具体如下。

第一，对跨境电商的研究通常是以某侧重点的角度进行探讨，缺少以全

---

① 严圣阳. 互联网金融生态系统建设探析 [J]. 中国经贸导刊，2014（11）.
② 胡青，费禹. 基于区块链的跨境支付体系及安全问题研究 [J]. 电子商务，2018（12）.
③ Tu Y，Shangguan J Z. Cross - Border E - Commerce：A New Driver of Global Trade [J]. 2018.
④ Sun D，Fang L，Li J. Research on the Development of Cross - Border E - commerce in Port Cities—A Case of Manzhouli City [J]. 2017.
⑤ 陈长英. 浙江省跨境电商人才需求分析及培养路径研究 [J]. 中国商贸，2015（2）：184 - 187.
⑥ 王琼. "一带一路" 视域下高素质跨境电商客服人才培养研究 [J]. 湖北函授大学学报，2018（5）.
⑦ 连远强. 高校跨境电子商务人才生态化培养模式研究 [J]. 中国教育学刊，2015（S2）：379 - 380.
⑧ 张晓芸. "互联网 +" 时代下苏州电子商务产业发展的问题与对策研究 [J]. 电子商务，2017（1）：24 - 26.

面系统的视角进行分析。目前没有学者以跨境电商生态圈的视角对构建要素和其合理性进行分析。同时，理论方面缺乏针对性的理论基础。跨境电商脱胎于国际贸易，但其目前还没有自成一体的理论体系。针对跨境电商理论的相关研究不足，跨境电商实践缺少相关的理论指导。因此，通过丰富跨境电商理论研究，有利于为跨境电商这种新型贸易模式提供科学的指导。

第二，跨境电商研究缺乏以数据为支撑的实证分析。由于跨境电商数据缺乏权威统计口径，可获得的数据质量参差不齐，不适合采用传统定量研究方法进行测算。而目前跨境电商发展的实证研究主要采用问卷获得的数据、电子商务数据、预测数据等其他间接数据，得出的研究结果的针对性、科学性有待考究。因此，寻找一种可利用现有跨境电商数据对其进行实证分析的研究方法将增强跨境电商领域研究的针对性和可信度。

第三，目前以省、市为单位的横向跨境电商的比较研究较少。在以往跨境电商相关问题的研究中，案例选择以全国为主或以企业为主，根据研究需要采用特定视角将案例进行拓展和对比。但没有学者根据某省或某些城市进行横向比较，对区域问题进行系统化研究。因此，有必要总结和归纳区域性的跨境电商发展经验和模式，例如，浙江、江苏、广东三省是跨境电商先行先试的区域，也是全国跨境电商发展最好的区域，但以这三省为研究对象的文献较少。

第二节　跨境电商生态圈构建的理论基础

一、跨境电商生态圈的构建依据

跨境电商生态圈的构建以商业生态系统理论为基础，因此商业生态系统的结构和特征也是构建跨境电商生态圈的主要依据。自然界的生态系统是指在一定空间内生物和环境构成的一个整体，存在着生物、阳光、空气、水等要素。在这个整体中，生物和环境相互影响，进行物质循环和能量传递。商业生态系统也存在类似的定位。商业生态系统的构成要素包括主要物种的所有者、风险承担者和竞争机构。

穆尔在1996年进一步构建了商业生态系统的结构模型，根据图13－1，商业生态系统中主要物种所有者就是顾客和供应商。核心企业生产制造对顾客有价值的产品和服务，领导整个商业生态系统的发展方向。顾客和供应商对核心的产品和服务进行交易，共同形成了整个商业生态的核心商业。扩展的企业包括直接顾客和直接供应商，也包括顾客的顾客和供应商的供应商，对核心商业的销售渠道、产品与服务进行补充。风险承担者即贸易协会、工会以及竞争者和政府机构等，为核心商业提供便利或者经验。这些风险承担者支持整个生态系统核心商业，并从中获取利益。确保系统拥有高质量的股东，促使提高系统的投入产出效益，才能吸引更多风险承担者和企业加入。竞争机构主要是行业内的竞争者，在商业生态系统内，相似的企业不再是纯粹的竞争，很多时候公司可以和竞争者形成战略联盟，共享有效的解决办法和经验，共同开发新市场等，创作更多价值。这些物种或者组织相互依存、相互影响、共同进化。各主体不断进行相互作用，物质、信息、能量在其中流动和共享，就像自然生态系统的物质循环和能量传递。

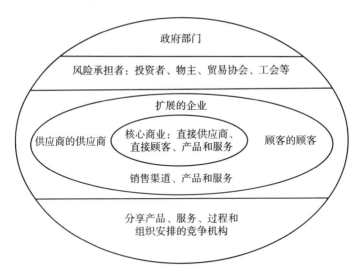

图 13 - 1   商业生态系统结构

资料来源：竞争的衰亡：商业生态系统时代的领导与战略 . 1999.

由商业生态系统的结构模型可知，整个系统又包含了若干子系统：以核心企业、供应商、顾客以及扩展的企业为主的核心供应系统，以投资机构、资产所有者、行业协会为主的支持系统，以政府、经济环境为主的社会环境系统，以竞争对手为主的竞争系统。每个子系统自身内部进行自循环，外部进行交互循环，实现整个商业生态系统的健康运转。跨境电商生态圈继承了商业生态系统的特点，从构成主体的角度保留了上述子系统，并在此基础上进行扩展和改进，从业务的角度赋予了具有跨境电商业务特征的要素。

二、跨境电商生态圈的构成要素

根据跨境电商生态圈的构建依据，将跨境电商生态圈的所有主体划分为以下几类。如图 13 - 2 所示，跨境电商生态圈主要有三大种群，核心业务群、关键业务群、技术服务群。三大业务群通过商流、信息流、资金流缔结联系，进行资源的互补、资金的流通和信息的共享。商流依托仓储和销售渠道来实现，是指物品从供应商向消费者的转移，包括买卖交易活动和物流活动。信息流凭借信息设施和互联网平台进行传输，包括网站的流量、产品的销量评价等大数据、商品的信息、企业的经营信息、行业的政策和发展信息、技术的革新等。资金流是跨境电商生态圈各主体的资金流通，包括买卖交易的资金、融资资金、服务佣金等。

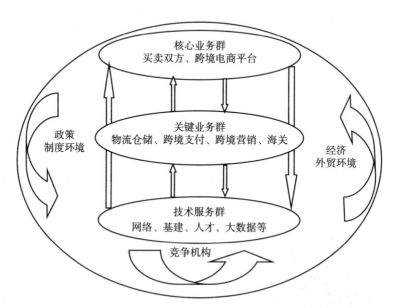

图 13 - 2　跨境电商生态圈结构模型

三、跨境电商生态圈构建的影响因素

跨境电商生态圈的构建也受到众多因素的影响，探讨哪些因素影响跨境电商生态圈的构建和发展，有利于建设一个健康稳定的生态圈。

（一）跨境电商生态圈的核心——核心业务群

跨境电商生态圈构成要素主要为三大业务群、两大环境和竞争机构。跨境电商生态圈的核心业务群（见图13－3）是买卖双方及跨境电商平台。消费者可以通过第三方平台进行交易，也可以通过自建网站与卖方进行交易。核心业务群是跨境电商生态圈的最核心的商业活动。商品和相关信息集聚在跨境电商平台，跨境电商生态圈中发生交易时，可以迅速将信息传递到关键业务群和技术服务群。核心业务群通过合作、外包、战略联盟等方式为其他两大种群提供集聚的平台和商业机会，两大种群支撑着核心业务群的商业活动，保证跨境电商生态圈的顺利运行。跨境电商生态圈主要是围绕核心业务群展开活动，其余的两大业务群是为核心业务群提供配套设施。

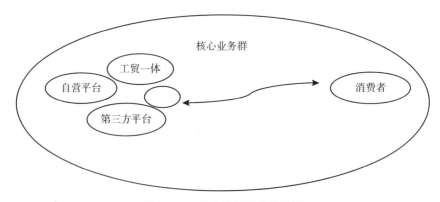

图13－3　核心业务群结构模型

（二）生态圈的关键配套环境——关键业务群

关键业务群是跨境电商生态圈的关键组成部分，主要是跨境电商交易过程中涉及的企业和要素，包括商品交易时的跨境支付平台、金融机构，发货涉及的仓储、跨境物流、通关商检等，见图13－4。跨境物流位于跨境电商整个价值链的服务末端。消费者能够直接体验到服务的好坏，因此影响到忠诚客户的保留和发展。物流因素影响着跨境电商的成本、送货时间、服务质量。与电子商务相比，跨境物流要经过国际物流、目的国物流配送、通关商检等诸多复杂环节，跨境物流速度慢，将会限制跨境电商的发展。跨境支付是跨境电商价值链环节中至关重要的一环。安全且时效快的跨境支付能够为消费者带来信赖感，这将有利于抢占跨境支付市场，跨境支付将从技术层面推动跨境电商的发展。关键业务群围绕着核心业务群展开活动，进行资源共享和优势互补，为卖方和跨境电商平台提供更多的贸易便利，提高竞争优势，支撑跨境电商生态圈发展。海外仓作为跨境贸易的新型仓库，是企业将货物批量出口到境外仓库，实现目的地销售、目的地配送的物流形式。对跨境电商企业而言，海外仓可以做到当地直接发货，大幅缩短物流配送时间，有利于货物的清关、分包、物流和配送；同时海外仓有各类商品存货，为售后服务提供保障，有利于提高顾客的消费体验和品牌建设。通关商检，跨境电商和电子商务的一大区别就是跨越关境。目前，B2B 和 B2C 是跨境电商主要的交易模式，无论是哪种交易方式，采用频率最高的运输方式仍是小型包裹通关。这给海关部门带来了巨大的监管压力和行政压力。同时，也存在着跨境电商企业通关流程复杂和通关风险高等问题。针对发展迅猛的跨境电商，海关在整个生态圈里扮演了十分重要的角色，保证交易的货物顺利跨越关境。关键业务群的完善也能为核心业务群带来更多商机，跨境支付的便捷、物流的快捷、营销等因素都吸引了更多消费者交易，融资和仓储等因素的便利也促使更多的跨境电商企业汇聚到跨境电商生态圈。

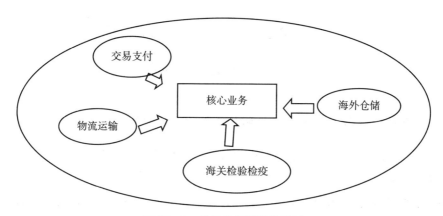

图 13－4　关键业务群结构模型

（三）生态圈的技术支撑——技术服务群

技术服务群（见图13-5）为跨境电商生态圈提供技术服务和信息流服务，为上层活动提供支撑，保证整体的顺利运行，网站建设公司、基础建设、信息技术机构、大数据中心和人才等都属于此群。互联网的普及使人们通过网络购物和交易变得更为容易，也就更愿意通过网络平台进行跨境贸易。信息技术的水平还会影响买卖交易的效率，基础建设会影响商流的运作效率。越是信息化水平高的地区，技术的交流和更新会更为频繁，也就能为生态圈的运行提供可靠的技术服务。跨境电商涉及外贸、金融、通关、报检、法律、经济学等各种专业，还需要掌握市场的动态变化，需要的是复合型人才，人才确保整个跨境电商生态圈每个环节的顺利实施。大数据分析和计算在整个生态圈产生的订单信息，为产品的后续设计和企业的海外商业布局提供参考依据。技术服务群为核心业务群和关键业务群提供技术支撑，技术的进步和革新可以促使上层种群的各主体运行效率的提高和优化整个跨境电商生态圈的运作环节。

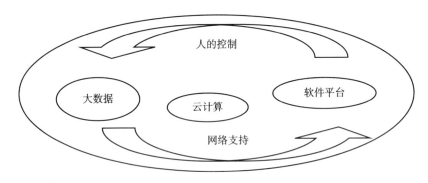

人的控制

大数据　　云计算　　软件平台

网络支持

图13-5　技术服务群结构模型

（四）生态圈的自我促进和激励机制——竞争机构

竞争机构是跨境电商生态圈中与各主体企业职能相似并存在竞争关系的企业群。在行业内，存在现有的或者潜在的竞争对手，争夺资源和客户。然而，在生态圈中公司和竞争对手不再是零和博弈的关系，企业将与竞争对手以战略联盟等方式共同开发新市场、挖掘新客户。跨境电商中小企业长期存在融资难的问题，通过建立跨境电商联盟，可以发挥产业集聚优势。企业也可以观察竞争对手和自己的不同之处，比较并发展不同之处，确立为自己的竞争优势，找到自己在整个生态圈中的地位。世界快递巨头 DHL 旗下 DHL 电子商务公司与电子商务解决方案提供商 Channel Advisor 建立战略联盟，使市场扩展到世界各地，保证了运输效率。

（五）生态圈与外界的交互机制——政策制度环境和经济外贸环境

四大种群不断地与外部环境进行沟通和互动，受到政策制度环境和经济外贸环境的影响。

在新制度经济学中，制度是影响经济发展的重要因素，制度环境涉及政治、经济、市场等多方面因素。林毅夫、卢现祥等多位专家在研究中验证制度环境对经济发展尤其是我国经济体制改革所产生的影响。新制度经济学理论认为，商品包含两种成本，即商品自身的生产成本以及交易过程中产生的交易成本。所谓交易成本是在价格机制中产生的费用，交易成本的非生产性决定了它并不直接发生在商品生产的过程中，而它的一般性又决定它涵盖社会经济活动中一切消耗的资源，包括与制度相关的各类成本。无论是普通企业，还是在新制度经济学中既作为宏观经济调控主体又作为经济社会"超级企业"的政府，所产生的成本受到制度环境的影响。根据对国际贸易理论和新制度经济学理论的研究发现，制度环境的优劣会对商品的交易成本产生影响，而交易成本与商品价格有直接关联并构成比较优势从而影响跨境电商发展。

正式制度是强制性行为，可促使资源整体有效配置。跨境电商发展初期是全球贸易出现大幅萎缩的时期，在金融危机的冲击下国际贸易受到严重影响。当跨境电商逐渐成为对外贸易的突破口，带动中国外贸发展时，政府采取一系列措施推进跨境电商发展。基于新制度经济学理论诺斯的观点，制度是提供有效激励促使经济增长的决定性因素，在市场和技术发生变化时需要通过制度变迁做出强制性制度安排。在跨境电商成为外贸转型升级新动能时，曾适用于传统外贸发展的制度无法完全适用于跨境电商发展，政府自上而下通过制度更迭的方式实现制度变迁，为跨境电商发展提供更为有利的制度环境。我国设立"跨境电商综试区"，通过试点到推广的制度变迁方式，是在一定范围内降低风险，减少改革成本的行为。制度环境的改善和政府行为的作用，使跨境电商发展试点城市拥有更为丰富的经济发展资源和扶持政策，给跨境电商企业带来更多的福利和报酬。而通过设立国际邮件互换局等制度则为跨境电商物流运输提供了便利，实现跨境电商企业通关、结汇、退税等一站式服务，完成国际邮件本地通关，缩短国际邮件流通环节。该举措是对传统外贸的制度创新，实现了利益最大化，达到资源合理、有效配置的目的。而在优化制度环境，合理配置资源的过程中，国家也可由此降低交易成本，获得跨境电商的先发优势，转变比较优势甚至影响国际贸易格局。

非正式制度在社会发展中自然形成并与正式制度互相协作，不仅是正式制度的有效补充也促进正式制度的创新和改善。诺斯指出，正式制度事实上只起到部分约束作用，非正式制度在社会结构的各个领域都发挥了重要作用。在贸易过程中，因为市场差异导致的文化差异、社会信任以及市场信息不对称等形成的信息摩擦以贸易壁垒的形式对贸易产生阻碍和影响。诺斯提出，非正式制度在长期变迁中形成节约交易成本的契约安排，在正式制度无法约束的范畴发挥补位作用。在传统外贸中，严谨的贸易流程和规范的贸易单据保障贸易双方的权益，而跨境电商中传统贸易规则只能对部分环节进行约束，对其中因信息不对称、虚假信息等信息摩擦未能有显著作用。跨境电商市场逐渐形成具有中介功能的跨境电商协会。通过行业协会整合电商平台、物流平台、金融平台、第三方服务、传统外贸企业、电商园区等跨境电商产业链的各环节，搭建政府、企业、行业三者之间的沟通平台，加强信息交流和资源对接减少信息摩擦。跨境电商企业适应市场需求组建跨境电商公共海外仓，既满足跨境电商多变化、直接化、小批量和高频次的特点，又能避免由于国别差异产生的政治差异、文化差异、地方保护主义等贸易壁垒，有效规避风险实现跨境电商稳定发展。在正式制度尚未完善期间，非正式制度的形成在相当程度上为跨境电商发展提供了便利，并减少信息摩擦增强信任，从而促进双边贸易。

具体表现为，跨境电商相关企业与政府相关部门机构建立公共关系，政府通过颁布的政策法规对相关企业的商业行为进行约束，通过财政的扶持和税收减免等政策对其进行鼓励。跨境电商相对于电子商务面临着更复杂的国际环境，这意味着国内外政府、检验检疫部门、财税机关等对跨境电商生态圈有着专有的规章政策。政策制度环境包括国家设立的示范园区、跨境电商协会和专项财政补助等。设立国家级的示范园区，意味着政府提供了一个更为便利的交易环境，技术、人才和资源都会向这里倾斜。跨境电商协会是政府相关部门、跨境电商平台和企业以及物流、支付等平台企业联合组织创办的机构，主要是为了搭建相关部门与跨境电商行业、企业间的沟通平台，协助政府更好地管理跨境电商企业，促进跨境电商不同行业和企业的交流、培训、宣传服务等工作。财政补助是政府扶持跨境电商发展的直接政策，通过资金扶持鼓励跨境电商企业的发展。良好的政策制度环境不仅能规范跨境电商生态圈中的商业行为，还能促进跨境电商生态圈的平稳、高效运行。反之，过于严苛的政策制度环境也会抑制跨境电商活动的积极性。同时，发展更好的跨境电商生态圈可以推动环境的优化，即推动政府实施更高效利好的措施。

经济外贸环境影响着跨境电商生态圈的所有主体，良好的经济基础和外贸环境可以促进外贸活动的繁荣，推动跨境电商生态圈良性发展，严峻的经济外贸环境则会抑制跨境电商生态圈的发展。

地区发展水平是经济增长的前提，也是跨境电商发展的重要基础。地区发展水平涉及收入水平、开放程度等多方面因素，是衡量地区发展状况的重要指标，也是影响国际贸易的重要因素。地区开放程度体现了地区原有的外贸水平和传统外贸发展基础，是地区传统外贸转型升级的前提条件。跨境电商虽然在新的国际环境和经济模式中产生，却与传统国际贸易的发展模式相近。跨境电商的发展依托现有的外贸基础，通过贸易方式、贸易对象等转变寻求有效的突破路径。国民收入水平在一定程度上体现可支配收入和消费能力高低，林德的需求重叠理论指出，经济发展水平接近、消费水平相似的国家间发生贸易的机会更多，而消费能力又是跨境电商的潜在需求。结合比较优势贸易理论的思想，具有传统外贸优势的国家或地区在开展贸易活动层面具有比较优势，相较于开放程度低的国家或地区更容易发展跨境电商。相类似的，电子商务发展基础优越的地区，相较于发展基础薄弱的地区更容易开展跨境电商。因此，因地区发展水平差异而形成的比较优势为跨境电商发展提供了先决条件，有利于传统外贸在跨境电商基础上转型升级。

产业集群式发展是我国开放型经济发展的典型特征。在要素禀赋理论中，生产要素的丰裕度会形成比较优势，影响两个国家或地区之间的贸易。从最初的劳动力禀赋、资本禀赋等经济活动中投入要素的差异到跨境电商发展所需的技术禀赋、信息禀赋、战略禀赋、产业禀赋等的差异，跨境电商的发展不仅需要有形生产要素的投入，也对无形生产要素提出要求。在要素不断增强并产生聚集的过程中，具有较丰富要素地区能够较快形成非均衡发展的"增长极"，并不断吸纳周围地区的要素，形成产业集聚效应。集群的外部规模经济效应促使区域获得某产业的先发优势，而该产业也将成为该区域发展跨境电商的先发优势。《电子商务"十三五"发展规划》中"加快电商服务业主导产业的聚集，……打造完善的跨境电商产业链和生态链"。将跨境电商界定为服务业集群并鼓励其发展。跨境电商产业园区推动地区传统外贸企业开展跨境电商，形成跨境电商发展"增长极"，进一步吸纳人才、物流、支付等要素，整合跨境电商发展上下游环节，逐步涌现出各类跨境电商经营主体，形成产业链和产业生态圈，从而巩固和加强地区跨境电商发展优势。生态圈内共担外部经济成本，激发行业良性竞争。

通常情况下，经济发展水平越高、外贸环境越好的地区发生贸易的可能性越大。经济外贸环境不仅是指经济水平和外贸基础，也包括产业规模。跨境电商实施的前提是存在市场的需求，而满足市场的需求就必须有相应的产业。发展良好的产业集群能够为跨境电商提供产业基础，促进贸易的发生，同时也存在溢出效应，节约成本。

综上所述，跨境电商生态圈构建的主要影响因素可以归纳为表 13-1。

表 13-1　　　　　　　　　跨境电商生态圈构建的主要要素

生态圈构建要素	影响模式	具体因素
核心业务群	核心商业活动	买卖双方交易
关键业务群	针对核心业务群的关键配套业务	跨境物流
		海外仓储
		跨境支付
		通关商检
技术服务群	生态圈的技术支持	互联网
		大数据
		人才
竞争机构	生态圈的自我促进和激励机制	竞争企业
外部环境	经济制度环境	经济水平
		外贸基础
		产业规模
	政策制度环境	示范园区
		协会部门
		财政补助

第十四章

研究方法选择与实施

第一节　研究方法选择与实施

一、研究方法选择

QCA（qualitative comparative analysis）是查尔斯·C. 拉金在 1987 年开创的一种以案例研究为取向的研究方法。QCA 是将每个案例看作一系列条件的组合，通过跨案例比较找到所要解释的结果变量和条件变量之间的逻辑关系和精简细化后的影响结果的条件或条件组合，从而发现蕴含在众多案例中复杂的因果关系（查尔斯·C. 拉金，2008[①]）。

该方法兼具定性研究方法的案例取向和定量研究方法的变量取向，既有定性分析又有数据支撑，可实现对小规模样本案例的研究。定性比较分析法以布尔代数与集合论为基础，将研究的结果通过布尔代数以数字的形式表示。通过集合间的隶属关系找到各个案例之间所呈现的普遍规律，能在多个案例中挖掘共同点。定性比较分析法根据相应标准将各因素处理后进行分析。目前，该方法主要应用于政治学、公共管理学、社会学和经济学等方面。

国内外学者借助定性比较分析法开展了一系列研究：在政治治理方面，

[①]　Charles C. Ragin. Redesigning Social Inquiry：Fuzzy Sets and Beyond ［M］. Chicago：University of Chicago Press，2008.

· 359 ·

王程韡（2013）通过模糊集对社会腐败的跨国模式进行比对[①]；唐睿等（2013）通过 QCA 模糊集与多值集双重检测，解释原苏东国家民主转型与历史遗产之间的关联[②]；在公共事件方面尤其是群体性冲突中，李良荣等（2013）[③]、马奔等（2015）[④]、岳鹏（2015）[⑤]、阿门塔和哈尔夫曼（2001）等利用 QCA 方法研究社会冲突并探究其深层次原因，从而预防甚至避免社会冲突事件的发生[⑥]；在绩效管理方面，倪宁和杨玉红（2009）采用模糊集方法，研究文化企业经营过程中人才胜任力与企业能力两者间的关系[⑦]，李健（2012）也通过模糊集探讨政治联系、企业规模、政治战略和政治影响力相互间的关联和其对企业政治行为的影响[⑧]；在经济领域，也有越来越多专家学者接受并采纳定性比较分析法，约翰森等（2016）专门针对体育用品在电子商务零售业多渠道经营策略配置开展定性比较分析优化经营渠道[⑨]，夏鑫等（2014）对定性比较分析法在经济管理学领域的应用进行深入研究[⑩]。

QCA 有清晰集、多值集、模糊集三种方式。模糊集通过设立定性锚点以 0~1 之间的数来表达变量的隶属，将集合之间的关系处理为一种程度关系，这个过程既为校准。由于模糊集通过允许集合分数的刻度化而允许部分隶属，具有定距变量的优点和精准区分的能力。刘丰（2015）归纳出模糊集可以用来分析多值的定距变量，在中等样本量的情况下，比回归分析更有

① 王程韡. 腐败的社会文化根源：基于模糊集的定性比较分析 [J]. 社会科学，2013（10）：28-39.

② 唐睿，唐世平. 历史遗产与原苏东国家的民主转型——基于 26 个国家的模糊集与多值 QCA 的双重检测 [J]. 世界经济与政治，2013（2）：39-57.

③ 李良荣，郑雯，张盛. 网络群体性事件爆发机理："传播属性"与"事件属性"双重建模研究——基于 195 个案例的定性比较分析（QCA）[J]. 现代传播（中国传媒大学学报），2013，35（2）：25-34.

④ 马奔，李继朋. 我国邻避效应的解读：基于定性比较分析法的研究 [J]. 上海行政学院学报，2015，16（5）：41-51.

⑤ 岳鹏. 联盟如何在国际冲突中取胜？——基于 47 个案例的多值集 QCA 与回归分析双重检验 [J]. 世界经济与政治论坛，2015（3）：31-45.

⑥ Amenta E, Halfmann D. Who Voted with Hopkins? Institutional Politics and the WPA [J]. Journal of Policy History, 2001, 13（13）：251-287.

⑦ 倪宁，杨玉红. 基于模糊集定性比较分析方法改进胜任力建模 [J]. 工业工程与管理，2009，14（2）：109-113.

⑧ 李健. 基于模糊集定性比较分析的民营企业政治行为有效性研究 [J]. 商业经济与管理，2012（11）：48-55.

⑨ Johansson T, Kask J. Configurations of business strategy and marketing channels for e-commerce and traditional retail formats: A Qualitative Comparison Analysis（QCA）in sporting goods retailing [J]. Journal of Retailing & Consumer Services, 2016, 34（1）：326-333.

⑩ 夏鑫，何建民，刘嘉毅. 定性比较分析的研究逻辑——兼论其对经济管理学研究的启示 [J]. 财经研究，2014，40（10）：97-107.

优势①。因此，本研究采用 QCA 的模糊集检测。QCA 模糊集检测的步骤见图 14－1。

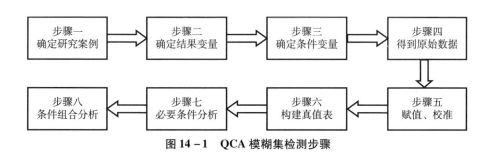

图 14－1　QCA 模糊集检测步骤

选取 QCA 作为本研究的研究方法主要有如下原因。

第一，QCA 基于整体视角而不是单独变量分析影响跨境电商生态圈构建的因素，规避了单纯的定性分析方法不够准确的缺陷。QCA 用以研究社会、政治因素之间的多重并发因果，即一个结果的产生不仅是由一个原因导致，而可能是多个原因的共同作用导致的。与社会现象相似，经济现象产生的影响因素也不是单独产生作用的。选取 QCA 方法来研究跨境电商生态圈构建的因素与本研究的研究案例相对应，跨境电商发展较好的地区往往是经济繁盛、外贸产业较为雄厚、政府政策较为完善的地区，即多种因素共同作用导致了这个结果。

第二，各地政府层面跨境电商数据的获取问题。跨境电商作为外贸新业态，各省市对其统计管理存在局限，缺少权威统一的统计数据，难以进行时间序列的实证计量。而 QCA 的实证分析不需要时间序列数据。传统计量方法多是需要大量的样本数据作为支撑，而各跨境电商综试区设立年数短，很多指标如海外仓、跨境电商协会等指标是类别变量，不随时间而改变；有些指标（如城镇化率等）是年度数据，随时间变化极小。

第三，QCA 能够系统地分析中小样本数据，符合本研究对象的案例数量。

二、研究对象选择

在跨境电商研究领域，研究对象的角度可以分为宏观视角和微观视角两

---

① 刘丰．定性比较分析与国际关系研究［J］．世界经济与政治，2015（1）：90－113.

个方面。宏观视角是对国家、省份或是行业的跨境电商进行研究，刘娟等（2018）以发达国家和发展中国家为考察对象[①]；鲁钊阳（2018）从跨境农产品行业的角度进行研究[②]。一些学者基于微观视角以企业为研究对象，赵欢庆（2018）以亚马逊为例分析[③]；李芳等（2019）以产业集群企业为研究对象。

本研究试图构建跨境电商生态圈并尝试以实证对其进行检验，因此，研究对象应当从宏观视角选取具有跨境电商发展的典型特征以及能够满足差异化发展的样本。因此，本研究的案例对象为杭州、宁波、义乌、广州、深圳、珠海、东莞、苏州、南京、无锡10个跨境电商综试区城市。选择以上城市作为研究案例有如下原因。

第一，典型性，上述选取的城市都是在全国范围内跨境电商发展较好的城市。我国跨境电商发展最好的地区集中在浙江、江苏、广东三省，仅三省的跨境电商出口交易规模比重超过74%，三省引领全国跨境电商发展。2018年广东省跨境电商出口交易规模占全国的比重超过一半，居全国第一。浙江省各项试点顺利开展，2018年跨境电商进出口创历史新高，进出口货值275.6亿元，增长44.3%[④]。江苏省跨境电商企业发展态势良好，截至2018年底，跨境出口卖家占全国整体11.3%左右，跨境网购用户占全国的6.88%，居全国第三位[⑤]。选取的10个城市均来自浙苏粤三省。另外，国家从2013年开始设立跨境电商试点城市，从2015年逐步建设跨境电商综合试验区。建设跨境电商综试区对传统外贸转型具有重大意义，不仅符合国家战略的实行，还推动了各地区的协调发展。综试区作为全国跨境电商先试先行的地区，发展的实践具有复制推广意义。

第二，差异性，我国各地跨境电商发展的状况并不均衡，选取研究对象时考虑不同地区差异化发展的程度和借鉴意义。浙江、江苏、广东三个省份作为中国跨境电商发展最好的前三名，其发展的模式和经验对其他地区具有重要的指导作用。在全国鼓励发展跨境电商的氛围下，对于浙、苏、粤三省

---

① 刘娟，王维薇，冯利. 普惠贸易视角下小额跨境电子商务对国际贸易影响的实证分析［J］. 国际商务，2018（5）：49－61.
② 鲁钊阳. 跨境农产品电商发展影响因素的实证研究［J］. 国际贸易问题，2018（4）：117－128.
③ 赵欢庆. 价值链对跨境电商生态圈的重新打造［J］. 商业经济研究，2018（12）：91－93.
④ 资料来源：电子商务研究中心监测数据. http://www.100ec.cn/home/detail－6497305.html.
⑤ 江苏2018年度回顾，最江苏. http://www.sohu.com/a/287912636_120047263.

国家层面的跨境电商的政策也大致相同，但这三省的跨境电商发展存在差异。在跨境电商出口交易规模分布上，广东占比 56.99%，浙江占比 12.84%，江苏占比 4.78%[①]，地域差距大。同时，选取三省中被设立跨境电商综试区的 10 个城市作为研究对象，既涵盖第一批（1 个）和第二批（4 个）发展较为成熟的综试区，也包括第三批（5 个）跨境电商发展较为落后的综试区，有助于形成对照。

第二节 构建跨境电商生态圈的指标与赋值

一、关键业务群的指标解释及赋值

关键业务群涉及跨境电商交易过程中的关键业务，支撑着核心业务群跨境电商平台和买卖双方的交易，保障跨境电商生态圈的顺利运行。

（一）跨境支付能力

跨境电商通过跨境支付进行资金流动。跨境支付保障资金的流动安全和交易双方合法的权益。安全、便捷的支付方式能够促使消费者进行跨境消费，也有利于抢占跨境支付市场。

根据外汇局发布的《支付机构跨境电子商务外汇支付业务试点指导意见》，将设有跨境支付牌照[②]的第三方机构的城市赋值为 1，没有跨境支付牌照的第三方机构的城市设为 0。

（二）跨境物流水平

与电子商务相比，跨境物流要经过国际物流、目的国物流配送、通关商检等诸多复杂环节，跨境物流速度慢，将严重制约跨境电商的发展。目前，我国的跨境电商多以小包快递配送至海外，因此，以国际快递件数来表示跨

---

① 资料来源：2018 中国跨境出口电商发展白皮书以及 https://baijiahao.baidu.com/s?id=1624167954668809661&wfr=spider&for=pc.

② 跨境支付牌照：国家外汇局发放给支付机构，允许其进行跨境电子商务外汇支付业务的许可证称为跨境支付牌照.

境物流的发展水平。

根据各城市的邮政管理局，本研究将大于 10 个城市国际快递件数平均值（平均值为 6 264 件）的城市赋值为 1，其余为 0。

（三）海外仓储能力

海外仓是集中转、退换货、加工维修、分销等于一体的新型仓库。对跨境电商企业而言，海外仓的快速发货大大缩短配送时间，海外仓的各类商品存货，为售后服务提供保障，有利于提高顾客的消费体验和品牌建设。但是，自建海外仓需要高昂的成本，管理压力和库存压力也是企业不得不面对的问题。

由于各地区的海外仓数量并不公开，不同省市对海外仓的衡量标准也不相同。所以，本研究从各市商务局出台的加快综试区跨境电商发展的文件中找出促进海外仓发展建设的具体措施，以此来作为衡量各跨境电商综试区海外仓发展状况的指标。政府公示的文件中，如果有资金鼓励发展海外仓建设，则赋值为 1，否则为 0。如表 14 – 1 所示。

表 14 – 1　　　　　　　　　浙苏粤 10 市海外仓政策一览

序号	城市	赋值	设立标准
1	宁波	0	
2	杭州	1	省级跨境电子商务公共海外仓建设试点名单的企业，市级财政给予不超过 20 万元的一次性资金扶持……市级跨境电子商务公共海外仓……给予不超过 75 万元的一次性资金扶持
3	义乌	1	对跨境电商应用公共海外仓开展业务的，按服务成本的 10% 给予补助，每家企业每年最高不超过 20 万元
4	广州	1	对列入国家和省级跨境电子商务"海外仓"建设项目的企业，给予资金扶持
5	深圳	1	开展海外仓业务取得银行贷款给予贴息支持……贴息总额为申报项目总投资额度内实际发生的贷款利息，每家企业的贷款贴息额度每年度最高不超过 1 000 万元
6	珠海	0	
7	东莞	1	对我市企业自建"海外仓"……运营时间满一年以上的，按其实际投入建设费用的 10% 给予一次性资助，每个项目资助金额折合人民币不超过 100 万元

续表

序号	城市	赋值	设立标准
8	苏州	1	对跨境电商企业建设或改造升级境外仓库面积在 1 000 平方米以上的，按照当年度设备投入不超过 10% 给予奖励，最高不超过 100 万元
9	南京	1	对列入省级跨境电商公共海外仓建设试点名单的企业，给予不超过省级扶持资金 50% 的支持……市级跨境电商公共海外仓……一次性不超过 100 万元的支持
10	无锡	1	支持跨境电商企业公共海外仓建设……给予公共海外仓一次性不超过 20 万元的奖励

资料来源：各市商务局发布的《……加快跨境电子商务发展的实施意见》。

（四）通关能力

单一窗口是指参与国际贸易及运输的主体通过单一平台提出标准化的信息和单证。单一窗口主要是为企业，特别是中小企业和个人，提供最便利的通关、退税等一系列服务。在跨境电商领域，单一窗口发挥的作用更大。跨境电商使用电子化方式来进行交易，更容易实现"单一窗口"的形式。跨境电商单一窗口提供数据交换枢纽和综合服务管理平台，企业通过单一窗口享受更便利的各种服务。通过单一窗口的信息共享体系将跨境电商进出口的通关业务、退税收汇业务、统计监测业务等的效率提升，确保跨境电商顺利快速地进行。

2015 年全国首个跨境电商单一窗口在杭州上线。杭州单一窗口的试行也为其他城市提供经验。将第一批设立跨境电商单一窗口的城市赋值为 1，第二批设立跨境电商单一窗口的赋值为 0.5，没有设立跨境电商单一窗口的赋值为 0。

二、技术服务群的指标解释及赋值

技术服务群涉及跨境电商交易的所有技术层面，包括信息网络建设、人才要素、创新环境等，它们服务于跨境电商核心业务群和关键业务群的所有环节，支撑着跨境电商生态圈的高效运行。

（一）信息网络建设

信息网络建设状况用互联网普及率表示，互联网普及率越高，一般来说，意味着这个国家或地区的信息化程度越高。信息化程度高的地区往往经济发展水平比较好，同时，居民对互联网的服务需求也会越高，跨境电商的市场也会更大。

该指标以互联网普及率来衡量，数据来源于各城市的2017年国民经济和社会发展统计公报。浙江、江苏、广东三省的互联网普及率的平均水平为66.63%，将大于这个水平的城市赋值为1，其余为0。

（二）自主创新能力

汪发元等（2018）认为科技创新提升产品的出口竞争能力。跨境电商依赖于互联网和技术水平，不断升级的科技从硬件上和系统上对整个流程进行优化创新[①]。不少跨境电商平台和企业都使用了资源管理系统，良好的自主创新能力可以加速系统的更新换代，促进跨境电商整体提升效率，节约成本，增大收益。

2017年我国每万人口发明专利拥有量达到9.8件。本研究将每万人口发明专利拥有量大于9.8件的城市赋值为1，其余为0。浙江省杭州、宁波、义乌该指标数据来源于浙江省知识产权局印发的《2017年浙江省每万人发明专利拥有量》，其他城市数据收集自各统计公报和知识产权局。

（三）人才储备

人才确保跨境电商每一环节的顺利进行，制约跨境电商发展的一大要素就是人才的缺乏。跨境电商涉及外贸、金融、通关、报检、法律、经济学等各种专业，还需要掌握市场的动态变化，需要的是复合型人才。跨境电商行业对于高素质的复合型人才缺口很大。

本指标用10个城市人才净流入率在全国排名表示，将人才净流入率排名在全国前十的城市赋值为1，第11名~第20名的赋值为0.5，其余赋值为0。如表14-2所示。

---

① 汪发元，郑军，周中林，裴潇，叶云. 科技创新、金融发展对区域出口贸易技术水平的影响［J］. 科技进步与对策，2018（18）：67-73.

表 14 – 2 　　　2018 年前三季度全国人才净流入率最高的城市 TOP20

排名	城市	人才净流入率（%）
1	杭州	9.81
2	宁波	9.17
3	长沙	6.43
4	贵阳	5.11
5	成都	4.61
6	西安	4.38
7	武汉	3.54
8	深圳	3.32
9	佛山	2.39
10	无锡	2.35
11	上海	1.24
12	郑州	1.04
13	济南	0.99
14	南京	0.6
15	广州	0.33
16	常州	0.24
17	北京	0.11
18	重庆	– 0.04
19	苏州	– 0.3
20	青岛	– 0.37

资料来源：猎聘大数据研究院. 2018Q1 ~ Q3 全国人才净流入率最高的城市 TOP20.

三、政策制度环境的指标解释及赋值

跨境电商受政策等制度环境的影响，包括相关法律法规政策、资金补贴、园区保护等，其对三大业务群给予保障和约束。

（一）跨境电商协会

跨境电商协会的主要职责是帮助企业培训具有专业素养的员工，促进会员的交流，为跨境电商不同行业和企业提供宣传服务等工作，协助政府相关部门更好地管理跨境电商企业，有利于促进跨境电子商务的创新和发展。

10个城市中将已设立跨境电商协会的城市赋值为1，其余为0。

（二）电子商务发展基础

电子商务是跨境电商的前身。交易主体通过电子商务平台进行国际商业活动，所以电子商务的建设为跨境电商提供了平台、资源、技术、人才等资源。电子商务基础好的地区更容易发展跨境电商。

根据商务部发布的《商务部关于开展国家电子商务示范基地创建工作的指导意见》，以设有国家级电子商务示范基地来表示这个指标，设有国家级电子商务示范基地的城市赋值为1，没有国家级电子商务示范基地的赋值为0。

（三）跨境电商企业专项资金补贴

财政补助是政府扶持跨境电商发展的直接政策。传统外贸企业在有政府的资金支持下也能减少转型的顾虑。

不同城市跨境电商的财政补助政策不同，该指标以10个城市各政府出台的跨境电商专项资金管理办法中明确指出对跨境电商企业申报项目的最高资助额来表示。10个城市平均资助额为163万元，将各城市大于这个数值的城市赋值为1，其余为0。如表14-3所示。

表14-3　　　　　　浙苏粤10市跨境电商财政补贴政策一览

序号	城市	赋值	设立标准
1	宁波	0	申报2017年度网络零售额达……500万美元以上的，给予……不超过30万元的一次性资金扶持
2	杭州	1	对落户本市的跨境电子商务企业，落户首年跨境电子商务进出口额超过1亿美元给予不超过500万元的一次性资金扶持
3	义乌	0	每家企业的补助每年最高总额不超过50万元
4	广州	1	……跨境电商公共服务平台最高补助500万元
5	深圳	1	……跨境电子商务综合服务类项目：单个项目的资助上限为300万元，且不超过项目投资额的50%

序号	城市	赋值	设立标准
6	珠海	0	……在其当年纳入海关 1210、9610 贸易方式代码统计的外贸额首次达到 500 万美元的年度，一次性给予 100 万人民币的扶持
7	东莞	0	对开展电子商务零售进出口业务的监管场所经营企业，年进口值 1 000 万美元以上的，按其每年新增纳入海关进口统计金额的 0.1% 予以奖励，每年最高奖励不超过 100 万元
8	苏州	1	对年跨境电商实绩超过 6 亿元人民币的平台，按照当年度新入驻有跨境电商实绩的企业每家 2 万元人民币给予平台资金奖励，最高不超过 300 万元
9	南京	0	申报主体为在境外注册自有商标，并形成跨境电商业绩的企业，按企业注册费用 80% 给予扶持，每家扶持总额不超过 20 万元。对跨境电商企业以自主境外品牌销售，且 2016 年度销售额达到…… 5 000 万元的，……给予 30 万元的一次性奖励
10	无锡	0	……对通过跨境电子商务（海关代码 9610）实现年度销售额 20 万美元以上的企业给予每出口 1 美元不超过 0.1 元人民币的补贴，最高支持金额不超过 30 万元

资料来源：各市商务局发布的《关于加快跨境电子商务创新发展示范区建设的若干意见》，珠海市发布《珠海保税区、珠澳跨境工业区珠海园区电子商务产业发展扶持资金管理办法》，苏州市数据来自《市政府印发关于促进中国（苏州）跨境电子商务综合试验区发展的若干政策的通知》。

四、经济外贸环境的指标解释及赋值

经济外贸环境不仅是指地区的经济发展水平，而且是与经济发展相关的要素及所在地区的外贸基础和国际贸易的参与程度、人口规模水平和产业规模。即使是经济较为发达的浙江、广东、江苏地区，不同城市间也存在较大的差异。

（一）产业规模

跨境电商的发展依托于相应的产业，当产业发展到一定规模，这一行业的竞争性企业以及相应的合作企业就可能形成产业集群。产业规模越大，形成的产业集群越有利于发挥资源共享效应和集聚效应，也越容易发生交易。产业集群还有利于形成区位品牌，帮助跨境电商企业走向国际。

根据中华人民共和国工业和信息化部发布的产业集群区域品牌建设试点

的名单①，拥有产业集群区域品牌建设试点数目大于 10 个城市平均数的赋值为 1，低于 10 个城市平均值但拥有至少 1 个产业集群品牌试点的赋值为 0.5，没有产业集群品牌试点的城市赋值为 0。

10 个城市拥有的产业集群区域品牌名单如表 14 - 4 所示。

表 14 - 4 产业集群区域品牌试点名单

城市	产业集群	数量
杭州		0
宁波	模具、文具、时尚纺织服装产业	3
义乌		0
广州	牛仔服装、互联网	2
深圳	深圳内衣、眼镜产业	2
珠海	电子信息产业	1
东莞	清溪光电通讯	1
南京	软件产业	1
苏州	电梯、智能装备制造产业	2
无锡	物联网	1

资料来源：中华人民共和国工业和信息化部发布的产业集群品牌建设试点。

（二）经济基础

为了避免研究对象的经济总量差异对结果的影响，本指标选取人均 GDP 来衡量地区的经济发展状况。人均 GDP 是用某地区的 GDP 总量除以该地区的常住人口数，是衡量经济发展状况的宏观经济指标之一。一个地区的经济发展状况越好，越能激发企业的活性，促使企业参与对外贸易。根据 2017 年 10 个城市统计公报的人均 GDP，将大于浙江、江苏、广东三省人均生产总值（91 550. 24 元）的城市赋值为 1，其余为 0。

（三）外贸依存度

该指标是指进出口总额占地区 GDP 的比重，是反映一个国家或地区对

---

① 中华人民共和国工业和信息化部. 产业集群区域品牌试点工作组织实施单位和产业集群名单. http://www.miit.gov.cn/n1146285/n1146352/n3054355/n3057497/n3057498/c5745564/content.html.

外贸的依附程度和对国际经济的参与程度。一般来说，外贸依存度和对外开放程度呈正比的关系。外贸依存度高的地区外贸地位越重要。跨境电商是跨越关境的国际商业活动。该地区的对外开放程度和外贸地位越高，越能促使消费者通过跨境电子商务平台进行跨境交易和国际贸易的活动。同时，在经济全球化的背景下，传统的对外贸易也正需要转型升级，对新型国际贸易方式如跨境电商的需求也会越来越大。常成（2015）通过向量自回归模型证明对外贸易的持续增长能促使跨境电商的发展，两者的作用是相互的①。

根据 2017 年 10 个城市的外贸进出口额和 GDP 数据，计算外贸依存度，将外贸依存度大于浙江、江苏、广东三省的外贸依存度（58.81%）的城市赋值为 1，其余为 0。

（四）城镇化率

城镇化率是衡量一国或地区的社会经济发展水平和程度的重要标志，是指该地区城镇常住人口占常住人口的比例。城镇化意味着人口从农村向城市的迁移、生产方式和产业结构的转变、社会和经济发展的进步、人们生活水平的提高。这些因素都会促使跨境电商的发展。阴雪松（2017）认为，大量剩余劳动力从农村转移到城市即从农业部门集聚到工业部门，有利于提高城市累积的资本存量并形成更大的产业规模，进一步降低交易成本，有利于发展出口贸易②。

根据世界银行统计，城镇化水平达到 75% 为高收入国家，城镇化水平达到 60% 为中等收入国家。本研究将各市统计公报中的城镇化率达到 75% 以上的城市赋值为 1，其余为 0。

五、竞争机构的指标解释及赋值

一个地区跨境电商活跃的企业数目越多意味着该地区跨境电商发展氛围越好，也存在较多的竞争关系。无论是现有的还是潜在的竞争对手，会给企业带来一定的威胁，但也会促进发挥区域产业集聚效应和帮助企业在生态链

---

① 常成. 跨境电子商务与贸易增长的互动关系研究［D］. 沈阳工业大学，2015.
② 阴雪松. 人口结构变动对地区外贸出口的影响：基于 31 个省份的实证研究［D］. 浙江工商大学，2017.

中明确竞争优势，推动该区域生态圈建设。

根据数据可知，三省活跃跨境电商企业没有统一的统计标准，因此以主营跨境电商业务或者建立了跨境电商业务的上市企业来表示该指标，并以这些公司的注册地来划分区域。三省 10 市的跨境电商上市公司名单见表 14 - 5。这 10 个城市共 44 家涉及跨境电商业务的公司上市，平均每个城市 4.4 家。本研究将上市公司数目大于 4.4 的城市赋值为 1，没有上市公司的赋值为 0，其余为 0.5。

表 14 - 5　　　　　　　　　　三省 10 市跨境电商上市公司一览

城市	上市公司	数目
杭州	巨星科技、物产中大、联络互动、浙江东方、浙商中拓、恒生电子、九鼎投资	7
宁波	遨森、广博股份、宁波联合、世贸通	4
义乌	华鼎股份、小商品城	2
广州	汤臣倍健、三雄极光、摩登大道、嘉诚国际	4
深圳	傲基电商、百事泰、价之链、有棵树、赛维电商、跨境翼、爱淘城、茂硕电源、银之杰、爱施德、赫美集团、歌力思、天虹股份、腾邦国际、人人乐、怡亚通、普路通、东方嘉盛、华鹏飞	19
珠海	智慧能源、珠海港	2
东莞		0
南京	天泽信息、苏宁易购、焦点科技	3
苏州	新宁物流、飞力达	2
无锡	择尚科技	1

资料来源：笔者收集整理而得。

本研究以 10 个城市的跨境电商进出口交易额设为结果变量。选取的 10 个城市相对来说是跨境电商发展较好的城市，为了将跨境电商发展较好的城市都覆盖在结果变量为 1 的城市里，将跨境电商交易额大于 10 个城市跨境电商交易额中值 281.35 的城市赋值为 1，其余为 0。根据本节内容得到指标一览表 14 - 6。

表 14-6 指标及模糊集检测赋值标准

	指标名称	指标类别	指标赋值标准	数据来源
结果变量	各市跨境电商进出口额（y）	连续变量	跨境电商进出口额大于 200 亿赋值为 1，其余赋值为 0	各城市的 2017 年国民经济和社会发展统计公报、各城市统计局官网、各市商务局

	一级指标	二级指标	指标类别	指标赋值标准	数据来源
条件变量	关键业务群（X1）	跨境支付能力（C1）	类别变量	将设有跨境支付牌照的第三方支付机构赋值为 1，没有为 0	外汇局发布的《支付机构跨境电子商务外汇支付业务试点指导意见》
		通关能力（C2）	类别变量	将第一批设立跨境电商单一窗口的城市赋值为 1，第二批设立跨境电商单一窗口的赋值为 0.5，没有设立跨境电商单一窗口的赋值为 0	各市跨境电商单一窗口官网
		跨境物流水平（C3）	连续变量	将大于 10 个城市国际快件数平均值（6 264 件）的赋值为 1，其余为 0	各市邮政管理局
		海外仓储能力（C4）	类别变量	政府公示的文件中，如果有资金鼓励发展海外仓建设，则赋值为 1，否则为 0	各市商务局公示的加快综试区跨境电商发展的文件
	技术服务群（X2）	信息网络建设（S1）	连续变量	浙江、江苏、广东三省的互联网普及率的平均水平 66.63%，将大于这个水平的赋值为 1，其余为 0	2017 年国民经济和社会发展统计公报《中国信息社会发展报告》
		自主创新能力（S2）	连续变量	每万人口发明专利拥有量大于 9.8 的赋值为 1，其余为 0	各城市 2017 年国民经济和社会发展统计公报、各市知识产权局
		人才储备（S3）	类别变量	人才净流入率排名在全国前 10 的赋值为 1，在第 11~第 20 名的赋值为 0.5，其余赋值为 0	猎聘大数据研究院
	政策制度环境（X3）	跨境电商协会（G1）	类别变量	有赋值为 1，否则为 0	各协会官网
		电子商务发展基础（G2）	类别变量	设有国家级电子商务示范基地的赋值设为 1，没有国家级电子商务示范基地的赋值为 0	《商务部关于开展国家电子商务示范基地创建工作的指导意见》
		跨境电商财政补贴（G3）	类别变量	将各城市跨境电商专项资金补贴大于 163 万元的赋值为 1，其余为 0	各政府出台的跨境电商专项资金管理办法

续表

一级指标	二级指标	指标类别	指标赋值标准	数据来源
条件变量	经济外贸环境（X4）	产业规模（E1）	类别变量	拥有产业集群品牌试点数大于10个城市平均数的赋值为1，低于10个城市平均值但拥有至少1个的赋值为0.5，没有任何一个产业集群品牌试点的城市赋值为0	中华人民共和国工业和信息化部发布的产业集群区域品牌建设试点的名单
		经济基础（E2）	连续变量	根据2017年10个城市的人均GDP，将大于浙江、江苏、广东三省人均生产总值（91 550.24元）的城市赋值为1，其余为0	各城市的2017年国民经济和社会发展统计公报
		外贸依存度（E3）	连续变量	外贸依存度大于58.81%的赋值为1，其余为0	各市2017年国民经济和社会发展统计公报
		城镇化率（E4）	连续变量	城镇化率达75%以上的赋值为1，其余为0	各城市的2017年国民经济和社会发展统计公报、各市统计局
	竞争机构（X5）	跨境电商活跃企业（F1）	类别变量	10个城市涉及跨境电商业务的上市公司数目大于4.4的赋值为1，没有上市公司的赋值为0，其余为0.5	跨境电商上市公司

跨境电商生态圈构建的定性比较分析

本章基于第十四章的研究对象、研究方法的确立和指标的解释赋值进行跨境电商生态圈的比较分析和实证检验。根据现阶段能获取的原始数据（见附录9），进行QCA的模糊集检测。

第一节　数据处理与必要性分析

一、建立真值表

跨境电商生态圈的部分指标比如跨境电商财政补贴、外贸依存度等连续变量在我国目前的国情之下近年来不会有明显的波动，而跨境支付能力、跨境电商协会等类别变量可以预见在未来一定时期内都不会有变化。因此，本节基于指标的科学性和数据的可得性只选取截面数据来进行实证分析。在3~5年后，再更新相应的指标和数据进行实证分析，对照本研究的实证结果检验理论的合理性（见表15-1）。

表15-1　　　　　　　　　　真值表一览

城市	Y	C1	C2	C3	C4	S1	S2	S3	G1	G2	G3	E1	E2	E3	E4	F1
杭州	1	1	1	1	1	1	1	1	1	1	1	0	1	0	1	1
宁波	1	0	0.5	0	0	1	1	1	1	1	0	1	1	1	0	0.5

续表

城市	Y	C1	C2	C3	C4	S1	S2	S3	G1	G2	G3	E1	E2	E3	E4	F1
义乌	1	0	0	1	1	1	0	0	1	1	0	0	0	1	0	0.5
广州	0	0	0.5	1	1	1	1	0.5	1	1	1	1	1	0	1	0.5
深圳	1	1	0.5	1	1	1	1	1	1	1	1	1	1	1	1	1
珠海	0	0	0	0	0	1	1	0	0	0	0	0.5	1	1	1	0.5
东莞	0	0	0	0	0	1	1	0	1	0	0	0.5	1	1	1	0
南京	0	1	0	1	1	0	0	0.5	0	1	0	0.5	1	0	1	0.5
苏州	0	0	0.5	0	1	0	0	0.5	1	1	1	1	1	0	1	0.5
无锡	1	0	0	0	1	0	1	0	1	1	0	0	0.5	0	1	0.5

资料来源：根据表14-6和原始数据（见附录9）赋值得出。

二、必要性分析

必要性分析是指判断各个条件变量在多大程度上是结果变量的必要条件，测量出条件变量对结果的覆盖率来表示对结果的解释力度。在 QCA 实际操作中，往往是将一致性和覆盖率作为检验结果可靠性的指标。本研究采用复旦大学复杂角色研究中心 2014 年发布的 fmQCA 软件进行计算。

一致性表示条件变量在多大程度上构成结果变量的充分条件，即 X 子集能在多大程度上推出 Y。覆盖率则表示给定的条件或条件组合在多大程度上能解释结果变量，即描述 X 子集在引致 Y 集合路径的唯一性程度，如表 15-2 所示。

表 15-2 　　　　　　　　必要性分析表 1

变量名	一致性	覆盖率
跨境支付能力（C1）	0.4	0.66666
通关能力（C2）	0.4	0.66666
跨境物流水平（C3）	0.6	0.6
海外仓储能力（C4）	0.8	0.5
信息网络建设（S1）	0.8	0.57142
自主创新能力（S2）	0.8	0.44444

续表

变量名	一致性	覆盖率
人才储备（S3）	0.8	0.72727
跨境电商协会（G1）	0.8	0.57142
电子商务发展基础（G2）	1.0	0.625
跨境电商财政补贴（G3）	0.4	0.5
产业规模（E1）	0.5	0.4166
经济基础（E2）	0.8	0.44444
外贸依存度（E3）	0.6	0.5
城镇化率（E4）	0.6	0.375
竞争机构（F1）	0.7	0.63636

资料来源：根据软件计算得出。

一致性相当于回归分析中系数的显著程度，表明条件变量和结果变量之间的一致程度。一致性越接近1，说明条件变量组合越接近结果变量的解释条件。条件变量是结果的必要条件的标准是一致性要≥0.9。在15个条件变量中，达到必要条件的是G2（电子商务发展基础），其一致性为1，即在结果变量中，跨境电商交易额达281.35亿元以上城市的电子商务发展基础都比较好。这表明电子商务基础对跨境电商的发展具有促进作用，同时也印证了一级指标政府的政策给了跨境电商发展强有力的支持。

海外仓储能力（C4）、信息网络建设（S1）、自主创新能力（S2）、人才储备（S3）、跨境电商协会（G1）、经济基础（E2）的一致性为0.8，接近了必要条件的标准。为了检测上述结果的稳健性，对结果变量的赋值标准进行更改。跨境电商交易额的赋值标准提高为10个城市的跨境电商交易额平均值617.9亿元，将Y大于617.9亿元的赋值为1，其余为0。

以下为稳健性检测的结果（见表15-3）。

表15-3 必要性分析表2

变量名	波动性	一致性
跨境支付能力（C1）	↑	0.5
通关能力（C2）	↑	0.5

变量名	波动性	一致性
跨境物流水平（C3）	↑	0.75
海外仓储能力（C4）	↓	0.75
信息网络建设（S1）	↑	1.0
自主创新能力（S2）	↓	0.75
人才储备（S3）	↓	0.75
跨境电商协会（G1）	↑	1.0
电子商务发展基础（G2）	↑	1.0
跨境电商财政补贴（G3）	↑	0.5
产业规模（E1）	↓	0.5
经济基础（E2）	↓	0.75
外贸依存度（E3）	↑	0.75
城镇化率（E4）	↓	0.5
竞争机构（F1）		0.75

资料来源：根据软件计算得出。

经过稳健性检测，电子商务发展基础（G2）的一致性仍为1，而跨境电商协会（G1）、信息网络建设（S1）的一致性上升至1，达到必要条件的标准。即在10个案例里，跨境电商交易额超过617.9亿元的城市中没有一个城市没有设立跨境电商协会。同时，在结果变量中，跨境电商交易额超过617.9亿元的城市中没有一个城市的互联网普及率低于66.67%。

跨境物流水平（C3）、外贸依存度（E3）、竞争机构（F1）在稳健性检测后一致性上升且接近于1，虽然没有达到必要条件的标准，但仍需重点关注。海外仓储能力（C4）、自主创新能力（S2）、人才储备（S3）、经济基础（E2）的一致性从0.8经稳健性检测后降至0.75，在更高赋值标准的情形下对结果的解释力度变弱。

上述两个检测表明，电子商务发展基础（G2）、跨境电商协会（G1）、信息网络建设（S1）这三个条件变量对跨境电商发展具有重要且稳定的影响。

除了这三个条件变量，其他12个条件变量在稳健性检测中都未达到必要条件的门槛。因此，需要对这12个变量进行条件组合分析。

第二节　条件组合及跨境电商生态圈构建路径分析

一、条件组合分析

条件组合分析是指在单个条件变量不构成必要条件的情况下，测量条件变量的不同组合方式对结果的影响。在必要条件检测中，电子商务发展基础（$G2$）是必要条件，跨境电商协会（$G1$）、信息网络建设（$S1$）在更高赋值标准的结果变量的稳健性检测中是必要条件，因此，这三个条件变量不再进行条件组合分析。又因为 QCA 的测算遵循着当给定 k 个前因条件，存在 2^k 个因果论断的规律，即在 10 个样本中，QCA 的模糊集只能处理 3~4 个变量，因此需要尝试不同的组合来分批次处理这 12 个变量。条件组合分析表 1 见表 15 - 4。

表 15 - 4　　　　　　　　　　条件组合分析表 1

条件	一致性	覆盖率
[$C1$] * [$C2$]	1.0	0.3
[$C1$] * [$G3$]	1.0	0.4
[$C3$] * [$E3$]	1.0	0.4
[$C1$] * [$E3$]	1.0	0.2

资料来源：根据软件计算得出。

在条件组合分析中，一致性达到 1 的组合共有四组，即在这 10 个跨境电商综合试验区城市中，跨境电商发展情形良好的有四种情况：（1）较好的跨境支付能力和通关能力；（2）较好的跨境支付能力和跨境电商财政补贴；（3）跨境物流水平和较高的外贸依存度；（4）跨境支付能力和较高的外贸依存度。其中，第二组（[$C1$] * [$G3$]）和第三组（[$C3$] * [$E3$]）的覆盖率最高为 0.4，也就是说对结果的影响最大。

提高结果变量的赋值标准，将结果变量 Y 从 281.35 提高到跨境电商交易额平均值 617.9，稳健性检测得到条件组合分析表 2（见表 15 - 5）。结果表明，在四个条件组合的覆盖率都上升，结果仍是稳健的。

表 15 - 5　　　　　　　　　　　　条件组合分析表 2

条件	一致性	波动性	覆盖率	波动性
[C1] * [C2]	1.0	—	0.375	↑
[C1] * [G3]	1.0	—	0.5	↑
[C3] * [E3]	1.0	—	0.5	↑
[C1] * [E3]	1.0	—	0.25	↑

资料来源：根据软件运算得出。

二、跨境电商生态圈构建路径分析

第一，跨境支付能力（C1）和跨境电商财政补贴（G3）的条件组合的覆盖率最高，达到了 0.5。跨境电商支付能力赋值为 1 的城市都同时具有较高的跨境支付能力和跨境电商财政补贴。杭州具有第三方支付牌照的连连支付服务中国超过 39 万家的跨境电商出口卖家，同时移动支付业务也涉及多个领域，还获得了美国、英国等地的支付牌照，累计交易突破 27 000 亿元[①]。杭州还专门出台跨境电商专项资金补贴的文件，对于跨境电商主体的培育、品牌培育、人才引进、园区建设、海外仓储建设、金融体系建设等都明确规定了鼓励的财政措施和具体资金补贴[②]。南京的易付宝挂牌了跨境外汇支付业务牌照，拓展了客户资源，增加了客户黏性，为南京跨境支付能力差异化的竞争提供了强有力的武器。同时，南京市政府也印发了跨境电商专项资金的文件，对自主品牌、跨境电商垂直平台、综合服务平台等项目给予财政支持[③]，促进跨境电商的发展。

第二，跨境物流水平（C3）和外贸依存度（E3）这组条件组合的覆盖率也是最高，达到了 0.5。外贸依存度较高的几个城市如宁波、义乌、深圳、苏州也同时重视跨境物流的建设。

---

① "八项举措"着力打造"全国数字经济第一城". 杭州日报，http：//www. hangzhou. gov. cn/art/2019/3/2/art_812262_30588840. html.

② 杭州市人民政府关于加快跨境电子商务发展的实施意见（杭政函〔2016〕188 号）. http：//www. hangzhou. gov. cn/art/2017/1/9/art_1241194_3959. html.

③ http：//www. njeca. org. cn/index. php？m = content&c = index&a = show&catid = 6&id = 4549.

宁波作为传统外贸强市，2017 年进出口规模位列全省第一。宁波跨境电商物流不断提升，基于口岸优势建立服务于跨境电商的产业园区和示范区①，改变单一公共仓运作方式，大幅扩容跨境仓，形成开放新优势②。义乌小商品外贸全球闻名，并享有物流优势。义乌利用国际贸易综合改革试点政策优势，快递行业形成的规模效应，空陆港的运邮优势助推跨境电商发展③。深圳作为我国外贸进出口的集聚区，对外开放程度一直很高。2017 年深圳出口额位列内地大中城市首位，实现 25 连冠。深圳夯实商贸物流产业，加大跨境电商招商的力度④。苏州外贸产业和物流规模并重⑤，纺织业、轻工业、装备制造业产业基础良好，高达 90% 的外贸企业开展跨境电商业务。刘卜榕等（2019）通过因子分析和聚类分析得出苏州在江苏省物流发展水平最高⑥。

第三，第一组条件组合较好的跨境支付能力（$C1$）和通关能力（$C2$）检测结果依然稳健，并且覆盖率有所提升，表明通关能力因素对跨境电商生态圈的重要性。

通关能力赋值为 1 的城市只有杭州。杭州重视通关全流程，多项措施齐头并进，通过建设整合线上线下两大平台，"单一窗口"给予补贴，致力于提高通关效率⑦。宁波、广州、深圳、苏州通关能力赋值为 0.5，这 4 个城

---

① 政府加快建设宁波（中东欧）邮政跨境电子商务创新园、驿淘电商产业园等跨境电商园区载体. http：//www. nbcom. gov. cn/art/2018/1/9/art_17357_2876797. html.

② DHL、联邦、顺丰等大型快递企业已在宁波设立分公司，菜鸟网络建设了首个专门服务于跨境进口商品的大仓。宁波跨境仓储通过"公共仓 + 自营仓"的模式改变了原先单一的公共仓运作模式。宁波口岸是中国和中东欧货运的重要中转站，"16 + 1"经贸合作示范区建设列入《中国—中东欧国家合作布达佩斯纲要》. http：//www. nbcom. gov. cn/art/2018/1/23/art_17354_2827877. html.

③ 义乌建立国际陆港发展机制，义乌保税物流中心、义乌机场航空口岸、义乌铁路海关监管场所三大平台通过国家验收；"义新欧"中欧班列实现常态化运邮，每周达约 1 万票；全市跨境快递日均 30 万票，位居全国第四，国内快递物流价格全国性价比最高. http：//www. zjdpc. gov. cn/art/2015/1/7/art _ 114 _ 703251. html；http：//www. yw. gov. cn/11330782002609848G/a/zxyw/mryw/201901/t20190102_3625011_2. html.

④ 深圳推进 DHL 跨境电商货物华南分拨中心、京东物流等项目汇聚深圳，主动接触网易考拉、海仓科技等企业. http：//www. sz. gov. cn/stztgs/sztztgs/xxgk/ghjh/ndzj/201802/t20180208 _ 10776804. htm.

⑤ 在海关总署统计的 2017 年中国外贸百强城市排行榜中苏州位列全国第四. https：//www. maigoo. com/news/507230. html.

⑥ 刘卜榕，杨力，韩静. 江苏省城市物流发展水平综合评价研究［J］. 黑龙江工业学院学报，2019（2）：76 - 80.

⑦ 杭州通过设立线上的综合服务平台和线下园区平台整合了两大平台，实现跨境电商生态圈中商流、资金流、信息流三流合一。杭州"单一窗口"为通关、查验给予补贴，单证审核比例从100% 降至 5%，查验率从 4% 降到 2%，企业出口货物申报时间最多 50 秒，提高了注册在杭州的外贸综合服务企业、为杭州服务的外贸货运代理企业、报关行的通关效率. http：//www. sohu. com/a/197298035_99942880.

市对海关监管、通关效率也各有措施推进。宁波创新海关监管，从跨境电商进口业务①、风险认定②、检验检疫③等多方面推进跨境电商生态圈发展。广州海关全力支持跨境电商发展，创新制度推动跨境电商多元化发展④。海关整合检验检疫业务提高通关效率；多方措施建立海陆空铁多式联运物流体系⑤；以技术为支撑创建溯源系统实现精准监管⑥；采集大数据创新口岸管理⑦；创新出口监管模式引领全国⑧，形成了从政策优惠、平台集聚到物流便捷、金融创新完整的跨境电商生态圈。深圳创新检验检疫八大可复制可推广的模式，通关速度明显提升、企业成本下降⑨。政府推出 20 项改革措施来推进通关监管改革等达到营造一流国际营商环境的目的⑩。苏州海关对接江苏沿江沿海港口一体化建设，全面推进通关一体化改革。苏州海关隶属于南京海关管辖，一方面实行南京海关发布的支持江苏省开放型经济的相关措施⑪；另一方面享受跨境电商综试区的利好政策，不断优化完善线上平台建

---

① 宁波实施"集中查验、分散仓储、多点放行"监管模式，保税区跨境电商进口业务成绩亮眼．http：//www. nbcom. gov. cn/art/2018/7/12/art_17354_2827703. html.

② 宁波海关对低风险单证实行快速放行，取消了跨境电商高风险能力认定制度，提高通关效率．http：//www. nbcom. gov. cn/art/2017/11/17/art_17626_2354765. html.

③ 检验检疫局简化通检手续，设立全国首个检测无费区．http：//www. nbcom. gov. cn/art/2018/1/9/art_17307_2844309. html.

④ 广州海关推出 25 项自贸试验区自主创新制度，其中 3 项在全国、8 项在全省复制推广。2017 年，广州"直购进口""一般出口""网购保税进口""特殊监管区域出口"以及 B2B 业务等全模式均已落地。

⑤ 广州海关于 2015 年在南沙率先启动"互联网 + 易通关"改革，"陆海空邮"全方位启动。"粤港跨境货栈"在粤港海关合作的基础上，运用跨境快速通关系统，实现香港机场与南沙保税港区一站式"空陆联运"，推动更多粤港澳大湾区物流在南沙集聚，逐步形成以南沙为中心，沟通粤港澳，辐射整个泛珠三角地区的海、陆、空、铁多式联运物流体系．http：//www. gzboftec. gov. cn/gzboftec/smzx_dwmy/201811/fe1f1a9a4790484a839f6ba701f95bab. shtml.

⑥ 广州海关依托全国首创的全球质量溯源体系，即"智检口岸"公共服务平台和质量信息接入、溯源码标识、质量溯源查询系统为技术支撑，引入溯源体系之后，跨境电商平均通检时间仅为 29 秒．http：//www. gzcoc. gov. cn/gzboftec/smzx _ dwmy/201711/81062a8f46e743dd8f159a2317823357. shtml.

⑦ 广州还率先研发建设口岸通关时效评估系统，实现了对进出口货物通关物流各环节状态数据的采集，形成了涵盖港口码头、进出口企业以及海关、原检验检疫、边检、海事、港务、口岸办等口岸管理单位的大数据，创新口岸管理．http：//www. gzcoc. gov. cn/gzboftec/smzx_dwmy/201811/6ed6aea8c6934c7eaaafa84c5aecba4c. shtml.

⑧ 广州在全国率先实施的"清单核放、汇总申报"的跨境电商出口监管模式解决了电商企业通过邮递方式出口小件货物退税困难的问题，这项创新模式已在全国推广．http：//www. gzcoc. gov. cn/gzboftec/smzx_dwmy/201802/d79403727be4409f882b9c05d6ff539c. shtml.

⑨ 余璐．前海跨境电商入区货值近 15 亿元．深圳商报．http：//szsb. sznews. com/html/2016 - 05/10/content_3520734. htm.

⑩ http：//m. people. cn/n4/2018/0211/c1500 - 10541955. html.

⑪ 苏州海关确保压缩货物通关时间 1/3，开发应用海关"多证合一、掌上备案"系统，对海关高级认证企业实施联合激励，对失信企业实施联合惩戒．http：//www. commerce. gov. cn/Info_Detail. aspx? id = AE9BF8DE - 32E5 - 47D9 - 8298 - 42894A62A502.

设，优化海关监管资源配置。

第二组和第三组两组条件组合覆盖率最高说明在跨境电商发展得越好的城市，跨境电商财政补贴和跨境支付能力、跨境物流水平和较高的外贸依存度的组合影响就越重要。第一组和第四组重复出现了跨境支付能力（$C1$）和外贸依存度（$E3$），说明这两个指标的出现是构建跨境电商生态圈的必要路径。第一组出现的通关能力（$C2$）通过稳健性检测，显示了通关在跨境电商生态圈的重要性。而检测结果显示，经济基础的人均 GDP、城镇率、海外仓、人才储备、自主创新能力、产业规模没有出现在组合中，说明相对来说其对跨境电商的影响没有那么重要。而竞争机构在必要性分析和条件组合分析中都没有出现，说明该项因素对跨境电商生态圈的建设没有太大的作用。

第
十
六
章

研究结论与启示

第一节 研究结论

本篇关注跨境电商生态圈构建的研究，从 QCA 模糊集检测的结果来看，关键业务群、技术服务群、政策制度环境和经济外贸环境是跨境电商生态圈建设的重要部分。跨境电商协会（G1）、电子商务发展基础（G2）、信息网络建设（S1）在更高赋值标准的稳健性检测中是必要条件。跨境支付能力（C1）和跨境电商财政补贴（G3）、跨境物流水平（C3）和外贸依存度（E3）是在更高赋值标准中最重要的条件组合。同时，通关能力（C2）和跨境支付能力（C1）是条件组合分析中重要的组合。从而得到如下结论。

一、技术服务群是跨境电商生态圈各环节顺利进行的基础

信息网络建设（S1）在稳健性检测后的必要性分析达到1，表明信息网络对跨境电商发展的必要性。跨境电商与传统外贸的一大区别就在于跨境电商的交易依赖互联网和信息技术的发展。杭州市积极打造数字城市、数字经济，全面更新技术网络设施。宁波市举办跨境电商互联网主题大会，吸引网易、苏宁等有实力有前景的跨境电商互联网企业。当企业面向顾客端时，消费者最直观的是看到产品的网络页面，如何提升网站的流量、把网站的流量转化为订单，都与网络技术密切相关。

信息的共享能够帮助企业快速收集所需的数据和信息，但涉及整个跨境

电商价值链流程的不同环节来源于不同的部门，包括政府和企业，而政府之间是独立的。通过建立统一跨境电商信息合作和共享机制能够为跨境电商资金流、物流、信息流的"三流合一"提供数据支持。因此建立第三方平台和大数据平台对跨境电商的发展具有促进作用。

搭建大数据应用平台，通过对企业数据进行分析作为对企业信用的综合评价，以作为外贸交易的参考和企业对接金融、物流服务的决策支持；通过互联网和云计算技术，将涉及跨境电商各环节的数据进行统计分析，为政府监管部门和企业提供各类数据分析和决策依据；建设智能物流，跟进物流信息和提供引流服务，对物流企业服务能力、海外仓仓储信息、进出口订单信息进行综合分析，帮助解决跨境物流成本高、时效慢的物流问题；对各政府部门、金融机构、监管部门等监测数据进行挖掘分析，建立风险指标，定义跨境电商行业中的市场风险、行业风险、经营风险，为广大跨境电商企业规避风险。

二、政策制度环境仍引领跨境电商生态圈的发展方向

在《西方世界的兴起》中诺斯（1998）提出，"制度构成一个社会的激励结构"。因此现阶段浙江省乃至中国跨境电商的发展也需要依托良好的制度环境为其发展设立有效的保障和激励机制。研究发现如下几点。

（1）电子商务发展基础（$G2$）是跨境电商发展的基石。$G2$ 在两次必要条件检测中一致性均达到 1，表明 $G2$ 对跨境电商发展的重要作用。设立国家级电子商务示范基地能够帮助政府和企业形成联系平台，充分发挥政策的杠杆和引导作用。增强政策的针对性，引导当地电子商务产业与相关服务业的协同，发挥电子商务产业的区域辐射能力。10 个跨境电商综试区中，只有两个综试区东莞和珠海的电子商务基础较为薄弱，其余地区均赋值为 1，与之相对的结果变量赋值也为 1。创建国家级的电子商务示范基地，必然会出台相对应的配套措施，如国务院出台相关文件政策引导国家级电子商务示范基地与快递物流园区融合发展，形成产业集聚效应[①]。第一批国家级电子商务基地的杭州市西湖区文三街电子信息街具有税收、贷款、租金优惠政

---

① 国务院办公厅关于推进电子商务与快递物流协同发展的意见. http：//www. jinhua. gov. cn/11330700002592599F/xxgkml/sjbmxxgk/002485136/02/gfxwj_7501/201803/t20180305_2059863. html.

策，人才引进政策，企业扶持政策，资质专项资金申报支持政策等。通过基地的政策优势和服务环节，吸引跨境电商企业纷纷入驻园区形成产业集群，发挥集聚效应。同样是杭州的西湖区文三街电子信息街，入驻电子商务企业已超 600 家，电子商务交易额超过 80 万元①。

（2）跨境电商协会（G1）是跨境电商企业和政府沟通的桥梁。G1 在更高赋值标准中满足必要条件的标准，表明 G1 在跨境电商发展越好的城市的影响越大。跨境电商协会为跨境电商行业进行政策的引领，协助政府相关部门管理跨境电商企业，实施跨境电商宣传、交流的活动，培养跨境电商人才。珠海、南京、无锡未设立跨境电商协会，其余跨境电商综试区均设立了跨境电商协会，促使各地跨境电商的服务和商贸活动便利开展。如全国首个成立的跨境电商协会——深圳跨境电商协会自成立至 2017 年已汇集了超过 1 400 家会员企业，面向跨境电商企业的服务工作从多个维度展开②。

（3）跨境电商财政补贴（G3）是跨境电商发展的保障。杭州、广州、深圳、苏州 4 个综试区的跨境电商财政补贴高于均值，吸引企业转型。跨境电商作为外贸的新业态，不少传统外贸企业对跨境电商持观望状态。由传统贸易模式转向跨境电商模式，不仅需要网站建设物流仓储的成本，也需要专业人才的操作和服务。而政府出台的相应的财政补贴能为传统外贸企业和创新创业企业减少成本压力，并享受政策红利。同时，鼓励各地跨境电商企业以自主品牌境外销售，打造品牌效应，如杭州、南京、苏州均在跨境电商财政补贴政策中有具体条目。

政策制度环境三项指标全部在实证结果中反复出现，显示园区基地的建设、行业协会的统领、财政资金的保障三个方面对跨境电商生态圈的必要性。在实际情况中，近年来，跨境电商作为外贸新业态，国家出台一系列相关措施文件对其进行不断地调整和规制。自 2015 年起，国务院设立跨境电商综合试验区，从 1 个发展到现有的 35 个，推广杭州的"六大体系、两大平台"的运营模式成为其他城市学习的标杆。各地政府发布的相关扶持政策也对跨境电商生态圈的建设十分有利。然而，2016 年 4 月 8 日我国对跨境电商进口商品实施新税制和清单管理却意外打压了大部分跨境电商企业，不得不出台新政的过渡期政策，并一再延长过渡期。因此，政策制度环境对

---

① 资料来源：中国国际电子商务网 . http：//www. ec. com. cn/parkDetail. shtml？parkId = ff8080 815262efe20152de8a1bf20cc9.

② 王馨 . 跨境电商协会为行业保驾护航 . http：//www. ebrun. com/20170831/244779. shtml.

跨境电商生态圈有直接引导方向的作用，但系统的运转效率也会影响到政策制度环境。

三、关键业务群是影响跨境电商生态圈构建的重要要素

跨境支付能力（$C1$）、通关能力（$C2$）、跨境物流能力（$C3$）在 QCA 模糊集检测的条件组合分析中出现，并通过了更高标准的稳定性检测。

跨境支付是跨境交易的基础环节，但跨境支付处处掣肘跨境电商的发展。行业层面，传统的银行通过电汇、信汇、票汇等结算工具进行支付结算，不能满足我国跨境电商出口货物频率高、金额小的特点，货物贸易的结汇政策也不能满足跨境电商出口大多使用邮政小包的结汇需求。企业层面，跨境电商企业面临着跨境支付佣金高、到账速度慢等问题。第三方支付平台同时也存在着商户侵权国际品牌而受到高额处罚的现象。在浙江、广东、江苏三省的 10 个跨境电商综试区中，也仅有杭州、深圳、南京 3 个城市设立跨境支付牌照的第三方支付机构。被授以跨境支付牌照的第三方支付平台享受跨境收付汇和结售汇等利好政策，便于国内的跨境电商企业和卖家通过第三方支付平台直接与国外买家交易，减少支付业务的烦琐手续，促进跨境电商交易的顺利进行。以杭州的连连支付为例，截至 2018 年 6 月，服务企业超过 15 000 家，覆盖超过 20 个行业，跨境交易额突破 200 亿元，推动了杭州乃至浙江的跨境支付的顺利展开。

跨境支付和电子商务的交易都是依托于互联网进行的，而信息网络建设（$S1$）反映了地区互联网的普及程度，即反映了地区的信息基础建设程度。这可能导致跨境支付和电子商务基础会受到一个地区信息基础设施建设程度的制约。虽然 $S1$ 是必要条件，但这一结果可能是在 $C1$ 和 $G2$ 共同作用下形成的。

通关效率也是影响跨境电商生态圈发展的关键因素。我国跨境电商的订单特点是批量小而且频次高，不仅影响货物通关的速度和效率，也加大了海关监管的难度，这对海关的通关能力提出较高的要求。设立跨境电商单一窗口，将物流企业、跨境电商平台、海关、国检、国税以及政府相关部门进行数据对接，实现无纸化通关、"最多跑一次"，提高企业的通关效率。最早在杭州上线的跨境电商单一窗口平台截至 2017 年 6 月已有超过 7 000 家企业注册和备案，2017 年 1~6 月出口单量 1 451 万单，进口 1 557 万单。虽

然各综试区均设立了跨境电商单一窗口，但各地的建设情况还有很大不同。杭州专门设立了超过30人的正厅级独立工作机构，但相比之下，其他综试区如苏州等就缺乏这样的机构，"关、检、税、汇、商、物"等部门尚未形成合力。

跨境物流因素一直是制约跨境电商发展的老难题。跨境物流成本较高，从国内物流到海关到国外物流，操作复杂、运输周期长、风险高，如果在清关和商检环节遇到问题，则物流压力更大。

四、竞争机构是跨境电商生态圈发展的辅助要素

在实证结果中竞争机构指标影响不大，在实际中企业的成长离不开与同行企业的合作。以跨境第三方物流公司为例，一个订单产品的跨境输送，经历集货、运至国内仓库、报关、海运、清关、卸货、国外物流运输等多个环节。每个环节都可能超过且产生超额的费用。跨境物流公司并不一定会承包所有环节，而可能将某些环节外配给同行企业。自己的优势路线具有对同行外配的吸引力，同时，对本公司并不熟悉的物流方案可以和其他企业合作。

竞争对手也是合作伙伴，推动企业甚至是行业的快速发展。虽然从企业个体来说，形成战略联盟的竞争机构有利于企业本身的发展，但从整体来看，不利于生态圈的长远发展。一是因为长期的同质化竞争会导致系统缺少创新性，不利于行业的整体发展。二是在经济行为中，每个经济主体都是理性人，期望自己获得最大经济效益。如果从竞争对手处获得了技术和资源，那么战略联盟的合作关系就难以维持。因此，竞争机构带来的利益取决于企业自身的活动行为和合作形式。

第二节 对策与启示

一、发挥产业集群规模优势，推进跨境电商与产业集群协同发展

第一，依托传统外贸基础提升产品品质，实现产业化提升。以浙江为

例，浙江传统外贸以小商品、纺织服装等为主，附加值较低且主要为贴牌生产，企业缺乏品牌意识。传统外贸在长期发展中已形成目标市场细分，对外贸商品有基本市场定位和市场预判，因此在传统外贸转型升级的过程中，要进一步发挥产业集群和跨境电商协同发展的作用。依托消费交易环节的缩短直接面向消费群体，增强品牌意识，通过"浙江制造"和"浙江品牌"联动，提高创新能力，从而提升产品品质。同时，依托跨境电商小批量的特点，尝试开发小批量定制模式，提升人性化服务理念，改善服务体验。大力发展浙江省消费品"三同"工程，通过加强品质监管树立好浙商品牌、浙江出口名牌的形象，提升浙江制造的影响力和竞争力。

第二，构建跨境电商产业集群综合平台，实现产业链融合。产业集群经过长期发展已经形成较为成熟和稳定的产业链，而跨境电商发展由于时间短、虚拟化，存在较多的不确定性，各环节之间的衔接仍需要磨合和调整。浙江大力推动产业集群跨境电子商务发展试点工作，正是期望通过宏观政策加强两者的融合，首批 25 个试点地区在 2016 年带动出口 720 亿元。因此，在跨境电商和产业集群协同发展过程中，要加强跨境电商产业链各节点与产业集群产业链之间的融合和过渡，提升产业链效率。促进信息技术在物流、仓储、支付、结汇等方面构建综合服务平台，实现信息的及时性和有效性，从而提高资金流动效率，减少库存压力，加快跨境电商和产业集群的业务流通速度。

二、加强跨境电商生态圈的信息共享和合作关系

信息流是跨境电商生态圈运转的重要因素，信息的对称性影响着生态圈中企业的运作效率和竞争策略。实证研究的信息网络建设指标在必要性分析中的结论也能证明这一点。

生态圈的各业务群可以通过网络进行沟通和反馈，通过网络加强信息的共享。各主体能通过跨境电商协会等组织和各种会议进行线下的交流，实现信息的共享。通过信息的交流合理配置资源，激发创新动能。为加强跨境电商生态圈各业务群的协调发展和各企业的协同创新，各主体在信息共享的基础上进行优势互补，开发新市场，共享新技术，降低成本，提高双方的效益，推动形成深层次的合作关系。

采用大数据、云计算等技术服务，建设一个"关检税汇商融物"合一的平台，为跨境电商企业进行信用认证、智能物流、风险防控，为政府部门提供统计检测的数据支撑。虽然跨境电商对传统外贸转型升级有显著的带动效应，但在推动跨境电商发展的过程中需要明确，对浙江乃至全国的贸易经济而言，发展跨境电商并不是唯一的途径。韦伯（Weber，2010）提出数字产品或服务是数字贸易的核心，互联网技术实现了要素、交易和传输的虚拟化，也使互联网平台成为资源配置的有效渠道。因此，针对浙江各地不同的比较优势，可以依托数字经济的时代特征发展多元的互联网经济产物，如杭州不仅依托互联网技术发展跨境电商，在移动互联网、互联网金融以及大数据测算方面都有较大发展；虽然舟山跨境电商发展缺乏优势，但针对舟山群岛特殊的地理条件限制，医疗资源分布不均衡且共享性差，基层医疗机构难以实现全覆盖，医疗水平也无法得到保证的现状，舟山依托互联网技术，实现远程网络医疗服务，从而形成互联网对公共资源的有效调配，提升经济效益。

例如，对杭州、金华、宁波、温州四地应根据地区跨境电商发展瓶颈对症下药，补齐短板增强国际竞争力，对嘉兴、湖州、绍兴、衢州、丽水、舟山等地则依托数字经济"一号工程"形成"互联网＋旅游""互联网＋技术""互联网＋医疗"等差异化的"数字强省"经济发展模式，从而推动浙江省经济高质量发展。

三、政府加大对跨境电商的扶持力度和提升运作效率

政府相关部门进一步加大对跨境电商的扶持和保障力度。从理论层面分析，跨境电商生态圈的建设离不开政策等制度环境的统领。从实证层面研究，三个相关指标都显示较高的相关性。因此，政府应进一步出台利好措施，鼓励传统外贸企业转型新业态，鼓励创立跨境电商自主品牌和服务平台。这也符合国务院会议提出的用"互联网＋外贸"实现优进优出、推动开放型经济发展升级、促进跨境电子商务健康快速发展的指导精神。地方政府应该根据本地的实际情况出台行业标准，建立科学统一的统计口径，并按时上报跨境电商发展情况，为跨境电商企业提供信息交流和咨询服务。以浙江为例，笔者建议：

第一，通过政府行为加强正式制度安排的主导性作用。本研究认为，

在制度环境建设过程中，需要政府加强对跨境电商市场的干预形成主导作用。浙江省发展跨境电商要在《浙江省跨境电子商务实施方案》《浙江省跨境电子商务管理暂行办法》《浙江省电子商务条例（草案）》等文件政策基础上，结合各地的地方特色和发展阶段，通过政府政策、法律法规对跨境电商物流、支付、通关等各环节给予针对性支持和引导，实施符合地方发展的方案。各地需要避免大而宽泛的统领性文件，针对"瓶颈环节"形成切实有效的落地政策、法律保障、行政效率提升，或对跨境电商市场加以监管，引导地方跨境电商企业合理利用资源从而实现产业升级和转型。

第二，坚持双管齐下发挥非正式制度安排的辅助作用。非正式制度安排的作用虽然在实证检验中未有非常显著的体现，但是在跨境电商实际发展过程中同样发挥了促进作用。作为国务院第二批国家跨境电子商务综合试验区的宁波市在 2018 年 11 月成立跨境电商协会，覆盖跨境电商生态圈的各个环节，以期通过跨境电商协会为行业发展提供数据和理论支撑，为企业发展规划乃至政府决策提供重要实践依据，从而发挥非正式制度的补充作用。

同时，政策的制定要符合跨境电商发展的实际情况和生态圈的维系建设，避免"四八新政"的出现。针对各地跨境电商生态圈的建设情况和现实问题，发布具体化和有效的政策措施，保障生态圈健康发展和提高企业积极性。同时，各地政府应该成立跨境电商专项小组部门，给予跨境电商生态圈针对性的引导和维护。杭州成立的跨境电商综试办就是这样一个独立运作机构，有利于"关检税汇"形成合力，加强宣传和引导，激发企业活力，提升跨境电商生态圈运作效率。

四、提升关键业务群效率

革新跨境电商支付体系。为了适应跨境电商这种外贸新业态的商业模式，扩大第三方支付平台跨境支付牌照的试点范围。同时制定企业在品牌侵权方面的法律文件，避免第三方支付平台因商户侵权行为而遭到处罚。建立第三方支付平台的自律规章制度，加强在初期用户的注册环节上对身份的验证和信用的认证，从根本上进行监管，从源头上规避一些如外汇倒卖的违法违规行为。完善第三方支付的检测体系，形成多部门监管。

改善海关通关作业流程。海关部门应当强化电子口岸，进一步推动无纸化通关。通过建立跨境电商企业诚信名单，实行不同企业快速通关监管管理机制，但对诚信名单中的企业也要进行抽查和监督。建立覆盖海关、监管、物流、口岸的大数据系统，整合相关业务，创新监管模式。发布相关的法律文件，保护中小型跨境电商企业规避经营风险和海关执法漏洞，完善法律制度。海关建立有针对性的专项统计，避免出现零售出口难以办理海关统计的问题。

提升跨境电商物流运作效率。通过优化物流流程，加大海外仓、多式联运等资源投入，提高跨境电商和跨境物流的融合度。对第三方物流平台给予财政支持和税收补贴，降低成本。通过海外并购等形式学习国外先进的物流管理模式。结合大数据平台和信息技术，将智慧物流的智能环节扩展到每一环节，减少人力，创新物流管理。加快海外仓建设，政府学习跨境电商发展较好的城市如杭州市建设海外仓的做法，对自建海外仓的企业降低贷款率给予补助，学习亚马逊先进海外仓的管理模式，在贸易量大的地区如欧美地区多布局海外仓。

本 篇 小 结

本篇是全书最终篇亦是展望篇，笔者从全局层面出发，对商业生态系统理论进行本土情境化应用，融合产业链、供应链和价值链三链研究思想与结论，提出跨境电商生态圈构建的内部作用机理与未来发展路径。

本篇结合商业生态系统理论与跨境电商概念构建了跨境电商生态圈模型，该模型由核心业务群、关键业务群、技术服务群、政策制度环境、经济外贸环境和竞争机构6个部分组成，研究分析了这6个部分如何构建跨境电商生态圈以及子系统如何交互，并在此基础上提出影响跨境电商生态圈构建的15个指标。以全国跨境电商发展得最好的城市，即浙江、江苏、广东三省中的10个跨境电商综试区城市为研究对象，借助定性比较分析法对跨境电商生态圈进行检验。实证发现，电子商务发展基础、跨境电商协会、信息网络建设在必要性分析中是跨境电商生态圈构建的必要条件；跨境支付能力、物流水平、通关能力、外贸依存度、跨境电商财政补贴是条件组合分析中的重要指标。

　　为推动跨境电商生态圈的健康发展，有必要对技术服务支持、政策制度环境以及跨境电商交易的关键环节进行针对性的改善，这不仅能够更好地找到跨境电商经营活动的不足并找到相应的解决方法，还能为政府、协会和企业提供整合区域资源、促进地区跨境电商发展的参考与借鉴。

附录

附录 1：仿真程序段

1.1　Context 类模块

WorldScape. java

```
/ ****** 申明段 ********* /
package exportworld;
import repast. simphony. context. Context; [ ... ]
/ ****** 主程序段 ******* /
public class WorldScape implements ContextBuilder < Object > {
    public Context < Object > build( Context < Object > context) {
        WorldSpace worldSpace = new WorldSpace( );
        context. addSubContext( worldSpace);
        double endTime = 50000. 0;
        if( RunEnvironment. getInstance( ). isBatch( ))
            RunEnvironment. getInstance( ). endAt( endTime);
        return context;
    }
}
```

WorldSpace. java

```
/ ****** 申明段 ********* /
package exportworld;
import repast. simphony. context. DefaultContext; [ ... ]
```

／ ＊＊＊＊＊＊ 主程序段 ＊＊＊＊＊＊＊／

```
public class WorldSpace extends DefaultContext < Object > {
    public WorldSpace( ) {
        super( "WorldSpace – 1" ,"WorldSpace" ) ;
        Parameters p = RunEnvironment. getInstance( ). getParameters( ) ;
        int xdim = ( Integer) p. getValue( "worldWidth" ) ;
        int ydim = ( Integer) p. getValue( "worldHeight" ) ;
        int cusR = ( Integer) p. getValue( "cusRadius" ) ;
        Grid < Object > grid =
GridFactoryFinder. createGridFactory( null). createGrid( "Simple Grid" , this , new
GridBuilderParameters < Object > ( new WrapAroundBorders( ) , new RandomG-
ridAdder < Object > ( ) , true , xdim , ydim ) ) ;
        ContinuousSpace < Object >
space = ContinuousSpaceFactoryFinder. createContinuousSpaceFactory( null). cre-
ateContinuousSpace( "Continuous Space" , this , new RandomCartesianAdder < Ob-
ject > ( ) , new repast. simphony. space. continuous. WrapAroundBorders( ) , xdim ,
ydim , 1 ) ;
        GridValueLayer cust = new GridValueLayer( "Customer Field" , true , new
repast. simphony. space. grid. WrapAroundBorders( ) , xdim , ydim ) ;
        GridValueLayer match = new GridValueLayer( "Match Field" , true , new
repast. simphony. space. grid. WrapAroundBorders( ) , xdim , ydim ) ;
        //向环境中添加海外客户群主体
        this. addValueLayer( cust) ;
        this. addValueLayer( match) ;
        for( int i = 0 ; i < xdim/2 ; i + + ) {
            for( int j = 0 ; j < ydim/2 ; j + + ) {
                if( ( cusR * cusR ) > ( ( i – xdim/4) * ( i – xdim/4) + ( j –
ydim/4) * ( j – ydim/4) ) ) {
                    CustMat custmat = new CustMat( this , i , j) ;//建立海外
客户群
                }
            }
```

```
            }
//向环境中添加制造商主体
int numSupplier = ( Integer) p. getValue( " initialSupplier" ) ;
int id = 0 ;
int type0 = ( int) ( numSupplier * 0. 03) ;//大型企业
int type1 = ( int) ( numSupplier * 0. 16) ;//中型企业
int type2 = numSupplier – type0 – type1 ;//小型企业
int numChange = type0 * 40 + type1 * 5 + type2 * 1 ;
for( int i = 0 ; i < type0 ; i + + ) { double [ ] loc = { RandomHelp-
er. nextIntFromTo( 150 ,190) ,RandomHelper. nextIntFromTo( 70 ,90) ,0} ;
    Supplier supplier = new Supplier ( id ,40 ,this ,space ,loc ,num-
Change) ;
    add( supplier) ;
    space. moveTo( supplier ,loc) ;
    id = id + 1 ;
    }
for( int i = 0 ; i < type1 ; i + + ) { double [ ] loc = { RandomHelp-
er. nextIntFromTo( 150 ,190) ,RandomHelper. nextIntFromTo( 70 ,90) ,0} ;
    Supplier supplier = new Supplier ( id ,5 ,this ,space ,loc ,num-
Change) ;
    add( supplier) ;
    space. moveTo( supplier ,loc) ;
    id = id + 1 ;
    }
for( int i = 0 ; i < type2 ; i + + ) { double [ ] loc = { RandomHelp-
er. nextIntFromTo( 150 ,190) ,RandomHelper. nextIntFromTo( 70 ,90) ,0} ;
    Supplier supplier = new Supplier ( id ,1 ,this ,space ,loc ,num-
Change) ;
    add( supplier) ;
    space. moveTo( supplier ,loc) ;
        id = id + 1 ;
    }
```

```
//添加观察主体 allagent
        double[ ]loc = {100,50,0};
        AllAgent allAgent = new AllAgent(0);
        add(allAgent);
        space. moveTo(allAgent,loc);
}
/ ****** 方法段 ****** /
public double getDemandAt(double x,double y){...}
public double takeDemandAt(double x,double y){...}
public double getMatchedAt(double x,double y){...}
public boolean ifSupplierExist(double[ ]loc,ContinuousSpace space){...}
```

1.2　Space 类模块

CustMat. java

```
/ ****** 申明段 ********* /
package exportworld;
import repast. simphony. engine. environment. RunEnvironment;[...]
/ ****** 主程序段 ******* /
public class CustMat{
        private int demand;
        private boolean avail;
        private boolean matched;

        public CustMat(WorldSpace worldSpace,int x,int y){
        Parameters p = RunEnvironment. getInstance(). getParameters();
        int demandMax = (Integer)p. getValue("demandMax");
        int demandMin = (Integer)p. getValue("demandMin");
        setDemand(RandomHelper. nextIntFromTo(demandMin, de-
mandMax));
        worldSpace. add(this);
```

```
//随机给定客户状态
if( Math. random( ) < =0. 3) {
    avail = true;
    matched = false;
}
else {
    avail = false;
    matched = false;
}
//添加有需求的客户
    Grid grid = ( Grid) worldSpace. getProjection( "Simple Grid") ;
    ContinuousSpace space = ( ContinuousSpace) worldSpace. get-
Projection( "Continuous Space") ;
    grid. moveTo( this,x,y) ;
    space. moveTo( this,x,y,0) ;
GridValueLayer cust =
( GridValueLayer) worldSpace. getValueLayer( "Customer Field") ;
if( avail)
    cust. set( demand, grid. getLocation( this). toIntArray( null) ) ;
else
    cust. set( 0, grid. getLocation( this). toIntArray( null) ) ;
GridValueLayer match = ( GridValueLayer) worldSpace. getValueLayer
( "Match Field") ;
if( matched)
    match. set( 1, grid. getLocation( this). toIntArray( null) ) ;
else
    match. set( 0, grid. getLocation( this). toIntArray( null) ) ;
}
//Repast 控制
@ ScheduledMethod( start = 1, interval = 1)
public void step( ) { //write
}
```

```
/ ****** 方法段/显示说明 ****** /
public void updateValueLayerOfCust( ){...}
public void updateValueLayerOfMatch( ){...}
public void consume( ){...}
public void setDemand( int demand){...}
public int getDemand( ){...}
public boolean getAvail( ){...}
public void setAvail( boolean avail){...}
public boolean getMatched( ){...}
public void setMatched( boolean matched){...}
}
```

CustStyle2D. java

```
/ ****** 申明段 ********* /
package exportworld;
import java. awt. Color;[...]
/ *** Style for Grass value layer in 2D display. * @ author Eric Tatara * /
//此程序段基于 Eric Tatara 编译的默认程序,对部分灰度参数进行修改
public class GustStyle2D implements ValueLayerStyle{
    protected ValueLayer layer;
    private Color tan = new Color(255,255,255);//改变价值层颜色
    private int i;
    private Color changeGreen = new Color(0,255,i);
    public void addValueLayer( ValueLayer layer){
        this. layer = layer;
}

    public int getRed( double... coordinates){...}
    public int getGreen( double... coordinates){...}
    public int getBlue( double... coordinates){...}
    public float getCellSize( ){...}
    / *** Return the color based on the value at given coordinates. * /
    public Paint getPaint( double... coordinates){
```

```
double v = layer. get( coordinates) ;
i = ( int) ( v − 200)/400 ∗ 255;
if( v > 0)
        return changeGreen;
else
        return tan;
}
```

1.3　Agent 类模块

Supplier. java

```
/ ∗∗∗∗∗∗ 申明段 ∗∗∗∗∗∗∗∗∗ /
package exportworld;
import java. util. ArrayList;[ …]
@ AgentAnnot( displayName = " Agent" )
/ ∗∗∗∗∗∗ 主程序段 ∗∗∗∗∗∗∗ /
public class Supplier{
    //特性常量
    private String name;
    private String type;
    private int id;
    private boolean avail;
    private int timeCount;
    private int initialReproduceTime;
    private int reproduceTime;
    //位置常量
    private double x;
    private double y;
    private double z;
    //属性变量
    private double money;
```

```
        private double iniMoney;
        private double profit;
        private double cost;
        private int output;
        private int vision;
        private double chooseTra;
        private boolean chooseT;
        private int expInCrosE;
//商品属性
        private double price;
//统计量
        private int tick;
//全局变量
        private static int numLarge =0;
        private static int numMiddle =0;
        private static int numSmall =0;
        private static int numTotal;
        private ArrayList tran = new ArrayList();
        private ArrayList ecros = new ArrayList();

        public Supplier(int idNumber,int scale,WorldSpace worldSpace,Contin-
uousSpace space,double[ ]loc,int numChange){...}//初始化 supplier

        public Supplier(WorldSpace worldSpace,ContinuousSpace space,double
money,String mode,double[ ]loc,int tick,int i){...}//新生 supplier
/ ****************** 运行步骤 **************************
***** /
        @ ScheduledMethod(start =1,interval =1)
        public void step(){
            / **************** 申明部分 ******************** /
            WorldSpace worldSpace = (WorldSpace)ContextUtils. getContext
(this);
```

```
Grid grid = ( Grid ) worldSpace. getProjection ( " Simple Grid " ) ;
ContinuousSpace space = ( ContinuousSpace ) worldSpace.  getPro-
jection ( " Continuous Space " ) ;
        //实例化传统服务商主体
        TSever tsever = null ;
        for( Object o : space. getObjectsAt( this. x , this. y , this. z ) ) {
            if( o instanceof TSever )
                tsever = ( TSever ) o ;
        }
        //实例化跨境服务商主体
        ESever esever = null ;
        for( Object o : space. getObjectsAt( this. x , this. y , this. z ) ) {
            if( o instanceof ESever )
                esever = ( ESever ) o ;
        }
        / **************** 运行流程 ********************* /
        if( this. avail ) {
            selectMode( ) ;
            if( this. chooseT ) { //执行传统路径
                if( tsever = = null )
                    newTSever( worldSpace , space ) ;
                else
                    tradeInTra( tsever , worldSpace , space ) ;
            }
            else { //执行电商路径
                if( esever = = null ) {
                    if( ( int ) ( Math. random( ) * 100 ) < this. expInCrosE ) {
                        //System. out. println( this. id + " success in new
a corse" ) ;
                        newESever( worldSpace , space ) ;
                    }
                    else {
```

```
                                    //System. out. println(this. id + "faled in new a
corse");

                                    this. money = this. money/3 * 2;
                                    this. expInCrosE + + ;
                                    tradeInTra(tsever, worldSpace, space);
                              }
                        }
                        else{
                              tradeInCrosE(esever, worldSpace, space);
                        }
                  }
            }
            else{
                  if(this. timeCount = = 0){
                        reproduce();
                  }
                  else{
                        this. timeCount − − ;
                  }
            }
```

/ ***************** 副程序段 ************************ /

```
            if(esever ！ = null){...}//不同利润获取方式:跨境电商途径的
利润获取
            if((Integer)this. ecros. size() >0 && this. reproduceTime > = 30){
                  this. reproduceTime = this. initialReproduceTime − this. ecros.
size()/5;
            }//再生产时间
            Parameters p = RunEnvironment. getInstance(). getParameters();
            if(this. output < (Integer)p. getValue("demandMin")){    //可
用性
                  this. avail = false;
            }
```

```
        calculateCost(this. type);//成本计算
        if(this. money < 0){//死亡
            die();
        }
        tick + + ;//统计工具
        if(tick % 30 = = 0){//一个月市场感应一次
            ifExpande(worldSpace,space);//是否扩大生产
            numTotal = numSmall + numMiddle * 5 + numLarge * 40;
            if(this. type = = "Small")
                CournotModel(1);
            else if(this. type = = "Middle")
                CournotModel(5);
            else
                CournotModel(40);
        }
        if(tick! = 0 && tick % 300 = = 0)
            changeChoose();
    }
/ ********* 方法段 ********* /
    public void CournotModel(int scale){//古诺模型求解
        double a = 100;
        double b = 0. 002;
        double c0 = 5;
        double c = c0/( Math. pow( this. numTotal,1. 0/3));
        this. cost = c;
        this. output = ( int)((a - c)/(b * (this. numTotal + 1))) * scale;
        this. price = ( a + this. numTotal * c)/(this. numTotal + 1);
        this. profit = ((a - c) * (a - c))/(b * (this. numTotal + 1) *
(this. numTotal + 1)) * scale;//预期利润
    }
    public void newTSever (WorldSpace worldSpace, ContinuousSpace
space){...}//初始化增加传统的服务商
```

```
public void selectMode( ){    //概率模式选择
    if( Math. random( ) < = this. chooseTra){
        this. setChooseT( true) ;
        }
    else{
        this. setChooseT( false) ;
        }
    }
```

public void tradeInTra(TSever tsever, WorldSpace worldSpace, Continu-ousSpace space){…}//传统贸易方法

public void tradeInCrosE(ESever esever, WorldSpace worldSpace, Continu-ousSpace space){…}//电商贸易方法

private void interWithTSever(TSever tsever){…}//制造商与传统服务商的交互

public void interWithESever(ESever esever){…}//制造商与跨境电商交互

public void newESever(WorldSpace worldSpace, ContinuousSpace space){…}//新建跨境电商服务商

public void reproduce( ){…}//再生产定义

public void getProfit(ESever esever){…}//跨境电商模式下的利润获取

public void calculateCost(String type){…}//按工资计算的每日成本

public void ifExpande(WorldSpace worldSpace, ContinuousSpace space){…}//扩张与新生企业

public void changeChoose( ){…}//选择倾向概率

public void die( ){…}

/ ******** 显示输出 ************/

public String getName( ){…}

public String getScale( ){…}

public int getId( ){…}

public void setScale(int scale){…}

public double getInitialChoose( ){…}

```
public void setInitialChoose(int scale){...}

public int getVision(){...}

public void setVision(int scale){...}

public double getMoney(){...}

public void setMoney(double money){...}

public int getOutput(){...}

public void setOutput(int output){...}

public boolean getAvail(){...}

public void setAvail(boolean avail){...}

public boolean getChooseT(){...}

public void setChooseT(boolean chooseT){...}

public double getPrice(){...}

public double getECrosProfit(){...}

public double getTraProfit(){...}
```

ESever. java

```
/ ****** 申明段 ********* /

package exportworld;

import repast. simphony. context. Context;  [...]

/ ****** 程序段 ********* /

public class ESever {

    private int id;

    private double x;

    private double y;

    private double profit;

    private boolean avail;

    private boolean tradeDone;

    private int timeCount;  //在 match 设定

    private int tick;

    private String type;

    //匹配

    private int vision;
```

```
        private double xSpot;
        private double ySpot;
        private int hostOutput;
        private int demand;
        private boolean matched;
        private double aimX;
        private double aimY;
        private double factoryPrice;
        private double priceCIF;
        private double linkProfit;
        //政策因素
        private int eff;
        private double foundSet;
        private double checkStrength;
        private boolean exit;  //避开海关
        private int numExit;
        private int gotCaught;
        private int numTrade;

        public ESever(Supplier supplier,double[ ]loc){//初始化 *
            this. id = supplier. getId( );
            this. x = loc[ 0 ];
            this. y = loc[ 1 ];
            this. profit = 0;
            this. avail = true;
            this. type = supplier. getScale( );
            this. vision = supplier. getVision( ) * 4;//跨境电商搜索范围扩大
为原先的 4 倍
            this. setXSpot( supplier. getScale( ) );
            this. setYSpot( supplier. getScale( ) );
            this. hostOutput = supplier. getOutput( );
            this. factoryPrice = supplier. getPrice( );
```

```
        this. tradeDone = false;
        //policy
        this. eff = 0;
        this. foundSet = 0;
        this. checkStrength = 0;
        this. numExit = 0;
        this. gotCaught = 0;
        this. numTrade = 0;
    }
/ ******************** 流程 **************************** /
    @ ScheduledMethod( start = 2, interval = 1)
    public void step( ) {
        / ***************** 申明部分 ******************** /
        WorldSpace worldSpace = ( WorldSpace) ContextUtils. getContext
( this);
        Grid grid = ( Grid) worldSpace. getProjection( "Simple Grid");
        ContinuousSpace space = ( ContinuousSpace) worldSpace. getProjec-
tion( "Continuous Space");
        Parameters p = RunEnvironment. getInstance( ). getParameters( );

        if( this. matched) {
            this. numTrade + +;
            calculateCIFprice( );
            if( this. timeCount = = 0) {
                if( Math. random( ) < = this. checkStrength) {//海关检查
                    if( this. exit = = true) {
                        this. gotCaught + +;
                        this. timeCount = 15;
                        this. profit = this. profit - this. profit * ( ( Double)
p. getValue( "tax") ) - this. demand * this. priceCIF * 0. 1;
                        this. exit = true;
                        System. out. println( this. id + " is punished by
```

customer");
```
                            }
                        else{
                            newShip(worldSpace,space);
                            this. setAvail(true);
                            System. out. println(this. id + "through  customer");
                        }
                    }
                else{
                    newShip(worldSpace,space);
                    this. setAvail(true);
                    System. out. println(this. id + " is  escaped  from  cus-
tomer");
                    }
                }
            else
                this. timeCount - - ;
        }
        if(this. tick % 300 = =0)
            thePolicyChange();
        //实例化供应商主体,该主体死亡则本主体死亡
        Supplier s = null;
        for(Object o:space. getObjectsAt(this. x,this. y,0)){
            if(o instanceof Supplier)
                s = (Supplier)o;
        }
        if(s = = null){
            die();
        }
        this. tick + + ;
        //System. out. println("");
    }
```

/ ***************** 方法段 ***************************** /

public void match(WorldSpace worldSpace, ContinuousSpace space, Supplier supplier){...}//匹配算法

//副程序段 实例化当前位置的 customer

CustMat customer = null;

for(Object o: space. getObjectsAt(goodx[chosenSpotIndex] , goody[chosenS-potIndex] ,0)){

         if(o instanceof CustMat)

            customer = (CustMat) o;

}

if(customer ! = null)

customer. setMatched(true) ;

//交易匹配失败承受损失

this. setAimX(goodx[chosenSpotIndex]) ;

this. setAimY(goody[chosenSpotIndex]) ;

this. setDemand(bestDeal) ;

this. setAvail(false) ;

if(this. checkStrength = =0){//企业行为选择副程序段

    this. exit = true;

    this. numExit + + ;

    this. timeCount = 1 ;

    //System. out. println(this. id + " exit customer") ;

}

else if(this. checkStrength = =1){//力度为1,所有企业过海关

    this. exit = false;

    this. timeCount = 10 – this. eff;

    //System. out. println(this. id + " pass customer") ;

}

else{//企业对应监管力度决定是否报关

    if(Math. random( ) > = this. checkStrength){

        this. exit = true;

        this. numExit + + ;

```
            this. timeCount = 1 ;
            //System. out. println( this. id + " exit customer" ) ;
        }
        else {
            this. exit = false ;
            this. timeCount = 10 - this. eff ;
            //System. out. println( this. id + " pass customer" ) ;
        }
    }
}
    public void newShip ( WorldSpace worldSpace , ContinuousSpace space )
{ ... } //新建商船
    public void calculateCIFprice ( ) { ... }
    public void die ( ) { ... } //kill agent
    public void thePolicyChange ( ) { ... } //change of policy
}
```

/ ***************** 显示调用 ****************************
**** /

```
    public double getXSpot ( ) { ... }
    public void setXSpot ( String type ) { ... }
    public double getYSpot ( ) { ... }
    public void setYSpot ( String type ) { ... }
    public boolean getMatched ( ) { ... }
    public void setMatched ( boolean matched ) { ... }
    public double getAimX ( ) { ... }
    public void setAimX ( double aimX ) { ... }
    public double getAimY ( ) { ... }
    public void setAimY ( double aimY ) { ... }
    public double getProfit ( ) { ... }
    public void setProfit ( double profit ) { ... }
    public boolean getAvail ( ) { ... }
    public void setAvail ( boolean avail ) { ... }
```

```
public int getDemand( ) {...}
public void setDemand(int demand) {...}
public double getX( ) {...}
public double getY( ) {...}
public double getPriceCIF( ) {...}
public void setPriceCIF(double p) {...}
public boolean getTradeDone( ) {...}
public void setTradeDone(boolean tradeDone) {...}
public double getLinkProfit( ) {...}
public void setLinkProfit(double linkProfit) {...}
public int getTick( ) {...}
public void setTick(int tick) {...}
public int getNumExits( ) {...}
public int getNumTrade( ) {...}
public int getGotCaught( ) {...}
}
```

TSever. java

```
/ ****** 申明段 ********* /
package exportworld;
import repast. simphony. context. Context; [ ... ]
/ ****** 程序段 ********* /
public class TSever {
    private int id;
    private double x;
    private double y;
    private double profit;
    private boolean avail;
    private int timeCount;
    private int tick;
    //匹配
    private int vision;
```

```
        private double xSpot;
        private double ySpot;
        private int hostOutput;
        private int demand;
        private boolean matched;
        private double aimX;
        private double aimY;
        private double factoryPrice;
        private double priceCIF;
        //政策因素
        private int eff;

        public TSever(Supplier supplier,double[ ]loc){...}//初始化
/ ******************** 流程 *************************** /
        @ ScheduledMethod(start = 2,interval = 1)
        public void step( ){
            //申明部分
            WorldSpace worldSpace = (WorldSpace)ContextUtils. getContext
(this);
            Grid grid = (Grid)worldSpace. getProjection("Simple Grid");
            ContinuousSpace space = (ContinuousSpace)worldSpace.  getProjec-
tion("Continuous Space");
            //运行流程
            if(this. matched){
                calculateCIFprice( );
                if(this. timeCount = =0){
                    newShip(worldSpace,space);
                    this. setAvail(true);
                }
                else
                    this. timeCount － －;
            }
```

```
if( this. tick % 300 = = 0 )
    thePolicyChange( ) ;
//实例化供应商主体
Supplier s = null ;
for( Object o : space. getObjectsAt( this. x , this. y , 0 ) ) {
    if( o instanceof Supplier )
        s = ( Supplier ) o ;
    if( s = = null ) {
        die( ) ;
    }
    this. tick + + ;
}
```

```
/ ****************** 方法段 ***************************** /
    public void match ( WorldSpace worldSpace , ContinuousSpace space ,
Supplier supplier ) {
        / *        变量定义        * /
        //默认变量
        int output = supplier. getOutput( ) ;
        int vision = this. vision ;
        double x0 = this. xSpot ;
        double y0 = this. ySpot ;
        double x = this. x ;
        double y = this. y ;
        //统计用变量
        int bestDeal = - 1 ;//最好的交易值
        double bestDistance = 1000 ;//最佳距离
        double goodx[ ] = new double[ 20 ] ;//记录用
        double goody[ ] = new double[ 20 ] ;//
        int bestSpots = 0 ;//最佳交易点数量
        //遍历变量
        double xLook , yLook ;
        double thisDistance ;
```

```
/*        方法段开始        */
//如果存在完全相同的值
for( int angle = 0 ; angle < 360 ; angle + + ) {
    for( int l = 0 ; l < = vision ; l + + ) {
        xLook = Math. round( x0 + l * Math. cos( angle ) ) ;
        yLook = Math. round( y0 + l * Math. sin( angle ) ) ;
        if( xLook > 0 && yLook > 0 && xLook < 200 && yLook
< 100 ) {
            if( worldSpace. getMatchedAt( xLook , yLook ) = = 0 ) {
                if( worldSpace. getDemandAt( xLook , yLook ) =
= output ) {
                    bestDeal = output ;
                    thisDistance = Math. sqrt( ( xLook − x ) *
( xLook − x ) + ( yLook − y ) * ( yLook − y ) ) ;
                    if( thisDistance < bestDistance ) {
                    bestDistance = thisDistance ;
                    bestSpots = 0 ;
                    goodx[ 0 ] = xLook ;
                    goody[ 0 ] = yLook ;
                    bestSpots + + ;
                        }
                    else if( thisDistance = = bestDistance ) {
                        int count = bestSpots − 1 ;

                    if( xLook ! = goodx[ count ] &&yLook ! =
goody[ count ] ) {

                        goodx[ bestSpots ] = xLook ;
                        goody[ bestSpots ] = yLook ;
                        bestSpots + + ;
                    }
                }
            }
        }
```

```
                    }
                  }
                }
              }
              //若没有完全相同的匹配值,选择最接近的
              if( bestDeal = = - 1) {
                  for( int angle = 0;angle < 360;angle + + ) {
                      for( int l = 0;l < = vision;l + + ) {
                          xLook = Math. round( x0 + l * Math. cos( angle) ) ;
                          yLook = Math. round( y0 + l * Math. sin( angle) ) ;
                          if( xLook > 0 && yLook > 0 && xLook < 200 &&
yLook < 100) {
                              if( worldSpace. getMatchedAt( xLook,yLook) =
= 0) {
                                  if( worldSpace. getDemandAt( xLook,yLook) <
output && worldSpace. getDemandAt( xLook,yLook) > 0) {

                      if( worldSpace. getDemandAt( xLook,yLook) > bestDeal) {
                                  bestDeal = ( int) worldSpace. getDemandAt
( xLook,yLook) ;
                                  thisDistance = Math. sqrt( ( xLook - x) *
( xLook - x) + ( yLook - y) * ( yLook - y) ) ;
                                  if( thisDistance < bestDistance) {
                                  bestDistance = thisDistance;
                                  bestSpots = 0;
                                  goodx[ 0] = xLook;
                                  goody[ 0] = yLook;
                              bestSpots + + ;
                                  }
                              else if( thisDistance = = bestDistance) {
                                  int count = bestSpots - 1;
                                  if( xLook! = goodx[ count]&&yLook! =
```

goody[count]){

        goodx[bestSpots] = xLook;

        goody[bestSpots] = yLook;

        bestSpots + + ;

      }

     }

    }

   }

  }

 }

}

}

   //如果没有匹配值,返回(−1, −1)

   if(bestDeal = = −1){

    bestSpots = 0;

    goodx[0] = −1;

    goody[0] = −1;

    this. setMatched(false);

    System. out. println(this. id + "matched false");

    }

   //选择最佳点

   int chosenSpotIndex = 0;

   if(bestSpots ！ = 0){

    this. setMatched(true);

    if(bestSpots = = 1){

     chosenSpotIndex = 0;

    }

    else{

     chosenSpotIndex = RandomHelper. nextIntFromTo(0, best-

Spots − 1);

    }

```
            }
        //实例化当前位置的 customer
        CustMat customer = null;
        for(Object o: space. getObjectsAt(goodx[chosenSpotIndex], goody
[chosenSpotIndex],0))}
                if(o instanceof CustMat)
                    customer = (CustMat)o;
            }
                if(customer ! = null)
                    customer. setMatched(true);
        this. setAimX(goodx[chosenSpotIndex]);
        this. setAimY(goody[chosenSpotIndex]);
        this. setDemand(bestDeal);
        this. setAvail(false);
        this. timeCount = 10 - this. eff;;
    }
    public void newShip(WorldSpace worldSpace, ContinuousSpace space)
{...}
    //calculate CIF Price
    public void calculateCIFprice() {
        Parameters p = RunEnvironment. getInstance(). getParameters();
        double tax = (Double)p. getValue("tax");
        double ret_tax = (Double)p. getValue("returnTax");
        double cost = this. factoryPrice * (1 + tax - ret_tax);
        double transFee = 4000/this. demand;
        double fixRate = 0. 05;
        double insuranceRate = 1. 1 * 0. 85/100;
        double expProfit = 0. 6;
        this. priceCIF = (cost + transFee)/(1 - fixRate - insuranceRate -
expProfit);
    }
    public void die() {...}
```

```
    //change of policy
    public void thePolicyChange( ){…}
    /******* 显示输出 ********/
    public double getXSpot( ){…}
    public void setXSpot( String type){…}
    public double getYSpot( ){…}
    public void setYSpot( String type){…}
    public boolean getMatched( ){…}
    public void setMatched( boolean matched){…}
    public double getAimX( ){…}
    public void setAimX( double aimX){…}
    public double getAimY( ){…}
    public void setAimY( double aimY){…}
    public double getProfit( ){…}
    public void setProfit( double profit){…}
    public boolean getAvail( ){…}
    public void setAvail( boolean avail){…}
    public int getDemand( ){…}
    public void setDemand( int demand){…}
    public double getX( ){…}
    public double getY( ){…}
  public double getPriceCIF( ){…}
  public void setPriceCIF( double p){…}
  public int getTick( ){…}
    public void setTick( int tick){…}
}
```

Ship. java

```
/****** 申明段 *********/
package exportworld;
import repast. simphony. context. Context;[ … ]
/****** 程序段 *********/
```

```
public class Ship {
    private int carry;
    private double startX;
    private double startY;
    private double aimX;
    private double aimY;
    private double x;
    private double y;
    private double z;
    private double severX;
    private double severY;
    private String type;
    private double price;
    private int stepCount;

    public Ship(TSever tsever){...}//初始化
    public Ship(ESever esever){...}//初始化
/ ******************** 流程 ***************************** /
    @ScheduledMethod(start =2, interval =1)
    public void step() {
        / **************** 申明部分 ******************* /
        WorldSpace worldSpace = (WorldSpace)ContextUtils. getContext
(this);
        Grid grid = (Grid)worldSpace. getProjection("Simple Grid");
        ContinuousSpace space = (ContinuousSpace)worldSpace. getProjec-
tion("Continuous Space");
        //实时位置更新
        NdPoint point = space. getLocation(this);
        this. x = point. getX();
        this. y = point. getY();
        this. z = point. getZ();
        //实例化当前位置的 customer
```

```
CustMat customer = null;
for(Object o:space. getObjectsAt(this. x,this. y,this. z))|
    if(o instanceof CustMat)
        customer = (CustMat)o;
|
```

//实例化自身对应的服务商
```
TSever tsever = null;
for(Object o:space. getObjectsAt(this. severX,this. severY,0))|
    if(o instanceof TSever)
        tsever = (TSever)o;
|
ESever esever = null;
for(Object o:space. getObjectsAt(this. severX,this. severY,0))|
    if(o instanceof ESever)
        esever = (ESever)o;
|
Supplier supplier = null;
for(Object o:space. getObjectsAt(this. severX,this. severY,0))|
    if(o instanceof Supplier)
        supplier = (Supplier)o;
|
```

//1.1 传统服务商将商品送抵海外消费者地方
```
if(x = = aimX && y = = aimY)|
    interShipAndCustomer(customer,worldSpace);
    if(this. type = = "T")
        returnProfit(tsever);
    else
        returnProfit(esever);
    die();
|
```

//1.2 运输途中
```
else|
```

```
                move(x,y,space);
            }
        }
```

/ ******** 方法段 ******** /

```
        public void interShipAndCustomer(CustMat customer,WorldSpace
worldSpace){...}//ship 与 customer 交互办法
        public void returnProfit(TSever tsever){...}
        public void returnProfit(ESever esever){...}
        public void move(double x,double y,ContinuousSpace space){...}//移
动方法
        public void die(){...}//移除船只
        //显示输出
        public double getAimX(){...}
        public void setAimX(double aimX){...}
        public double getAimY(){...}
        public void setAimY(double aimY){...}
        public int getCarry(){...}
        public void setCarry(int carry){...}
        public int getStep(){...}
        public void setStep(int stepCount){...}
        public double getPriceCIF(){...}
    }
```

AllAgent. java

```
/ ****** 申明段 ********* /
package exportworld;
import java. util. ArrayList;[...]
/ ****** 程序段 ********* /
public class AllAgent{
        private int tick;
        private int i;
        private int year;
```

```
private int numSupplier;
private int numE;
private int numT;
private int numSupplierY;
private int numEY;
private int numTY;
private ArrayList profitS = new ArrayList( );
private ArrayList profitE = new ArrayList( );
private ArrayList profitT = new ArrayList( );
private ArrayList profitSY = new ArrayList( );
private ArrayList profitEY = new ArrayList( );
private ArrayList profitTY = new ArrayList( );
private ArrayList sumSupplierY = new ArrayList( );
private double pS;
private double pE;
private double pT;
private double pSY;
private double pEY;
private double pTY;
private double rS;
private double rE;
private double rT;
private double rSY;
private double rEY;
private double rTY;
private double rateExits;
private double perInCEY;
private double perMonCEY;
private double rateNumSupplier;
public AllAgent( int tick) {//初始化
    Parameters p = RunEnvironment. getInstance( ). getParameters( );
    this. numSupplier = ( Integer) p. getValue( "initialSupplier" );
```

```
        this. numE = 0;
        this. numT = ( Integer) p. getValue( "initialSupplier" );
        this. tick = tick;
        this. i = 0;
        this. pS = 0;
        this. pE = 0;
        this. pT = 0;
        this. rS = 0;
        this. rE = 0;
        this. rT = 0;
        this. rateNumSupplier = 0;
    }
//运行步骤
    @ ScheduledMethod( start = 0, interval = 1 )
    public void step( ) {
        WorldSpace worldSpace = ( WorldSpace) ContextUtils. getContext
( this);
        Grid grid = ( Grid) worldSpace. getProjection( "Grid" );
        //grid. moveTo( this, 100, 50);
        //将所有供应商放入 supplierList
        ArrayList < Supplier > supplierList = new ArrayList < Supplier > ( );
        Iterator it = worldSpace. iterator( );
        for( ; it. hasNext( ); ) {
            Object o = it. next( );
            if( o instanceof Supplier)
                supplierList. add( ( Supplier) o);
        }
        //所有跨境电商放入 eList
        ArrayList < ESever > eList = new ArrayList < ESever > ( );
        Iterator e = worldSpace. iterator( );
        for( ; e. hasNext( ); ) {
```

```
        Object o = e. next( ) ;
        if( o instanceof ESever)
            eList. add( ( ESever) o) ;
    }
    //所有传统外贸商放入 tList
    ArrayList < TSever > tList = new ArrayList < TSever > ( ) ;
    Iterator t = worldSpace. iterator( ) ;
    for( ;t. hasNext( ) ;) {
        Object o = t. next( ) ;
        if( o instanceof TSever)
            tList. add( ( TSever) o) ;
    }
    this. numSupplier = supplierList. size( ) ;
    this. numT = tList. size( ) ;
    this. numE = eList. size( ) ;
    //季度数据统计
    if( this. tick % 30 = =0) {
        this. i = this. tick/30 ;
        double sumS =0 ;
        double sumE =0 ;
        double sumT =0 ;
        for( Supplier supplier:supplierList) {
            sumS = sumS + supplier. getMoney( ) ;
        }
        this. profitS. add( sumS) ;
        for( ESever esever:eList) {
            sumE = sumE + esever. getProfit( ) ;
        }
        this. profitE. add( sumE) ;
        for( TSever tsever:tList) {
            sumT = sumT + tsever. getProfit( ) ;
        }
```

```
this. profitT. add( sumT) ;
    if( this. i = =0) {
    this. pS = ( Double) this. profitS. get( i) ;
    this. pE =0;
    this. pT =0;
    }
    else {
        this. pS = ( Double) this. profitS. get( i) ;
        this. pE = ( Double) this. profitE. get( i) ;
        this. pT = ( Double) this. profitT. get( i) ;
    }
    if( this. i = =0) {
        this. rS =0;
        this. rE =0;
        this. rT =0;
    }
    else if( this. i = =1) {
        this. rS =0;
        this. rE =0;
        this. rT =0;
    }
    else {
        this. rS = ( ( Double) this. profitS. get ( i) − ( Double)
this. profitS. get( i −1) )/( Double) this. profitS. get( i −1) ∗100;
        this. rE = ( ( Double) this. profitE. get ( i) − ( Double)
this. profitE. get( i −1) )/( Double) this. profitE. get( i −1) ∗100;
        this. rT = ( ( Double) this. profitT. get ( i) − ( Double)
this. profitT. get( i −1) )/( Double) this. profitT. get( i −1) ∗100;
    }
    double sumEscape =0;
    double sumTrade =0;
    for( ESever esever ; eList) {
```

```
                sumEscape = sumEscape + esever. getNumExits( );
                sumTrade = sumTrade + esever. getNumTrade( );
            }
        if( i = = 0)
                this. rateExits = 0;
        else
                this. rateExits = sumEscape/sumTrade;
            //System. out. println( sumEscape + " ;" + sumTrade + " ;" +
this. rateExits);
        }
            //年度数据统计
        if( this. tick % 300 = = 0){
            this. year = this. tick/300;//年度数据衡量指标
            //总数量统计
            this. numSupplierY = supplierList. size( );
            this. numTY = tList. size( );
            this. numEY = eList. size( );
            //集群内统计值
            double sumSY = 0;
            for( Supplier supplier:supplierList){
                sumSY = sumSY + supplier. getMoney( );
            }
            this. profitSY. add( sumSY);
            this. sumSupplierY. add( this. numSupplier);
            if( this. tick = = 0)
                this. rateNumSupplier = 0;
            else{
                Integer o1 = ( Integer)this. sumSupplierY. get( year);
                Integer o = ( Integer)this. sumSupplierY. get( year − 1);
                double tmp = o1. doubleValue( );
                double tmp_1 = o. doubleValue( );
                this. rateNumSupplier = ( tmp − tmp_1)/tmp_1 ∗ 100;
```

```
        }
        System. out. println( this. rateNumSupplier) ;
        //服务商统计
        double sumEY = 0;
        double sumTY = 0;
        for( ESever esever:eList) {
            sumEY = sumEY + esever. getProfit( ) ;
        }
        this. profitEY. add( sumEY) ;
        this. perInCEY = ( double) this. numEY/this. numSupplierY;
        for( TSever tsever:tList) {
            sumTY = sumTY + tsever. getProfit( ) ;
        }
        this. profitTY. add( sumTY) ;
        this. perMonCEY = ( double) sumEY/( sumEY + sumTY) ;
        //增长率统计
        if( this. year = =0) {
            this. pSY = ( Double) this. profitSY. get( year) ;
            this. pEY =0;
            this. pTY =0;
        }
        else{
            this. pSY = ( Double) this. profitSY. get( year) ;
            this. pEY = ( Double) this. profitEY. get( year) ;
            this. pTY = ( Double) this. profitTY. get( year) ;
        }
        if( this. year = =0) {
            this. rSY =0;
            this. rEY =0;
            this. rTY =0;
        }
        else if( this. year = =1) {
```

```
                    this. rSY = 0;
                    this. rEY = 0;
                    this. rTY = 0;
                }
            else{
                    this. rSY = ( ( Double ) this. profitSY. get( year ) - ( Doub-
le )this. profitSY. get( year - 1 ) )/( Double )this. profitSY. get( year - 1 ) * 100;
                    this. rEY = ( ( Double ) this. profitEY. get( year ) - ( Doub-
le )this. profitEY. get( year - 1 ) )/( Double )this. profitEY. get( year - 1 ) * 100;
                    this. rTY = ( ( Double ) this. profitTY. get( year ) - ( Doub-
le )this. profitTY. get( year - 1 ) )/( Double )this. profitTY. get( year - 1 ) * 100;
                }
        //System. out. println( "year:" + year + ". " + "profit:" + pSY + ";" +
pT + ";" + pEY + ". " + "rate:" + rSY + ";" + rT + ";" + rEY ) ;
            }
        tick + + ;
    }
    //显示输出
    public int getNumSupplier( ) {...}
    public int getNumSupplierY( ) {...}
    public int getNumE( ) {...}
    public int getNumEY( ) {...}
    public int getNumT( ) {...}
    public int getNumTY( ) {...}
    public double getProfitCluster( ) {...}
    public double getProfitClusterY( ) {...}
    public double getProfitTSever( ) {...}
    public double getProfitTSeverY( ) {...}
    public double getProfitESever( ) {...}
    public double getProfitESeverY( ) {...}
    public double getRateCluster( ) {...}
    public double getRateClusterY( ) {...}
```

```
        public double getRateTSever( ) {...}
        public double getRateTSeverY( ) {...}
        public double getRateESever( ) {...}
        public double getRateESeverY( ) {...}
        public int getMonth( ) {...}
        public int getYear( ) {...}
        public double getEscapeRate( ) {...}
        public double getRateSupplierY( ) {...}
        public double getPerInCEY( ) {...}
        public double getPerMonCEY( ) {...}
    }
```

附录 2：调研问卷 A

尊敬的女士/先生：

　　您好！

　　我们是宁波大学《跨境电商与产业集群协同发展》课题组，现正在开展跨境电商与产业集群协同发展的关联因素相关学术调查，并设计了以下调查问卷。鉴于您对跨境电商及传统制造业产业集群的了解，我们非常需要您对此次问卷进行填写。所收集的信息只用于学术研究，不做任何商业用途，非常感谢您的参与！

一、企业基本情况

　　1. 企业所在地：□杭州　□宁波　□金华　□温州　□中山　□东莞□戴南　□其他

　　2. 企业是否开展跨境电商：□是　　□否

　　3. 企业类型：□制造型　□经销型　□工贸一体型　□跨境电商综合服务型　□第三方平台　□支付企业　□物流企业　□其他

　　4. 企业主营产品种类：□小家电　□纺织类　□鞋类　□小饰品□不锈钢　□灯具　□服装　□其他

　　5. 企业人数：□1～20 人　□20～100 人　□100～300 人　□300～2 000 人　□2 000 人以上

二、跨境电商与产业集群协同发展的关联因素调查

　　以下是一些跨境电商与产业集群协同发展的关联因素，请您结合相关工作经验和实际情况，判断以下描述是否符合本地区情况，并按照 1～5 分在相应的分数上进行选择，5 分代表非常符合，4 分代表比较符合，3 分代表符合，2 分代表不太符合，1 分代表不符合。

序号	问题	回答选项				
		5	4	3	2	1
X1	企业所在地区专业化分工程度很高（即一种产品的不同生产环节分别由不同的专业化类型企业来进行）					
X2	企业所在地区产业链布局完善合理，企业间可以进行有效合作					
X3	企业所在地区相同类型企业之间竞争很激烈					
X4	企业所在地区招工很容易					
X5	企业所在地区融资渠道广，融资难度低					
X6	企业所在地区生产所需原材料或中间材料获取难度低					
X7	高校或教育培训机构能够根据企业需求提供优质人才及技术培训					
X8	研发机构能够根据企业需求提供技术支持					
X9	银行等金融机构服务效率高，对当地企业的资金支持力度大					
X10	行业协会能够提供有效的市场调研、经济预测、品牌设计、第三方评估等优质服务					
X11	企业所在地公共基础设施完善，例如交通便利，通信、网络顺畅等					
X12	企业所在地有支持集群或跨境电商发展的相关税收和财政优惠政策					
X13	企业所在地区政府管理水平高、政策制定科学合理、执行能力强					
X14	试点城市或综试区对企业开展跨境电商很重要					
X15	企业生产或经营的产品在国外市场有巨大的需求或需求潜力					
X16	企业生产或经营的产品在国外市场的占有率非常高					
X17	企业在国际市场很容易提升产品的知名度					
X18	跨境电商物流成本低					
X19	企业所经历的跨境电商业务的物流周期短					
X20	所在地区是否有国际航线或港口对发展跨境电商影响很大					
X21	目前我国关于跨境电商的相关法律法规非常完善					

续表

序号	问题	回答选项				
		5	4	3	2	1
X22	跨境货物经报关、查验、征收税费等海关监管过程用时短，操作简单					
X23	开展跨境电商业务时可以选择的跨境支付方式种类多					
X24	跨境支付安全高效					
X25	跨境电商的结汇非常方便					
X26	企业所在地区相同类型企业很多					
X27	企业所在地区经济效益非常好					
X28	企业所在地区开展跨境电商的企业非常多					
X29	企业跨境电商交易额非常高					

附录 3：调研问卷 B

您好！我是宁波大学商学院的一名硕士研究生，同时也是贵公司现职实习生，现在正在做贵公司跨境进口电子商务运营模式的研究与调查，希望您能配合完成调研。您的回答对我的研究非常重要，所有的信息都将作为第一手研究资料使用，我会对您提供的资料和相关信息进行保密。

请在每个问题后面您认为的得分上划√，最高分值 5 分，最低分值 1 分：

构成要素	模块	问题	得分				
			5	4	3	2	1
核心竞争力	核心资源	核心资源很难被竞争对手效仿					
		公司在恰当时间可以合理调配资源					
		公司的资源需求是可以预测的					
	关键业务	公司的关键业务很难被竞争对手效仿					
		公司高效执行了关键业务					
		关键业务的执行质量很高					
		公司很好地平衡了内部自主业务和外部承包业务					
	重要合作	公司与重要合作伙伴工作关系融洽					
		公司在必要时候会与关键合作伙伴进行合作					
经营理念	价值创造	公司经营理念与客户需求一致					
		公司价值创造有很强的网络效应					
		客户对公司提供的产品或服务非常满意					
		公司提供的产品与服务之间有很好的协同效应					
财务结构	收入来源	公司发展得益于高利润率					
		公司的收入来源是多样化的					
		公司有频繁的销售和重复的营业收入					
		公司的收入来源是可持续的					

续表

构成要素	模块	问题	得分				
			5	4	3	2	1
财务结构	收入来源	公司的收入是可以预测的					
		公司先取得营业收入，再支付各种费用					
		客户完全接受公司的定价机制					
		我们卖的都是客户愿意支付的产品或服务					
	成本结构	公司的成本结构与运营模式是完全匹配的					
		公司的运营成本低、效率高					
		公司的成本是可以预测的					
		公司发展得益于规模效益					
公司界面	渠道通路	公司的渠道通路运营高效					
		渠道通路与细分的客户群体完全匹配					
		客户很容易接触到公司的渠道通路					
		公司的渠道通路设置非常合理					
		渠道通路创造了网络效应					
		公司的渠道通路整合得非常好					
		渠道通路与客户是强接触					
	客户细分	客户细分群体很合理					
		客户流失率很低					
		公司可以赢得持续不断的新客户					
	客户关系	公司拥有良好的客户关系					
		客户关系质量与客户群体类型相匹配					
		公司拥有很强的品牌力					
		公司与客户转移的成本很高					

再次衷心感谢您的支持与合作！

宁波大学商学院

硕士研究生：

附录4：访谈大纲

　　您好！我是宁波大学商学院的一名硕士研究生，同时也是贵公司现职实习生，现在正在做贵公司跨境进口电子商务运营模式的研究与调查，感谢您接受我的案例访谈。接下来的访问大约需要 20～35 分钟的时间，希望您能配合完成调研。您的回答对我的研究非常重要，所有的信息都将作为第一手研究资料使用，我会对您提供的资料和相关信息进行保密。

　　衷心感谢您的支持与合作！

宁波大学商学院
硕士研究生：

◆关于贵公司现有跨境进口运营模式存在新的发展机会的相关情况：

1. 您认为贵公司的核心资源有哪些？核心资源是否得以充分利用？
2. 贵公司现有的业务流程是否已经实现了标准化操作？
3. 您认为能否从整体上进一步提高贵公司的运营效率？
4. 是否能够利用合作伙伴的优势弥补公司现有的部分优势不足？
5. 贵公司还能为顾客提供其他产品或服务吗？
6. 公司能否创造或增加其他收入来源？
7. 公司现有的运营是否还有环节可以节减成本？
8. 您认为能否进一步整合现有渠道通路，从而提高现有渠道效能和效率？
9. 您认为能否通过更细的客户划分从而更好服务客户？

◆关于贵公司现有跨境进口运营模式存在发展威胁的相关情况：

1. 您认为贵公司未来是否存在某些核心资源或关键业务突然中断的可能？
2. 公司是否过于依赖某些重要合作伙伴？
3. 竞争对手是否正在试图提供比公司价格更低的同类产品和服务？

4. 公司的收入来源是否过于单一而受到来自竞争对手的威胁？

5. 未来是否存在某种成本快速增加的可能，而公司收入无法承担？

6. 现有渠道通路是否有被竞争对手边缘化的威胁？

7. 行业市场份额是否会出现快速饱和？

受访者（签名）：　　　　　职务：　　　　　访问日期：

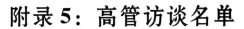
附录5：高管访谈名单

姓名	职务	访问日期
周总	总裁	2014 年 11 月
黄总	副总裁	2014 年 11 月
李总	副总裁	2014 年 11 月
黄经理	供应链事业部	2014 年 12 月
张经理	行政部经理	2014 年 12 月
谯总监	技术部总监	2014 年 12 月
戴总监	财务总监	2014 年 12 月
李总监	人力资源总监	2015 年 3 月
李经理	B2B 事业部总经理	2015 年 3 月
孙经理	B2C 事业部总经理	2015 年 3 月
杨经理	单证部经理	2015 年 4 月
汪总监	运营总监	2015 年 4 月

附录6：调研问卷 C

尊敬的先生/女士：

您好！我们是《跨境电商企业营销渠道整合的影响因素研究》课题组。本课题的研究目的是调研跨境电商企业在营销渠道整合过程中考虑的主要因素，希望得到贵公司的支持。本调查结果只用于学术研究，不做其他商业用途。您的回答对我们的研究工作非常重要，感谢您的合作与支持！

说明：营销渠道整合是指企业采用两种或两种以上的营销渠道，整合渠道资源以获取更高的渠道效率。

一、企业基本情况

1. 企业名称：

2. 企业注册所在地：

3. 企业员工数：□1～20人　　□20～100人　　□100～300人
□300～2 000人　　□2 000人以上

4. 企业性质：□制造型　　□经销型　　□工贸一体型

5. 贵公司经营的产品品类有（可多选）：
□服装　　□箱包配饰　　□家电　　□家具　　□家居用品
□3C产品　　□户外运动　　□工业用品　　□办公用品
□生鲜食品　　□新能源材料　　□建筑材料　　□医疗设备
□玩具　　□艺术雕像　　□美妆洗护　　□母婴产品
□其他（请注明）

6. 贵公司的产品出口到哪里？（可多选）
□东南亚（含日、韩）市场　　□北美市场　　□拉美及南美市场
□非洲市场　　□中东欧市场　　□西欧市场　　□其他市场

7. 贵公司产品的市场覆盖率是多少？
□低于5%　　□5%～10%　　□10%～15%　　□15%～20%

□20％～25％　　　□25％～30％　　　□30％以上

二、营销渠道现状

8. 贵公司现有的营销渠道有哪些？（可多选）

A 自营平台：□独立网站　　　□手机客户端

B 第三方电商平台：□亚马逊　　　□速卖通　　　□阿里巴巴

□淘宝集运　　　□eBay　　　□Wish　　　□环球资源

□中国制造网　　　□全球贸易通　　　□其他（请注明）

C 互联网推广渠道：□搜索引擎优化　　　□邮件营销

□本地化小语种推广　　　□SNS 营销（博客/播客/论坛/Twitter 等）

□付费广告　　　□代运营商（如四海商舟）　　　□其他（请注明）

9. 对现有营销渠道是否满意？□非常满意　　　□基本满意　　　□不满意

10. 如果满意，原因是什么？（可多选）

□流量大、询盘量多　　　□覆盖率高　　　□营销成本/服务费用低

□摆脱第三方平台　　　□利于创建自有品牌/提升自有品牌知名度

□产品精准定位　　　□其他（请注明）

11. 如果不满意，原因是什么？（可多选）

□流量小、询盘量少　　　□覆盖率低　　　□营销成本/服务费用高

□过度依赖第三方平台　　　□难以创建自有品牌/提升自有品牌知名度

□产品精准模糊　　　□其他（请注明）

12. 贵公司未来 3～5 年内打算采用哪些营销渠道？（可多选）

A 自营平台：□独立网站　　　□手机客户端

B 第三方电商平台：□亚马逊　　　□速卖通　　　□阿里巴巴

□淘宝集运　　　□eBay　　　□Wish　　　□环球资源

□中国制造网　　　□全球贸易通

C 互联网推广渠道：□搜索引擎优化　　　□邮件营销

□本地化小语种推广　　　□SNS 营销（博客/播客/论坛/Twitter 等）

□付费广告　　　□代运营商（如四海商舟）　　　□其他（请注明）

13. 贵公司渠道整合的目的是：（可多选）

□品牌战略　　　□提高利润率　　　□开拓海外市场　　　□渠道风险控制

□建立自主性优势（渠道独立）　　　□其他（请注明）

三、企业营销渠道整合的影响因素调查

以下是跨境电商企业在营销渠道整合时主要考虑的影响因素，请您结合相关工作经验和实际情况，判断以下描述是否符合贵公司的情况，并按照 1~5 分在相应的分数上进行选择，5 分代表非常符合，4 分代表比较符合，3 分代表符合，2 分代表不太符合，1 分代表不符合。

序号	问题	回答选项				
		5	4	3	2	1
X1	在依托第三方平台营销时，贵公司看重平台在目标市场的知名度					
X2	在渠道整合时，贵公司着重考虑经营产品适合的营销方式和营销渠道					
X3	贵公司的电商运营能力影响到渠道整合的选择					
X4	贵公司的营销策划能力影响到渠道整合的选择					
X5	贵公司的多语言营销能力影响到渠道整合的选择					
X6	贵公司希望通过渠道整合创建自有品牌/提高品牌知名度					
X7	贵公司希望通过渠道整合提高利润率					
X8	贵公司希望通过渠道整合开拓海外市场					
X9	贵公司希望通过渠道整合控制渠道风险					
X10	贵公司希望通过渠道整合建立自主性优势					
X11	海外消费者的个性化需求促进了贵公司的营销渠道整合					
X12	海外消费者跨境网购的搜索习惯影响了贵公司的营销渠道整合					
X13	海外消费者对跨境网购便利性的认同促进了贵公司的营销渠道整合					
X14	海外消费者对跨境网购的信任促进了贵公司的营销渠道整合					

附录7：调研问卷D

尊敬的先生/女士：

您好！我们是《跨境电商企业品牌路径探析》课题组。本课题的研究目的是调研消费者在选择跨境电商品牌过程中所考虑的因素，希望得到您的支持。本调查结果只用于学术研究，不做其他商业用途。您的回答对我们的研究工作非常重要，感谢您的合作与支持！

Dear Sir/Madam：

Hello！We are the research group of "The Cross-border E – Commerce Enterprise Brand Path Analysis". The purpose of this research is to investigate the factors consumers consider in the process of selecting cross-border e-commerce brands，and hope to get your support. The results of this survey are used only for academic research and are not used for other commercial purposes. Your answer is very important to our research work，thank you for your cooperation and support！

一、基本情况

1. 您的性别：

A. 男　　　　　　B. 女

2. 您的年龄：

A. 15～25 岁　　B. 25～35 岁　　C. 35～45 岁　　D. 45 岁以上

3. 您平时购买过的跨境电商品牌有哪些？（可多选）

A. 傲基电商　　B. 有棵树　　　C. 价之链　　　D. 赛维电商

E. 百事泰　　　F. 跨境通　　　G. 择尚科技　　H. 其他（请注明）

First，the basic situation：

1. Your gender：

A. Male　　　　　B. Female

2. Your age：

A. 15 ~ 25 years old   B. 25 ~ 35 years old

C. 35 ~ 45 years old   D. 45 years old or older

3. What are the cross-border e-commerce brands you have purchased? (multiple choices)

A. AUKEY   B. YOUKESHU   C. Value Link   D. Sailvan

E. Bestek   F. CKT   G. Wuxi Invogue

H. Others (please specify)

序号	问题	回答选项				
		5	4	3	2	1
X1	Do you think there are many kinds of business in this cross-border e-commerce enterprise?					
X2	Do you think the return on investment of this cross-border e-commerce company is significant?					
X3	Do you think there are many sales channels in this cross-border e-commerce company?					
X4	Do you think servece attitude is important to the creation of cross-border e-commerce brands?					
X5	Do you think the professional ability of enterprises is important to the creation of cross-border e-commerce brands?					
X6	Do you think service efficiency is important for cross-border e-commerce branding?					
X7	Do you think the effect of corporate complaint handling is important for cross-border e-commerce branding?					
X8	Do you think the finacial risks faced by cross-border e-commerce companies are important for cross-border e-commerce branding?					
X9	Do you think the functions of products created by cross-border e-commerce do not meet their commitments and will affect the brand?					
X10	Do you think that timely delivery is important for cross-border e-commerce branding?					
X11	Do you think the time and money spent by customers trading with sellers is important for cross-border e-commerce branding?					

续表

序号	问题	回答选项				
		5	4	3	2	1
X12	Do you think the time and money spent by customers learning the brand is important for cross-border e-commerce branding?					
X13	Do you think the uncertainty in your mind when conducting cross-border e-commerce transactions is important for cross-border e-commerce branding?					
X14	Do you think opportuninty cost is important for cross-border e-commerce branding?					
X15	Do you think you are always trying to buy a new brand in the cross-border e-commerce branding?					
X16	Do you think communication and maintenance is important for cross-border e-commerce branding?					
X17	Do you think trust is important for cross-border e-commerce branding?					
X18	Do you think product quality is important for cross-border e-commerce branding?					
X19	Do you think product image is important for cross-border e-commerce branding?					
X20	Do you think product identification is important for cross-border e-commerce branding?					
X21	Do you think the mistakes made by enterprises are important for cross-border e-commerce branding?					
X22	Do you think repeat buying is important for cross-border e-commerce branding?					
X23	Do you think the customer's emotional dependence on the enterprise is important for cross-border e-commerce branding?					
X24	Will you still choose the brand before you meet other brand?					
X25	Do you think product diversity is important for cross-border e-commerce branding?					
X26	Do you think the promotion is important for cross-border e-commerce branding?					

附录8：傲基2017年货币资金表

种类	原币	汇率	折合人民币
一、现金			
人民币	234 300.88	1.0000	234 300.88
美元	10 406.00	6.5342	67 994.89
英镑	950.09	8.7792	8 341.03
欧元	965.52	7.8023	7 533.28
港币	1 936.00	0.8359	1 618.30
卢布	7 800.00	0.1135	885.30
现金小计			320 673.68
二、银行存款			
人民币	74 797 804.00	1.0000	74 797 804.00
港币	373 836.00	0.8359	312 489.51
美元	9 986 980.76	6.5342	65 256 929.68
日元	34 878 439.00	0.0579	2 018 868.68
欧元	5 998 431.84	7.8023	46 801 564.75
英镑	1 361 470.45	8.7792	11 952 621.37
瑞士法郎	1 762.65	6.6779	11 770.80
加拿大元	97 963.51	5.2009	509 498.42
澳元	108 527.49	5.0928	552 708.80
新加坡元	342.65	4.8831	1 673.19
瑞典克朗	8 366.87	0.7921	6 627.40
菲律宾比索	2 455.44	0.1309	321.42
卢布	35 623.59	0.1135	4 043.28
匈牙利福林	81 261.63	0.0251	2 041.29
墨西哥元	2 624.23	0.3307	867.78

续表

种类	原币	汇率	折合人民币
丹麦克朗	3 459.46	1.0479	3 625.17
挪威克朗	8 060.48	0.7921	6 384.71
捷克克朗	821.21	0.3056	250.96
越南盾	35 320 276.91	0.0003	10 242.88
波兰赫兹	413.40	1.8691	772.70
新西兰元	3 489.73	4.6327	16 166.87
银行存款小计			202 267 273.66
三、其他货币资金			
人民币	26 441 950.78	1.0000	26 441 950.78
美元	29 945 958.22	6.5342	195 672 880.20
日元	31 758 709.99	0.0579	1 838 289.41
欧元	2 034 386.50	7.8023	15 872 893.79
英镑	483 267.23	8.7792	4 242 699.67
瑞士法郎	18.73	6.6779	125.08
加拿大元	813 642.25	5.2009	4 231 671.98
澳元	72 949.97	5.0928	371 519.61
新加坡元	138 564.27	4.8831	676 623.19
瑞典克朗	68.97	0.7921	54.63
菲律宾比索	34 896 937.94	0.1309	4 568 009.18
巴西里尔	317.52	1.9725	626.31
卢布	20 812.92	0.1135	2 362.27
匈牙利福林	2 754.00	0.0251	69.18
墨西哥元	561 462.66	0.3307	185 664.47
马来西亚林吉特	2 455 774.37	1.6071	3 946 674.99
秘鲁索尔	81 697.23	2.0055	163 845.43
智利比索	22 231 229.80	0.0106	235 006.33
哥伦比亚比索	79 996 122.44	0.0022	174 391.55
泰铢	7 172 258.16	0.1998	1 433 017.18

种类	原币	汇率	折合人民币
印尼卢比	8 906 065 001. 38	0. 0005	4 292 723. 33
挪威克朗	165. 44	0. 7921	131. 05
新西兰元	171. 97	4. 6327	796. 69
波兰赫兹	19. 36	1. 8691	36. 19
丹麦克朗	31. 50	1. 0479	33. 01
捷克克朗	43. 21	0. 3056	13. 20
新台币	555 895. 53	0. 2199	122 241. 43
印度卢比	265 962. 28	0. 1020	27 119. 11
越南盾	950 048 616. 05	0. 0003	275 514. 10
其他货币资金小计			264 776 983. 34

资料来源：傲基电商官网。

附录9：10个城市的原始数据

城市	跨境电商交易额（亿元）	跨境支付牌照的第三方机构	单一窗口	国际快递件（万件）	海外仓	互联网普及率	每万人发明专利拥有量	2018年前三季度人才净流入率全国排名	跨境电商协会	国家级电子商务示范基地	跨境电商财政补贴（万元）	产业集群区域品牌建设试点名单	人均GDP（元）	外贸出口依存度	城镇化率	跨境电商活跃企业
杭州	670.9	4	有	4 064.8	有	84.00%	47.71	1	1	3	500	0	136 656	40.50%	76.80%	7
宁波	636.4	0	有	970.2	无	78.40%	26.34	2	1	2	30	3	124 017	77.18%	72.40%	4
义乌	747.6	0	无	3 173	有	73.80%	8.3	>20	1	1	50	0	90 444	202.02%	66.70%	2
广州	227.7	0	有	6 269.3	有	87.68%	28.1	15	1	2	300	2	150 678	45.18%	86.14%	4
深圳	3 320	3	有	31 200	有	90.00%	89.78	8	1	3	300	2	183 100	124.79%	100%	19
珠海	0.654	0	无	123.72	无	90.00%	50.15	>20	0	0	100	1	149 100	116.59%	89.37%	2
东莞	143	0	无	3 200	有	90.00%	20.68	>20	1	0	100	1	91 778	161.75%	89.86%	0
南京	26	1	无	10 100	有	62.70%	49.7	14	0	2	20	1	141 103	35.36%	82.29%	3
苏州	70	0	有	2 838.4	有	63.40%	37.6	19	1	1	200	2	162 664	123.53%	75.80%	2
无锡	335	0	无	698.94	有	58.60%	35.1	10	0	1	30	1	160 700	52.35%	76%	1

参 考 文 献

［1］Krugman P. Geography and Trade. Leuven：Leuven University Press，1991.

［2］Masahisa Fujita，Paul Krugman，Anthony J. Venables. The Spatial Economy：Cities，Regions，and International Trade ［M］. MIT Press，Cambridge，Massachusetts，Publishing，1999.

［3］Gordon H. Hanson. Localization Economies，Vertical Organization，and Trade ［J］. The American Economic Review，1996，86（5）：1266 – 1278.

［4］Gordon H. Hanson. Regional adjustment to trade liberalization ［J］. Regional Science and Urban Economics，1998，28（4）.

［5］Noleen Pisa，Wilma Viviers，Riaan Rossouw. Enhancing Industrial Cluster Formation Through the Realistic Export Opportunities of the TRADE – DSM ［J］. South African Journal of Economics，2017，85（3）.

［6］Hu D. Trade，rural-urban migration，and regional income disparity in developing countries：a spatial general equilibrium model inspired by the case of China ［J］. Regional Science and Urban Economics，2002，32（3）：311 – 338.

［7］王缉慈. 我国制造业集群分布现状及其发展特征 ［J］. 地域研究与开发，2003（6）：29 – 33.

［8］杨丹萍，毛江楠. 产业集聚与对外贸易国际竞争力的相关性研究——基于中国15个制造业变系数面板数据的实证分析 ［J］. 国际贸易问题，2011（1）：20 – 28.

［9］杨立国，刘宇娜. 对外开放与中国制造业集聚关系研究——基于对外贸易视角 ［J］. 经济问题探索，2013（5）：42 – 44，51.

［10］赵伟，王春晖. 区域开放与产业集聚：一个基于交易费用视角的模型 ［J］. 国际贸易问题，2013（7）：38 – 49.

[11] 俞立平.长三角高技术出口：从产业集聚走向产业均衡——基于面板联立方程与向量自回归模型的发现 [J].国际贸易问题，2015（10）：120-130.

[12] 李波，杨先明.贸易便利化与企业生产率：基于产业集聚的视角 [J].世界经济，2018，41（3）：54-79.

[13] 金虹，林晓伟.我国跨境电子商务的发展模式与策略建议 [J].宏观经济研究，2015（9）：40-49.

[14] 鄂立彬，黄永稳.国际贸易新方式：跨境电子商务的最新研究 [J].东北财经大学学报，2014（2）：22-31.

[15] 舒莉，朱占峰，孙锡恩，蒋佳萍.经济新常态下跨境贸易电商海关监管现状分析——以宁波为例 [J].全国商情（经济理论研究），2015（22）：30-32.

[16] 王琴.基于价值网络重构的企业商业模式创新 [J].中国工业经济，2011（1）：79-88.

[17] Le Kha. Critical Success Factor for Bussiness-to-Consumer E-bussiness: Lessons from Amazon and Dell [D]. Massachusetts: MIT Sloan School of Management, 2000.

[18] Jennifer Gibbs, Kenneth L. Kraemer and Jason Dedrick. Environment and Policy Factor Shaping Global E-commerce Diffusion: A cross-Country Comparison [J]. The Information Society, 2006（19）：5-18.

[19] Asosheh. Integrated Test Framework Model for E-business Systems [J]. Information Engineering Research Institute, 2012（2）：215-221.

[20] Ghorbani A, Bonab M B. Globalization and the Role of E-Commerce in Its Expansion [J]. 2013.

[21] 谢里.论中小企业以电子商务渗透国际市场的策略 [D].北京：对外经济贸易大学，2004.

[22] 张旭.电子商务对国际贸易的影响 [J].财经科学，2007（7）：112-117.

[23] 杨坚争，段元萍.我国国际电子商务发展策略研究 [J].世界经济研究，2008（10）：37-41.

[24] 刘娟.小额跨境外贸电子商务的兴起与发展问题探讨——后金融危机时代的电子商务及物流服务创新 [J].对外经贸实务，2012（2）：

89 – 92.

[25] 王外连，王明宇，刘淑贞. 中国跨境电子商务的现状分析及建议 [J]. 电子商务，2013（9）：23 – 24.

[26] 杨坚争，郑碧霞，杨立钒. 基于因子分析的跨境电子商务评价指标体系研究 [J]. 财贸经济，2014（9）：94 – 102.

[27] 邱阳. 中小企业开拓国际电子商务市场路径——以义乌市为例 [J]. 现代经济信息，2013（3）：36.

[28] 郭海玲. 产业集群视角下出口跨境电商发展对策——以河北省为例 [J]. 中国流通经济，2017，31（5）：55 – 65.

[29] 陈长英. 浙江省跨境电商人才需求分析及培养路径研究 [J]. 中国商贸，2015（2）：184 – 187.

[30] 李梦. 中小跨境电商企业物流效率及其影响因素研究 [D]. 安徽财经大学，2018.

[31] 胡碧琴，赵亚鹏. 创新视域下港口物流产业集群与跨境电商联动发展研究 [J]. 商业经济研究，2016（8）：102 – 103.

[32] James F. Moore. Predators and Prey：A New Ecology of Competition [J]. Harvard Business Review，1993，71（3）：75 – 87.

[33] James F. Moore. The Death of Competition：Leadership and Strategy in the Age of Business Ecosystem [M]. New York：Harper Business，1996.

[34] 吴敏. "互联网＋"视域下跨境电商生态圈构建思路探析 [J]. 商业经济研究，2015（34）.

[35] 张薇. 平台战略视角下我国跨境电商生态圈布局规划 [J]. 商业经济研究，2016（18）：87 – 88.

[36] 张蓉. "互联网＋"视域下的跨境电商生态圈构建的意义和价值研究 [J]. 经济研究导刊，2017（5）.

[37] 王子越. 全产业链跨境电商生态系统构建研究 [D]. 浙江大学，2017.

[38] 郑书莉，王心良. 小微企业商业生态系统战略研究——以杭州跨境电子商务产业园为例 [J]. 电子商务，2017（10）.

[39] 罗宁芝，刘莹，黄文丽. 长三角地区跨境电商生态圈构建的瓶颈与发展策略研究 [J]. 商场现代化，2017（10）：19 – 20.

[40] 计春阳，李耀萍. 中国—东盟跨境电子商务生态圈构建研究 [J].

广西社会科学，2016（9）.

[41] 林晓伟. 福建自贸区跨境电商生态圈发展模式研究 [J]. 闽南师范大学学报（哲学社会科学版），2017（3）.

[42] 来有为，王开前. 中国跨境电子商务发展形态、障碍性因素及其下一步 [J]. 改革，2014（5）：68 –74.

[43] 马述忠，郭继文，张洪胜. 跨境电商的贸易成本降低效应：机理与实证 [J]. 国际经贸探索，2019，35（5）：69 –85.

[44] 马述忠，许光建. 出口制造业服务化与实际工资水平 [J]. 浙江大学学报（人文社会科学版），2019，49（1）：93 –108.

[45] 王缉慈，张晔. 沿海地区外向型产业集群的形成、困境摆脱与升级前景 [J]. 改革，2008（5）：53 –59.

[46] 蔡丽娟. "移动互联网＋"下传统外贸制造业发展跨境电商贸易研究 [J]. 商业经济研究，2016（16）：140 –143.

[47] 杨丽华，仲瑜. 推进我国跨境电商与制造业集群协同发展的几点思考 [J]. 沈阳工业大学学报（社会科学版），2018，11（6）：493 –498.

[48] 刘鹤. 我国产业集群与跨境电商的融合发展：影响因素与路径 [J]. 商业经济研究，2019（2）：65 –68.

[49] 李芳，杨丽华，梁含悦. 我国跨境电商与产业集群协同发展的机理与路径研究 [J]. 国际贸易问题，2019（2）：68 –82.

[50] 杜志平，穆东. 系统协同发展程度的 DEA 评价研究 [J]. 运筹与管理，2005（1）：75 –81.

[51] 张景秀. 广州汽车产业集群与区域物流协同发展研究 [D]. 华南理工大学，2012.

[52] 孙鹏. 基于复杂系统理论的现代物流服务业与制造业协同发展研究 [D]. 中南大学，2012.

[53] 刘丹，卢伟伟. 我国电子商务业与快递业的协同发展路径 [J]. 技术经济，2014（2）：45 –49.

[54] Ehrlich P R, Raven P H. Butterflies and Plants: A Study in Coevolution [J]. Evolution, 1964, 18（4）：586 –608.

[55] Janzen D H. When is it coevolution? [J]. Evolution, 1980（34）：611 –612.

[56] Norgaard R. Coevolutionary Agricultural Development [J]. Economic

Development and Cultural Change, 1984 (3): 525 - 546.

［57］Volberda H W, Lewin A Y. Co-evolutionary Dynamics Within and Between Firms: From Evolution to Co-evolution ［J］. Journal of Management Studies, 2003, 40 (8): 2111 - 2136.

［58］Yates, JoAnne. Co-evolution of Information - Processing Technology and Use: Interaction between the Life Insurance and Tabulating Industries ［J］. Business History Review, 1993, 67 (1): 1 - 51.

［59］Rosenkopf L, L T Michael. On the co-evolution of technology and organization ［A］//In J. Baum, J. Singh (eds.). The Evolutionary Dynamics of Organizations. New York: Oxford University Press, 1994.

［60］彭本红. 现代物流业与先进制造业的协同演化研究 ［J］. 中国软科学, 2009 (S1): 149 - 153, 192.

［61］曹东坡, 于诚, 徐保昌. 高端服务业与先进制造业的协同机制与实证分析——基于长三角地区的研究 ［J］. 经济与管理研究, 2014 (3): 76 - 86.

［62］吴晓研, 路世昌, 兰玲. 物流业和三次产业协同发展演化与实证分析 ［J］. 统计与决策, 2018, 34 (20): 107 - 109.

［63］黄启斌, 熊曦, 张为杰, 曹润凯. 湖南省互联网发展与制造业转型协同演化关系实证研究 ［J］. 经济地理, 2019, 39 (11): 134 - 141.

［64］Baum J A C, J V Singh. Evolutionary Dynamics of Organizations ［M］. New York: Oxford University Press, 1994.

［65］赵玉林, 叶翠红. 中国产业系统经济与生态协同演化的实证分析 ［J］. 山西财经大学学报, 2013, 35 (6): 49 - 59.

［66］王举颖, 赵全超. 大数据环境下商业生态系统协同演化研究 ［J］. 山东大学学报 (哲学社会科学版), 2014 (5): 132 - 138.

［67］马永强, 华志芹. 生态城镇化的人口—产业与生态协同演化机理研究——以江苏省城镇化为例 ［J］. 中国农业资源与区划, 2019, 40 (3): 188 - 197.

［68］Haveman H A, Rao H. Structuring a Theory of Moral Sentiments: Institutional and Organizational Coevolution in the Early Thrift Industry ［J］. American Journal of Sociology, 1997, 102 (6): 1606 - 1651.

［69］金雪军, 杨晓兰. 基于演化范式的技术创新政策理论 ［J］. 科研

管理，2005（2）：55 - 60.

［70］许庆瑞，谢章澍，杨志蓉. 企业技术与制度创新协同的动态分析
［J］. 科研管理，2006（4）：116 - 120，129.

［71］孙晓华，秦川. 产业演进中技术与制度的协同演化——以中国
水电行业为例［J］. 中国地质大学学报（社会科学版），2011，11（5）：
78 - 85.

［72］蔡乌赶. 技术创新、制度创新和产业系统的协同演化机理及实证
研究［J］. 天津大学学报（社会科学版），2012，14（5）：401 - 406.

［73］眭纪刚. 技术与制度的协同演化：理论与案例研究［J］. 科学学
研究，2013，31（7）：991 - 997.

［74］陈嘉文，姚小涛. 组织与制度的共同演化：组织制度理论研究的
脉络剖析及问题初探［J］. 管理评论，2015，27（5）：135 - 144.

［75］眭纪刚，陈芳. 新兴产业技术与制度的协同演化［J］. 科学学研
究，2016，34（2）：186 - 193.

［76］黄凯南，乔元波. 产业技术与制度的共同演化分析——基于多主
体的学习过程［J］. 经济研究，2018，53（12）：161 - 176.

［77］Moore J F. Predators and Prey：The New Ecology of Competition［J］.
Harward Business Review，1993，71（3）：75 - 83.

［78］Moore J F. The Rise of a NewCorporate Form［J］. Washington Quar-
terly，1998，21（1）：167 - 181.

［79］Iansiti M，Levien R. The keystone advantage：What the new dynamics
of business ecosystems mean for strategy，innovation，and sustainability［M］.
Boston，MA：Harvard Business School Press，2004.

［80］Heikkila M，Kuivaniemi L. Business Ecosystem under Construc-
tion. EBRF - Research Forum to Understand Business in Knowledge Society，2011.

［81］Galateanu E，Avasilcai S. Business Ecosystem "Reliability"［J］.
Procedia - Social and Behavioral Sciences，2014，124：312 - 321.

［82］李志坚，颜爱民，徐晓飞. 商业生态系统的复杂适应性研究［J］.
矿冶工程，2008（3）：124 - 128.

［83］田秀华，聂清凯，夏健明，李永发. 商业生态系统视角下企业互
动关系模型构建研究［J］. 南方经济，2006（4）：50 - 57.

［84］胡岗岚，卢向华，黄丽华. 电子商务生态系统及其演化路径［J］.

经济管理，2009，31（6）：110－116.

［85］周芳. 基于商业生态系统的技术、商业模式、品牌协同创新耦合机制研究［J］. 商业经济研究，2016（10）：108－109.

［86］骆温平，房冕，刘宗沅，潘巧虹. 商业生态视角下电商物流平台企业合作演化研究——以菜鸟网络物流平台为例［J］. 中国流通经济，2019，33（10）：3－12.

［87］March J. G. Exploration and Exploitation in Organizational Learning［J］. Organization Science，1991，2（1）：71－87.

［88］Lewin A. Y.，Chris P. Long，Timothy N. Carroll. The Co－Evolution of New Organizational Forms［J］. Organization Science，1999，10（5）：535－550.

［89］McKelvey B. Avoiding Complexity Catastrophe in Coevolutionary Pockets：Strategies for Rugged Landscapes［J］. Organization Science，1999，10（3）：294－321.

［90］潘安成. 基于组织适应力与战略选择协同演化的企业持续成长研究［D］. 东南大学，2006.

［91］孙鹏，罗新星. 现代物流服务业与制造业发展的协同关系研究［J］. 财经论丛，2012（5）：6.

［92］纪慧生，姚树香. 制造企业技术创新与商业模式创新协同演化：一个多案例研究［J］. 科技进步与对策，2019，36（3）：90－97.

［93］廖守亿，戴金海. 复杂适应系统及基于 Agent 的建模与仿真方法［J］. 系统仿真学报，2004（1）：113－117.

［97］Gell－Mann M. 夸克与美洲豹——简单性和复杂性的奇遇［M］. 杨建邺，译. 长沙：湖南科学技术出版社，1998.

［95］Epstein J. M. Generative Social Science：Studies in Agent－Based Computational Modeling. Princeton，NJ：Princeton University Press，2007.

［96］Klügl F，Bazzan A. L. C. Agent－Based Modeling and Simulation. AI Magazine，2012，33（3）：29.

［97］施永仁. 基于复杂适应系统理论的社会经济系统建模与仿真研究［D］. 华中科技大学，2007.

［98］刘汶荣. 技术创新机制的系统分析［D］. 吉林大学，2009.

［99］赵剑冬. 基于 Agent 的产业集群企业竞争模型与仿真研究［D］.

华南理工大学，2010.

[100] 汪世志. 基于 MAS 模拟的竞合互动机制下区域产业集群的演化过程研究 [D]. 武汉科技大学，2014.

[101] 王淑芳，薛霄，葛岳静，曹原. 基于计算实验方法的地缘经济策略评估——以中—印尼和中—越的海关通关时间调整为例 [J]. 经济地理，2019，39（2）：12－21，63.

[102] 薛霄，朱鹏，黄必清. 面向 Agent 的集群式供应链服务系统设计方法研究 [J]. 小型微型计算机系统，2011，32（9）：1770－1777.

[103] 薛霄，王杨. 基于集群式供应链的协同采购复杂性研究 [J]. 广西大学学报（自然科学版），2011，36（5）：770－780.

[104] 薛霄，刘志中，黄必清. 服务质量可定制的企业协同 Web 服务组合方法 [J]. 计算机集成制造系统，2013，19（11）：2911－2921.

[105] 薛霄，刘志中，黄必清. 面向集群式供应链的企业服务组合方法 [J]. 计算机集成制造系统，2014，20（10）：2599－2608.

[106] 辛玉红，江炳辉. 基于 Agent 的供应链演化及 Repast S 仿真 [J]. 科技管理研究，2011，31（8）：80－84，89.

[107] 刘东华. 互联网服务运营模式影响力评估的服务桥模型研究 [D]. 河南理工大学，2016.

[108] 孙浩，薛霄. 基于多 Agent 建模的电子商务生态系统演化实验研究 [J]. 计算机工程，2016，42（7）：27－32，41.

[109] 王纪才，薛霄. 集群协同制造服务匹配策略的计算实验比较研究 [J]. 计算机应用研究，2019，36（2）：446－451，455.